普通高等教育“十二五”规划教材
电子信息科学与工程类专业规划教材

TMS320C55x DSP 原理及应用

（第 4 版）

汪春梅　孙洪波　编著
邹俊忠　马治国　主审

電子工業出版社
Publishing House of Electronics Industry
北京 • BEIJING

内 容 简 介

本书以 TMS320C55x DSP 为重点，全面介绍了 TMS320C5000 DSP 系统设计与开发。全书共 8 章，首先详细介绍了数字信号处理器的硬件结构、汇编指令、存储空间结构和寻址方式；然后介绍了 C55x 处理器中 C 语言与汇编语言的混合编程方法；再从应用的角度，结合片内集成外设的结构和功能，给出了片内集成外设驱动程序开发方法及部分片内外设的调试方法；最后结合 DSP 软/硬件的设计，给出了详细的设计方法和丰富的应用实例。同时还对 DSP 的集成开发环境 CCS 的使用方法进行了详尽的描述。

本书旨在从应用的角度使读者了解 TMS320C55x DSP 的体系结构和基本原理，熟悉 DSP 芯片的开发工具和使用方法，掌握 DSP 系统设计和软/硬件开发。

本书内容丰富、新颖、实用性强，适合从事数字信号处理的科技人员和高校师生阅读。

图书在版编目（CIP）数据

TMS320C55X DSP 原理及应用/汪春梅，孙洪波编著．— 4 版．—北京：电子工业出版社，2014.5
电子信息科学与工程类专业规划教材
ISBN 978-7-121-22974-9

Ⅰ.①T… Ⅱ.①汪… ②孙… Ⅲ.①数字信号处理－高等学校－教材 Ⅳ.①TN911.72

中国版本图书馆 CIP 数据核字(2014)第 076664 号

策划编辑：陈晓莉
责任编辑：陈晓莉
印　　刷：北京宏伟双华印刷有限公司
装　　订：北京宏伟双华印刷有限公司
出版发行：电子工业出版社
　　　　　北京市海淀区万寿路 173 信箱　邮编　100036
开　　本：787×1 092　1/16　印张：22.25　字数：683 千字
版　　次：2004 年 9 月第 1 版
　　　　　2014 年 5 月第 4 版
印　　次：2016 年 1 月第 3 次印刷
定　　价：45.00 元

凡所购买电子工业出版社图书有缺损问题，请向购买书店调换。若书店售缺，请与本社发行部联系，联系及邮购电话：（010）88254888。

质量投诉请发邮件至 zlts@phei.com.cn，盗版侵权举报请发邮件至 dbqq@phei.com.cn。

服务热线：（010）88258888。

前　言

历经三十年多的发展，数字信号处理器（DSP）的应用范围已经遍及军用电子、消费电子、工业控制等重要领域，各种崭新的应用层出不穷，这些应用对 DSP 的处理能力、功耗、体积以及开发的方便程度都提出了较高要求。而第三代 DSP 则以其强大的数字信号处理能力、超低功耗和适合手持设备的超小型封装等特点，较好地满足了新一代电子产品的要求，以 CCS 为代表的集成开发环境为应用者提供了方便、快捷的 DSP 开发手段。

C55x 系列处理器在兼容 C54x 系列处理器指令集的基础上，将处理速度提高到 200～300MHz，而对 DSP 内核又进行了重大改进，将强大的处理能力和超低功耗完美结合，成为新一代数字信号处理器的典型代表。正是因为 C55x 系列处理器具有这些特点，所以特别适合嵌入式数字信号处理方面的应用。我们从 2003 年起将所使用的平台由 C54x 系列处理器转换为 C55x 系列处理器，先后在软件无线电、超声波探测等多个项目中应用 C55x 处理器，取得了较好的效果。我们先后编写了《TMS320C5000 系列 DSP 系统设计与开发实例》、《TMS320C55x DSP 原理及应用》（第 2 版）和《TMS320C55x DSP 原理及应用》（第 3 版），在征求读者反馈意见的基础上，第 4 版又对书中内容进行了补充和修订。

为了适应初学者的需要，《TMS320C55x DSP 原理及应用》（第 4 版）在内容上注意了由浅入深、图文并茂，全面系统地展开论述，在每章之后附有习题，方便读者理解和复习本章的内容；本书还对 C55x 芯片支持库、数字信号处理库和图像、视频处理库进行了介绍，并在附录中对数字信号处理库和图像、视频处理库的函数进行了详细说明；本书增加了大量的软/硬件应用实例，在书中介绍了大量实用 DSP 系统，能够满足 DSP 人员之所需，书中所列出的大量典型的应用实例，可在实际开发中直接引用，相信能够给开发者带来一些有益的帮助。

本书第 1 章结合德州仪器公司的 DSP 产品对 DSP 技术的发展概况进行了介绍，读者可以根据本章内容和需求选取适合的 DSP 芯片；第 2 章重点介绍了 TMS320VC55x 处理器的硬件结构，并以 TMS320VC5509 为例介绍了 C55x 处理器的主要特性和功能，最后介绍了 DSP 的存储空间结构；第 3 章在介绍数字信号处理和 DSP 系统的基础上，详细介绍了 C55x 处理器的汇编指令和寻址方式；第 4 章介绍了 C55x 处理器的程序基本结构，C 语言编程以及优化，C 语言与汇编语言的混合编程，通用目标文件格式，最后对 C55x 处理器的数字信号处理库和图像、视频处理库进行了介绍；第 5 章介绍了 TMS320C55x 系列片内集成外设的结构、功能，以及芯片支持库的使用和驱动程序的开发，并给出了部分片内外设的测试过程；第 6 章介绍了 DSP 的集成开发环境 CCS 的原理和使用；第 7、8 章详细介绍了 DSP 硬件、软件的设计方法和应用实例，第 8 章的软件实例都可以在 SIMULATE 环境下运行，而不需要硬件的支持。本书配有教学课件、软件实例及部分程序代码，如有需要请与出版社联系或登录华信教育资源网 http://hxedu.com.cn 免费下载。

本书由汪春梅策划，汪春梅编写了其中第 2、3、6、8 章，第 1、4、5、7 章由孙洪波编写。在编写过程中，邹俊忠、马治国、常宁、叶宏、茅红伟、张崇明、倪继锋、朱品昌等给予了支持和帮助，北京瑞泰创新科技有限公司的李心阳工程师提供了部分技术资料，电子工业出版社给予了极大的鼓励和支持。作者在此一并致谢。

本书既可以作为大中专院校的实践类选修课教材，也可作为电子工程技术人员的参考书籍。

希望此书对读者有所裨益，也希望有助于 DSP 技术的推广。限于作者的水平，书中的错误在所难免，恳请读者不吝赐教！

汪春梅

2014 年 2 月于上海

目　录

第 6 章 DSP 集成开发环境 CCS……195

第 7 章 TMS320C55x 硬件设计实例……234

第 8 章 TMS320C55x 软件设计实例……262

第 1 章　数字信号处理和 DSP 系统

当德州仪器公司（TI）于 1982 年推出第一款商用数字信号处理器时，谁也不会想到它竟能给世界带来如此大的变化。从移动通信到消费电子领域，从汽车电子到医疗仪器，从自动控制到军用电子系统都可以发现它的身影。刚诞生的第一代数字信号处理器仅包含了 55000 个晶体管，4KB 内存，指令处理能力只有 5MIPS（每秒百万条），经过 20 余年的发展，单核数字信号处理器的处理能力已经达到 9600MIPS 的惊人速度，寻址能力高达 1280MB。多核处理器更是在融合定点、浮点处理能力的基础上，内核数量达到 8 核。数字信号处理器给世界带来了巨大的变化，未来可能的应用包括无人驾驶汽车、精确化的楼宇照明控制、自动识别并报警的安防系统等，有无数令人兴奋的应用在等待我们去开拓。那么就让我们进入这个充满变化、充满挑战，而又拥有无限精彩的 DSP（数字信号处理器）世界吧。

1.1　实时数字信号处理技术的发展

20 世纪 60 年代以来，随着信息技术的不断进步，数字信号处理技术应运而生并得到迅速发展。80 年代以前，由于方法的限制，数字信号处理技术处于理论研究阶段，还得不到广泛的应用。在此阶段，人们利用通用计算机进行数字滤波、频谱分析等算法的研究，以及数字信号处理系统的模拟和仿真。而将数字信号处理技术推向高峰的则是实时数字信号处理技术的高速发展。

实时数字信号处理对数字信号处理系统的处理能力提出了严格的要求，所有运算、处理都必须小于系统可接受的最大时延。以视频会议为例，从发送端图像、声音信号的采集、压缩，通过信道传输，到接收端完成数据接收，图像、声音信号的解压、还原，其中任何一个处理环节都应满足最大时延要求，否则将出现图像、声音信号的间断，从而影响视频会议的正常进行，如果每个数据包都包含了 20ms 的音、视频信号，可以很容易得出整个系统的整体延迟必须小于 500ms，而每个数据包的处理时间必须小于 20ms 才能满足系统实时处理要求。

典型实时数字信号处理系统的基本部件包括：抗混叠滤波器（Anti-aliasing filter）、模数转换器（Analog-to-Digital Converter，ADC）、数字信号处理、数模转换器（Digital-to-Analog Converter，DAC）和抗镜像滤波器（Anti-image filter），如图 1-1 所示。其中，抗混叠滤波器将输入的模拟信号中高于 Nyquist 频率的频率成分滤掉；ADC 将模拟信号转换成 DSP 可以处理的并行或串行的数字比特流；数字信号处理部分完成数字信号处理算法；经过处理的数字信号经 DAC 转换成为模拟样值之后，再由抗镜像滤波器完成模拟波形的重建。

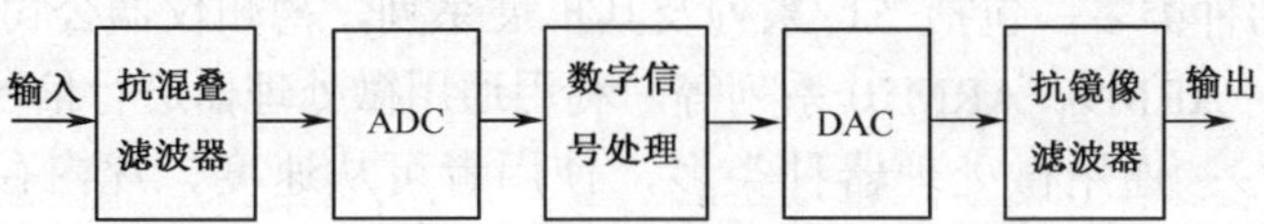

图 1-1　典型实时数字信号处理系统框图

和其他数字系统一样，实时数字信号处理系统具有许多模拟系统不具备的优点，如灵活，可编程，支持时分复用，易于模块化设计，可重复使用，可靠性高，抗环境干扰能力强，易于维护等。当前使用的数字信号处理系统主要有以下几种，它们各具优缺点，这就需要使用者根据具体情况做出相应选择。

1．利用 X86 处理器完成实时数字信号处理

随着 CPU 技术的不断进步，X86 处理器的处理能力不断发展，基于 X86 处理器的处理系统已经不仅局限于以往的模拟和仿真，也能满足部分数字信号的实时处理要求，而各种便携式或工业标准的推出，如 PC104、PC104 Plus 结构，以及 CPCI 总线标准的应用，这些都改善了 X86 系统的抗恶劣环境的性能，扩展了 X86 系统的应用范围。利用 X86 系统进行实时数字信号处理有下列优点。

（1）处理器选择范围较宽：X86 处理器涵盖了从 386 到奔腾系列，处理速度从 100MHz 到几 GHz，而为了满足工控等各种应用，X86 厂商也推出了多款低功耗处理器，其功耗远远小于商用处理器。

（2）主板及外设资源丰富：无论是普通结构，还是基于 PC104 和 PC104 Plus 结构，以及 CPCI 总线标准，都有多种主板及扩展子板可供选择，节省了用户的大量硬件开发时间。

（3）有多种操作系统可供选择：这些操作系统包括 Windows、Linux、Vx Works 等，而针对特殊应用，还可根据需要对操作系统进行剪裁，以适应实时数字信号处理要求。

（4）开发、调试较为方便：X86 的开发、调试工具十分成熟，使用者不需要很深的硬件基础，只要能够熟练使用 VC、C-Build 等开发工具即可进行开发。

但使用 X86 进行实时信号处理的缺点也是十分明显的，主要表现在以下几个方面。

（1）数字信号处理能力不强：X86 系列处理器没有为数字信号处理提供专用乘法器等资源，寻址方式也没有为数字信号处理进行优化，实时信号处理对中断的响应延迟时间要求十分严格，通用操作系统并不能满足这一要求。

（2）硬件组成较为复杂：即使是采用最小系统，X86 数字信号处理系统也要包括主板（包括 CPU、总线控制、内存等）、非易失存储器（硬盘或电子硬盘、SD 卡或 CF 卡）和信号输入/输出部分（这部分通常为 AD 扩展卡和 DA 扩展卡），如果再包括显示、键盘等设备，系统将更为复杂。

（3）系统体积、重量较大，功耗较高：即使采用紧凑的 PC104 结构，其尺寸也达到 96mm×90mm，而采用各种降低功耗的措施，X86 主板的峰值功耗仍不小于 5W，高功耗则对供电提出较高要求，则需要便携系统提供容量较大的电池，进一步增大了系统的重量。

（4）抗环境影响能力较弱：便携系统往往要工作于自然环境当中，温度、湿度、振动、电磁干扰等都会给系统正常工作带来影响，而为了克服这些影响，X86 系统所需付出的代价将是十分巨大的。

2．利用通用微处理器完成实时数字信号处理

通用微处理器的种类多，包括 51 系列及其扩展系列，德州仪器公司的 MSP430 系列，ARM 公司的 ARM7、ARM9、ARM10 系列等，利用通用微处理器进行信号处理的优点如下。

（1）可选范围广：通用微处理器种类多，使用者可从速度、片内存储器容量、片内外设资源等各种角度进行选择，许多处理器还为执行数字信号处理专门提供了乘法器等资源。

（2）硬件组成简单：只需要非易失存储器，A/D、D/A 即可组成最小系统，这类处理器一般都包括各种串行、并行接口，可以方便地与各种 A/D、D/A 转换器进行连接。

（3）系统功耗低，适应环境能力强。

利用通用微处理器进行信号处理的缺点有以下两点。

（1）信号处理的效率较低：以一个两个数值乘法为例，处理器需要先用两条指令从存储器当中取值到寄存器中，用一条指令完成两个寄存器的值相乘，再用一条指令将结果存到存储器中，这样，完成一次乘法就花费了 4 条指令，使信号处理的效率难以提高。

（2）内部 DMA 通道较少：数字信号处理需要对大量的数据进行搬移，如果这些数据搬移全部通过 CPU 进行，将极大的浪费 CPU 资源，但通用处理器往往 DMA 通道数量较少，甚至没有 DMA 通道，这也将影响信号处理的效率。

针对这些缺点，当前的发展趋势是在通用处理器中内嵌硬件数字信号处理单元，如很多视频处理器产品都是在 ARM9 处理器中嵌入 H.264、MPEG4 等硬件视频处理模块，从而取得了较好的处理效果；而另一条路径是在单片中集成 ARM 处理器和 DSP 处理器，类似的产品如德州仪器的 OMAP 处理器及最新的达芬奇视频处理器，它们就是在一个芯片中集成了一个 ARM9 处理器和一个 C55x 处理器或一个 C64x 处理器。

3．利用可编程逻辑阵列（FPGA）进行实时数字信号处理

随着微电子技术的快速发展，FPGA 的制作工艺已经进入到 28nm 时期，这意味在一片集成电路当中可以集成更多的晶体管，芯片运行更快，功耗更低。其主要优点如下。

（1）适合高速信号处理：FPGA 采用硬件实现数字信号处理，更加适合实现高速数字信号处理，对于采样率大于 100MHz 的信号，采用专用芯片或 FPGA 是适当的选择。

（2）具有专用数字信号处理结构：纵观当前最先进的 FPGA，如 ALTERA 公司的 Stratix Ⅳ、Ⅴ系列、Cyclone Ⅳ、Ⅴ系列，Xilinx 公司的 Virtex-6、Virtex-7 系列都为数字信号处理提供了专用的数字信号处理单元，这些单元由专用的乘法累加器组成，所提供的乘法累加器不仅减少了逻辑资源的使用，其结构也更加适合实现数字滤波器、FFT 等数字信号处理算法。

使用 FPGA 的缺点如下。

（1）开发需要较深的硬件基础：无论用 VHDL 还是 Verilog HDL 语言实现数字信号处理功能都需要较多的数字电路知识，硬件实现的思想与软件编程有着很大区别，从软件算法转移到 FPGA 硬件实现存在着很多需要克服的困难。

（2）调试困难：对 FPGA 进行调试与软件调试存在很大区别，输出的信号需要通过示波器、逻辑分析仪进行分析，或者利用 JTAG 端口输出波形文件，而很多处理的中间信号量甚至无法引出进行观察，因此 FPGA 的更多工作是通过软件仿真来进行验证的，这就需要编写全面的测试文件，FPGA 的软件测试工作是十分艰巨的。

4．利用数字信号处理器实现实时数字信号处理

数字信号处理器（Digital Signal Processor，DSP）是一种专门为实时、快速实现各种数字信号处理算法而设计的具有特殊结构的微处理器。20 世纪 80 年代初，世界上第一片可编程 DSP 芯片的诞生为数字信号处理理论的实际应用开辟了道路；随着低成本数字信号处理器的不断推出，更加促进了这一进程。90 年代以后，DSP 芯片的发展突飞猛进。其功能日益强大，性能价格比不断上升，开发手段不断改进。DSP 芯片已成为集成电路中发展最快

的电子产品之一。DSP 芯片迅速成为众多电子产品的核心器件，DSP 系统也被广泛地应用于当今技术革命的各个领域——通信电子、信号处理、自动控制、雷达、军事、航空航天、医疗、家用电器、电力电子，而且新的应用领域还在不断地被发现、拓展。可以说，DSP 技术还在不断进步，未来发展的方向是向多核、导构方向发展。

1.2 数字信号处理器的特点

DSP 系统的应用领域极其广泛，目前其主要的应用领域如下。

（1）基本信号处理：数字滤波器、自适应滤波、FFT、相关运算、谱分析、卷积运算、模式匹配、窗函数、波形产生和变换等。

（2）通信：调制解调、自适应均衡、数据加密、数据压缩、回波抵消、多路复用、传真、扩频通信、纠错编码等。

（3）语音：语音编码、语音合成、语音识别、语音增强、说话人的辨认和确认、语音邮件、语音储存等。

（4）图形图像：二维和三维的图形处理和图像的压缩、传输与增强、机器人视觉等。

（5）军事：保密通信、雷达信号处理、声呐信号处理、导航、导弹制导等。

（6）仪器仪表：频谱分析、函数发生、锁相环、地震信号处理等。

（7）控制：引擎控制、声控、自动驾驶、机器人控制、磁盘控制等。

（8）医疗：助听、超声设备、诊断工具、患者监护等。

（9）家用电器：高保真音响、智能玩具与游戏、数字电话、数字电视等。

DSP 当前最大的应用领域是通信。以无线通信领域中的数字蜂窝电话为例，蜂窝电话中的 DSP 协调模拟基带芯片、电源处理芯片，数字基带处理芯片，RF 射频处理芯片合理而快速地工作，并兼有开发和测试的功能。使移动通信设备更加个性化、智能化。

军事领域是高性能 DSP 的天地。例如，雷达图像处理中使用 DSP 进行目标识别和实时飞行轨迹估计，要求浮点 DSP 每秒执行数十亿次浮点运算，而定点 DSP 的运算能力已经高达 9600MIPS。

嵌入 DSP 的家用电器已经融入了我们的生活之中。例如，在高清晰数字电视中，就采用 DSP 实现了其中关键的 MPEG2 译码电路；又如，使用 DSP 技术的家庭音响可以产生比模拟音响更自然、更清晰和更丰富的音响效果；再如，配置了 DSP 处理器的洗衣机、冰箱不仅提高了系统的功能、效率和可靠性，减少了系统能耗和电磁干扰，而且更加容易操作和控制。

DSP 的应用领域也在不断地扩大。例如，DSP 是运行计算机图像学（Computer Graphics，CG）软件和提供虚拟现实（Virtual Reality，VR）系统三维图形处理能力最为关键的器件。DSP 使 CG、VR 传统分析方法得到了质的飞跃。可以预见，随着 DSP 芯片性价比的不断提高和新的实用 DSP 算法的不断出现，DSP 系统的应用在深度和广度上会有更大的发展。

1.2.1 存储器结构

众所周知，微处理器的存储器结构分为两大类：冯·诺伊曼结构和哈佛结构。由于成本的原因，GPP 广泛使用冯·诺伊曼存储器结构。典型冯·诺伊曼结构的特点是只有一个存储器空间、一套地址总线和一套数据总线；指令、数据都存放在这个存储器空间中，统一分配地址，所以处理器必须分时访问程序和数据空间。通常，做一次乘法会发生 4 次存储器访问，用掉至少 4 个指令周期。

为了提高指令执行速度，DSP 采用了程序存储器空间和数据存储器空间分开的哈佛结构和多套地址、数据总线，其结构如图 1-2 所示。哈佛结构是并行体系结构，程序和数据存于不同的存储器空间，每个存储器空间独立编址、独立访问。因此，DSP 可以同时取指令（来自程序存储器）和取操作数（来自数据存储器）；而且，还允许在程序空间和数据空间之间相互传送数据。哈佛读/写结构使 DSP 很容易实现单周期乘法运算。

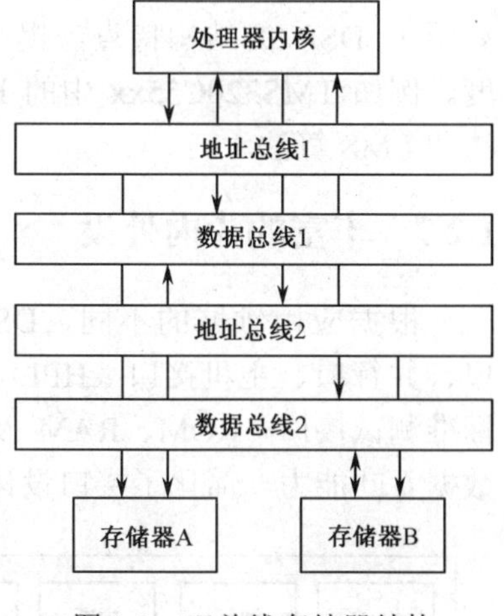

图 1-2　双总线存储器结构

今天，高性能 GPP 采用了片内高速缓存（Cache）技术以加快其处理速度。在 DSP 中也引入了这一技术，TMS320VC5510 就为内核提供了指令高速缓存。采用这一技术的原因是指令可能存储在内部存储器或外部存储器，而当其存储在外部存储器时，CPU 可以用高速缓存保存最近执行的指令，从而提高了系统的处理效率。

1.2.2　流水线

流水线结构将指令的执行分解为取指、译码、取操作数和执行等几个阶段。在程序运行过程中，不同指令的不同阶段在时间上是重叠的，流水线结构提高了指令执行的整体速度，有助于保证数字信号处理的实时性。因此，所有 DSP 均采用一定级数的流水线，如 TMS320C54x DSP 采用 6 级流水线，而 TMS320C6xxx DSP 采用 8 级流水线。TMS320C55x DSP 的流水线则被分为指令流水线和执行流水线两部分，指令流水线完成访问地址产生、等待存储器回应、取指令包、预解码等工作；执行流水线完成译码、读取/修改寄存器、读操作数和输出结果等工作。

1.2.3　硬件乘法累加单元

由于 DSP 任务包含大量的乘法—累加操作，所以 DSP 处理器使用专门的硬件来实现单周期乘法，并使用累加器寄存器来处理多个乘积的累加；而且几乎所有 DSP 指令集都包含有 MAC 指令。而 GPP 通常使用微程序实现乘法。

1.2.4　零开销循环

DSP 算法的特点之一是主要的处理时间用在程序中的循环结构中，因此多数 DSP 都有专门支持循环结构的硬件。所谓“零开销”（zero overhead）是指循环计数、条件转移等循环机制由专门硬件控制，而处理器不用花费任何时间。通常 GPP 的循环控制是用软件来实现的。

1.2.5　特殊的寻址方式

除了立即数寻址、直接寻址、间接寻址等常见寻址方式之外，DSP 还支持一些特殊的寻址方式。例如为了降低卷积、自相关算法和 FFT 算法的地址计算开销，多数 DSP 支持循环寻址和位倒序寻址。而 GPP 一般不支持这些寻址方式。

1.2.6 高效的特殊指令

DSP 指令集设计了一些特殊的 DSP 指令用于专门的数字信号处理操作。这些指令充分利用了 DSP 的结构特点，提高了指令执行的并行度，从而大大加快了完成这些操作的速度。例如 TMS320C55xx 中的 FIRSADD 指令和 LMS 指令，分别用于对称结构 FIR 滤波算法和 LMS 算法。

1.2.7 丰富的片内外设

根据应用领域的不同，DSP 片内集成了众多类型的硬件设备。例如，定时器、串行口、并行口、主机接口（HPI）、DMA 控制器、等待状态产生器、PLL 时钟产生器、JTEG 标准测试接口、ROM、RAM 及 Flash 等，如图 1-3 所示。这些片内外设提高了处理速度和数据吞吐能力，简化了接口设计，同时降低了系统功耗和节约了电路板空间。

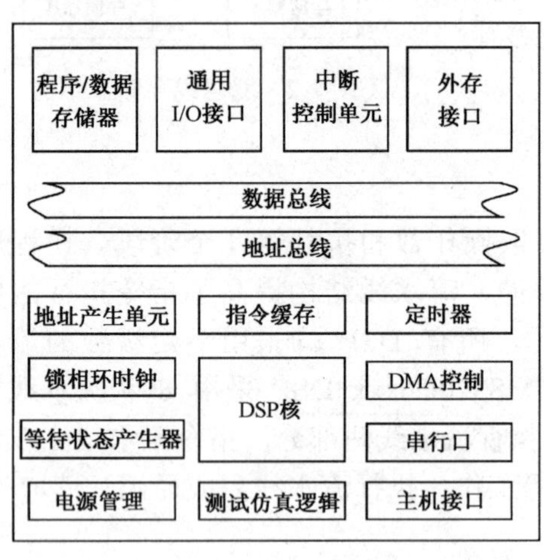

图 1-3 DSP 片内外设实例

除了上述软、硬件区别之外，从程序开发的角度上，DSP 和 GPP 也有重要区别。例如，GPP 一般使用 C 语言或 C++语言等高级语言；但因为大多数高级语言并不适合于描述典型 DSP 算法，所以 DSP 应用程序一般要用汇编语言或 C 语言与汇编语言嵌套的方式编写。即使采用 C 源代码编译为汇编代码的方法，许多核心代码最后还要用汇编语言进行手工优化。此外，大多数 DSP 厂商都提供一些开发仿真工具，以帮助程序员完成其开发仿真工作。DSP 仿真工具能够精确到指令周期，这对于确保实时性和代码优化非常重要。而 GPP 厂商通常并不需要提供这样的工具。

1.3 德州仪器公司的 DSP 产品

按照应用领域的要求，DSP 器件可以分为三类：第一类应用于工业控制领域，这方面的应用要求 DSP 工作稳定、可靠、集成度高、成本低，这类芯片一般都在内部集成了 CAN 总线、PWM 模块等适合于工业控制的专用外设；第二类是大量的低成本嵌入式应用系统，如手机、磁盘驱动器、MP3 播放器等，在这些应用中，成本、集成度和功耗是最重要的因素；第三类是需要用复杂算法对大量数据进行处理的应用，如声呐探测和地震探测等，该类设备批量小、算法复杂、对性能要求苛刻，而对成本和功耗并不是特别关注。因此，在选择 DSP 处理器时，要根据目标系统的不同要求，综合考虑性能、成本、集成度、开发的难易程度及功耗等因素。

德州仪器公司的 DSP 产品已经发展了三代，第一代是以 TMS320C10 为代表的数字信号处理器产品；接下来又推出了以 C2x、C3x 和 C4x 系列为代表的第二代数字信号处理器，其中 C2x 为 16 位定点信号处理器，C3x 和 C4x 为 32 位浮点信号处理器。1992 年，德州仪器公司推出了 TMS320C541 处理器，从此，德州仪器公司的数字信号处理器进入了第三代。第三代处理器在 10 余年的时间得到了飞速发展，现在已经拥有主要用于控制领域的 C24x 和 C28x 系列，用于便携消费电子产品的低功耗 16 位定点数字信号处理器 C54x、C55x 系列，用于高速信号处理和图像处理的高性能 16 位定点数字信号处理器 C62x、C64x 系列，用于浮点信号处理的 32 位浮点信号处理器 C67x 和 TMS320C33。最新一代处理器是新推出的 C66x 系列处理器，它融合了定点和浮点处理能力，内核数量最多达到 8 个 C66x 内核和 4 个 ARM Cortex-A15 内核，代表着数字信号处理器的未来发展方向。我们首先对德州仪器的第三代数字信号处理器产品和 C66x 多核处理器系列进行简要的介绍，读者可据此选择适合的 DSP 芯片。

1.3.1 C24x 系列和 C28x 系列

C24x 系列主要用于电机控制领域，它可为交流感应电机、直流永磁体电机和开关激励式电机等提供高效控制，为无刷电机的变速控制提供了廉价且高可靠性的解决方案，例如应用 C24x 系列处理器进行变频调节与非变频系统相比可以节省 25%的能源消耗。C24x 系列处理器采用 TMS320C2XX 内核，该内核具有一个 32 位算术逻辑单元，一个 32 位累加器，一个 16 位×16 位乘法器，为了配合算术逻辑单元工作还提供了输入和输出数据移位器，为 8 个辅助寄存器和一个辅助寄存器算术单元提供了数据地址产生电路，还有专用的程序地址产生电路。它们内部集成了 DSP 内核和微控制器片上外设，为用户提供了一种方便的单片解决方案。C24x 内部集成了 DARAM、Flash（或 E^2PROM）存储器、16 位定时器、脉宽调制器、A/D 转换器、看门狗模块及 CAN 总线接口模块、SPI（Serial Peripheral Interface）和 SCI（Serial Communications Interface）等通信接口。表 1-1 所示为 C24x 系列处理器的内部资源、封装、电源等基本情况。

表 1-1 C24x 处理器概况

型号（TMS320）	频率（MHz）	RAM（KB）	Flash（KB）	供电	封装	外 设
F240	20	1	32	内核：5V I/O：5V	132 脚 BQFP	16 位 EMIF 接口，12 通道 PWM 模块，16 通道 10 位 ADC，1 个 SCI 接口，3 个 SPI 接口，28 个 GPIO（通用输入/输出接口），1 个看门狗模块，3 个 16 位通用定时器，4 个 CAP（事件捕获单元），2 个 QEP（积分输出单元）
F241	20	1	16	内核：5V I/O：5V	64 脚 QFP 68 脚 PLCC	8 通道 PWM 模块，8 通道 10 位 ADC，1 个 SCI 接口，3 个 SPI 接口，1 个 CAN 总线接口，26 个 GPIO，1 个看门狗模块，2 个 16 位通用定时器，3 个 CAP，2 个 QEP
F242	20	1	16	内核：5V I/O：5V	144 脚 LQFP	16 位 EMIF 接口，8 通道 PWM 模块，8 通道 10 位 ADC，1 个 SCI 接口，3 个 SPI 接口，1 个 CAN 总线接口，32 个 GPIO，1 个看门狗模块，2 个 16 位通用定时器，3 个 CAP，2 个 QEP
LC2401A	40	2	E^2PROM 16	内核：3.3V I/O：3.3V	32 脚 LQFP	7 通道 PWM 模块，5 通道 10 位 ADC，1 个 SCI 接口，13 个 GPIO，1 个看门狗模块，2 个 16 位通用定时器，1 个 CAP
LC2402A	40	1	E^2PROM 12	内核：3.3V I/O：3.3V	64 脚 QFP/ TQFP	8 通道 PWM 模块，8 通道 10 位 ADC，1 个 SCI 接口，21 个 GPIO，1 个看门狗模块，2 个 16 位通用定时器，3 个 CAP，2 个 QEP

续表

型号（TMS320）	频率（MHz）	RAM（KB）	Flash（KB）	供电	封装	外设
LC2403A	40	2	E^2PROM 32	内核：3.3V I/O：3.3V	64 脚 TQFP	8 通道 PWM 模块，8 通道 10 位 ADC，1 个 SCI 接口，1 个 SPI 接口，1 个 CAN 总线接口， 21 个 GPIO，1 个看门狗模块，2 个 16 位通用定时器，3 个 CAP，2 个 QEP
LC2406A	40	5	E^2PROM 64	内核：3.3V I/O：3.3V	100 脚 LQFP	16 通道 PWM 模块，8 通道 10 位 ADC，1 个 SCI 接口，1 个 SPI 接口，1 个 CAN 总线接口， 41 个 GPIO，1 个看门狗模块，4 个 16 位通用定时器，6 个 CAP，4 个 QEP
LF2401A	40	2	16	内核：3.3V I/O：3.3V	32 脚 LQFP	8 通道 PWM 模块，5 通道 10 位 ADC，1 个 SCI 接口， 13 个 GPIO，1 个看门狗模块，2 个 16 位通用定时器 1 个 CAP
LF2402A	40	2	16	内核：3.3V I/O：3.3V	64 脚 QFP	8 通道 PWM 模块，8 通道 10 位 ADC，1 个 SCI 接口， 21 个 GPIO，1 个看门狗模块，2 个 16 位通用定时器，3 个 CAP，2 个 QEP
LF2403A	40	2	32	内核：3.3V I/O：3.3V	64 脚 TQFP	8 通道 PWM 模块，8 通道 10 位 ADC，1 个 SCI 接口，1 个 SPI 接口，1 个 CAN 总线接口， 21 个 GPIO，1 个看门狗模块，2 个 16 位通用定时器，3 个 CAP，2 个 QEP
LF2406A	40	5	64	内核：3.3V I/O：3.3V	100 脚 LQFP	16 通道 PWM 模块，8 通道 10 位 ADC，1 个 SCI 接口，1 个 SPI 接口，1 个 CAN 总线接口， 41 个 GPIO，1 个看门狗模块，4 个 16 位通用定时器，6 个 CAP，4 个 QEP
LF2407A	40	5	64	内核：3.3V I/O：3.3V	144 脚 LQFP	16 位 EMIF 接口，16 通道 PWM 模块，16 通道 10 位 ADC，1 个 SCI 接口，1 个 SPI 接口，1 个 CAN 总线接口， 41 个 GPIO，1 个看门狗模块，4 个 16 位通用定时器，6 个 CAP，4 个 QEP

C28x 系列处理器是德州仪器公司为控制领域的高端应用而开发的系列产品。首先内核由 C24x 系列的 16 位提升为 32 位， DSP 内核提供了两个 16 位×16 位乘法累加器，可以进行 16 位×16 位、32 位×32 位乘法累加运算。该系列芯片采用了先进芯片制造技术，速度升高到 60～150MHz，Flash 存储器的容量最高提升到 512KB。C28x 系列又分为三个小系列，即 C280x、C281x 和 C2833x，而 C2833x 系列又为用户提供了浮点处理能力。

C280x 系列为低价格数字信号控制器，速度从 60 MHz 到 100MHz，表 1-2 所示为 C280x 系列处理器的内部资源、封装、电源等基本情况。

表 1-2　C280x 处理器概况

型号（TMS320）	频率（MHz）	RAM（KB）	Flash（KB）	供电	封装	外设
F2801	60/100	12	32	内核：1.8V I/O：3.3V	60MHz 100 脚 LQFP 100 脚 BGA/BGA MICRO STAR 100 脚 LQFP	8 通道 PWM 模块，16 通道 12 位 ADC，1 个 SCI 接口，2 个 SPI 接口，1 个 CAN 总线接口，1 个 I^2C 接口，35 个 GPIO（通用输入/输出接口），1 个看门狗模块，3 个 32 位通用定时器，2 个 CAP，1 个 QEP

续表

型号（TMS320）	频率（MHz）	RAM（KB）	Flash（KB）	供电	封装	外　设
F2802	60/100	12	64	内核：1.8V I/O：3.3V	同 2801	8 通道 PWM 模块，16 通道 12 位 ADC，1 个 SCI 接口，2 个 SPI 接口，1 个 CAN 总线接口，1 个 I^2C 接口，35 个 GPIO（通用输入/输出接口），1 个看门狗模块，3 个 32 位通用定时器，2 个 CAP，1 个 QEP
F2806	100	20	64	内核：1.8V I/O：3.3V	同 100MHz2801	16 通道 PWM 模块，16 通道 12 位 ADC，2 个 SCI 接口，4 个 SPI 接口，1 个 CAN 总线接口，1 个 I^2C 接口，35 个 GPIO（通用输入/输出接口），1 个看门狗模块，3 个 32 位通用定时器，4 个 CAP，2 个 QEP
F2808	100	36	128	内核：1.8V I/O：3.3V	同 100MHz2801	16 通道 PWM 模块，16 通道 12 位 ADC，2 个 SCI 接口，4 个 SPI 接口，2 个 CAN 总线接口，1 个 I^2C 接口，35 个 GPIO（通用输入/输出接口），1 个看门狗模块，3 个 32 位通用定时器，4 个 CAP，2 个 QEP
F2809	100	36	256	内核：1.8V I/O：3.3V	同 100MHz2801	16 通道 PWM 模块，16 通道 12 位 ADC，2 个 SCI 接口，4 个 SPI 接口，2 个 CAN 总线接口，1 个 I^2C 接口，35 个 GPIO（通用输入/输出接口），1 个看门狗模块，3 个 32 位通用定时器，4 个 CAP，2 个 QEP
F28015	60	12	32	内核：1.8V I/O：3.3V	100 脚 LQFP	8 通道 PWM 模块，16 通道 12 位 ADC，1 个 SCI 接口，1 个 SPI 接口，1 个 I^2C 接口，35 个 GPIO（通用输入/输出接口），1 个看门狗模块，3 个 32 位通用定时器，2 个 CAP
F28016	60	12	32	内核：1.8V I/O：3.3V	100 脚 LQFP	8 通道 PWM 模块，16 通道 12 位 ADC，1 个 SCI 接口，1 个 SPI 接口，1 个 CAN 总线接口，1 个 I^2C 接口，35 个 GPIO（通用输入/输出接口），1 个看门狗模块，3 个 32 位通用定时器，2 个 CAP
F28044	100	20	128	内核：1.8V I/O：3.3V	100 脚 LQFP	16 通道 PWM 模块，16 通道 12 位 ADC，1 个 SCI 接口，1 个 SPI 接口，1 个 I^2C 接口，35 个 GPIO（通用输入/输出接口），1 个看门狗模块，3 个 32 位通用定时器

C281x 系列的速度提高到 150MHz，Flash 存储器的容量扩展到 128KB 和 256KB，AD 转换器的速度提高到 12.5MSPS，C2810、C2811 还具有代码兼容和引脚兼容的特点，表 1-3 所示为 C281x 系列处理器的内部资源、封装、电源等基本情况。

C2833x 系列在 C281x 的基础上还集成了一个单精度浮点运算单元，外部具有了 32/16 位 EMIF 接口，为了便于同外设进行通信还提供了一个 6 通道 DMA 控制器，Flash 存储器的容量扩展到 128KB、256KB 和 512KB，表 1-4 所示为 C2833x 系列处理器的内部资源、封装、电源等基本情况。

表 1-3 C281x 处理器概况

型号（TMS320）	频率（MHz）	RAM（KB）	Flash（KB）	供电	封装	外设
F2810	150	36	128	内核：1.9V I/O：3.3V	128 脚 LQFP	16 通道 PWM 模块，16 通道 12 位 ADC，1 个 McBSP 接口，1 个 SCI 接口，2 个 SPI 接口，1 个 CAN 总线接口，1 个 I^2C 接口，56 个 GPIO（通用输入/输出接口），1 个看门狗模块，3 个 32 位通用定时器，6 个 CAP，2 个 QEP
F2811	150	36	256	内核：1.9V I/O：3.3V	128 脚 LQFP	16 通道 PWM 模块，16 通道 12 位 ADC，1 个 McBSP 接口，1 个 SCI 接口，2 个 SPI 接口，1 个 CAN 总线接口，1 个 I^2C 接口，56 个 GPIO（通用输入/输出接口），1 个看门狗模块，3 个 32 位通用定时器，6 个 CAP，2 个 QEP
F2812	150	36	256	内核：1.9V I/O：3.3V	176 脚 LQFP 179 脚 BGA/ BGA MICRO STAR	1 个 16 位 EMIF 接口，16 通道 PWM 模块，16 通道 12 位 ADC，1 个 McBSP 接口，1 个 SCI 接口，2 个 SPI 接口，1 个 CAN 总线接口，1 个 I^2C 接口，56 个 GPIO（通用输入/输出接口），1 个看门狗模块，3 个 32 位通用定时器，6 个 CAP，2 个 QEP
R2811	150	40		内核：1.9V I/O：3.3V	128 脚 LQFP	16 通道 PWM 模块，16 通道 12 位 ADC，1 个 McBSP 接口，1 个 SCI 接口，2 个 SPI 接口，1 个 CAN 总线接口，1 个 I^2C 接口，56 个 GPIO（通用输入/输出接口），1 个看门狗模块，3 个 32 位通用定时器，6 个 CAP，2 个 QEP
F2812	150	40	256	内核：1.9V I/O：3.3V	176 脚 LQFP 179 脚 BGA/ BGA MICRO STAR	1 个 16 位 EMIF 接口，16 通道 PWM 模块，16 通道 12 位 ADC，1 个 McBSP 接口，1 个 SCI 接口，2 个 SPI 接口，1 个 CAN 总线接口，1 个 I^2C 接口，56 个 GPIO（通用输入/输出接口），1 个看门狗模块，3 个 32 位通用定时器，6 个 CAP，2 个 QEP

表 1-4 C2833x 处理器概况

型号（TMS320）	频率（MHz）	RAM（KB）	Flash（KB）	供电	封装	外设
F28332	150	52	128	内核：1.9V I/O：3.3V		1 个 32/16 位 EMIF 接口，16 通道 PWM 模块，16 通道 12 位 ADC，1 个 McBSP 接口，2 个 SCI 接口，1 个 SPI 接口，2 个 CAN 总线接口，1 个 I^2C 接口，88 个 GPIO（通用输入/输出接口），1 个看门狗模块，3 个 32 位通用定时器，4 个 CAP，2 个 QEP

续表

型号（TMS320）	频率（MHz）	RAM（KB）	Flash（KB）	供电	封装	外设
F28334	150	68	256	内核：1.9V I/O：3.3V	176 脚 LQFP 179BGA MICRO STAR	1 个 32/16 位 EMIF 接口，18 通道 PWM 模块，16 通道 12 位 ADC，2 个 McBSP 接口，3 个 SCI 接口，1 个 SPI 接口，2 个 CAN 总线接口，1 个 I^2C 接口，88 个 GPIO（通用输入/输出接口），1 个看门狗模块，3 个 32 位通用定时器，4 个 CAP，2 个 QEP
F28334	150	68	512	内核：1.9V I/O：3.3V	176 脚 LQFP 179BGA/ BGA MICRO STAR	1 个 32/16 位 EMIF 接口，18 通道 PWM 模块，16 通道 12 位 ADC，2 个 McBSP 接口，3 个 SCI 接口，1 个 SPI 接口，2 个 CAN 总线接口，1 个 I^2C 接口，88 个 GPIO（通用输入/输出接口），1 个看门狗模块，3 个 32 位通用定时器，4 个 CAP，2 个 QEP

1.3.2 C62x 系列和 C64x 系列

C62x 系列是德州仪器公司第一个采用超长指令字的 DSP 产品，它的内部包含 6 个算术逻辑单元和两个 16 位×16 位乘法器，这样 C6000 系列可以在一个循环中完成 8 次操作。C62x 系列处理器的推出具有里程碑式的意义，它为高性能 DSP 树立了标准，表 1-5 所示为 C62x 系列处理器的内部资源、封装、电源等基本情况。

表 1-5　C62x 处理器概况

型号（TMS320）	频率（MHz）	RAM（KB）	供电	封装	外设
C6201	200	128	内核：1.8V I/O：3.3V	352FC/ CSP	1 个 32 位 EMIF 接口，可接异步 SRAM、同步 SDRAM/SBSRAM，4 通道 DMA，2 个 32 位定时器，2 个 McBSP 接口，1 个 16 位 HPI 接口
C6202B	250 300	384	内核：1.5V I/O：3.3V		1 个 32 位 EMIF 接口，可接异步 SRAM、同步 SDRAM/SBSRAM，4 通道 DMA，2 个 32 位定时器，3 个 McBSP 接口
C6203B	250 300	896	内核：1.5V I/O：3.3V	384FC/ CSP	1 个 32 位 EMIF 接口，可接异步 SRAM、同步 SDRAM/SBSRAM，4 通道 DMA，2 个 32 位定时器，3 个 McBSP 接口
C6204	200	128	内核：1.5V I/O：3.3V		1 个 32 位 EMIF 接口，可接异步 SRAM、同步 SDRAM/SBSRAM，4 通道 DMA，2 个 32 位定时器，2 个 McBSP 接口
C6205	200	128	内核：1.5V I/O：3.3V		1 个 32 位 EMIF 接口，可接异步 SRAM、同步 SDRAM/SBSRAM，4 通道 DMA，2 个 32 位定时器，2 个 McBSP 接口，32 位 PCI 接口
C6211B	150/ 167	64	内核：1.8V I/O：3.3V	256BGA	1 个 32 位 EMIF 接口，可接异步 SRAM、同步 SDRAM/SBSRAM，16 通道 DMA，2 个 32 位定时器，2 个 McBSP 接口 1 个 16 位 HPI 接口

C64x 系列采用了 C64x 内核，采用了增强型超长指令字结构，改进了流水线结构，支持 32 位或 64 位宽度存储器访问，最高处理能力已经达到 9600MIPS，表 1-6 所示为 C64x 系列处理器的内部资源、封装、电源等基本情况。

表 1-6 C64x 处理器概况

型号（TMS320）	频率（MHz）	RAM（KB）	供电（内核/外设）	封装	外设
C6410	400	128	1.2V/3.3V	352FC/ CSP	1 个 32 位 EMIF 接口，可接异步 SRAM、同步 SDRAM/SBSRAM，64 通道 DMA，3 个 32 位定时器，2 个 McBSP 接口，2 个 I^2C 接口，1 个 32/16 位 HPI 接口
C6411	300	256	1.2V/3.3V	532FC BGA	1 个 32 位 EMIF 接口，可接异步 SRAM、同步 SDRAM/SBSRAM，64 通道 DMA，3 个 32 位定时器，2 个 McBSP 接口， 1 个 32/16 位 HPI 接口，10/100M EMAC 接口
C6412	600 720	256	1.2V/3.3V	532FC BGA	1 个 64 位 EMIF 接口，可接异步 SRAM、同步 SDRAM/SBSRAM，64 通道 DMA，3 个 32 位定时器，2 个 McBSP 接口，1 个 I^2C 接口，1 个 32/16 位 HPI 接口，10/100M EMAC 接口，32 位[66 MHz] PCI 接口
C6413	500	256	1.2V/3.3V	288FC BGA	1 个 32 位 EMIF 接口，可接异步 SRAM、同步 SDRAM/SBSRAM，64 通道 DMA，3 个 32 位定时器，2 个 McBSP 接口，2 个 I^2C 接口，1 个 32/16 位 HPI 接口
C6418	500 600	512	1.4V/3.3V	288FC BGA	1 个 32 位 EMIF 接口，可接异步 SRAM、同步 SDRAM/SBSRAM，64 通道 DMA，3 个 32 位定时器，2 个 McBSP 接口，2 个 I^2C 接口，1 个 32/16 位 HPI 接口
C6414 -5E0 -6E3 -7E3	 500 600 720	1024	1.2V/3.3V 1.4V/3.3V 1.4V/3.3V	532FC BGA	1 个 16 位、1 个 64 位 EMIF 接口，可接异步 SRAM、同步 SDRAM/SBSRAM，1 个 32/16 位 HPI 接口，3 个 32 位定时器，3 个 McBSP 接口，64 通道 EDMA
C6414T -600 -720 -850 -1000	 600 720 850 1000	1024	1.1V/3.3V 1.2V/3.3V 1.2V/3.3V 1.2V/3.3V	532FC BGA	1 个 16 位、1 个 64 位 EMIF 接口，可接异步 SRAM、同步 SDRAM/SBSRAM，1 个 32/16 位 HPI 接口，3 个 32 位定时器，3 个 McBSP 接口，64 通道 EDMA
C6415 -5E0 -6E3 -7E3	 500 600 720	1024	1.2V/3.3V 1.4V/3.3V 1.4V/3.3V	532FC BGA	1 个 16 位、1 个 64 位 EMIF 接口，可接异步 SRAM、同步 SDRAM/SBSRAM，1 个 32/16 位 HPI 接口，3 个 32 位定时器，3 个 McBSP 接口，64 通道 EDMA，1 个 UTOPIA 接口，1 个 32 位 PCI 接口
C6415T -600 -720 -850 -1000	 600 720 850 1000	1024	1.1V/3.3V 1.2V/3.3V 1.2V/3.3V 1.2V/3.3V	532FC BGA	1 个 16 位、1 个 64 位 EMIF 接口，可接异步 SRAM、同步 SDRAM/SBSRAM，1 个 32/16 位 HPI 接口，3 个 32 位定时器，3 个 McBSP 接口，64 通道 EDMA，1 个 UTOPIA 接口，1 个 32 位 PCI 接口
C6416 -5E0 -6E3 -7E3	 500 600 720	1024	1.2V/3.3V 1.4V/3.3V 1.4V/3.3V	532FC BGA	1 个 16 位、1 个 64 位 EMIF 接口，可接异步 SRAM、同步 SDRAM/SBSRAM，1 个 32/16 位 HPI 接口，3 个 32 位定时器，3 个 McBSP 接口，64 通道 EDMA，1 个 UTOPIA 接口，1 个 32 位 PCI 接口，1 个 TCP（Turbo 码译码器），1 个 VCP（Viterb 译码器）

续表

型号 （TMS320）	频率 （MHz）	RAM （KB）	供电 （内核/外设）	封装	外 设
C6416T -600 -720 -850 -1000	 600 720 850 1000	1024	1.1V/3.3V 1.2V/3.3V 1.2V/3.3V 1.2V/3.3V	532FC BGA	1 个 16 位、1 个 64 位 EMIF 接口，可接异步 SRAM、同步 SDRAM/SBSRAM，1 个 32/16 位 HPI 接口，3 个 32 位定时器，3 个 McBSP 接口，64 通道 EDMA，1 个 UTOPIA 接口，1 个 32 位 PCI 接口，1 个 TCP（Turbo 码译码器），1 个 VCP（Viterb 译码器）
C6421 -400 -500 -600	 400 500 600	64	1.05V， 1.2V/1.8V，3.3V 1.2V/1.8V，3.3V 1.2V/1.8V，3.3V	361 BGA	1 个 8 位、1 个 16 位 DDR2 EMIF 接口，可接异步 SRAM、同步 SDRAM/SBSRAM，DDR2SDRAM，NAND Flash，1 个 16 位 HPI 接口，1 个 64 位看门狗定时器，2 个 64 位定时器，1 个 McBSP 接口，1 个 I^{2}C 接口，64 通道 EDMA，10/100M EMAC 接口
C6424 -400 -500 -600	 400 500 600	128	1.05V，1.2V/1.8V， 3.3V 1.2V/1.8V，3.3V 1.2V/1.8V，3.3V	361 BGA	1 个 16/8 位、1 个 32/16 位 DDR2 EMIF 接口，可接异步 SRAM、同步 SDRAM/SBSRAM，DDR2SDRAM，1 个 16 位 HPI 接口，1 个 64 位看门狗定时器，2 个 64 位定时器，2 个 McBSP 接口，1 个 I^{2}C 接口，64 通道 EDMA，1 个 32 位 PCI 接口， 10/100M EMAC 接口
C6452 -720 -900	 720 900	1408	1.2V/1.2V，1.8V， 3.3V 1.2V/1.2V，1.8V， 3.3V	529FC BGA	1 个 16 位、1 个 32 位 DDR2 EMIF 接口，可接异步 SRAM、同步 SDRAM/SBSRAM，DDR2SDRAM，1 个 32/16 位 HPI 接口，4 个 64 位定时器，1 个 McASP 接口，1 个 I^{2}C 接口，1 个 SPI 接口，64 通道 EDMA，1 个 32 位 PCI（66/33MHz）接口， 10/100/1000M EMAC 接口
C6454 -720 -850 -1000	720 850 1000	1048	1.2V/1.2V，1.5V， 1.8V，3.3V 1.2V/1.2V，1.5V， 1.8V，3.3V 1.25V/1.2V，1.5V， 1.8V，3.3V	679FC BGA	1 个 64 位、1 个 32 位 DDR2 EMIF 接口，可接异步 SRAM、同步 SDRAM/SBSRAM，DDR2SDRAM，1 个 32/16 位 HPI 接口，2 个 64 位定时器，2 个 McBSP 接口，1 个 I^{2}C 接口，1 个 SPI 接口，64 通道 EDMA，1 个 32 位 PCI（66/33MHz）接口， 10/100/1000M EMAC 接口
C6455 -720 -850 -1000 -1200	720 850 1000 1200	2048	1.2V/1.2V，1.5V， 1.8V，3.3V 1.2V/1.2V，1.5V， 1.8V，3.3V 1.25V/1.2V，1.5V， 1.8V，3.3V 1.25V/1.2V，1.5V， 1.8V，3.3V	679FC BGA	1 个 64 位、1 个 32 位 DDR2 EMIF 接口，可接异步 SRAM、同步 SDRAM/SBSRAM，DDR2SDRAM，1 个 32/16 位 HPI 接口，2 个 64 位定时器，2 个 McBSP 接口，1 个 I^{2}C 接口，1 个 SPI 接口，64 通道 EDMA，1 个 UTOPIA 接口，1 个 32 位 PCI（66/33MHz）接口，1 个串行 RapidIO 接口， 10/100/1000M EMAC 接口，1 个 TCP（Turbo 码译码器），1 个 VCP（Viterb 译码器）

1.3.3 C67x 系列和 C33

C67x 和 C33 是德州仪器公司的浮点数字信号处理器系列，C67x 除了兼容 C62x 指令集之外，还支持浮点操作。其内核包括 4 个浮点/定点算术逻辑单元，两个定点算术逻辑单元和两个浮点/定点乘法器，支持单精度和双精度浮点运算，表 1-7 所示为 C67x 系列和 C33 处理器的内部资源、封装、电源等基本情况。

表 1-7　C67x 和 C33 处理器概况

型号（TMS320）	频率（MHz）	RAM（KB）	供电（内核/外设）	封装	外　设
C6701 -150 -167	 150 167	128	1.8V/ 3.3V 1.9V/ 3.3V	352FC/ CSP	1 个 32 位 EMIF 接口，可接异步 SRAM、同步 SDRAM/SBSRAM，4 通道 DMA，2 个 32 位定时器
C6711D -167 -200 -250	 167 200 250		1.26V/ 3.3V 1.26V/ 3.3V 1.4V/3.3V	272 BGA	1 个 32 位 EMIF 接口，可接异步 SRAM、同步 SDRAM/SBSRAM，16 通道 DMA，2 个 32 位定时器
C6712D -150	 150		1.26V/ 3.3V	272 BGA	1 个 32 位 EMIF 接口，可接异步 SRAM、同步 SDRAM/SBSRAM，16 通道 DMA，2 个 32 位定时器
C6713B -167 -200 -225 -300	 167 200 225 300		1.2V/ 3.3V 1.26V/ 3.3V 1.26V/ 3.3V 1.4V/3.3V	272 BGA	1 个 32 位 EMIF 接口，可接异步 SRAM、同步 SDRAM/SBSRAM，16 通道 DMA，2 个 32 位定时器
C6720 -200	 200	64	1.2V/ 3.3V	144H TQFP	1 个 16 位 EMIF 接口，可接异步 SRAM、同步 SDRAM/SBSRAM，Dmax DMA，1 个实时时钟定时器，2 个 I^2C 接口，2 个 McASP 接口
C6722B -200 -225 -250	 200 225 250	128	1.2V/ 3.3V 1.2V/ 3.3V 1.2V/ 3.3V	144H TQFP	1 个 16 位 EMIF 接口，可接异步 SRAM、同步 SDRAM/SBSRAM，Dmax DMA，1 个实时时钟定时器，2 个 I^2C 接口，2 个 McASP 接口
C6726B -225 -266	 225 266	256	1.2V/ 3.3V 1.2V/ 3.3V	144H TQFP	1 个 16 位 EMIF 接口，可接异步 SRAM、同步 SDRAM/SBSRAM，Dmax DMA，1 个实时时钟定时器，2 个 I^2C 接口，3 个 McASP 接口
C6727B -250 -275 -300 -350	 250 275 300 350	256	1.2V/ 3.3V 1.2V/ 3.3V 1.2V/ 3.3V 1.4V/ 3.3V	256 BGA	1 个 32 位 EMIF 接口，可接异步 SRAM、同步 SDRAM/SBSRAM，Dmax DMA，1 个实时时钟定时器，2 个 I^2C 接口，3 个 McASP 接口
VC33 -120 -150	 60 75	64	1.8V/3.3V 1.8V/3.3V	144 LQFP	1 个 32 位 EMIF 接口，可接异步 SRAM，1 个串行接口，2 个 32 位定时器，DMA 控制器

1.3.4　C54x 系列和 C55x 系列

C54x 和 C55x 系列是德州仪器公司为便携消费电子产品推出的低功耗 16 位定点数字信号处理器，本书将对 C55x 系列进行详细的介绍，在这里先对其内部资源、供电、封装等进行简单的描述。

C54x 系列针对低功耗应用采用了一系列措施，在确保性能的同时保证了 DSP 的低功耗，表 1-8 给出了 C54x 系列的简要描述。

表 1-8 C54x 处理器概况

型号（TMS320）	频率（MHz）	RAM（KB）	供电（内核/外设）	封装	外 设
VC5401 -50	50	16	1.8V/3.3V	144BGA 144LQFP	1 个 16 位 EMIF 接口，支持异步存储器，6 通道 DMA，8 位 HPI 接口，2 个 McBSP 接口，2 个 16 位定时器
VC5402 -100 -120	100 120	32	1.8V/3.3V	144BGA 144LQFP	1 个 16 位 EMIF 接口，支持异步存储器，6 通道 DMA，8 位 HPI 接口，2 个 McBSP 接口，2 个 16 位定时器
VC5402A -160	160	32	1.6V/3.3V	144BGA 144LQFP	1 个 16 位 EMIF 接口，支持异步存储器，6 通道 DMA，8/16 位 HPI 接口，3 个 McBSP 接口，1 个 16 位定时器
VC5404 -120	120	32	1.5V/3.3V	144BGA 144LQFP	1 个 16 位 EMIF 接口，支持异步存储器，6 通道 DMA，8/16 位 HPI 接口，3 个 McBSP 接口，2 个 16 位定时器
VC5407 -120	120	80	1.5V/3.3V	144BGA 144LQFP	1 个 16 位 EMIF 接口，支持异步存储器，6 通道 DMA，8/16 位 HPI 接口，3 个 McBSP 接口，2 个 16 位定时器
VC5409 -80 -100	80 100	64	1.8V/3.3V 1.8V/3.3V	144BGA 144LQFP	6 通道 DMA，8/16 位 HPI 接口，3 个 McBSP 接口，1 个 16 位定时器
VC5409A -120 -160	120 160	64	1.5V/3.3V 1.6V/3.3V	144BGA 144LQFP	6 通道 DMA，8/16 位 HPI 接口，3 个 McBSP 接口，1 个 16 位定时器
VC5410 -100	100	128	2.5V/3.3V	144LQFP 176BGA MICRO STAR	1 个 16 位 EMIF 接口，支持异步存储器，6 通道 DMA，8 位 HPI 接口，3 个 McBSP 接口，1 个 16 位定时器
VC5410A -120 -160	120 160	128	1.5V/3.3V 1.6V/3.3V	144LQFP 176BGA MICRO STAR	1 个 16 位 EMIF 接口，支持异步存储器，6 通道 DMA，8/16 位 HPI 接口，3 个 McBSP 接口，1 个 16 位定时器
VC5416 -120 -160	120 160	256	1.5V/3.3V 1.6V/3.3V	144BGA 144LQFP	1 个 16 位 EMIF 接口，支持异步存储器，6 通道 DMA，8/16 位 HPI 接口，3 个 McBSP 接口，1 个 16 位定时器
VC5420 -200	100	384	1.8V/3.3V	144LQFP	（2 个 C54x 内核）1 个 16 位 EMIF 接口，支持异步存储器，6 通道 DMA，16 位 HPI 接口，6 个 McBSP 接口，2 个 16 位定时器
VC5421 -200	100	512	1.8V/3.3V	144BGA 144LQFP	（2 个 C54x 内核）1 个 16 位 EMIF 接口，支持异步存储器，2 个 6 通道 DMA，16 位 HPI 接口，6 个 McBSP 接口，2 个 16 位定时器
VC5441 -532	133	1280	1.8V/3.3V	169BGA 176LQFP	（4 个 C54x 内核）4 个 6 通道 DMA，16 位 HPI 接口，12 个 McBSP 接口，4 个 16 位定时器
VC549 -100 -120	100 120	64	2.5V/3.3V 2.5V/3.3V	144BGA 144LQFP	1 个 16 位 EMIF 接口，支持异步存储器，8 位 HPI 接口，1 个 16 位定时器

C55x 是在 C54x 基础上开发的新型低功耗、高性能数字信号处理器，它兼容 C54x 代码集，乘法器变成两个，而采用最新芯片制造技术大幅度提升了 DSP 的主频，从而提高了

C55x 系列处理器的处理能力，表 1-9 所示为 C55x 系列的内部资源、封装、电源等基本情况。

表 1-9　C55x 处理器概况

型号（TMS320）	频率（MHz）	RAM（KB）	供电（内核/外设）	封装	外　设
VC5501 -300	300	32	1.26V/3.3V	176LQFP 201BGA MICROSTAR	1 个 32 位 EMIF 接口，支持异步 SRAM、同步 SDRAM/SBSRAM，6 通道 DMA，8 位 HPI 接口，1 个 I^2C 接口，2 个 McBSP 接口，1 个 UART 接口，1 个看门狗定时器，2 个 6 位定时器
VC5502 -200 -300	200 300	64	1.26V/3.3V 1.26V/3.3V	176LQFP 201BGA MICROSTAR	1 个 32 位 EMIF 接口，支持异步 SRAM、同步 SDRAM/SBSRAM，6 通道 DMA，8/16 位 HPI 接口，1 个 I^2C 接口，3 个 McBSP 接口，1 个 UART 接口，1 个看门狗定时器，2 个 64 位定时器
VC5503 -200 -144 -108	200 144 108	64	1.2V，1.35V，1.6V/2.7V～3.6V	179BGA	1 个 16 位 EMIF 接口，支持异步 SRAM、同步 SDRAM，6 通道 DMA，16 位 HPI 接口，1 个 I^2C 接口，2 个 McBSP 接口，1 个实时时钟，1 个看门狗定时器，2 个 16 位定时器
C5504 -100 -120 -150	100 120 150	256	1.05,1.3,1.4/1.8～3.3	196NFBGA	1 个 16 位 EMIF 接口，支持异步 SRAM、同步 SDRAM，4 通道 DMA，1 个 USB 接口，2 个 MMC/SD 接口，1 个 I2C 接口，1 个 UART 接口，1 个 SPI 接口，1 个实时时钟，1 个看门狗定时器，3 个 32 位定时器，支持 AAC-LC，MP3 和 WMA 编解码
C5505 -100 -120 -150	100 120 150	320	1.05,1.3,1.4/1.8～3.3	196NFBGA	1 个 16 位 EMIF 接口，支持异步 SRAM、同步 SDRAM，4 通道 DMA，1 个 USB 接口，2 个 MMC/SD 接口,4 通道 10 比特 ADC，1 个 I2C 接口，1 个 UART 接口，1 个 SPI 接口，1 个实时时钟，1 个看门狗定时器，3 个 32 位定时器,1 个 FFT 硬件加速器，支持 AAC-LC，MP3 和 WMA 编解码
VC5506 -108	108	128	1.2V/2.7V～3.6V	144LQFP 179BGA 179BGA MICROSTAR	1 个 16 位 EMIF 接口，支持异步 SRAM、同步 SDRAM，6 通道 DMA，1 个 USB2.0 接口，1 个 I^2C 接口，3 个 McBSP 接口，1 个实时时钟，1 个看门狗定时器，2 个 16 位定时器
VC5507 -200 -144 -108	200 144 108	128	1.2V，1.35V，1.6V/2.7V～3.6V	179BGA	1 个 16 位 EMIF 接口，支持异步 SRAM、同步 SDRAM/SBSRAM，6 通道 DMA，16 位 HPI 接口，1 个 USB2.0 接口，2 通道 10 位 ADC，（LQFP 为 4 通道），1 个 I^2C 接口，3 个 McBSP 接口，1 个实时时钟，1 个看门狗定时器，2 个 16 位定时器
VC5509A -200 -144 -108	200 144 108	256	1.2V，1.35V，1.6V/2.7V～3.6V	144LQFP 179BGA	1 个 16 位 EMIF 接口，支持异步 SRAM、同步 SDRAM，6 通道 DMA，16 位 HPI 接口，1 个 USB2.0 接口，2 通道 10 位 ADC，（LQFP 为 4 通道），1 个 I^2C 接口，3 个 McBSP 接口，1 个实时时钟，1 个看门狗定时器，2 个 16 位定时器

续表

型号（TMS320）	频率（MHz）	RAM（KB）	供电（内核/外设）	封装	外　设
VC5510A -160 -200	160 200	320	1.6V/3.3V	240BGA MICROSTAR	1个32位EMIF接口，支持异步SRAM、同步SDRAM，6通道DMA，16位HPI接口，3个McBSP接口，2个16位定时器
C5514 -100 -120	100 120	256	1.05,1.3/1.8～3.3	196NFBGA	1个16位EMIF接口，支持异步SRAM、同步SDRAM，4通道DMA，1个USB接口，2个MMC/SD接口，1个I^2C接口，1个UART接口，1个SPI接口，1个实时时钟，1个看门狗定时器，3个32位定时器，支持AAC-LC，MP3和WMA编解码
C5515 -100 -120	100 120	320	1.05,1.3/1.8～3.3	196NFBGA	1个16位EMIF接口，支持异步SRAM、同步SDRAM，4通道DMA，1个USB接口，2个MMC/SD接口，，4通道10比特ADC, 1个I^2C接口，1个UART接口，1个SPI接口，1个实时时钟，1个看门狗定时器，3个32位定时器，1个FFT硬件加速器，支持AAC-LC，MP3和WMA编解码
C5535 -50 -100	50 100	320	1.05,1.3/1.8～3.3	144BGA MICROSTAR	4通道DMA，3个32位定时器，2个嵌入式MMC/SD接口，1个UART接口，1个SPI接口，1个I^2C接口，4个I^2S接口，1个USB接口，4通道10比特ADC，1个FFT硬件加速器，支持AAC-LC，MP3和WMA编解码
C5534 -50 -100	50 100	320	1.05,1.3/1.8～3.3	144BGA MICROSTAR	4通道DMA，3个32位定时器，2个嵌入式MMC/SD接口，1个UART接口，1个SPI接口，1个I2C接口，4个I2S接口，1个USB接口，支持AAC-LC，MP3和WMA编解码
C5533 -50 -100	50 100	320	1.05,1.3/1.8～3.3	144BGA MICROSTAR	4通道DMA，3个32位定时器，2个嵌入式MMC/SD接口，1个UART接口，1个SPI接口，1个I2C接口，4个I2S接口，1个USB接口，支持AAC-LC，MP3和WMA编解码
C5532 -50 -100	50 100	320	1.05,1.3/1.8～3.3	144BGA MICROSTAR	4通道DMA，3个32位定时器，2个嵌入式MMC/SD接口，1个UART接口，1个SPI接口，1个I^2C接口，4个I2S接口，支持AAC-LC，MP3和WMA编解码

1.3.5　C66x 多核系列

C66x 系列处理器是德州仪器公司新推出的多核处理器，在该处理器上实现了定点和浮点处理能力的融合，用户可以根据需求选取其单核、双核、4核及8核产品，同第三代处理器相比，处理能力得到大幅提升，外设也实现了大幅升级，使得接口的数据吞吐率能够与处理能力相匹配。

表 1-10　C66x 多核处理器概况

型号（TMS320）	CPU	频率（MHz）	RAM（KB）	供电（内核/外设）	封装	外设
C6670 -1000 -1200	4 个 C66x	1000 1200	6400	0.9V~1.1V/ 1.0V~1.8V	841FCBGA	1 个 64 位 DDR3 EMIF 接口，支持 1600MHz 的 DDR3 SDRAM，64 通道 EDMA，1 个 I^2C 接口，8 个 64 位定时器，硬件加速器有 VCP2、TCP3d、TCP3e、FFT、PA，1 个 AIF2 天线接口，4 通道 SRIO2.1 接口，1 个 Hyperlink 接口，1 个 UART 接口，1 个 SPI 接口，3 个 PLLs
C6671 -1000 -1250	1 个 C66x	1000 1250	4672	0.9V~1.1V/ 1.0V~1.8V	841FCBGA	1 个 64 位 DDR3 EMIF 接口，支持 1600MHz 的 DDR3 SDRAM，64 通道 EDMA，1 个 I^2C 接口，9 个 64 位定时器，1 个 PA 硬件加速器；4 通道 SRIO2.1 接口，1 个 Hyperlink 接口，1 个 16 位 EMIF 接口，1 个 UART 接口，1 个 SPI 接口，3 个 PLLs
C6672 -1000 -1250 -1500	2 个 C66x	1000 1250 1500	5248	0.9V~1.1V/ 1.0V~1.8V	841FCBGA	1 个 64 位 DDR3 EMIF 接口，支持 1600MHz 的 DDR3 SDRAM，64 通道 EDMA，1 个 I^2C 接口，10 个 64 位定时器，1 个 PA 硬件加速器；4 通道 SRIO2.1 接口，1 个 Hyperlink 接口，1 个 16 位 EMIF 接口，1 个 UART 接口，1 个 SPI 接口，3 个 PLLs
C6674 -1000 -1250	4 个 C66x	1000 1250	6400	0.9V~1.1V/ 1.0V~1.8V	841FCBGA	1 个 64 位 DDR3 EMIF 接口，支持 DDR3 1600 SDRAM，64 通道 EDMA，1 个 I^2C 接口，12 个 64 位定时器，1 个 PA 硬件加速器；4 通道 SRIO2.1 接口，1 个 Hyperlink 接口，1 个 16 位 EMIF 接口，1 个 UART 接口，1 个 SPI 接口，3 个 PLLs
C6678 -100 -120 -150	8 个 C66x	1000 1250	8704	0.9V~1.1V/ 1.0V~1.8V	841FCBGA	1 个 64 位 DDR3 EMIF 接口，支持 DDR3 1600 SDRAM，64 通道 EDMA，1 个 I^2C 接口，16 个 64 位定时器，1 个 PA 硬件加速器；4 通道 SRIO2.1 接口，1 个 Hyperlink 接口，1 个 16 位 EMIF 接口，1 个 UART 接口，1 个 SPI 接口，3 个 PLLs
C6654 -850	1 个 C66x	850	1088	0.9V~1.1V/ 1.0V~1.8V	625FCBGA	1 个 32 位 DDR3 EMIF 接口，64 通道 EDMA，支持 1066MHz 的 DDR3 SDRAM，8 个 64 位定时器，1 个 16 位 EMIF，2 个 UART 接口，2 个 McBSP 接口，1 个 I^2C 接口，1 个 SPI 接口，2 个 PLLs

续表

型号（TMS320）	CPU	频率（MHz）	RAM（KB）	供电（内核/外设）	封装	外设
C6655 -1000 -1250	1个 C66x	1000 1250	1088	0.9V~1.1V/ 1.0V~1.8V	625FCBGA	1个32位DDR3 EMIF接口，64通道EDMA，支持1333MHz的DDR3 SDRAM，硬件加速器有VCP2、TCP3d，8个64位定时器，4通道SRIO2.1接口，1个HyperLink接口，1个16位EMIF，2个UART接口，2个McBSP接口，1个I^2C接口，1个SPI接口，2个PLLs
C6657 -1000 -1250	2个 C66x	1000 1250	2176	0.9V~1.1V/ 1.0V~1.8V	625FCBGA	1个32位DDR3 EMIF接口，64通道EDMA，支持1333MHz的DDR3 SDRAM，硬件加速器有VCP2、TCP3d，10个64位定时器，4通道SRIO2.1接口，1个HyperLink接口，1个16位EMIF，2个UART接口，2个McBSP接口，1个I^2C接口，1个SPI接口，2个PLLs

1.4 DSP芯片的选择

一般来说，选择DSP芯片时应考虑到如下的几个因素。

1.4.1 运算速度

DSP芯片是否符合应用要求，运算速度是非常关键的。常见的运算速度指标有如下几种。

（1）指令周期：执行一条指令所需的最短时间，数值等于主频的倒数；指令周期通常以ns（纳秒）为单位。例如，运行在200MHz的TMS320VC5510的指令周期为5ns。

（2）MIPS：每秒百万条指令数。

（3）MOPS：每秒百万次操作数。

（4）MFLOPS：每秒百万次浮点操作数。

（5）BOPS：每秒十亿次操作数。

（6）MAC时间：一次乘法累加操作花费的时间。大部分DSP芯片可在一个指令周期内完成MAC操作。

（7）FFT执行时间：完成N点FFT所需的时间。FFT运算是数字信号处理中的典型算法而且应用很广，因此该指标常用于衡量DSP芯片的运算能力。

这些指标都有很大的局限性。比如，指令周期和MIPS指标并不能公正地区别不同DSP速度性能上的差异，因为不同的DSP在单个指令周期内完成的任务量是不一样。例如，采用超长指令字（VLIW）架构的DSP可以在单个周期时间内完成多条指令。虽然MAC时间采用一个基本操作的执行时间作为标准来比较DSP的速度性能，但是MAC时间显然不能提供足够的信息。而且大多数DSP在单个指令周期内即可完成MAC，所以其MAC时间和指令周期是一样的。至于 MOPS、BOPS 和 MFLOPS 指标，会因为厂商对“操作”内涵诠释的不同而很难体现客观公允的评价要求。FFT 执行时间虽然相对于其他指标要好一些，但要 DSP 在具体实时应用中对表现出的处理速度做出准确估计仍然是很困难的。

目前，比较可靠的办法是利用某些典型的数字信号处理标准例程，这些例程可能是 FIR 或 IIR 滤波等“核心”算法，也可能是语音编解码等整个或部分应用程序。BDTI 公司提供了利用各种 DSP 执行这些标准例程的运行时间的测试结果。

1.4.2 算法格式和数据宽度

DSP 算法格式主要分为定点算法和浮点算法两种。一般而言，定点 DSP 芯片价格较便宜，功耗较低，但运算精度稍低；浮点 DSP 芯片的优点是运算精度高，但价格稍贵，功耗也较大。

大多数 DSP 处理器使用定点算法，有些 DSP 处理器采用浮点算法。浮点算法比较复杂，因而浮点 DSP 的成本和功耗要比定点 DSP 高。但是使用浮点 DSP 更容易进行高级语言编程，而且一般不用特别解决动态范围、精度的问题。所以，如果产品对成本和功耗的要求较严格，一般选用定点 DSP。设计人员需要通过理论分析或软件仿真来确定所需的动态范围和精度。如果要求易于开发、动态范围宽、精度高，可以考虑采用浮点 DSP。此外，有些算法在定点 DSP 中采用“块浮点”方法也可以实现较宽动态范围和较高的处理精度。所谓“块浮点”就是将具有相同指数，而尾数不同的一组数据作为一个数据块进行处理。“块浮点”处理通常用软件来实现。

浮点 DSP 的数据宽度一般为 32 位，而定点 DSP 的数据宽度可以为 16 位、20 位、24 位或 32 位。显然，对于相同算法格式的 DSP，数据宽度越大，精度越高。但是，数据宽度与 DSP 尺寸、引脚数及存储器等有直接关系。数据宽度越大，DSP 尺寸越大，引脚越多，存储器要求也越高。所以，在满足设计要求的前提下，尽量选用数据宽度小的 DSP，以降低开发成本。而对少量精度要求高的代码可以采取双精度算法。如果大多数计算对精度要求都很高，那么就需要选用较大数据宽度的处理器。

1.4.3 存储器

DSP 片内都集成一定数量的存储器，并且可以通过外部总线进行存储器扩展。选择 DSP 时，要根据具体应用对存储空间大小及对外部总线的要求来选择。DSP 的内部存储器通常包括 Flash 存储器、RAM 存储器等。Flash 存储器通常用来存储程序及重要的数据，Flash 存储器是一种非易失存储器，当系统掉电后还能够保留所存储的信息，Flash 存储器的缺点是读/写速度较慢，而向 Flash 存储器写入数据的过程比较烦琐。DSP 中最重要的存储器是 RAM 存储器，例如在 TMS320VC5510 处理器中就集成了 320KB 的 RAM 存储器。有的 DSP 片内集成了多存取存储器，允许在一个指令周期内对存储器进行多次访问；也有的 DSP 片内集成了指令缓存，允许从缓存读取指令，从而将存储器空闲出来进行数据读取。DSP 外部总线可以扩展多种存储器，其中既有 EPROM、Flash 等非易失存储器，又有 SRAM、FIFO 等可快速访问的存储器，还可以连接 SDRAM、DDR SDRAM 等大容量存储器，而外部总线的数据宽度也从 16 位向 32 位和 64 位发展。这些特点也是选择 DSP 时可以参考的依据。

1.4.4 功耗

由于 DSP 器件越来越多地应用在便携式产品中，因此功耗是一个重要的考虑因素。下面是一些常见的降低系统功耗的技术。

（1）低工作电压。目前 DSP 的工作电压有 5V，3.3V，2.5V，1.8V 等多种。

（2）“休眠”或“空闲”模式。大多数处理器具有关断处理器部分时钟的功能以降低功耗。

（3）可编程时钟分频器。有的 DSP 可以在运行时动态编程改变处理器时钟频率以降低功耗。

（4）外围控制。一些 DSP 器件允许程序中止系统暂时不使用的外围电路功能。

显然，根据 DSP 器件提供的降低功耗技术，选择最适应目标系统的处理器意味着未来产品的竞争优势。

1.4.5 开发工具

选择 DSP 芯片时，必须注意其开发工具的支持情况（包括软件开发工具、硬件开发工具）。软件开发工具包括编译器、汇编器、链接器、调试器、模拟器、代码库及实时操作系统（Real Time Operation System，RTOS）等，而硬件工具包括开发板和仿真器等。利用这些工具的设计过程如图 1-4 所示。

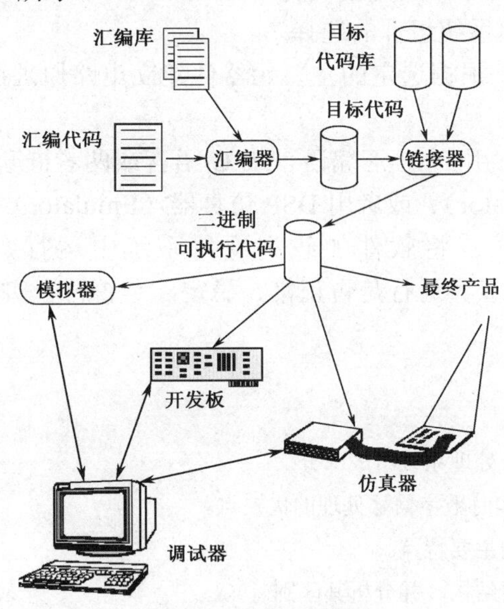

图 1-4　DSP 系统设计开发工具

此外，对于数据计算量很大的应用，需要考虑多处理器是否支持互连，以及互连性能（通信流量、开销和时间延迟）如何。选择 DSP 芯片还应考虑到封装的形式、质量标准、供货情况、生命周期等。

1.5 DSP 应用系统设计流程

DSP 系统的一般设计开发过程如图 1-5 所示。

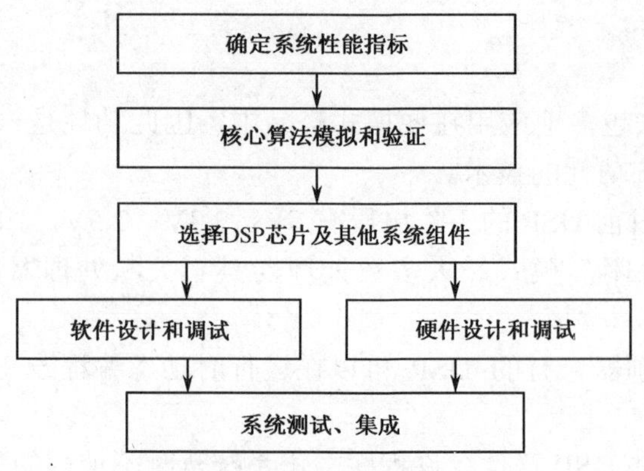

图 1-5　DSP 系统设计开发过程

（1）确定系统性能指标。根据应用目标对系统进行任务划分，进行采样率、信号通道数、程序大小的确定。

（2）核心算法模拟和验证。用 C 语言等高级语言或 MATLAB、SystemView 等开发工具模拟待选的或拟订的信号处理核心算法（Algorithm），进行功能验证、性能评价和优化，以确定最佳的信号处理方法。

（3）选择 DSP 芯片及其他系统组件。选择一片合适的 DSP 芯片是至关重要的，因为这不仅关系到系统的性能和成本，而且决定着外部存储器、各种接口、ADC、DAC、电平转换器、电源管理芯片等其他系统组件的选择。

（4）硬件设计和调试。根据选定的主要元器件建立电路原理图、设计制作 PCB、器件安装、加电调试。

（5）软件设计和调试。用 DSP 汇编语言或 C 语言或两者嵌套的方法生成可执行程序。用 DSP 软件模拟器（Simulator）、或者用 DSP 仿真器（Emulator）进行程序调试。

（6）系统测试、集成。将软件加载到硬件系统中运行，并通过用 DSP 仿真器（Emulator）等测试手段检查其运行是否正常、稳定，是否符合实时要求。

思考与练习题

1. 简述典型实时数字信号处理系统组成部分。
2. 简述 X86 处理器完成实时数字信号处理的优缺点。
3. 简述数字信号处理器的主要特点。
4. 给出存储器的两种主要结构，并分析其区别。
5. 简述选择数字信号处理器所需要考虑的因素。
6. 给出数字信号处理器的运算速度指标，并给出其具体含义。

第 2 章　TMS320C55x 的硬件结构

本章详细介绍 TMS320C55x 的硬件结构，包括 C55x 处理器的 CPU 体系结构、指令流水线、存储空间结构及 TMS320VC5509A 的主要特性等。

2.1　TMS320C55x DSP 的基本结构

TMS320C55x 数字信号处理器是在 C54x 的基础上发展起来的新一代低功耗、高性能数字信号处理器，其软件具有 C54 兼容模式，极大地节省了 C54x 向 C55x 的转化时间。C55x 采用了新的半导体工艺，其工作时钟大大超过了 C54x 系列处理器，CPU 内部通过增加功能单元增强了 DSP 的运算能力，与 C54x 相比具有更高的性能和更低的功耗。这些特点使之在无线通信、便携式个人数字系统及高效率的多通道数字压缩语音电话系统中得到广泛应用。

C55x 与 C54x 相比，C55x 在硬件方面做了许多扩展，具体如表 2-1 所示。

表 2-1　C55x 与 C54x 的比较

内　容	C54x	C55x
乘法累加器（MAC）	1	2
累加器（ACC）	2	4
读总线	2	3
写总线	1	2
地址总线	4	6
指令字长	16 位	8/16/24/32/40/48 位
数据字长	16 位	16 位
算术逻辑单元（ALU）	1（40 位）	1（40 位） 1（16 位）
辅助寄存器字长	2 字节（16 位）	3 字节（24 位）
辅助寄存器	8	8
存储空间	独立的程序/数据空间	统一的程序/数据空间
数据寄存器	0	4

C55x 的一系列特征使它具有处理效率高、低功耗和使用方便等优点，表 2-2 所示是 C55x 的这些特征及优点。

表 2-2　C55x 的特征及优点

特　征	优　点
一个 32 位×16 指令缓冲队列	缓冲变长指令并完成有效的块重复操作
两个 17 位×17 位的乘法累加器	在一个单周期执行双乘法累加操作

续表

特　征	优　点
一个40位算术逻辑单元（ALU）	实现高精度算术和逻辑操作
一个40位桶形移位寄存器	能够将一个40位的计算结果最高向左移31位或向右移32位
一个16位算术逻辑单元（ALU）	对主ALU并行完成简单的算术操作
4个40位的累加器	保留计算结果，减少对存储单元的访问
12条独立总线，其中包括： 3条读数据总线 2条写数据总线 5条数据地址总线 1条读程序总线 1条程序地址总线	为各种计算单元并行地提供将要处理的指令和操作数——利用C55x的并行机制的优点
用户可配置IDLE域	改进了低功耗电源管理的灵活性

2.1.1　C55x 的 CPU 体系结构

如图2-1所示，C55x有1条32位的程序数据总线（PB），5条16位数据总线（BB、CB、DB、EB、FB）和1条24位的程序地址总线及5条23位的数据地址总线，这些总线分别与CPU相连。总线通过存储器接口单元（M）与外部程序总线和数据总线相连，实现CPU对外部存储器的访问。这种并行的多总线结构，使CPU能在一个CPU周期内完成1次32位程序代码读、3次16位数据读和两次16位数据写。C55x根据功能的不同将CPU分为4个单元，即指令缓冲单元（I）、程序流程单元（P）、地址流程单元（A）和数据计算单元（D）。

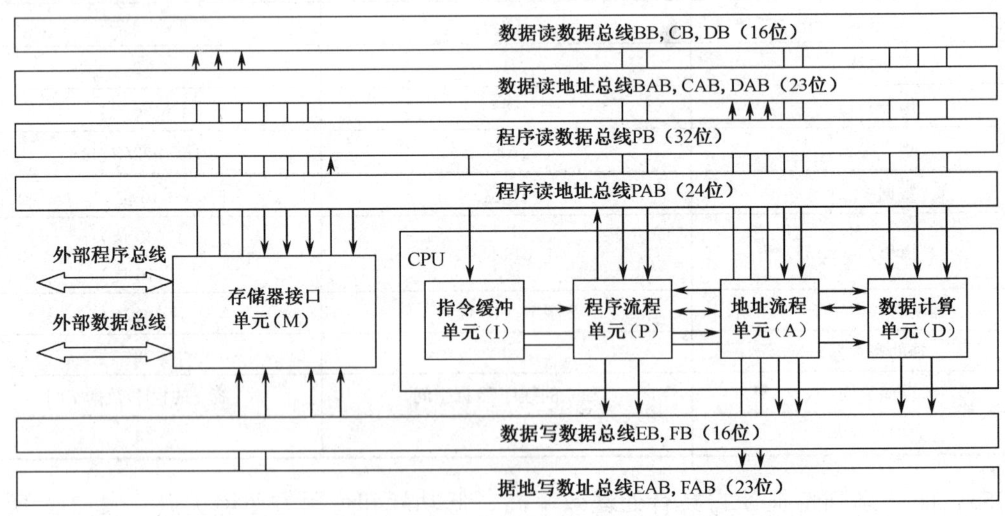

图2-1　TMS320C55x CPU结构图

程序读地址总线（PAB）上传送24位的程序代码地址，由程序读数据总线（PB）将32位的程序代码送入指令缓冲单元I进行译码。

3条数据读地址总线（BAB、CAB、DAB）与3条数据读数据总线（BB、CB、DB）配合使用，即BAB对应BB、CAB对应CB和DAB对应DB。地址总线指定数据空间或

I/O 空间地址，通过数据总线将 16 位数据传送到 CPU 的各个功能单元。其中，BB 只与 D 单元相连，用于实现从存储器到 D 单元乘法累加器（MAC）的数据传送。特殊的指令也可以同时使用 BB、DB 和 CB 来读取三个操作数。

2 条数据写地址总线（EAB、FAB）与 2 条数据写数据总线（EB、FB）配合使用，即 EAB 对应 EB、FAB 对应 FB。地址总线指定数据空间或 I/O 空间地址，通过数据总线，将数据从 CPU 的功能单元传送到数据空间或 I/O 空间。所有数据空间地址由 A 单元产生。EB 和 FB 从 P 单元、A 单元和 D 单元接收数据，对于同时向存储器写两个 16 位数据的指令要使用 EB 和 FB，而对于完成单写操作的指令只使用 EB。

2.1.2 指令缓冲单元

如图 2-2 所示，C55x 的指令缓冲单元（I）由指令缓冲队列 IBQ（Instruction Buffer Queue）和指令译码器组成。在每个 CPU 周期内，（I）单元将从程序读数据总线接收的 4B 程序代码放入指令缓冲队列，指令译码器从队列中取 6B 程序代码，根据指令的长度可对 8 位、16 位、24 位、32 位和 48 位的变长指令进行译码，然后把译码数据送入 P 单元、A 单元和 D 单元去执行。

2.1.3 程序流程单元

如图 2-3 所示，程序流程单元（P）由程序地址产生电路和寄存器组构成。程序流程单元产生所有程序空间的地址，并控制指令的读取顺序。

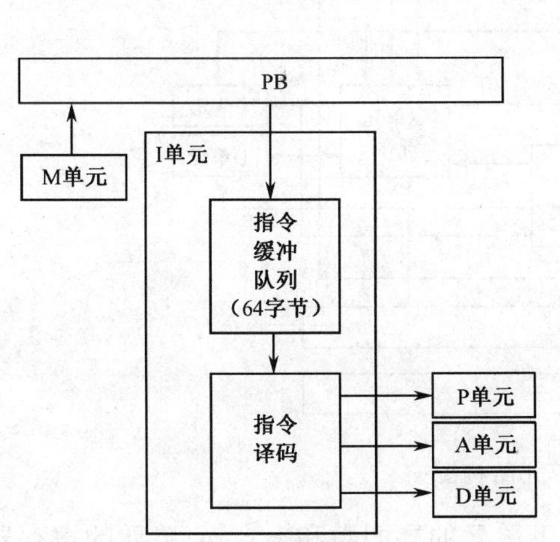

图 2-2　指令缓冲单元结构图

图 2-3　程序流程单元结构图

程序地址产生逻辑电路的任务是产生读取程序空间的 24 位地址。一般情况下，它产生的是连续地址，如果指令要求读取非连续地址的程序代码时，程序地址产生逻辑电路能够接收来自 I 单元的立即数和来自 D 单元的寄存器值，并将产生的地址传送到 PAB。

在 P 单元中使用的寄存器分为 5 种类型。

（1）程序流寄存器：包括程序计数器（PC）、返回地址寄存器（RETA）和控制流程关系寄存器（CFCT）。

（2）块重复寄存器：包括块重复寄存器 0 和 1（BRC0，BRC1）、BRC1 的保存寄存器

（BRS1）、块重复起始地址寄存器 0 和 1（RSA0，RSA1）以及块重复结束地址寄存器 0 和 1（REA0，REA1）。

（3）单重复寄存器：包括单重复计数器（RPTC）和计算单重复寄存器（CSR）。

（4）中断寄存器：包括中断标志寄存器 0 和 1（IFR0，IFR1）、中断使能寄存器 0 和 1（IER0，IER1），以及调试中断使能寄存器 0 和 1（DBIER0，DBIER1）；

（5）状态寄存器：包括状态寄存器 0，1，2 和 3（ST0-55，ST1-55，ST2-55 和 ST3-55）。

其中，不可以对 PC 寄存器进行读/写，对 RETA 和 CFCT 的访问只能采用下面的指令：

MOV dbl（Lmem），RETA；Lmem 表示 32 位数据

MOV RETA，dbl（Lmem）；Lmem 表示 32 位数据

其余的寄存器既可以从 I 单元装载立即数，也可以与数据空间、I/O 空间、A 单元寄存器和 D 单元寄存器进行双向通信。

2.1.4 地址流程单元

如图 2-4 所示，地址流程单元（A）包括数据地址产生电路、算术逻辑电路和寄存器组构成。

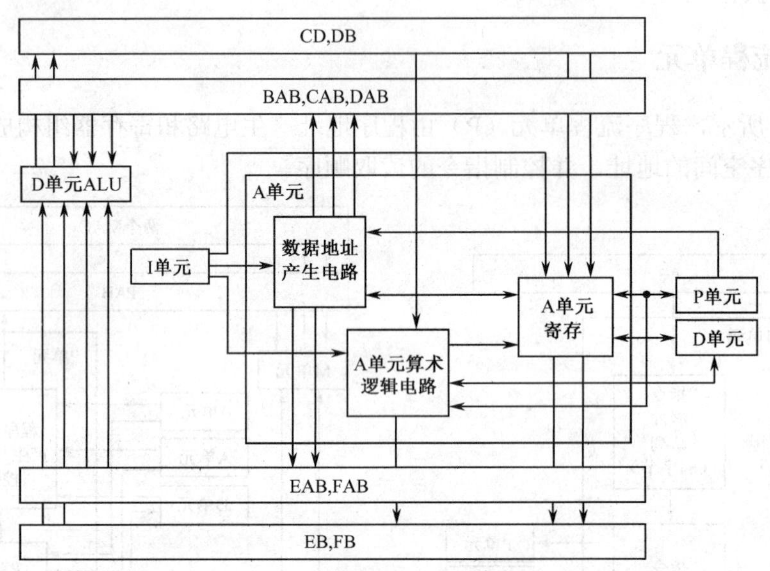

图 2-4 地址流程单元结构图

数据地址产生电路（DAGEN）能够接收来自 I 单元的立即数和来自 A 单元的寄存器产生读取数据空间的地址。对于使用间接寻址模式的指令，由 P 单元向 DAGEN 说明采用的寻址模式。

A 单元包括一个 16 位的算术逻辑电路（ALU），它既可以接收来自 I 单元的立即数，也可以与存储器、I/O 空间、A 单元寄存器、D 单元寄存器和 P 单元寄存器进行双向通信。ALU 可以完成算术运算、逻辑运算、位操作、移位、测试等操作。

A 单元包括的寄存器有以下几种类型。

（1）数据页寄存器：包括数据页寄存器（DPH，DP）和接口数据页寄存器（PDP）；

（2）指针：包括系数数据指针寄存器（CDPH，CDP）、栈指针寄存器（SPH，SP，SSP）和 8 个辅助寄存器（XAR0～XAR7）；

（3）循环缓冲寄存器：包括循环缓冲大小寄存器（BK03，BK47，BKC）、循环缓冲起始地址寄存器（BSA01，BSA23，BSA45，BSA67，BSAC）；

（4）临时寄存器：包括临时寄存器（T0～T3）。

2.1.5 数据计算单元

如图 2-5 所示，数据计算单元（D）由移位器、算术逻辑电路、乘法累加器和寄存器组构成。D 单元包含了 CPU 的主要运算部件。

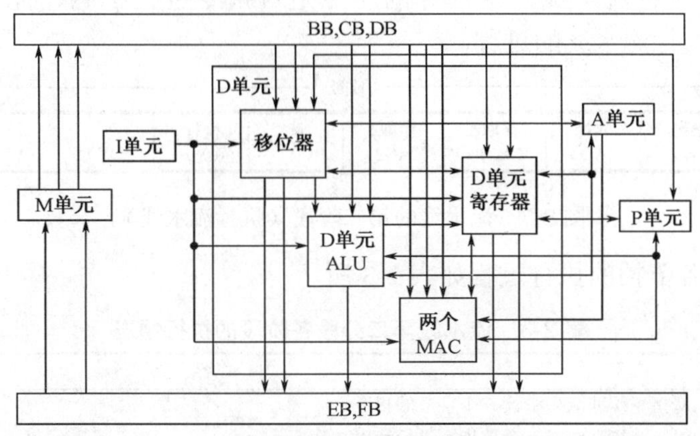

图 2-5 数据计数单元结构图

D 单元移位器能够接收来自 I 单元的立即数，能够与存储器、I/O 空间、A 单元寄存器、D 单元寄存器和 P 单元寄存器进行双向通信，此外，还可以向 D 单元的 ALU 和 A 单元的 ALU 提供移位后的数据。移位器可完成以下操作：

（1）对 40 位的累加器可完成向左最多 31 位和向右最多 32 位的移位操作，移位数可从临时寄存器（T0～T3）读取或由指令中的常数提供；

（2）对于 16 位寄存器、存储器或 I/O 空间数据可完成左移 31 位或右移 32 位的移位操作；

（3）对于 16 位立即数可完成向左最多 15 位的移位操作。

D 单元的 40 位算术逻辑电路可完成以下操作：

（1）完成加、减、比较、布尔逻辑运算和绝对值运算等操作；

（2）能够在执行一个双 16 位算术指令的同时完成两个算术操作；

（3）能够对 D 单元的寄存器进行设置、清除等位操作。

两个 MAC 支持乘法累加和乘法减操作。在一个周期内，每个 MAC 可同时完成 17 位×17 位的乘法和一个 40 位的加法或减法。

MAC 进行的操作会影响 P 单元状态寄存器中的标志位。

D 单元的寄存器包括 4 个 40 位累加器 AC0～AC3 和两个 16 位过渡寄存器 TRN0、TRN1。

2.1.6 指令流水线

C55x CPU 采用指令流水线工作方式，C55x 的指令流水线包括两个阶段：

第一阶段是取流水线，即从内存中取出 32 位的指令包，放入指令缓冲队列（IBQ）中，然后为流水线的第二阶段提供 48 位的指令包。取流水线的过程如图 2-6 所示。

时间 →			
预取1（PF1）	预取2（PF2）	取指（F）	预解码（PD）

图 2-6　流水线的第一阶段（取流水线）

其中 PF1 表示向存储器提供的程序地址，PF2 表示等待存储器的响应，F 表示从存储器取一个指令包并放入指令缓冲队列中，PD 表示对指令缓冲队列中的指令预解码（确定指令的起始和结束位置；确定并行指令）。

第二阶段是指执行流水线，这部分的功能是对指令进行解码，完成数据的存取和计算。图 2-7 所示为执行流水线的过程。

时间 →							
解码（D）	地址（AD）	存取1（AC1）	存取2（AC2）	读（R）	执行（X）	写（W）	写+（W+）

图 2-7　流水线的第二阶段（执行流水线）

在第二阶段中各节拍的执行过程如表 2-3 所示。

表 2-3　流水线第二分段各阶段的执行情况

流水线节拍	内　容
D	从指令缓冲队列中读 6 个字节的指令 对一个指令对或一个单指令进行解码 给对应的 CPU 功能单元分配指令 读取 STx_中 55 种与数据地址产生相关的位 ST1_55(CPL)　ST2_55(ARnLC)　ST2_55(ARMS)　ST2_55(CDPLC)
AD	读/修改与数据地址产生有关的寄存器 例如：－*ARx+(T0)中的 ARx 和 T0 －BK03（如果 AR2LC＝1） －SP （pushes 和 pops 过程中） －SSP, 在 32 位栈模式中与对 SP 的操作一致 在 A 单元的 ALU 中完成操作，例如： - 使用 AADD 指令进行算术运算 - 用 SWAP 指令交换 A 单元中的寄存器 - 向 A 单元的寄存器写入常量（BKxx，BSAxx， BRCx， CSR，等） 在条件分支指令中 ARx 如果不等于 0，ARx-1
AC1	在存储器读操作中，在相应的 CPU 地址总线上传送地址
AC2	允许存储器对请求的响应是一个周期
R	从存储器和通过映射方式寻址的寄存器中读数据 在 R 节拍执行 D 单元的预取 A 单元寄存器指令时，读 A 单元的寄存器 在 R 节拍判断条件指令的条件
X	读/修改不通过映射方式寻址的寄存器 读/修改寄存器中的单个位 设置条件 如果指令不是向存储器中写，就判断 XCCPART 的条件 判断 RPTCC 指令的条件
W	向存储器映射方式寻址的寄存器或 I/O 空间写数据 向存储器写数据，从 CPU 来看，写操作在该节拍完成
W+	向存储器写数据，从存储器来看，写操作在该节拍完成

下面通过举例来说明流水线的工作方式。

AMOV #k23, XARx：在 AD 节拍用一个立即数对 XARx 初始化；

MOV #k, ARx：ARx 不是通过存储器映射方式寻址的，在 X 节拍用一个立即数初始化 ARx；

MOV #k, mmap(ARx)：ARx 是通过存储器映射方式寻址的，在 W 节拍用一个立即数初始化 ARx；

AADD #k, ARx：对于这个特殊指令，在 AD 节拍用一个立即数对 ARx 初始化；

MOV #k, *ARx+：在 W+节拍对存储器进行写操作；

MOV *ARx+, AC0：在 AD 节拍对 ARx 进行读和更新操作，在 X 节拍载入 AC0；

ADD #k, ARx：在 X 节拍的开始时刻读 ARx，在 X 节拍的结束时刻修改 ARx；

ADD ACy, ACx：在 X 节拍读/写 ACx 和 ACy；

MOV mmap(ARx) , ACx：ARx 是通过存储器映射方式寻址的，在 R 节拍读取 ARx，在 X 节拍修改 ACx ；

MOV ARx, ACx：ARx 不是通过存储器映射方式寻址的，在 X 节拍读取 ARx，在 X 节拍修改 ACx ；

BSET CPL ：在 X 节拍设置 CPL 位；

PUSH, POP, RET

或 AADD #K8, SP ：在 AD 节拍读取和修改 SP，如果选择 32 位栈模式，SSP 会发生变化；

XCCPART overflow(ACx)：在 X 节拍判断条件，但是不管条件是否满足，AR1 都会加 1；

|| MOV *AR1+, AC1

XCCPART overflow(ACx)：在 R 节拍判断条件，满足条件向存储器完成写操作，但是不

|| MOV AC1, *AR1+ 管条件是否满足，AR1 都会加 1

XCC overflow(ACx)：在 AD 节拍判断条件，只有满足条件时，AR1 加 1

|| MOV *AR1+, AC1

2.2 TMS320VC5509A 的主要特性

本书介绍 C55x 系列 DSP 的原理及应用，本节结合 VC5509A 介绍了 C55x 处理器的主要特性，有关系统设计中的应用将在后面章节中详细介绍。

2.2.1 VC5509A 的主要特性

VC5509A 是 C55x 系列一款典型的处理器，在 VC5509A 中集成了一个 C55x 内核，128K×16 位片上 RAM 存储器，并具有最大 8M×16 位的外部寻址空间，片上还集成了 USB 总线、McBSP 和 I^2C 等外部接口。

1. CPU

- 两个乘法累加单元（MAC）：每个乘法累加单元可在一个周期内处理 17 位×17 位的乘法运算。
- 40 位的算术逻辑单元（ALU）和一个 16 位的算术逻辑单元：算术逻辑单元具有并行处理能力，采用并行处理可以降低系统处理时钟从而降低功耗。这些资源由 CPU 中的地址单元（AU）和数据单元（DU）进行管理。
- 采用先进的多总线结构：通过三条内部数据/操作数来读总线和两条内部数据/操作数来写总线，从而完成对指令和数据的访问。

2. 存储器

- 有 128KB×16 位的片上 RAM，其中包括 64KB 的双存取 RAM（DARAM）和 192KB 的单存取 RAM（SARAM）。

- 8MB×16 位的最大可访问外部寻址空间（同步 DRAM）。
- 外部存储器接口（EMIF）与通用输入/输出（GPIO）共用引脚，当不使用外部存储器接口时，这些引脚可以当做通用输入/输出接口来使用，EMIF 接口可以实现与异步静态 RAM（SRAM）、异步（EPROM）和同步 DRAM（SDRAM）的无缝连接。

3. 片上外设

- 两个 20 位的定时器。
- 一个看门狗定时器。
- 6 通道直接存储器存取控制器（DMA），DMA 控制器在不需要 CPU 干预的情况下可以提供 6 路独立的通道用于数据传输，并且可达每周期两个 16 位数据的吞吐量。
- 外部存储器接口（EMIF），它提供与异步存储器如 EPROM、SRAM 及高密度存储器如同步 DRAM 的无缝连接。
- 三个串口支持最多三个多通道缓冲串口（McBSP）或最多两个多媒体/安全数字卡接口。三个全双工多通道缓冲串口（McBSP）提供了与各种工业级串行设备的无缝接口，其多通道通信最多可以实现 128 个独立通道。
- 增强型主机接口（EHPI）是一个 16 位的并行接口，主机能够提供 HPI 接口访问 5509A 上的 32KB 片上存储器。
- 可编程锁相环（DPLL）时钟发生器。
- USB 全速（12Mbps）从端口。
- I^2C 主从接口。
- 一个实时时钟。

C55x 的 DSP 支持可变宽度指令集，这个特点可以减少代码占用的存储器空间，指令单元（IU）为程序单元（PU）从内部或外部存储器中和队列指令中完成 32 位的程序取指，然后程序单元对指令进行解码，确定地址单元和数据单元的任务，管理整个流水线的工作。流水线具有的预先分支能力，可以避免在执行条件指令的过程中流水线重新刷新而降低系统效率。

5509A 的引脚通过复用方式来实现多种功能，例如并行接口就具有两种模式，一种是 EHPI 模式，这种模式下微控制器可以访问 DSP 的内存空间；另一种是异步 EMIF 接口模式，这种模式下 DSP 可以连接多种异步存储器；而 McBSP 接口与多媒体卡/安全数字（MMC/SD）外设接口复用引脚，可以通过合理分配来充分发挥 DSP 的功能。

2.2.2 VC5509A 的引脚功能

TMS320VC5509APGE 采用塑料四方扁平封装形式（LQFP），共有 144 个引脚，按其功能可分为并行总线引脚、中断和复位引脚、位输入/输出信号引脚、I^2C 引脚、多通道缓冲串口信号引脚、USB 引脚、A/D 引脚、测试引脚和电源引脚等几部分。

1. 并行总线引脚

并行总线 A13～A0 直接与外部引脚相连，这 14 个引脚可以完成以下三个功能：HPI 地址总线（HPI.HA[13:0]）、EMIF 地址总线（EMIF.A[13:0]）或通用输入/输出（GPIO.A[13:0]）。这三个功能可以通过外部总线选择寄存器（EBSR）中的并行端口模式字段来设置，这些引脚的初始状态由 GPIO0 引脚决定。

并行双向数据总线 D31～D0 可以完成两个功能：EMIF 数据总线（EMIF.D[15:0]）或 HPI 数据总线（HPI.HD[15:0]）。同样，这两个功能可以通过外部总线选择寄存器中的并行端口模式位域来设置，这些引脚的初始状态由 GPIO0 引脚决定。

C0 引脚完成两个功能：EMIF 异步存储器读使能（EMIF.$\overline{\text{ARE}}$）或通用 IO8（GPIO8）。

C1 引脚完成两个功能：EMIF 异步存储器输出使能（EMIF.$\overline{\text{AOE}}$）或 HPI 中断输出（HPI.$\overline{\text{HINT}}$）。

C2 引脚完成两个功能：EMIF 异步存储器写使能（EMIF.$\overline{\text{AWE}}$）或 HPI 读/写（HPI.HR/W）。

C3 引脚完成两个功能：EMIF 数据准备输入（EMIF.ARDY）或 HPI 准备输出（HPI.HRDY）。

C4 引脚完成两个功能：EMIF 对存储器空间 CE0 的片选（EMIF.$\overline{\text{CE0}}$）或通用 IO9（GPIO9）。

C5 引脚完成两个功能：EMIF 对存储器空间 CE1 的片选（EMIF.$\overline{\text{CE1}}$）或通用 IO10（GPIO10）。

C6 引脚完成两个功能：EMIF 对存储器空间 CE2 的片选（EMIF.$\overline{\text{CE2}}$）或 HPI 的控制输入 0（HPI.HCNTL0）。

C7 引脚完成两个功能：EMIF 对存储器空间 CE3 的片选（EMIF.$\overline{\text{CE3}}$）或通用 IO11（GPIO11）。

C8 引脚完成两个功能：EMIF 字节使能 0 控制（EMIF.$\overline{\text{BE0}}$）或 HPI 字节表示信号（HPI.$\overline{\text{HBE0}}$）。

C9 引脚完成两个功能：EMIF 字节使能 1 控制（EMIF.$\overline{\text{BE1}}$）或 HPI 字节表示信号（HPI.$\overline{\text{HBE1}}$）。HPI.$\overline{\text{HBE0}}$和 HPI.$\overline{\text{HBE1}}$一起识别传输的第一个字节或第二个字节。

C10 引脚完成三个功能：EMIF 选通 SDRAM 的行（EMIF.$\overline{\text{SDRAS}}$）、选通 HPI 地址（HPI.$\overline{\text{HAS}}$）或通用 IO12（GPIO12）。

C11 引脚完成两个功能：EMIF 选通 SDRAM 的列（EMIF.SDWE）或 HPI 片选输入（HPI.$\overline{\text{HCS}}$）。

C12 引脚完成两个功能：EMIF 对 SDRAM 的写使能（EMIF.$\overline{\text{SDWE}}$）或 HPI 数据选通信号 1（HPI.$\overline{\text{HDS1}}$）。主机的读或写操作驱动 HPI.$\overline{\text{HDS1}}$从而来控制数据的传输。

C13 引脚完成两个功能：作为 SDRAM 的 A10 地址线（EMIF.SDA10）或通用 IO13（GPIO13）。

C14 引脚完成两个功能：为 SDRAM 提供存储器时钟（EMIF.CLKMEM）或 HPI 数据选通信号 2（HPI.$\overline{\text{HDS2}}$）。主机的读或写操作驱动 HPI.$\overline{\text{HDS2}}$从而来控制数据的传输。

2. 中断引脚和复位引脚

中断引脚 $\overline{\text{INT[4:0]}}$作为低电平有效的外部中断输入引脚，由中断使能寄存器（IER）和中断模式位来屏蔽和区分优先次序。

$\overline{\text{RESET}}$引脚低电平有效，当该信号有效时，DSP 将终止任务的执行并使程序指针指向 FF 8000h，当$\overline{\text{RESET}}$变为高电平时，DSP 从程序存储器 FF 8000h 的位置开始执行。

3．位输入/输出信号引脚

GPIO[7:6,4:0]共 7 个输入/输出线，可以单独配置成输入或输出引脚，作为输出时又可以单独被设置或清除。当 DSP 复位时，这 7 个引脚首先会被配置为输入线；复位后，会采集 GPIO[3:0]的电平来确定 DSP 的引导模式。

XF 引脚作为外部标志，由 BSET XF 指令设置为高电平，有三种方式来设置 XF 为低电平：通过 BCLR XF 指令来设置、在多处理器协同工作时给其他处理器发信号而载入 ST1.XF，或当 XF 作为通用输出引脚时。

4．时钟信号引脚

CLKOUT 是 DSP 时钟输出信号引脚。其周期为 CPU 的机器周期。当 $\overline{\text{OFF}}$ 为低电平时，该引脚呈高阻状态。

X2/CLKIN 是晶振连接到内部振荡器的输入引脚，若使用外部时钟时，该引脚作为外部时钟的输入引脚。

X1 是内部振荡器连接到外部晶振的输出引脚，如果不使用内部时钟，该引脚悬空。

TIN/TOUT0 是定时器 0 输入/输出引脚。作为输出引脚时，当片内定时器减到 0 时，该引脚发出一个脉冲或变化的状态。作为输入引脚时，该引脚为内部定时器模块系统时钟源。复位后，该引脚是输入状态。

RTCINX1 是实时时钟振荡器的输入引脚。

RTCINX2 是实时时钟振荡器的输出引脚。

5．I^{2}C 引脚

SDA 是 I^{2}C（双向）数据线。复位后，该引脚呈高阻状态。

SCL 是 I^{2}C（双向）时钟引脚。复位后，该引脚呈高阻状态。

6．McBSP 信号引脚

TMS320C55x DSP 提供了高速多通道缓冲串口（Multi-channel Buffered Serial Ports，McBSP），DSP 可以通过 McBSP 与其他 DSP、编码器等器件相连。引脚功能如表 2-4 所示。

表 2-4　VC5509A McBSP 引脚的功能

引 脚 名 称	功 能 说 明
CLKR0	McBSP0 接收时钟引脚。该引脚作为串口接收器的串行移位时钟引脚
DR0	McBSP0 接收数据引脚
FSR0	McBSP0 接收帧同步引脚。FSR0 发出的脉冲初始化在 DR0 上接收的数据
CLKX0	McBSP0 发送时钟引脚。该引脚作为串口发送器的串行移位时钟引脚
DX0	McBSP0 发送数据引脚。在不发送数据、插入 $\overline{\text{RESET}}$ 信号和当 $\overline{\text{OFF}}$ 是低电平时，该引脚呈高阻状态
FSX0	McBSP0 发送帧同步引脚。FSX0 发出的脉冲初始化在 DR0 上发送的数据
S10	McBSP1 接收时钟引脚 McBSP1.CLKR 或 MMC1/SD1 命令/响应引脚 MMC1.CMD/SD1. CMD
S11	McBSP1 串行数据接收引脚 McBSP1.DR 或 SD1 数据 1 引脚 SD1.DAT1
S12	McBSP1 接收帧同步引脚 McBSP1.FSR 或 SD1 数据 2 引脚 SD1.DAT2
S13	McBSP1 串行数据发送引脚 McBSP1.DX 或 MMC1/SD1 串行时钟引脚 MMC1.CLK/SD1.CLK
S14	McBSP1 发送时钟引脚 McBSP1.CLKX 或 MMC1/SD1 数据 0 引脚 MMC1.DAT/SD1. DAT0
S15	McBSP1 发送帧同步引脚 McBSP1.FSX 或 SD1 数据 3 引脚 SD1.DAT3
S20	McBSP2 接收时钟引脚 McBSP2.CLKR 或 MMC1/SD2 命令/响应引脚 MMC2.CMD/SD2. CMD
S21	McBSP2 串行数据接收引脚 McBSP2.DR 或 SD2 数据 1 引脚 SD2.DAT1

续表

引脚名称	功能说明
S22	McBSP2 接收帧同步引脚 McBSP2.FSR 或 SD2 数据 2 引脚 SD2.DAT2
S23	McBSP2 串行数据发送引脚 McBSP2.DX 或 MMC1/SD2 串行时钟引脚 MMC2.CLK/SD2.CLK
S24	McBSP2 发送时钟引脚 McBSP2.CLKX 或 MMC2/SD2 数据 0 引脚 MMC2.DAT/SD2. DAT0
S25	McBSP2 发送帧同步引脚 McBSP2.FSX 或 SD2 数据 3 引脚 SD2.DAT3

7. USB 引脚

在 TMS320C55xDSP 产品中，TMS320VC5507、TMS320VC5509 和 TMS320VC5509A 提供了 USB 模块。

DP 引脚是差分（正）接收/发送引脚。

DN 引脚是差分（负）接收/发送引脚。

PU 引脚是上拉引脚，用于上拉检测电阻。

8. A/D 引脚

VC5509A 提供了一个 10 位的 A/D 转换器。AIN0 和 AIN1 分别是模拟输入通道 0 和模拟输入通道 1。

9. 测试引脚

VC5509A 与其他 C5000 产品一样具有符合 IEEE1149.1 标准的测试/仿真接口，其引脚有：

TCK 引脚是 IEEE 标准 1149.1 测试时钟输入引脚。通常是一个占空比为 50%的方波信号。在 TCK 的上升沿，将输入信号 TMS 和 TDI 在测试访问端口（Test Access Port，TAP）的变化记录到 TAP 控制器、指令寄存器或选定的测试数据寄存器中。TAP 输出信号 TDO 在 TCK 的下降沿发生变化。

TDI 引脚是 IEEE 标准 1149.1 测试数据输入引脚，在 TCK 的上升沿将 TDI 记录到选定的指令或数据寄存器中。

TDO 引脚是 IEEE 标准 1149.1 测试数据输出引脚，在 TCK 的下降沿将选定的指令或数据寄存器的内容从 TDO 输出。

TMS 引脚是 IEEE 标准 1149.1 测试方式选择引脚，在 TCK 的上升沿将串行控制输入信号记录到 TAP 控制器中。

$\overline{\text{TRST}}$ 引脚是 IEEE 标准 1149.1 测试复位引脚，当该引脚为高电平时，DSP 芯片由 IEEE 标准 1149.1 扫描系统控制工作；若该引脚悬空或为低电平，则芯片正常工作。

EMU0 引脚是仿真器中断 0 引脚。当 $\overline{\text{TRST}}$ 为低电平时，为了保证 $\overline{\text{OFF}}$ 的有效性，EMU0 必须为高电平。当 $\overline{\text{TRST}}$ 为高电平时，EMU0 是仿真系统的中断信号，并由 IEEE 标准 1149.1 扫描系统来定义是输入还是输出。

EMU1/$\overline{\text{OFF}}$ 引脚是仿真器中断 1 引脚/关断所有输出引脚。当 $\overline{\text{TRST}}$ 为高电平时，EMU1/$\overline{\text{OFF}}$ 是仿真系统的中断信号，并由 IEEE 标准 1149.1 扫描系统来定义是输入还是输出。当 $\overline{\text{TRST}}$ 为低电平时，EMU1/$\overline{\text{OFF}}$ 被设置为 $\overline{\text{OFF}}$ 的有效性，将所有的输出设置为高阻状态。

10. 电源引脚

VC5509A 有内核电源和外设电源两种。

CV_{DD}是数字电源，对于时钟为 108MHz、144MHz 和 200MHz 的 DSP 对应的 CV_{DD} 分别为+1.2V、+1.35V 和+1.6V，为 CPU 内核提供专用电源。

DV_{DD}是数字电源，+3.3V，为 I/O 引脚提供专用电源。

$USBV_{DD}$是数字电源，+3.3V，为 USB 模块的 I/O 引脚提供专用电源。

RDV_{DD} 是数字电源，对于时钟为 108MHz、144MHz 和 200MHz 的 DSP 对应的 RDV_{DD} 分别为+1.2V、+1.35V 和+1.6V，为 RTC 模块的 I/O 引脚提供专用电源。

RCV_{DD} 是数字电源，对于时钟为 108MHz、144MHz 和 200MHz 的 DSP 对应的 RCV_{DD} 分别为+1.2V、+1.35V 和+1.6V，为 RTC 模块提供专用电源。

AV_{DD} 是模拟电源，+3.3V，为 10 位的 A/D 提供专用电源。

ADV_{DD} ，+3.3V，为 10 位 A/D 数字部分提供专用电源。

$USBPLLV_{DD}$ 是数字电源，对于时钟为 108MHz、144MHz 和 200MHz 的 DSP 对应的 $USBPLLV_{DD}$分别为+1.2V、+1.35V 和+1.6V，为 USB 的 PLL 提供专用电源。

V_{SS}是数字地，为 I/O 和内核引脚接地。

AV_{SS}是模拟地，为 10 位 A/D 接地。

ADV_{SS}为 10 位 A/D 的数字部分接地。

$USBPLLV_{SS}$是数字地，为 USB 的 PLL 接地。

2.3 TMS320C55x 存储空间结构

C55x DSP 的存储空间包括统一的数据/程序空间和 I/O 空间。数据空间用于访问存储器和内存映射寄存器，程序空间用于 CPU 从存储器中读取指令，而 I/O 空间用于 CPU 与外设之间的双向通信。

2.3.1 存储器映射

如图 2-8 所示，C55x 的寻址空间为 16MB，当 CPU 从程序空间读取程序代码时，使用 24 位地址，当访问数据空间时，使用 23 位的地址。但是在访问数据空间时，将 23 位地址左移 1 位，并将地址总线上的最低有效位（LSB）置 0，使得在对数据空间或程序空间寻址时，地址总线都传送 24 位地址。

	数据空间		程序空间
第0主数据页	MMR 00 0000～00 005F		00 0000～00 00BF
	00 0060～00 FFFF		00 00C0～01 FFFF
第1主数据页	01 0000～01FFFF		02 0000～03 FFFF
第2主数据页	02 0000～02FFFF		04 0000～05 FFFF
	⋮	⋮	⋮
第127主数据页	7F 0000～7F FFFF		FE 0000～FF FFFF

图 2-8 存储器映射

数据空间被分成 128 个主数据页（第 0 页到第 127 页），每个主数据页的大小为 64K 字，指令通过 7 位的主数据页值和 16 位的偏移值共同来确定数据空间的任何一个地址。

在第 0 主数据页中，前 96 个地址（00 0000h～00 005Fh）为存储映射寄存器（MMR）保留，相对应在程序空间有 192 个地址（00 0000h～00 00BFh），这段存储区为系统保留区，用户不能使用该区。

2.3.2 程序空间

当 CPU 读取指令时，程序空间才被访问。CPU 采用字节寻址来读取变长的指令，指令的读取要和 32 位的偶地址对齐（地址的低两位为零）。

1. 字节寻址（24 位）

当 CPU 从程序空间读取指令时，采用字节寻址，即按字节分配地址，且地址为 24 位。一个行宽为 32 位存储器的地址分配由下图说明，每个字节分配一个地址，例如字节 0 的地址是 00 0100h，字节 2 的地址是 00 0102h。

字节地址				
00 0100h～00 0103h	字节 0	字节 1	字节 2	字节 3 .

2. 程序空间的指令结构

DSP 支持 8 位、16 位、24 位、32 位和 48 位长度的指令。表 2-5 和图 2-9 说明了指令在程序空间如何存放。在 32 位宽的存储器中存放了 5 条指令，每一条指令的地址是指操作码最高有效字节的地址，阴影部分表示没有代码。

表 2-5 指令长度及地址分配

指 令	长度（位）	地 址
A	24	00 0101h
B	16	00 0104h
C	32	00 0106h
D	8	00 010Ah
E	24	00 010Bh

字节地址	字节 0	字节 1	字节 2	字节 3
00 0100h～00 0103h		A（23～16）	A（15～8）	A（7～0）
00 0104h～00 0107h	B（15～8）	B（7～0）	C（31～24）	C（23～16）
00 0108h～00 010Bh	C（15～8）	C（7～0）	D（7～0）	E（23～16）
00 010Ch～00 010Fh	E（15～8）	E（7～0）		

图 2-9 存储器中的指令

3. 程序空间的边界对齐

在程序空间存放指令时不需要边界对齐，当读取指令时要和 32 位的偶地址对齐。也就是说，在读取一条指令时，CPU 要从最低两位是 0 的地址读取 32 位的代码，这样的地址其最低位应是 0h，4h，8h 和 Ch，如图 2-9 所示。

不过，也会遇到写入到程序计数器 PC 中的地址值和程序空间的读取地址不一致的情况，例如，执行一个子程序 B：

```
CALL  B
```

假设子程序的第一条指令 C 的地址是 00 0106h，PC 的值是 00 0106h，但是读程序地址总线（PAB）上的值是 32 位边界地址 00 0104h，CPU 在 00 0104h 地址开始读取 4 字节的代码，而第一个被执行的指令是 C。

2.3.3 数据空间

C55x DSP 采用字寻址来读/写数据空间的 8 位、16 位或 32 位数据。

1．字寻址（23 位）

当 CPU 访问数据空间时，采用字寻址，即为每个 16 位的字分配一个 23 位宽的地址，下面说明了一行 32 位宽的存储器的地址分配，字 0 的地址为 00 0100h，字 1 的地址为 00 0101h。

字地址 00 0100h～00 0101h	字 0	字 1

由于地址总线是 24 位宽，所以，当 CPU 读/写数据空间时，23 位的地址左移一位，最低位补 30。例如，一条指令在 23 位地址 00 0102h 上读一个字，读数据地址总线上传送的值是 00 0204h，如下所示。

字地址：000 0000 0000 0001 0000 0010

读数据地址总线：0000 0000 0000 0010 0000 0100

2．数据类型

C55x DSP 指令处理的数据类型有 8 位、16 位和 32 位。

如上所述，数据空间是采用字寻址，但 C55x 有专门的指令可以选择字的高字节或低字节，进行 8 位数据的处理，如表 2-6 所示。字节装载指令将从数据空间读取的字节进行 0 扩展或符号扩展，然后装入寄存器中；字节存储指令可将寄存器中的低 8 位数据存储到数据空间指定的地方。

表 2-6　字节装载和字节存储指令

指　　令	存取的字节	操　　作
MOV high_byte(Smem) , dst MOV low_byte(Smem) , dst MOV high_byte(Smem)<<#SHIFTW , ACx MOV low_byte(Smem) <<#SHIFTW , ACx	Smem(15～8) Smem(7～0) Smem(15～8) Smem(7～0)	字节装载
MOV src , high_byte(Smem) MOV src , low_byte(Smem)	Smem(15～8) Smem(7～0)	字节存储

当 CPU 存取长字时，存取地址是指 32 位数据的高 16 位（MSW）的地址，而低 16 位（LSW）的地址取决于 MSW 的地址。具体说明如下所示。

如果 MSW 的地址是偶地址，则 LSW 的地址加 1。

字地址 00 0100h～00 0101h	MSW	LSW

如果 MSW 的地址是奇地址，则 LSW 的地址减 1。

字地址 00 0100h～00 0101h	LSW	MSW

对于已确定地址的 MSW（LSW），将其地址的最低有效位取反，可得到 LSW（MSW）的地址。

3．数据空间的数据结构

下面通过实例来说明数据在数据空间是如何存储的。有 7 种变长的数据存储在 32 位宽的存储器中。

根据表 2-7 和图 2-10 可以看出，为了存取一个长字必须参考它的 MSW，C 的存取地址是 00 0102h，D 的存取地址是 00 0105h；字地址也可以存取字节，如在地址 00 0107h 上，同时存放了数据 F（高字节）和数据 G（低字节）。利用表 2-6 中的专用指令可以进行字节的存取。

表 2-7　数据长度及地址分配

数　据	数 据 类 型	地　址
A	字节	00 0100h（低字节）
B	字	00 0101h
C	长字	00 0102h
D	长字	00 0105h
E	字	00 0106h
F	字节	00 0107h（高字节）
G	字节	00 0107h（低字节）

<table>
<tr><th>字 地 址</th><th>字　0</th><th colspan="2">字　1</th></tr>
<tr><td>00 0100h～00 0101h</td><td>A</td><td colspan="2">B</td></tr>
<tr><td>00 0102h～00 0103h</td><td>C（31～16）</td><td colspan="2">C（15～0）</td></tr>
<tr><td>00 0104h～00 0105h</td><td>D（15～0）</td><td colspan="2">D（31～16）</td></tr>
<tr><td>00 0106h～00 0107h</td><td>E</td><td>F</td><td>G</td></tr>
</table>

图 2-10　存储器中的数据

2.3.4　I/O 空间

C55x DSP 的 I/O 空间与数据/程序空间是分开的，采用 16 位宽的字寻址，即为每个字分配一个 16 位地址，其寻址范围为 64K 字，如下所示：

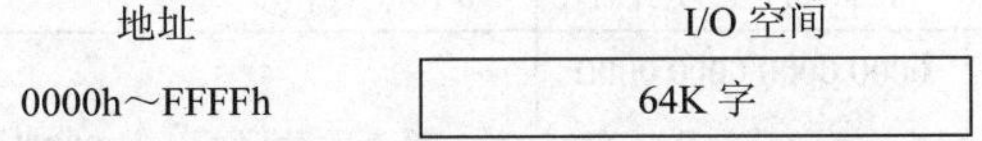

当 CPU 访问 I/O 空间时，用 DAB 读数据，用 EAB 写数据。由于 DAB 和 EAB 都是 24 位的，所以在 16 位地址前补 0 构成 24 位地址。例如，一个指令在地址 0102h 处读取一个字，DAB 上传送的地址是 00 0102h。

C55x 的 I/O 空间只用来访问外设寄存器，不可用来扩展外设。

思考与练习题

1. TMS320C55x DSP 有哪些特征和优点？
2. TMS320C55x DSP 的内部结构由哪几部分组成？
3. 简述指令缓冲单元（I）、程序流程单元（P）、地址流程单元（A）和数据计算单元（D）的组成和功能。
4. TMS320C55x DSP 的流水线操作包括多少个阶段？每一阶段完成什么操作？
5. TMS320C55x DSP 有哪些片上外设？
6. TMS320C55x 的寻址空间是多少？当 CPU 访问程序空间和数据空间时，使用的地址是多少位的？
7. 符合 IEEE1149.1 标准的测试/仿真接口的引脚有哪几个？

第 3 章　TMS320C55x 的指令系统

3.1　寻址方式

寻址方式是指如何指定指令和操作数所在存储空间的地址。C55x DSP 支持三种寻址模式，可以高效、灵活地对数据空间、存储映射寄存器、寄存器位和 I/O 空间进行寻址，它们是：绝对寻址模式；直接寻址模式；间接寻址模式。

3.1.1　绝对寻址模式

绝对寻址模式有三种，它们分别是：k16 绝对寻址、k23 绝对寻址和 I/O 绝对寻址。

1．k16 绝对寻址

使用该模式寻址的指令其操作数为*abs16(#k16)，其中 k16 是一个 16 位的无符号常数。寻址方法是将 7 位的寄存器 DPH（扩展数据页指针 XDP 的高位部分）和 k16 级联形成一个 23 位的地址，用于对数据空间的访问，如图 3-1 所示。该模式可以访问一个存储单元和一个存储映射寄存器。

DPH	k16	数 据 空 间
000 0000 ⋮ 000 0000	0000 0000 0000 0000 ⋮ 1111 1111 1111 1111	第 0 主数据页：00 0000h～00 FFFFh
000 0001 ⋮ 000 0001	0000 0000 0000 0000 ⋮ 1111 1111 1111 1111	第 1 主数据页：01 0000h～01 FFFFh
000 0010 ⋮ 000 0010	0000 0000 0000 0000 ⋮ 1111 1111 1111 1111	第 2 主数据页：02 0000h～02 FFFFh
⋮	⋮	⋮
111 1111 ⋮ 111 1111	0000 0000 0000 0000 ⋮ 1111 1111 1111 1111	第 127 主数据页：7F 0000h～7F FFFFh

图 3-1　k16 绝对寻址模式

由于对指令进行了扩展，使用该模式寻址的指令不能与其他指令并行执行。

2．k23 绝对寻址

使用该模式寻址的指令其操作数为*(#k23)，其中 k23 是一个 23 位的无符号常数，如图 3-2 所示。使用这种寻址方法的指令将常数编码为 3 字节（去掉最高位），与 k16 绝对寻址一样，使用该模式寻址的指令不能与其他指令并行执行。

k23	数 据 空 间
000 0000 0000 0000 0000 0000 ⋮ 000 0000 1111 1111 1111 1111	第 0 主数据页：00 0000h～00 FFFFh
000 0001 0000 0000 0000 0000 ⋮ 000 0001 1111 1111 1111 1111	第 1 主数据页：01 0000h～01 FFFFh
000 0010 0000 0000 0000 0000 ⋮ 000 0010 1111 1111 1111 1111	第 2 主数据页：02 0000h～02 FFFFh
⋮	⋮
111 1111 0000 0000 0000 0000 ⋮ 111 1111 1111 1111 1111 1111	第 127 主数据页：7F 0000h～7F FFFFh

图 3-2　k23 绝对寻址模式

3．I/O 绝对寻址

对于 I/O 绝对寻址模式，如果使用代数指令，其操作数是*port(#k16)，其中 k16 是一个 16 位无符号常数；如果使用助记符指令，其操作数是 port(#k16)（操作数前没有*）。如下所示，使用该模式的指令将常数编码为 2 字节。同样，该指令不能与其他指令并行执行。

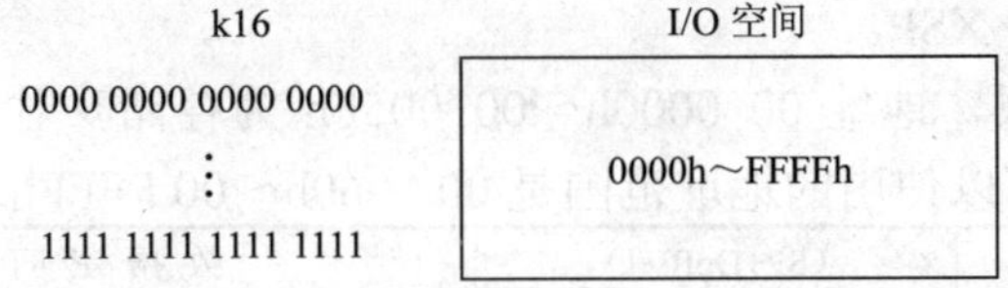

3.1.2　直接寻址模式

直接寻址有以下几种方式：数据页指针（DP）直接寻址、堆栈指针（SP）直接寻址、寄存器位直接寻址和外设数据页指针（PDP）直接寻址。其中，DP 直接寻址和 SP 直接寻址与状态寄存器 ST1-55 的 CPL 位有关：

当 CPL=0，采用 DP 直接寻址模式。

当 CPL=1，采用 SP 直接寻址模式。

而寄存器位寻址和 PDP 直接寻址与 CPL 无关。

1．DP 直接寻址

在 DP 直接寻址方法中，23 位地址的形成如图 3-3 所示。其中高 7 位由 DPH 提供，用来确定主数据页，其余低 16 位由两部分组成。

（1）DP：DP 确定在主数据页内长度为 128 字节的局部数据页的起始地址，该起始地址可以是主数据页内的任何地址。

（2）由汇编器计算出的 7 位偏移量（Doffset）：偏移量的计算与访问的是数据空间还是存储映射寄存器（限定词是 mmap()）有关。

由 DPH 和 DP 构成扩展数据页寄存器 XDP，可以将 DPH 和 DP 分别载入，也可以用一条指令载入 XDP。

	DPH	（DP+Doffset）	数 据 空 间
XDP	000 0000 ⋮ 000 0000	0000 0000 0000 0000 ⋮ 1111 1111 1111 1111	第 0 主数据页：00 0000h～00 FFFFh
	000 0001 ⋮ 000 0001	0000 0000 0000 0000 ⋮ 1111 1111 1111 1111	第 1 主数据页：01 0000h～01 FFFFh
	000 0010	0000 0000 0000 0000	第 2 主数据页：02 0000h～02 FFFFh
	⋮ 000 0010	⋮ 1111 1111 1111 1111	
	⋮	⋮	⋮
	111 1111 ⋮ 111 1111	0000 0000 0000 0000 ⋮ 1111 1111 1111 1111	第 127 主数据页：7F 0000h～7F FFFFh

图 3-3　DP 直接寻址模式

2．SP 直接寻址

当一条指令采用 SP 直接寻址模式，23 位地址的形成如图 3-4 所示。其中，SPH 确定高 7 位地址，其余 16 位地址由 SP 和 7 位偏移量决定，偏移量的范围是 0～127。由 SPH 和 SP 构成了扩展数据堆栈指针 XSP。

由于在第 0 主数据页，地址 00 0000h～00 005Fh 为存储映射寄存器保留，所以若数据栈位于该主数据页，则可以使用的地址范围是 00 0060h～00 FFFFh。

	SPH	（SP+Doffset）	数 据 空 间
XSP	000 0000 ⋮ 000 0000	0000 0000 0000 0000 ⋮ 1111 1111 1111 1111	第 0 主数据页：00 0000h～00 FFFFh
	000 0001 ⋮ 000 0001	0000 0000 0000 0000 ⋮ 1111 1111 1111 1111	第 1 主数据页：01 0000h～01 FFFFh
	000 0010	0000 0000 0000 0000	第 2 主数据页：02 0000h～02 FFFFh
	⋮ 000 0010	⋮ 1111 1111 1111 1111	
	⋮	⋮	⋮
	111 1111 ⋮ 111 1111	0000 0000 0000 0000 ⋮ 1111 1111 1111 1111	第 127 主数据页：7F 0000h～7F FFFFh

图 3-4　SP 直接寻址模式

3．寄存器位寻址

使用寄存器位寻址的指令其操作数是@bitoffset，该操作数是从寄存器的最低位开始的偏移值。例如，如果 bitoffset 为 0，那么就可以访问寄存器的最低位；如果 bitoffset 为 3，那么就可以访问寄存器的位 3。

只有寄存器的位测试、置位、清零、取反指令支持这种寻址模式。

4．PDP 直接寻址

当一条指令使用 PDP 直接寻址模式，16 位 I/O 地址的形成如图 3-5 所示。64K×16 位的 I/O 空间分成 512 个外设数据页，用 9 位的外设数据页指针 PDP 表示，其中每一页有 128 个字，由指令中的指定的 7 位偏移量来表示。例如，如果访问一页的第一个字，其偏移量为 0。

PDP	Poffset	I/O 空间（64K 字）
0000 0000 0 ⋮ 0000 0000 0	000 0000 ⋮ 111 1111	第 0 外设数据页：0000h-007Fh
0000 0000 1 ⋮ 0000 0000 1	000 0000 ⋮ 111 1111	第 1 外设数据页：0080h-00Fh
0000 0001 0 ⋮ 0000 0001 0	000 0000 ⋮ 111 1111	第 2 外设数据页：0100h-017Fh
⋮	⋮	⋮
1111 1111 1 ⋮ 1111 1111 1	000 0000 ⋮ 111 1111	第 511 外设数据页：FF80h- FFFFh

图 3-5　PDP 直接寻址模式

3.1.3　间接寻址模式

CPU 支持的间接寻址模式有 AR 间接寻址、双 AR 间接寻址、CDP 间接寻址和系数间接寻址。利用这些模式可以进行线性或循环寻址。

1．AR 间接寻址模式

该模式通过一个辅助寄存器 ARn（n=0，1，2，3，4，5，6，或 7）访问数据空间。而 ST2-55 的 ARMS 位决定了 AR 间接寻址的操作类型：

当 ARMS=0，DSP 模式：CPU 提供 DSP 增强应用的高效执行功能。

当 ARMS=1，控制模式：针对控制系统的应用，CPU 能够优化代码的长度。

表 3-1 和表 3-2 所示为 AR 间接寻址的 DSP 模式和控制模式。

表 3-1　AR 间接寻址 DSP 模式

序　号	操 作 数	地 址 修 改
1	*ARn	ARn 未修改
2	*ARn +	在生成地址之后增加：16 位操作，ARn =ARn + 1 32 位操作，ARn =ARn + 2
3	*ARn–	在生成地址之后减少：16 位操作，ARn =ARn–1 32 位操作，ARn =ARn–2

续表

序　号	操作数	地址修改
4	* + ARn	在生成地址之前增加：16 位操作，ARn =ARn + 1 32 位操作，ARn =ARn + 2
5	* – ARn	在生成地址之前减少：16 位操作，ARn =ARn–1 32 位操作，ARn =ARn–2
6	*(ARn + T0/AR0)	在生成地址之后，ARn 加上 T0 或 ARn 中 16 位带符号的常数：如果 C54CM = 0，ARn =ARn + T0 如果 C54CM = 1，ARn =ARn + AR0
7	*(ARn–T0/AR0)	在生成地址之后，ARn 减去 T0 或 ARn 中 16 位带符号的常数：如果 C54CM = 0，ARn =ARn–T0 如果 C54CM = 1，ARn =ARn–AR0
8	*ARn (T0/AR0)	ARn 未被修改。ARn 被作为基指针，T0 或 AR0 中 16 位带符号常数被作为偏移量
9	*(ARn + T0B/AR0B)	在生成地址之后，ARn 加上 T0 或 ARn 中 16 位带符号的常数：如果 C54CM = 0，ARn =ARn + T0 如果 C54CM = 1，ARn =ARn + AR0 按位倒序模式相加
10	*(ARn–T0B/AR0B)	在生成地址之后，ARn 减去 T0 或 ARn 中 16 位带符号的常数：如果 C54CM [1]= 0，ARn =ARn–T0 如果 C54CM = 1，ARn =ARn–AR0 按位倒序模式相减
11	*(ARn + T1)	在生成地址之后，ARn 加上 T1 中 16 位带符号的常数： ARn =ARn + T1
12	*(ARn–T1)	在生成地址之后，ARn 减去 T1 中 16 位带符号的常数： ARn =ARn–T1
13	*ARn (T1)	ARn 未被修改。ARn 被作为基指针，T1 中 16 位带符号常数被作为偏移量
14	*ARn(#K16)	ARn 未被修改。ARn 被作为基指针，16 位带符号常数（K16）被作为偏移量
15	* + ARn(#K16)	在地址生成之前，ARn 加上 16 位带符号常数（K16）

[注 1]：C54CM 是状态寄存器 ST1-55 中 TMS320C54x 兼容模式。

表 3-2　AR 间接寻址控制模式

序　号	操作数	地址修改
1	*ARn	ARn 未修改
2	*ARn +	在生成地址之后增加：16 位操作，ARn =ARn + 1 32 位操作，ARn =ARn + 2
3	*ARn–	在生成地址之后减少：16 位操作，ARn =ARn–1 32 位操作，ARn =ARn–2
4	*(ARn + T0/AR0)	在生成地址之后，ARn 加上 T0 或 AR0 中 16 位带符号的常数：如果 C54CM = 0，ARn =ARn + T0 如果 C54CM = 1，ARn =ARn + AR0

续表

序　号	操 作 数	地 址 修 改
5	*(ARn–T0/AR0)	在生成地址之后，ARn 减去 T0 或 AR0 中 16 位带符号的常数：如果 C54CM＝0，ARn＝ARn–T0 如果 C54CM＝1，ARn＝ARn–AR0
6	*ARn (T0/AR0)	ARn 未被修改。ARn 被作为基指针，T0 或 AR0 中 16 位带符号常数被作为偏移量
7	*ARn(#K16)	ARn 未被修改。ARn 被作为基指针，16 位带符号常数（k16）被作为偏移量
8	*＋ARn(#K16)	在地址生成之前，ARn 加上 16 位带符号常数（k16）
9	*ARn(short(#k3))	ARn 未被修改。ARn 被作为基指针，3 位带符号常数（k13）被作为偏移量

2．双 AR 间接寻址模式

双 AR 间接寻址模式可以通过 8 个辅助寄存器（AR0～AR7）同时访问两个数据存储单元，与单个 AR 间接访问数据空间一样，CPU 使用一个扩展辅助寄存器产生 23 位地址。双 AR 间接寻址可以实现以下功能：

（1）执行一条可完成两个 16 位数据空间访问的指令。在这种情况下，两个数据存储操作数在指令中为 Xmem 和 Ymem。例如：

ADD Xmem，Ymem，ACx

（2）并行执行两条指令。在这种情况下，必须每条指令访问一个存储数据，操作数在指令中是 Smem 或 Lmem。

MOV Smem，dst
|| AND Smem，src，dst

双 AR 间接寻址操作数是 AR 间接寻址操作数的子集，而 ARMS 状态位不影响双 AR 间接寻址的操作。

表 3-3 所示为双 AR 间接寻址的操作数。

表 3-3　双 AR 间接寻址操作数

序　号	操 作 数	地 址 修 改
1	*ARn	ARn 未修改
2	*ARn＋	在生成地址之后增加：16 位操作，ARn＝ARn＋1 32 位操作，ARn＝ARn＋2
3	*ARn–	在生成地址之后减少：16 位操作，ARn＝ARn–1 32 位操作，ARn＝ARn–2
4	*(ARn＋T0/AR0)	在生成地址之后，ARn 加上 T0 或 AR0 中 16 位带符号的常数： 如果 C54CM＝0，ARn＝ARn＋T0 如果 C54CM＝1，ARn＝ARn＋AR0
5	*(ARn–T0/AR0)	在生成地址之后，ARn 减去 T0 或 AR0 中 16 位带符号的常数： 如果 C54CM＝0，ARn＝ARn–T0 如果 C54CM＝1，ARn＝ARn–AR0
6	*ARn (T0/AR0)	ARn 未被修改。ARn 被作为基指针，T0 或 AR0 中 16 位带符号常数被作为偏移量

续表

序　号	操 作 数	地 址 修 改
7	*(ARn + T1)	在生成地址之后，ARn 加上 T1 中 16 位带符号的常数：ARn =ARn + T1
8	*(ARn–T1)	在生成地址之后，ARn 减去 T1 中 16 位带符号的常数：ARn =ARn–T1

3．CDP 间接寻址模式

CDP 间接寻址模式使用系数数据指针（CDP）对数据空间、寄存器位和 I/O 空间进行访问。表 3-4 所示为 CDP 间接寻址模式的操作数。

表 3-4　CDP 间接寻址操作数

序　号	操 作 数	地 址 修 改
1	*CDP	CDP 未修改
2	*CDP +	在生成地址之后增加：16 位操作，CDP = CDP + 1 32 位操作，CDP = CDP + 2
3	*CDP–	在生成地址之后减少：16 位操作，CDP = CDP–1 32 位操作，CDP = CDP–2
4	*CDP(#K16)	CDP 未被修改。CDP 被作为基指针，16 位带符号常数（K16）被作为偏移量
5	* + CDP(#K16)	在地址生成之前，CDP 加上 16 位带符号常数（K16）：CDP = CDP +K16

4．系数间接寻址模式

系数间接寻址模式的地址产生过程与使用 CDP 间接寻址数据空间的地址产生过程一样。CDP 间接寻址模式支持以下算术指令：FIR 滤波、乘法、乘加、乘减、双乘加或双乘减。

表 3-5 所示为系数间接寻址模式的操作数。

表 3-5　系数间接寻址操作数

序　号	操 作 数	地 址 修 改
1	*CDP	CDP 未修改
2	*CDP +	在生成地址之后增加：16 位操作，CDP = CDP + 1 32 位操作，CDP = CDP + 2
3	*CDP –	在生成地址之后减少：16 位操作，CDP = CDP –1 32 位操作，CDP = CDP –2
4	*(CDP + T0/AR0)	在生成地址之后，CDP 加上 T0 或 AR0 中 16 位带符号的常数：如果 C54CM = 0，CDP =CDP + T0 如果 C54CM = 1，CDP =CDP + AR0

3.2　TMS320C55x 的指令系统

3.2.1　C55x 指令的并行执行

本节介绍 C55x DSP 指令的并行特征和所遵守的规则。

1. 指令并行的特征

C55x DSP 的结构特点使其在一个周期内可以并行地执行两条指令。C55x 支持三种类型的并行指令。

（1）单指令中内置并行方式

这类并行指令是由一条指令同时执行两个不同的操作，通常用符号“::”来分隔指令的两个部分，这种并行方式也称为隐含并行方式。例如：

```
MPY *AR0, *CDP, AC0
:: MPY *AR1, *CDP, AC1
```

这是一条单指令，由 AR0 引用的数据与由 CDP 引用的系数相乘，同时，由 AR1 引用的数据与该系数相乘。

（2）用户自定义的两条指令间的并行方式

这类并行指令是用户或 C 语言编译器定义的，是由两条指令同时并行执行两个操作，通常用符号“||”来分隔这两条指令。例如：

```
MPYM *AR1–, *CDP, AC1
|| XOR AR2, T1
```

第一条指令在 D 单元执行乘法运算，第二条指令在 A 单元的 ALU 执行一个逻辑操作。

（3）内置与用户自定义混合的并行方式

例如：

```
MPYM T3=*AR3+, AC1, AC2
|| MOV #5, AR1
```

第一条指令隐含了内置并行方式，第二条指令是用户自定义的并行方式。

2. 指令并行的规则

在并行指令中，必须遵守三条基本规则：

① 两条指令的总长度不能超过 6 个字节。

② 在指令的执行过程中不存在运算器、地址产生单元、总线等资源冲突。

③ 其中一条指令必须有并行使能位或两条指令符合软—双并行条件。

下面介绍不能使用并行方式的情况：

（1）使用立即数寻址方式

例如：

```
*abs16(#k16)
*(#k23)
port(#k16)
*ARn(K16)
*+ARn(K16)
*CDP(K16)
*+CDP(K16)
```

（2）条件跳转、条件调用、中断、复位等程序控制指令

例如：

```
BCC P24, cond
CALLCC P24, cond
```

```
IDLE
INTR k5
RESET
TRAP k5
```

（3）使用下列指令或者操作修饰符

例如：

```
mmap()
port()
<instruction>.CR
<instruction>.LR
```

（4）一个单独的寄存器或存储器在一个流水线节拍被读两次

3．资源冲突

单指令在执行中要使用运算器、地址产生单元、总线等资源，并行的两条指令在执行时要使用两条单指令执行时占用的资源。所以，当并行的两条指令使用 C55x 不支持的组合资源时，就会发生资源冲突。

下面介绍 C55x 的资源。

（1）运算器

可使用的操作器有：D 单元的 ALU、D 单元的移位器、D 单元的交换器、A 单元的交换器、A 单元的 ALU 和 P 单元。

并行指令执行时一个操作器只能使用一次。

（2）地址产生单元

地址产生单元有：两个数据地址（DA）产生单元、一个系数地址（CA）产生单元和一个堆栈地址（SA）产生单元。

指令执行时只能使用给定数量的数据地址产生单元。

（3）总线

可使用的总线有：两个数据读（DR）总线、一个系数读（CA）总线、两个数据写（DW）总线、一个 ACB 总线（将 D 单元寄存器的内容传送给 A 单元和 P 单元的操作器）、一个 KAB 总线（立即数总线）和一个 KDB 总线（立即数总线）。

指令执行时只能使用给定数量的总线。

4．软—双并行条件

引用存储器操作数的指令没有并行使能位。两条这样的指令可以组成混合并行指令就是软—双并行方式。影响软—双并行方式的情况包括：

（1）两个存储器操作数必须是双 AR 间接寻址模式，符合双 AR 间接寻址模式的操作数如下：

```
*ARn
*ARn+
*ARn–
*(ARn + AR0)
*(ARn + T0)
*(ARn – AR0)
```

```
*(ARn – T0)
*ARn(AR0)
*ARn(T0)
*(ARn + T1)
*(ARn – T1)
```

（2）指令不能包含 high_byte(Smem)和 low_byte(Smem)，例如：

```
MOV [uns(]high_byte(Smem)[)], dst
MOV [uns(]low_byte(Smem)[)], dst
MOV low_byte(Smem) << #SHIFTW, ACx
MOV high_byte(Smem) << #SHIFTW, ACx
MOV src, high_byte(Smem)
MOV src, low_byte(Smem)
```

（3）指令不能读、写同一个存储器单元，例如：

```
BCLR src, Smem
BNOT src, Smem
BSET src, Smem
BTSTCLR k4, Smem, TCx
BTSTNOT k4, Smem, TCx
BTSTSET k4, Smem, TCx
```

（4）如果指令中的 k4 的值是 0～8，就会改变 XDP 的值，所以，不能与加载 DP 的指令组成并行指令。例如，改变 XDP 的指令：

```
BSET k4, ST0_55
BCLR k4, ST0_55
```

加载 DP 的指令：

```
MOV Smem, DP
MOV dbl(Lmem), XDP
POPBOTH XDP
```

（5）读重复计数寄存器（RPTC）指令不能和如下的任何一个单重复指令组成并行指令。

```
RPT
RPTADD
RPTSUB
RPTCC
```

虽然修改辅助寄存器（MMR）指令没有引用存储器，而且也没有并行使能位，但是 MMR 指令可以和如下任何存储器引用指令组合成软—双并行指令。

```
AADD TAx, TAy
AADD k8, TAx
AMOV TAx, TAy
AMOV k8, TAx
ASUB TAx, TAy
ASUB k8, TAx
AMOV D16, TAx
AMAR Smem
```

3.2.2 TMS320C55x DSP 的汇编指令

TMS320C55x 是 TMS320 家族中的定点数字信号处理器，可以使用两种指令集：助记符指令集和代数指令集。代数指令集中的指令类似于代数表达式，运算关系比较清楚明了；助记符指令集与计算机汇编语言相似，采用助记符来表示指令。不过，在编程时只能使用一种指令集。

助记符指令和代数指令在功能上是一一对应的，只是表示形式不同。本节同时介绍助记符指令和代数指令，并通过实例来讲解 C55x 的指令系统。

表 3-6 和表 3-7 所示为在指令系统中常用到的术语、符号、缩写及其含义。

表 3-6 指令集中使用的术语、符号和缩写

符 号	定 义
[ ]	可选的项
40	如果在指令中使用了关键字 40，则在执行指令时应把 M40 设为 1
ACB	将 D 单元寄存器内容传输给 A 单元和 P 单元的总线
ACOVx	累加器溢出状态位
ACw，ACx，ACy，ACz	累加器 AC0～AC3
ARn_mod	在地址产生单元选定的辅助寄存器 ARn 的内容是预修改或后修改的
ARx，ARy	辅助寄存器 AR0～AR7
AU	A 单元
Baddr	寄存器位地址
BitIn	移进的位：测试控制标志 2（TC2）或 CARRY 状态位
BitOut	移出的位：测试控制标志 2（TC2）或 CARRY 状态位
BORROW	CARRY 状态位的逻辑求补
C，Cycles	执行的周期数
CA	系数地址产生单元
CARRY	进位位
Cmem	系数间接寻址操作数
cond	条件表述
CR	系数读总线
CSR	单重复计算寄存器
DA	数据地址产生单元
DR	数据读总线
dst	目的操作数：累加器，或辅助寄存器的低 16 位，或临时寄存器
DU	D 单元
DW	数据写总线
Dx	x 位长的数据地址
E	表示指令包含并行使能位
KAB，KDB	立即数总线
kx	x 位长的无符号常数
Kx	x 位长的带符号常数
lx	x 位长的程序地址（相对于 PC 的无符号偏移量）
Lx	x 位长的程序地址（相对于 PC 的带符号偏移量）

续表

符　　号	定　　义
Lmem	32 位数据存储值
Operator	指令中的运算符
Pipe，Pipeline	流水线节拍：D=译码，AD=寻址，R=读，X=执行
pmad	程序地址值
Px	x 位长程序或数据绝对地址值
RELOP	关系运算符：== 等于，〈 小于，〉=大于等于，! =不等于
R or rnd	表示要进行舍入（取整）
RPTC	循环计数寄存器
S，Size	指令长度（字节）
SA	栈地址产生单元
saturate	如果输入操作数使用饱和选项，输出的 40 位操作数是经过饱和处理的
SHFT	0～15 的移位值
SHIFTW	–32～31 的移位值
Smem	16 位数据存储值
SP	数据堆栈指针
src	源操作数：累加器，或辅助寄存器的低 16 位，或临时寄存器
SSP	系统栈指针
STx	状态寄存器（ST0～ST3）
TAx，TAy	辅助寄存器（Arx）或临时寄存器（Tx）
TCx，TCy	测试控制标志（TC1，TC2）
TRNx	转移寄存器（TRN0，TRN1）
Tx，Ty	临时寄存器（T0～T3）
U or uns	操作数为无符号数
XAdst	目的扩展寄存器（XSP、XSSP、XDP、XCDP、XARx）
XARx	23 位扩展辅助寄存器（XAR0～XAR7）
XAsrc	源扩展寄存器（XSP、XSSP、XDP、XCDP、XARx）
xdst	累加器（AC0～AC3）或目的扩展寄存器（XSP、XSSP、XDP、XCDP、XARx）
xsrc	累加器（AC0～AC3）或源扩展寄存器（XSP、XSSP、XDP、XCDP、XARx）
Xmem，Ymem	双数据存储器访问（仅用于间接寻址）

表 3-7　指令集中使用的运算符

运 算 符	定　义	计 算 方 向
+ – ~	加，减，取反	由右到左
* / %	乘，除，取模	由左到右
+ –	加，减	由左到右
<< >>	带符号左移，右移	由左到右
<<< >>>	逻辑左移，逻辑右移	由左到右
< <=	小于，小于或等于	由左到右
> >=	大于，大于或等于	由左到右
== !=	等于，不等于	由左到右
&	按位与	由左到右
|	按位或	由左到右
^	按位异或	由左到右

TMS320C55x 指令集按操作类型可分为以下 6 种：

- 算术运算指令
- 位操作指令
- 扩展辅助寄存器操作指令
- 逻辑运算指令
- 移动指令
- 程序控制指令

一条指令的属性包括：指令，执行的操作，是否有并行使能位，长度，周期，在流水线上的执行阶段以及执行的功能单元等。下面，将按照这些属性分类介绍 C55x 助记符指令集。

1. 算术运算指令

算术运算指令按照完成的功能可以分为表 3-8 至表 3-20 几种类型。

（1）加法指令

加法指令如表 3-8 所示。

① 指令

表 3-8　加法指令

助记符指令	代 数 指 令	说　明
ADD [src,] dst	dst = dst + src	两个寄存器的内容相加
ADD k4,dst	dst = dst + k4	4 位无符号立即数加到寄存器
ADD K16,[src,]dst	dst = src + K16	16 位有符号立即数和源寄存器的内容相加
ADD Smem,[src,]dst	dst = src + Smem	操作数和源寄存器的内容相加
ADD ACx<<Tx, ACy	ACy = ACy + (ACx<<Tx)	累加器 ACx 根据 Tx 中的内容移位后，再和累加器 ACy 相加
ADD ACx<<#SHIFTW, ACy	ACy = ACy + (ACx<<#SHIFTW)	累加器 ACx 移位后与累加器 ACy 相加
ADD K16<<#16,[ACx,]ACy	ACy = ACx + (K16<<#16)	16 位有符号立即数左移 16 位后加到累加器
ADD K16<<#SHFT,[ACx,]ACy	ACy = ACx + (K16<<#SHFT)	16 位有符号立即数移位后加到累加器
ADD Smem<<Tx,[ACx,]ACy	ACy = ACx + (Smem<<Tx)	操作数根据 Tx 中的内容移位后，再和累加器 ACx 相加
ADD Smem<<#16,[ACx,]ACy	ACy = ACx + (Smem<<#16)	操作数左移 16 位后，再和累加器 ACx 相加
ADD [uns( ]Smem[)],CARRY,[ACx,] ACy	ACy = ACx + uns(Smem) + CARRY	操作数带进位加到累加器
ADD [uns( )Smem[]],[ACx,]ACy	ACy = ACx + uns(Smem)	操作数加到累加器
ADD [uns( ]Smem[)]<<#SHIFTW, [ACx,]ACy	ACy = ACx + (uns(Smem) <<#SHIFTW)	操作数移位后加到累加器
ADD dbl(Lmem),[ACx,]ACy	ACy = ACx + dbl(Lmem)	32 位操作数加到累加器
ADD Xmem, Ymem, ACx	ACx = (Xmem<<#16) + (Ymem<<#16)	两操作数均左移 16 位后加到累加器
ADD K16, Smem	Smem = Smem + K16	操作数和 16 位有符号立即数相加
ADD[R]V [ACx,] ACy	ACy = rnd(ACy + |ACx|)	与绝对值相加

对表 3-8 中加法指令有几点说明：

- 如果目的操作数是累加器 ACx，在 D 单元的 ALU 中进行运算操作；

- 如果目的操作数是辅助或临时寄存器 TAx，在 A 单元的 ALU 中进行运算操作；
- 如果目的操作数是存储器（Smem），在 D 单元的 ALU 中进行运算操作；
- 如果是移位指令（16 位立即数移位除外），在 D 单元移位器中进行运算操作。

② 状态位

影响指令执行的状态位有：CARRY，C54CM，M40，SATA，SATD，SXMD。

执行指令后会受影响的状态位：ACOVx，ACOVy，CARRY。

③ 举例

ADD *AR3+, T0, T1 ;AR3 间接寻址得到的内容与 T0 的内容相加，结果装入 T1，并
;将 AR3 增 1

	执行前	执行后
AR3	0302	0303
T0	3300	3300
T1	0	2200
CARRY	0	1
数据存储器		
0302	EF00	EF00

ADD *AR1<<T0,AC1,AC0 ;将由 AR1 寻址得到的内容左移 T0 位与 AC1 相加，结果
;装入 AC0

	执行前	执行后
AC0	00 0000 0000	00 2330 0000
AC1	00 2300 0000	00 2300 0000
T0	000C	000C
AR1	0200	0200
SXMD	0	0
M40	0	0
ACOV0	0	0
CARRY	0	1
数据存储器		
0200	0300	0300

（2）减法指令

常规减法指令如表 3-9 所示。

① 指令

表 3-9 减法指令

助记符指令	代数指令	说明
SUB[src,]dst	dst = dst – src	两个寄存器的内容相减
SUB k4,dst	dst = dst – k4	寄存器的内容减去 4 位无符号立即数
SUB K16, [src,] dst	dst = dst – K16	寄存器的内容减去 16 位有符号立即数
SUB Smem, [src,] dst	dst = dst – Smem	寄存器的内容减去操作数

续表

助记符指令	代数指令	说明
SUB src, Smem, dst	dst = Smem – src	操作数减去源寄存器的内容
SUB ACx << Tx, ACy	ACy = ACy – (ACx << Tx)	累加器 ACx 根据 Tx 中的内容移位后，作为减数和累加器 ACy 相减
SUB ACx << #SHIFTW, ACy	ACy = ACy – (ACx << #SHIFTW)	累加器 ACx 移位后，作为减数和累加器 ACy 相减
SUB K16 << #16, [ACx,] ACy	ACy = ACx – (K16 << #16)	16 位有符号立即数左移 16 位后，作为减数和累加器 ACx 相减
SUB K16 << #SHFT, [ACx,] ACy	ACy = ACx – (K16 << # SHFT)	16 位有符号立即数移位后，作为减数和累加器 ACx 相减
SUB Smem << Tx, [ACx,] ACy	ACy = ACx – (Smem << Tx)	操作数根据 Tx 中的内容移位后，作为减数和累加器 ACx 相减
SUB Smem << #16, [ACx,] ACy	ACy = ACx – (Smem << #16)	操作数左移 16 位后，作为减数和累加器 ACx 相减
SUB ACx, Smem << #16, ACy	ACy = (Smem << #16) – ACx	操作数左移 16 位后，作为被减数和累加器 ACx 相减
SUB [uns(]Smem[)], BORROW, [ACx,] ACy	ACy = ACx – uns(Smem) – BORROW	从累加器中减去带借位的操作数
SUB [uns(]Smem[)], [ACx,] ACy	ACy = ACx – uns(Smem)	从累加器中减去操作数
SUB [uns(]Smem[)] << #SHIFTW, [ACx,] ACy	ACy = ACx – (uns(Smem) << #SHIFTW)	从累加器中减去移位后的操作数
SUB dbl(Lmem), [ACx,] ACy	ACy = ACx – dbl(Lmem)	从累加器中减去 32 位操作数
SUB ACx, dbl(Lmem), ACy	ACy = dbl(Lmem) – Acx	32 位操作数减去累加器
SUB Xmem, Ymem, ACx	ACx = (Xmem << #16) – (Ymem << #16)	两操作数均左移 16 位后相减

② 状态位

影响指令执行的状态位有：CARRY，C54CM，M40，SATA，SATD，SXMD。

执行指令后会受影响的状态位：ACOVx，ACOVy，CARRY。

③ 举例

```
SUB uns(*AR1), BORROW, AC0, AC1 ;将 CARRY 位求反，AC0 减去由 AR1 寻址得到的
                                  内容及 CARRY 的内容，并将结果装入 AC1
```

	执行前	执行后
AC0	00 EC00 0000	00 EC00 0000
AC1	00 0000 0000	00 EBFF 0FFF
AR1	0302	0302
CARRY	0	1
数据存储器		
0302	F000	F000

（3）条件减法

① 指令

```
SUBC Smem, [ACx,] ACy ;if ((ACx – (Smem << #15)) >= 0)
                      ;ACy = (ACx – (Smem << #15)) << #1 + 1
                      ;else
                      ;ACy = ACx << #1
```

② 状态位

影响指令执行的状态位有： SXMD。

执行指令后会受影响的状态位：ACOVy，CARRY。

③ 举例

```
SUBC *AR1, AC0, AC1   ;如果 (AC0 – (*AR1)<< #15) >= 0，则
                      ;AC1 = (AC0 – (*AR1) << #15)<< #1 + 1
                      ;否则
                      ;AC1 = AC0 << #1
```

	执行前	执行后
AC0	23 4300 0000	23 4300 0000
AC1	00 0000 0000	46 8400 0001
AR1	0300	0300
SXMD	0	0
ACOV0	0	1
CARRY	0	1
数据存储器		
0300	0200	0200

（4）条件加减法

条件加减法指令如表 3-10 所示。

① 指令

表 3-10 条件加减法指令

助记符指令	代 数 指 令	说 明
ADDSUBCC Smem, ACx, TCx, ACy	ACy = adsc(Smem, ACx, TCx)	If TCx = 1 ACy = ACx+(Smem<<#16) else ACy = ACx－(Smem<<#16)
ADDSUBCC Smem, ACx, TC1, TC2,ACy	ACy = adsc(Smem, ACx, TC1, TC2)	If TC2=1 ACy=ACx If TC2=0 and TC1=1 ACy=ACx+(Smem<<#16) If TC2=0 and TC1=0 ACy=ACx–(Smem<<#16)
ADDSUBCC Smem, ACx, Tx, TC1, TC2,ACy	ACy = ads2c(Smem, ACx, Tx, TC1, TC2)	If TC2=1 and TC1=1 ACy=ACx+(Smem<<#16) If TC2=0 and TC1=1 ACy=ACx+(Smem<<Tx) If TC2=1 and TC1=0 ACy=ACx–(Smem<<#16) If TC2=0 and TC1=0 ACy=ACx–(Smem<<Tx)

② 状态位

影响指令执行的状态位有：C54CM，M40，SATD，SXMD，TC1，TC2。

执行指令后会受影响的状态位：ACOVy，CARRY。

③ 举例

```
ADDSUBCC *AR1, AC0, TC2, AC1 ;如果 TC2 = 1 ，则 AC1= AC0+(*AR1)<<#16
                             ;否则 AC1= AC0－(*AR1）<<#16
```

	执行前		执行后
AC0	00 EC00 0000	AC0	00 EC00 0000
AC1	00 0000 0000	AC1	01 1F00 0000
AR1	0200	AR1	0200
TC2	1	TC2	1
SXMD	0	SXMD	0
M40	0	M40	0
ACOV1	0	ACOV1	1
CARRY	0	CARRY	1
数据存储器		数据存储器	
0200	3300	0200	3300

（5）乘法指令

乘法指令在 D 单元的 MAC 中完成操作，指令及操作如表 3-11 所示。

① 指令

表 3-11　乘法指令

助记符指令	代 数 指 令	说　明
SQR[R] [ACx,] ACy	ACy = rnd(ACx * ACx)	计算累加器 ACx 高位部分（32～16 位）的平方值，结果舍入后放入累加器 ACy
MPY[R] [ACx,] ACy	ACy = rnd(ACy * ACx)	计算累加器 ACx 和 ACy 高位部分（32～16 位）的乘积，结果舍入后放入累加器 ACy
MPY[R] Tx, [ACx,] ACy	ACy = rnd(ACx * Tx)	计算累加器 ACx 高位部分（32～16 位）和 Tx 中内容的乘积，结果舍入后放入累加器 ACy
MPYK[R] K8, [ACx,] ACy	ACy = rnd(ACx * K8)	计算累加器 ACx 高位部分（32～16 位）和 8 位有符号立即数的乘积，结果舍入后放入累加器 ACy
MPYK[R] K16, [ACx,] ACy	ACy = rnd(ACx * K16)	计算累加器 ACx 高位部分（32～16 位）和 16 位有符号立即数的乘积，结果舍入后放入累加器 ACy
MPYM[R][T3 =]Smem,Cmem, ACx	ACx=rnd(Smem*coef(Cmem))[,T3=Smem]	两个操作数相乘，结果舍入后放入累加器 ACx
SQRM[R] [T3 =]Smem, ACx	ACx=rnd(Smem*Smem)[,T3=Smem]	操作数的平方，结果舍入后放入累加器 ACx

续表

助记符指令	代 数 指 令	说 明
MPYM[R] [T3 =]Smem,[ACx,] ACy	ACy=rnd(Smem*ACx)[,T3= Smem]	操作数和累加器 ACx 相乘，结果舍入后放入累加器 ACy
MPYMK[R] [T3 =]Smem, K8, ACx	ACx=rnd(Smem * K8) [,T3 = Smem]	操作数和 8 位有符号立即数相乘，结果舍入后放入累加器 ACx
MPYM[R][40][T3=][uns(]Xmem[)], [uns()Ymem[]],ACx	ACx = M40(rnd(uns(Xmem) * uns(Ymem))) [,T3 = Xmem]	两数据存储器操作数相乘，结果舍入后放入累加器 ACx
MPYM[R][U][T3 =]Smem, Tx, ACx	ACx=rnd(uns(Tx*Smem))[,T3=Smem]	Tx 的内容和操作数相乘，结果舍入后放入累加器 ACx

② 状态位

影响指令执行的状态位有：FRCT，SMUL，M40，RDM，SATD。

执行指令后会受影响的状态位：ACOVx，ACOVy。

③ 举例

MPY AC0, AC1 ; AC1=AC0*AC1

	执行前		执行后
AC0	02 6000 3400	AC0	02 6000 3400
AC1	00 C000 0000	AC1	00 4800 0000
M40	1	M40	1
FRCT	0	FRCT	0
ACOV1	0	ACOV1	0

（6）乘加指令

乘加指令在 D 单元的 MAC 中完成操作，指令及操作如表 3-12 所示。

① 指令

表 3-12　乘加指令

助记符指令	代 数 指 令	说 明
SQA[R] [ACx,] ACy	ACy = rnd(ACy + (ACx * ACx))	累加器 ACy 和累加器 ACx 的乘方相加，结果舍入后放入累加器 ACy
MAC[R] ACx, Tx, ACy[, ACy]	ACy = rnd(ACy + (ACx * Tx))	累加器 ACx 和 Tx 的内容相乘后，再与累加器 ACy 相加，结果舍入后放入累加器 ACy
MAC[R] ACy, Tx, ACx, ACy	ACy = rnd((ACy * Tx) + ACx)	累加器 ACy 和 Tx 的内容相乘后，再与累加器 ACx 相加，结果舍入后放入累加器 ACy
MACK[R] Tx, K8, [ACx,] ACy	ACy = rnd(ACx + (Tx * K8))	Tx 的内容和 8 位有符号立即数相乘后，再与累加器 ACx 相加，结果舍入后放入累加器 ACy
MACK[R] Tx, K16, [ACx,] ACy	ACy = rnd(ACx + (Tx * K16))	Tx 的内容和 16 位有符号立即数相乘后，再与累加器 ACx 相加，结果舍入后放入累加器 ACy

续表

助记符指令	代数指令	说明
MACM[R][T3=]Smem, Cmem, ACx	ACx = rnd(ACx + (Smem * Cmem)) [,T3 = Smem]	双操作数相乘后加到累加器 ACx 并作舍入
MACM[R]Z [T3 =]Smem, Cmem, ACx	ACx = rnd(ACx + (Smem * Cmem)) [,T3 = Smem],delay(Smem)	同上一条指令，并且与 delay 指令并行执行
SQAM[R] [T3 =]Smem, [ACx,] ACy	ACy = rnd(ACx + (Smem * Smem)) [,T3= Smem]	累加器 ACx 和操作数的乘方相加，结果舍入后放入累加器 ACy
MACM[R] [T3 =]Smem, [ACx,] ACy	Acy = rnd(ACy + (Smem * ACx)) [,T3 = Smem]	操作数和累加器 ACx 相乘后，结果加到累加器 ACy 并作舍入
MACM[R] [T3 =]Smem, Tx, [ACx,] ACy	ACy = rnd(ACx + (Tx * Smem)) [,T3 = Smem]	Tx 的内容和操作数相乘，再与累加器 ACx 相加，结果舍入后放入累加器 ACy
MACMK[R] [T3 =]Smem, K8, [ACx,] ACy	ACy = rnd(ACx + (Smem * K8)) [,T3 = Smem]	操作数和 8 位有符号立即数相乘，再与累加器 ACx 相加，结果舍入后放入累加器 ACy
MACM[R][40][T3=][uns( ]Xmem[ )], [uns( ] Ymem[)],[ACx,] ACy	ACy=M40(rnd(ACx+(uns(Xmem)*uns (Ymem)))) [,T3 = Xmem]	两数据存储器操作数相乘，再与累加器 ACx 相加，结果舍入后放入累加器 ACy
MACM[R][40][T3=][uns( ]Xmem[ )], [uns( ] Ymem[)],ACx >> #16[, ACy]	ACy = M40(rnd((ACx >> #16) + (uns (Xmem) *uns(Ymem)))) [,T3 = Xmem]	两数据存储器操作数相乘，再与累加器 ACx 右移 16 位后的值相加，结果舍入后放入累加器 ACy

② 状态位

影响指令执行的状态位有：FRCT，SMUL，M40，RDM，SATD。

执行指令后会受影响的状态位：ACOVx，ACOVy。

③ 举例

MACMR *AR1, *CDP, AC2 ;AC2=rnd (AC2+(*AR1)*(*CDP))

执行前		执行后	
AC2	00 EC00 0000	AC2	00 EC00 0000
AR1	0302	AR1	0302
CDP	0202	CDP	0202
ACOV2	0	ACOV2	1
数据存储器		数据存储器	
0302	FE00	0302	FE00
0202	0040	0202	0040

MACMR uns(*AR2+), uns(*AR3+), AC3 ;AC3=rnd((*AR2) * (*AR3)+AC3)

;AR2=AR2+1，AR3=AR3+1

执行前	
AC3	00 2300 EC00
AR2	0302
AR3	0202
ACOV3	0
M40	0
SATD	0
FRCT	0
数据存储器	
0302	FE00
0202	7000

执行后	
AC3	00 9221 0000
AR2	0303
AR3	0203
ACOV3	1
M40	0
SATD	0
FRCT	0
数据存储器	
0302	FE00
0202	7000

（7）乘减指令

乘减指令是在 D 单元的 MAC 中完成操作，指令及操作如表 3-13 所示。

① 指令

表 3-13　乘减指令

助记符指令	代 数 指 令	说　明
SQS[R] [ACx,] ACy	ACy = rnd(ACy – (ACx * ACx))	累加器 ACy 减去累加器 ACx 的平方，结果舍入后放入累加器 ACy
MAS[R] Tx, [ACx,] ACy	ACy = rnd(ACy – (ACx * Tx))	累加器 ACy 减去累加器 ACx 和 Tx 内容的乘积，结果舍入后放入累加器 ACy
MASM[R] [T3 =]Smem, Cmem, ACx	ACx = rnd(ACx – (Smem * Cmem)) [,T3 = Smem]	累加器 ACx 减去两个操作数的乘积，结果舍入后放入累加器 ACx
SQSM[R] [T3 =]Smem, [ACx,] ACy	ACy = rnd(ACx – (Smem * Smem)) [,T3 = Smem]	累加器 ACx 减去一个操作数的平方，结果舍入后放入累加器 ACy
MASM[R] [T3 =]Smem, [ACx,] ACy	ACy = rnd(ACy – (Smem * ACx)) [,T3 = Smem]	累加器 ACy 减去操作数和累加器 ACx 的乘积，结果舍入后放入累加器 ACy
MASM[R] [T3 =]Smem, Tx, [ACx,] ACy	ACy = rnd(ACx – (Tx * Smem)) [,T3 = Smem]	累加器 ACx 减去 Tx 的内容和操作数的乘积，结果舍入后放入累加器 ACy
MASM[R][40][T3 =][uns( ]Xmem[ )], [uns(]Ymem[)],[ACx,] ACy	ACy = M40(rnd(ACx – (uns(Xmem) * uns(Ymem))))[,T3 = Xmem]	累加器 ACx 减去两数据存储器操作数的乘积，结果舍入后放入累加器 ACy

② 状态位

影响指令执行的状态位有：FRCT，SMUL，M40，RDM，SATD。

执行指令后会受影响的状态位：ACOVx，ACOVy。

③ 举例

MASR T1, AC0, AC1 ；AC1=rnd(AC1-AC0*T1)

	执行前		执行后
AC0	00 EC00 0000	AC0	00 EC00 0000
AC1	00 3400 0000	AC1	00 1680 0000
T1	2000	T1	2000
M40	0	M40	0
ACOV1	0	ACOV1	0
FRCT	0	FRCT	0

（8）双乘加/双乘减指令

双乘加/双乘减指令利用 D 单元的两个 MAC 在一个周期内同时执行两个乘法或乘加/双乘减运算，其指令及操作如表 3-14 所示。

① 指令

表 3-14 双乘加/双乘减指令

助记符指令	代数指令	说明
MPY[R][40][uns(]Xmem[)], uns(]Cmem[)], ACx ::MPY[R][40] [uns(]Ymem[)], [uns(]Cmem[)], ACy	ACx = M40(rnd(uns(Xmem) * uns(coef(Cmem)))), ACy=M40(rnd(uns(Ymem)* uns(coef(Cmem))))	在一个周期内同时完成下列算术运算：两个操作数相乘
MAC[R][40] [uns(]Xmem[)], [uns(]Cmem[)], ACx ::MPY[R][40] [uns(]Ymem[)], [uns(]Cmem[)], ACy	ACx = M40(rnd(ACx + (uns(Xmem) *uns(coef(Cmem))))), ACy = M40(rnd(uns(Ymem) * uns(coef(Cmem)))))	在一个周期内同时完成下列算术运算：累加器 ACx 与两个操作数的乘积相加，结果舍入后放入累加器 ACx；两个操作数相乘，结果舍入后放入累加器 ACy
MAS[R][40] [uns(]Xmem[)], [uns(]Cmem[)], ACx ::MPY[R][40] [uns(]Ymem[)], [uns(]Cmem[)], ACy	ACx = M40(rnd(ACx – (uns(Xmem) * uns(coef(Cmem))))), ACy = M40(rnd(uns(Ymem) * uns(coef(Cmem))))	在一个指令周期内同时完成下列算术运算：累加器 ACx 减去两个操作数的乘积，结果舍入后放入累加器 ACx；两个操作数相乘，结果舍入后放入累加器 ACy
AMAR Xmem ::MPY[R][40] [uns()Ymem[]], [uns(]Cmem[)], ACx	mar(Xmem), ACx = M40(rnd(uns(Ymem) * uns(coef(Cmem))))	在一个指令周期内同时完成下列算术运算：修改操作数的值；两个操作数的乘法运算
MAC[R][40] [uns(]Xmem[)], [uns(]Cmem[)], ACx ::MAC[R][40] [uns(]Ymem[)], [uns(]Cmem[)], ACy	ACx = M40(rnd(ACx + (uns(Xmem) * uns(Cmem)))), ACy = M40(rnd(ACy + (uns(Ymem) * uns(Cmem))))	在一个指令周期内同时完成下列算术运算：累加器和两个操作数的乘积相加
MAS[R][40] [uns(]Xmem[)], [uns(]Cmem[)], ACx ::MAC[R][40] [uns(]Ymem[)], [uns(]Cmem[)], ACy	ACx = M40(rnd(ACx – (uns(Xmem) * uns(Cmem)))), ACy = M40(rnd(ACy + (uns(Ymem) * uns(Cmem))))	在一个指令周期内同时完成下列算术运算：累加器和两个操作数的乘积相减；累加器和两个操作数的乘积相加
AMAR Xmem ::MAC[R][40] [uns(]Ymem[)], [uns(]Cmem[)], ACx	mar(Xmem), ACx = M40(rnd(ACx + (uns(Ymem) * uns(Cmem))))	在一个指令周期内同时完成下列算术运算：修改操作数的值；累加器和两个操作数的乘积相加

续表

助记符指令	代 数 指 令	说　　明
MAS[R][40] [uns(]Xmem[)], [uns(]Cmem[)], ACx ::MAS[R][40] [uns(]Ymem[)], [uns(]Cmem[)], ACy	ACx = M40(rnd(ACx – (uns(Xmem) * uns(Cmem)))), ACy = M40(rnd(ACy – (uns(Ymem) * uns(Cmem))))	在一个指令周期内同时完成下列算术运算：累加器和两个操作数的乘积相减
AMAR Xmem ::MAS[R][40] [uns(]Ymem[)], [uns(]Cmem[)], ACx	mar(Xmem), ACx = M40(rnd(ACx – (uns(Ymem) * uns(Cmem))))	在一个指令周期内同时完成下列算术运算：修改操作数的值；累加器和两个操作数的乘积相减
MAC[R][40] [uns(]Xmem[)], [uns(]Cmem[)], ACx >>#16 ::MAC[R][40] [uns(]Ymem[)], [uns(]Cmem[)], ACy	ACx = M40(rnd((ACx >> #16) + (uns(Xmem) *uns(Cmem)))), ACy = M40(rnd(ACy + (uns(Ymem) * uns(Cmem))))	在一个指令周期内同时完成下列算术运算：累加器右移 16 位后和两个操作数的乘积相加；累加器和两个操作数的乘积相加
MPY[R][40] [uns(]Xmem[)], [uns(]Cmem[)], ACx ::MAC[R][40] [uns(]Ymem[)], [uns(]Cmem[)], ACy >> #16	ACx = M40(rnd(uns(Xmem) * uns(coef(Cmem))), ACy = M40(rnd((ACy >> #16) + (uns(Ymem) *uns(coef(Cmem)))))	在一个指令周期内并行完成两次下列算术运算：两个操作数相乘，累加器右移 16 位后和两个操作数的乘积相加
MAC[R][40] [uns(]Xmem[)], [uns(]Cmem[)], ACx >>#16 ::MAC[R][40] [uns(]Ymem[)], [uns(]Cmem[)], ACy >>#16	ACx = M40(rnd((ACx >> #16) + (uns(Xmem) *uns(Cmem)))), ACy = M40(rnd((ACy >> #16) + (uns(Ymem) *uns(Cmem))))	在一个指令周期内同时完成下列算术运算：累加器右移 16 位后和两个操作数的乘积相加
MAS[R][40] [uns(]Xmem[)], [uns(]Cmem[)], ACx ::MAC[R][40] [uns(]Ymem[)], [uns(]Cmem[)], ACy >>#16	ACx = M40(rnd(ACx – (uns(Xmem) * uns(Cmem)))), ACy = M40(rnd((ACy >> #16) + (uns(Ymem) *uns(Cmem))))	在一个指令周期内同时完成下列算术运算：累加器和两个操作数的乘积相减；累加器右移 16 位后和两个操作数的乘积相加
AMAR Xmem ::MAC[R][40] [uns(]Ymem[)], [uns(]Cmem[)], ACx >>#16	mar(Xmem), ACx = M40(rnd((ACx >> #16) + (uns(Ymem) *uns(Cmem))))	在一个指令周期内同时完成下列算术运算：修改操作数的值；累加器右移 16 位后和两个操作数的乘积相加
AMAR Xmem, Ymem, Cmem	mar(Xmem), mar(Ymem), mar(Cmem)	在一个指令周期内同时完成下列算术运算：修改操作数的值

② 状态位

影响指令执行的状态位有：FRCT，SMUL，M40，RDM，SATD。

执行指令后会受影响的状态位：ACOVx，ACOVy。

③ 举例

```
MASR40 uns(*AR0), uns(*CDP), AC0
:: MACR40 uns(*AR1), uns(*CDP), AC1 ;AC0=rnd(AC0–uns(*AR0)*uns(*CDP))
                                    ;AC1=rnd(AC1+uns(*AR1)*uns(*CDP))
```

执行前		执行后	
AC0	00 6900 0000	AC0	00 486B 0000
AC1	00 0023 0000	AC1	00 95E3 0000
*AR0	3400	*AR0	3400
*AR1	EF00	*AR1	EF00
*CDP	A067	*CDP	A067
ACOV0	0	ACOV0	0
ACOV1	0	ACOV1	0
CARRY	0	CARRY	0
FRCT	0	FRCT	0

（9）双 16 位算术指令

双 16 位算术指令利用 D 单元中的 ALU 在一个周期内完成两个并行的算术运算，包括一加一减、一减一加、两个加法或两个减法，其指令及操作如表 3-15 所示。

① 指令

表 3-15　双 16 位算术指令

助记符指令	代 数 指 令	说　明
ADDSUB Tx, Smem, ACx	HI(ACx) = Smem + Tx, LO(ACx) = Smem – Tx	在一个指令周期内，在 D-ALU 中的高低位并行执行两个 16 位算术运算，在 ACx 的高 16 位保存两个操作数相加结果，在 ACx 的低 16 位保存两个操作数相减结果
SUBADD Tx, Smem, ACx	HI(ACx) = Smem – Tx, LO(ACx) = Smem + Tx	在一个指令周期内，在 D-ALU 中的高低位并行执行两个 16 位算术运算，在 ACx 的高 16 位保存两个操作数相减结果，在 ACx 的低 16 位保存两个操作数相加结果
ADD dual(Lmem), [ACx,] ACy	HI(ACy) = HI(Lmem) + HI(ACx), LO(ACy) = LO(Lmem) + LO(ACx)	在一个指令周期内，在 D-ALU 中的高低位并行执行两个 16 位算术运算，在 ACx 的高 16 位保存 32 位操作数和累加器高 16 位的相加结果，在 ACx 的低 16 位保存 32 位操作数和累加器低 16 位的相加结果
SUB dual(Lmem), [ACx,] ACy	HI(ACy) = HI(ACx) – HI(Lmem), LO(ACy) = LO(ACx) – LO(Lmem)	在一个指令周期内，在 D-ALU 中的高低位并行执行两个 16 位算术运算，在 ACx 的高 16 位保存累加器和 32 位操作数高 16 位的相减结果，在 ACx 的低 16 位保存累加器和 32 位操作数低 16 位的相减结果
SUB ACx, dual(Lmem), ACy	HI(ACy) = HI(Lmem) – HI(ACx), LO(ACy) = LO(Lmem) – LO(ACx)	
SUB dual(Lmem), Tx, ACx	HI(ACx) = Tx – HI(Lmem), LO(ACx) = Tx – LO(Lmem)	在一个指令周期内，在 D-ALU 中的高低位并行执行两个 16 位算术运算，在 ACx 的高 16 位保存 Tx 的内容和 32 位操作数高 16 位的相减、相加结果，在 ACx 的低 16 位保存 Tx 的内容和 32 位操作数低 16 位的相减、相加结果
ADD dual(Lmem), Tx, ACx	HI(ACx) = HI(Lmem) + Tx, LO(ACx) = LO(Lmem) + Tx	
SUB Tx, dual(Lmem), ACx	HI(ACx) = HI(Lmem) – Tx, LO(ACx) = LO(Lmem) – Tx	
ADDSUB Tx, dual(Lmem), ACx	HI(ACx) = HI(Lmem) + Tx, LO(ACx) = LO(Lmem) – Tx	
SUBADD Tx, dual(Lmem), ACx	HI(ACx) = HI(Lmem) – Tx, LO(ACx) = LO(Lmem) + Tx	

② 状态位

影响指令执行的状态位有：C54CM，SATD，SXMD。

执行指令后会受影响的状态位：ACOVx，ACOVy，CARRY。

③ 举例

```
ADDSUB T1, *AR1, AC1 ;AC1(39–16)=(*AR1)+T1
                     ;|| AC1(15–0)=(*AR1)– T1
```

执行前		执行后	
AC1	00 2300 0000	AC1	00 2300 A300
T1	4000	T1	4000
AR1	0201	AR1	0201
SXMD	1	SXMD	1
M40	1	M40	1
ACOV0	0	ACOV0	0
CARRY	0	CARRY	1
数据存储器		**数据存储器**	
0201	E300	0201	E300

（10）比较和选择极值指令

比较和选择极值指令可以在 D 单元的 ALU 中完成两个并行 16 位极值选择操作和一个 40 位极值选择操作，其指令如表 3-16 所示。

① 指令

表 3-16　比较和选择极值指令

助记符指令	代 数 指 令	说　明

MAXDIFF ACx,ACy,ACz,ACw	max_diff(ACx, ACy, ACz, ACw)	TRNx = TRNx >> #1
		ACw(39–16)=ACy(39–16)–ACx(39–16)
		ACw(15–0) = ACy(15–0) – ACx(15–0)
		If (ACx(31–16) > ACy(31–16))
		{bit(TRN0,15)=#0;ACz(39–16)=ACx(39–16) }
		else
		{bit(TRN0,15)=#1;ACz(39–16)=ACy(39–16) }
		If (ACx(15–0) > ACy(15–0))
		{bit(TRN1,15)=#0 ; ACz(15–0) = ACx(15–0) }
		else
		{bit(TRN1,15)=#1 ; ACz(15–0) = ACy(15–0) }

DMAXDIFF ACx,ACy,ACz,ACw,TRNx	max_diff_dbl(ACx, ACy, ACz, ACw, TRNx)	If M40 = 0:
		TRNx = TRNx >> #1
		ACw(39–0) = ACy(39–0) – ACx(39–0)
		If (ACx(31–0) > ACy(31–0))
		{bit(TRNx,15)=#0 ; ACz(39–0) = ACx(39–0) }
		else
		{bit(TRNx,15)=#1 ; ACz(39–0) = ACy(39–0) }
		If M40 = 1:
		TRNx = TRNx >> #1
		ACw(39–0) = ACy(39–0) – ACx(39–0)
		If (ACx(39–0) > ACy(39–0))
		{bit(TRNx,15)=#0 ; ACz(39–0) = ACx(39–0) }
		else
		{bit(TRNx,15)=#1 ; ACz(39–0) = ACy(39–0) }

续表

助记符指令	代 数 指 令	说　明

MINDIFF ACx,ACy,ACz,ACw	min_diff(ACx, ACy, ACz, ACw)	TRNx = TRNx >> #1
		ACw(39–16) = ACy(39–16) – ACx(39–16)
		ACw(15–0) = ACy(15–0) – ACx(15–0)
		If (ACx(31–16) < ACy(31–16))
		{bit(TRN0,15)=#0;ACz(39–16)=ACx(39–16) }
		else
		{bit(TRN0,15)=#1;ACz(39–16)=ACy(39–16) }
		If (ACx(15–0) < ACy(15–0))
		{bit(TRN1,15)=#0 ; ACz(15–0) = ACx(15–0) }
		else
		{bit(TRN1,15)=#1 ; ACz(15–0) = ACy(15–0) }

DMINDIFF ACx,ACy,ACz,ACw,TRNx	min_diff_dbl(ACx, ACy, ACz, ACw, TRNx)	If M40 = 0:
		TRNx = TRNx >> #1
		ACw(39–0) = ACy(39–0) – ACx(39–0)
		If (ACx(31–0) < ACy(31–0))
		{bit(TRNx,15)=#0 ; ACz(39–0) = ACx(39–0) }
		else
		{bit(TRNx,15)=#1 ; ACz(39–0) = ACy(39–0) }
		If M40 = 1:
		TRNx = TRNx >> #1
		ACw(39–0) = ACy(39–0) – ACx(39–0)
		If (ACx(39–0) < ACy(39–0))
		{bit(TRNx,15)=#0 ; ACz(39–0) = ACx(39–0) }
		else
		{bit(TRNx,15)=#1 ; ACz(39–0) = ACy(39–0) }

② 状态位

影响指令执行的状态位有：C54CM，SATD。

执行指令后会受影响的状态位：ACOVw，CARRY。

③ 举例

MAXDIFF AC0, AC1, AC2, AC1 ;完成的操作参考表 3-16。

	执行前	执行后
AC0	10 2400 2222	10 2400 2222
AC1	90 0000 0000	FF 8000 DDDE
AC2	00 0000 0000	10 2400 2222
SATD	1	1
TRN0	1000	0800
TRN1	0100	0080
ACOV1	0	1
CARRY	1	0

（11）最大/最小值指令

① 指令

MAX [src,] dst;dst = max(src,dst)

MIN [src,] dst;dst = min(src,dst)

② 状态位

影响指令执行的状态位有：C54CM，M40，SXMD。

执行指令后会受影响的状态位：CARRY。

③ 举例

MAX AC2, AC1 ;由于(AC2)<(AC1)，所以 AC1 保持不变且 CARRY 状态位置 1

MIN AC1, T1 ;由于 T1<AC1(15–0)，所以 T1 的内容保持不变且将 CARRY 状态位置 1

	执行前		执行后
AC1	00 8000 0000	AC2	00 8000 0000
T1	8020	T1	8020
CARRY	0	CARRY	1

（12）存储器比较指令

① 指令

CMP Smem = =K16, TCx ;If Smem = = K16 then TCx=1 else TCx=0

② 状态位

影响指令执行的状态位有：无。

执行指令后会受影响的状态位：TCx。

③ 举例

CMP *AR1+ = = #400h, TC1 ;

（13）寄存器比较指令

寄存器比较指令在 D 单元和 A 单元的 ALU 中完成两个累加器、辅助寄存器或临时寄存器的比较，若累加器与辅助寄存器或临时寄存器比较，在 A 单元将 ACx（15–0）与 TAx 进行比较，其指令及操作如表 3-17 所示。

① 指令

表 3-17 寄存器比较指令

助记符指令	代 数 指 令	说 明
CMP[U] src RELOP dst, TCx	TCx = uns(src RELOP dst)	If src RELOP dst then TCx=1 else TCx=0
CMPAND[U] src RELOP dst, TCy, TCx	TCx = TCy & uns(src RELOP dst)	If src RELOP dst then TCx=1 else TCx=0，TCx = TCx AND TCy
CMPAND[U] src RELOP dst, !TCy, TCx	TCx = !TCy & uns(src RELOP dst)	If src RELOP dst then TCx=1 else TCx=0，TCx = TCx AND !TCy

续表

助记符指令	代数指令	说明
CMPOR[U] src RELOP dst, TCy, TCx	TCx = TCy | uns(src RELOP dst)	If src RELOP dst then TCx=1 else TCx=0，TCx = TCx OR TCy
CMPOR[U] src RELOP dst, !TCy, TCx	TCx = !TCy | uns(src RELOP dst)	If src RELOP dst then TCx=1 else TCx=0，TCx = TCx OR !TCy

② 状态位

影响指令执行的状态位有：C54CM，M40，TCy。

执行指令后会受影响的状态位：TCx。

③ 举例

CMP AC1 = = T1, TC1 ;由于 AC1(15–0)=T1，所以将 TC1 置 1

（14）条件移位指令

① 指令

```
SFTCC ACx, TCx ;If ACx(39–0) = 0 then TCx = 1
               ;If ACx(31–0) has two sign bits then
               ;ACx =ACx(31–0)<<#1 and TCx=0
               ;else TCx=1
```

② 状态位

影响指令执行的状态位有：无。

执行指令后会受影响的状态位：TCx。

③ 举例

SFTCC AC0, TC1 ;

（15）带符号移位指令

① 指令

移位指令中的移位值由立即数、SHIFTW 或 Tx 内容确定，如表 3-18 所示。

表 3-18 带符号移位指令

助记符指令	代数指令	说明
SFTS dst, #–1	dst = dst >> #1	寄存器内容右移 1 位
SFTS dst, #1	dst = dst << #1	寄存器内容左移 1 位
SFTS ACx, Tx[, ACy]	ACy = ACx << Tx	累加器的内容根据 Tx 的内容左移
SFTSC ACx, Tx[, ACy]	ACy = ACx <<Tx	累加器的内容根据 Tx 的内容左移，移出位更新进位标志
SFTS ACx, #SHIFTW[, ACy]	ACy = ACx << #SHIFTW	累加器的内容左移
SFTSC ACx, #SHIFTW[, ACy]	ACy = ACx << #SHIFTW	累加器的内容左移，移出位更新进位标志

② 状态位

影响指令执行的状态位有：C54CM，M40，SATA，SATD，SXMD。

执行指令后会受影响的状态位：ACOVx，ACOVy，CARRY。

③ 举例

SFTS T2, #1 ;T2=T2<<#1

	执行前		执行后
T2	EF27	T2	DE4E
SATA	1	SATA	1

SFTSC AC0, #–5, AC1 ;AC1=AC0>>5，移出的位装入 CARRY

	执行前		执行后
AC0	FF 8765 0055	AC0	FF 8765 0055
AC1	00 4321 1234	AC1	FF FC3B 2802
CARRY	0	CARRY	1
SXMD	1	SXMD	1

（16）修改辅助寄存器（MAR）指令

MAR 指令指令及操作如表 3-19 所示。

① 指令

表 3-19 修改辅助寄存器指令

助记符指令	代 数 指 令	说 明
AADD TAx, TAy	mar(TAy =TAy+TAx)	两个辅助寄存器或临时寄存器相加
AADD P8, TAx	mar(TAx + P8)	辅助寄存器或临时寄存器与程序地址相加
ASUB TAx, TAy	mar(TAy = TAy–TAx)	两个辅助寄存器或临时寄存器相减
AMOV TAx, TAy	mar(TAy = TAx)	用辅助寄存器或临时寄存器的内容给辅助寄存器或临时寄存器赋值
ASUB P8, TAx	mar(TAx = TAx–P8)	辅助寄存器或临时寄存器和程序地址相减
AMOV P8, TAx	mar(TAx = P8)	用 8 位有符号立即数给辅助寄存器或临时寄存器赋值
AMOV D16, TAx	mar(TAx = D16)	用 16 位数据地址给辅助寄存器或临时寄存器赋值
AMAR Smem	mar(Smem)	修改 Smem

② 状态位

影响指令执行的状态位有：ST2—55。

执行指令后会受影响的状态位：无。

③ 举例

```
AADD #255, T0;T0=T0+255
AMOV #255, AR0 ;AR0=255
AMAR *AR3+ ;AR3=AR3+1
```

（17）修改堆栈指针指令

① 指令

```
AADD k8,SP ;SP = SP + k8
```

② 状态位

影响指令执行的状态位有：无。

执行指令后会受影响的状态位：无。

③ 举例

AADD #127, SP ;SP=SP+127

（18）隐含并行指令

隐含并行指令完成的操作包括：加—存储、乘加/乘减—存储、加/减—存储、装载—存储和乘加/乘减—装载，其指令及操作如表 3-20 所示。

① 指令

表 3-20　隐含并行指令

助记符指令	代 数 指 令	说　　明
MPYM[R] [T3 =]Xmem, Tx, ACy :: MOV HI(ACx << T2), Ymem	ACy = rnd(Tx * Xmem) [,T3 = Xmem], Ymem = HI(ACx << T2)	并行执行以下运算：Tx 内容和操作数相乘，结果舍入后放入累加器 ACy；累加器 ACx 左移后高 16 位赋值给 Ymem
MACM[R] [T3 =]Xmem, Tx, ACy :: MOV HI(ACx << T2), Ymem	ACy = rnd(ACy + (Tx * Xmem)) [,T3 = Xmem],Ymem = HI(ACx << T2)	并行执行以下运算：Tx 内容和操作数相乘，再和累加器 ACy 相加，结果舍入后放入累加器 ACy；累加器 ACx 左移后高 16 位赋值给 Ymem
MASM[R] [T3 =]Xmem, Tx, ACy :: MOV HI(ACx << T2), Ymem	ACy = rnd(ACy – (Tx * Xmem)) [,T3 = Xmem],Ymem = HI(ACx << T2)	并行执行以下运算：Tx 内容和操作数相乘，再作为被减数和累加器 ACy 相减，结果舍入后放入累加器 ACy；累加器 ACx 左移后高 16 位赋值给 Ymem
ADD Xmem << #16, ACx, ACy :: MOV HI(ACy << T2), Ymem	ACy = ACx + (Xmem << #16), Ymem = HI(ACy << T2)	并行执行以下运算：操作数左移 16 位，再和累加器 ACx 相加，结果放入累加器 ACy；累加器 ACy 左移后高 16 位赋值给 Ymem
SUB Xmem << #16, ACx, ACy :: MOV HI(ACy << T2), Ymem	ACy = (Xmem << #16) – ACx, Ymem = HI(ACy << T2)	并行执行以下运算：操作数左移 16 位，再减去累加器 ACx，结果放入累加器 ACy；累加器 ACy 左移后高 16 位赋值给 Ymem
MOV Xmem << #16, ACy :: MOV HI(ACx << T2), Ymem	ACy = Xmem << #16, Ymem = HI(ACx << T2)	并行执行以下运算：操作数左移 16 位，结果放入累加器 ACy；累加器 ACx 左移后高 16 位赋值给 Ymem
MACM[R] [T3 =]Xmem, Tx, ACx :: MOV Ymem << #16, ACy	ACx = rnd(ACx + (Tx * Xmem)) [,T3 = Xmem],ACy = Ymem << #16	并行执行以下运算：Tx 内容和操作数相乘，再和累加器 ACx 相加，结果舍入后放入累加器 ACx；操作数左移 16 位后，结果放入累加器 Acy
MASM[R] [T3 =]Xmem, Tx, ACx :: MOV Ymem << #16, ACy	ACx = rnd(ACx – (Tx * Xmem)) [,T3 = Xmem],ACy = Ymem << #16	并行执行以下运算：Tx 内容和操作数相乘，再作为被减数和累加器 ACx 相减，结果舍入后放入累加器 ACx；操作数左移 16 位后，结果放入累加器 ACy

② 状态位

影响指令执行的状态位有：FRCT，SMUL，C54CM，M40，RDM，SATD，SXMD。

执行指令后会受影响的状态位：ACOVx，ACOVy，CARRY。

③ 举例

```
MPYMR *AR0+, T0, AC1
:: MOV HI(AC0 << T2), *AR1+ ;AC1=(*AR0)*T0，因为 FRCT=1，AC1=rnd（AC1*2），
                            ; AC0=AC0<<T2，(*AR1)=AC0(31–16)，AR1=AR1+1，
                            ;AR0=AR0+1
```

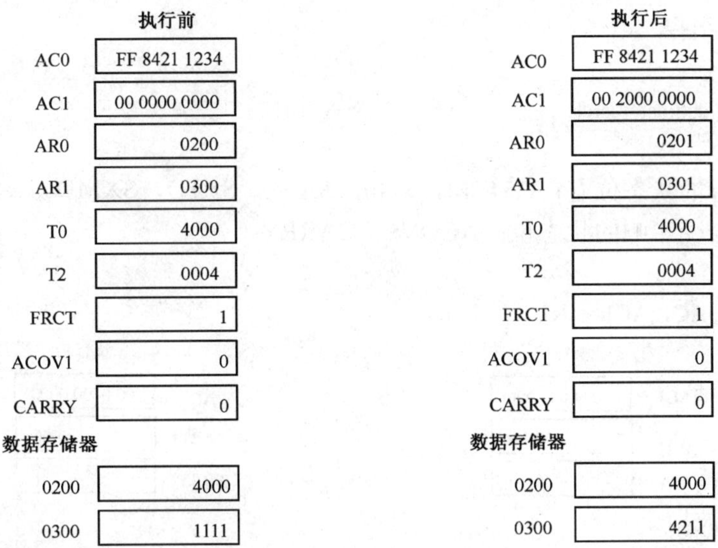

（19）绝对距离指令

绝对距离指令以并行方式完成两个操作，一个在 D 单元的 MAC 中，另一个在 D 单元的 ALU 中，下面介绍其指令和操作。

① 指令

```
ABDST Xmem,Ymem,ACx,ACy ;ACy = ACy + |HI(ACx)|
                        ;ACx = (Xmem << #16) – (Ymem << #16)
```

② 状态位

影响指令执行的状态位有：FRCT，C54CM，M40，SATD，SXMD。

执行指令后会受影响的状态位：ACOVx，ACOVy，CARRY。

③ 举例

```
ABDST *AR0+,*AR1,AC0,AC1 ;AC1 = AC1 + |HI(AC0)|
                         ;AC0 =((*AR0) << #16)–((*AR1) << #16)
                         ;AR0=AR0+1
```

	执行前	执行后
AC0	00 0000 0000	00 4500 0000
AC1	00 E800 0000	00 E800 0000
AR0	0202	0203
AR1	0302	0302
ACOV0	0	0
ACOV1	0	0
CARRY	0	0
M40	1	1
SXMD	1	1
数据存储器		
0202	3400	3400
0302	EF00	EF00

（20）绝对值指令

① 指令

```
ABS [src,] dst ;dst = |src|
```

② 状态位

影响指令执行的状态位有：C54CM，M40，SATA，SATD，SXMD。

执行指令后会受影响的状态位：ACOVx，CARRY。

③ 举例

```
ABS AR1, AC1 ;AC1=|AR1|
```

	执行前	执行后
AC1	00 0000 2000	00 0000 0000
AR1	0000	0000
CARRY	0	1

（21）FIR 滤波指令

FIR 滤波指令在一个周期内完成两个并行的操作，下面介绍其指令及操作。

① 指令

```
FIRSADD Xmem, Ymem, Cmem, ACx, ACy ;ACy = ACy + (ACx(32–16) * Cmem)
                                   ;ACx = (Xmem << #16) + (Ymem << #16)
FIRSSUB Xmem, Ymem, Cmem, ACx, ACy ;ACy = ACy + (ACx (32–16)* Cmem)
                                   ;ACx = (Xmem << #16) – (Ymem << #16)
```

② 状态位

影响指令执行的状态位有：FRCT，SMUL，C54CM，M40，SATD，SXMD。

执行指令后会受影响的状态位：ACOVx，ACOVy，CARRY。

③ 举例

```
FIRSADD *AR0, *AR1, *CDP, AC0, AC1 ;AC1 = AC1 + AC0(32–16) * (*CDP)
                                   ;AC0 =((*AR0) << #16) + ((*AR1) << #16)
```

	执行前	执行后
AC0	00 6900 0000	00 2300 0000
AC1	00 0023 0000	FF D8ED 3F00
*AR0	3400	3400
*AR1	EF00	EF00
*CDP	A067	A067
ACOV0	0	0
ACOV1	0	0
CARRY	0	1
FRCT	0	0
SXMD	0	0

（22）最小均方（LMS）指令

① 指令

```
LMS Xmem, Ymem, ACx, ACy ;ACy = ACy + (Xmem * Ymem)
                         ;:: ACx = rnd(ACx + (Xmem << #16))
```

② 状态位

影响指令执行的状态位有：FRCT，SMUL，C54CM，M40，RDM，SATD，SXMD。

执行指令后会受影响的状态位：ACOVx，ACOVy，CARRY。

③ 举例

```
LMS *AR0, *AR1, AC0, AC1 ;AC1 = AC1 + (*AR0) *(*AR1)
                         ;:: AC0 = rnd(AC0 + ((*AR0)<< #16))
```

	执行前	执行后
AC0	00 1111 2222	00 2111 0000
AC1	00 1000 0000	00 1200 0000
*AR0	1000	1000
*AR1	2000	2000
ACOV0	0	0
ACOV1	0	0
CARRY	0	0
FRCT	0	0

（23）补码指令

① 指令

```
NEG [src,] dst ;dst = –src
```

② 状态位

影响指令执行的状态位有：M40，SATA，SATD，SXMD。

执行指令后会受影响的状态位：ACOVx，CARRY。

③ 举例

```
NEG AC1, AC0 ;AC0= –AC1
```

（24）归一化指令

① 指令

```
MANT ACx, ACy ;ACy = mant(ACx),
:: NEXP ACx, Tx ;Tx = –exp(ACx)
EXP ACx, Tx ;Tx = exp(ACx)
```

② 状态位

影响指令执行的状态位有：无。

执行指令后会受影响的状态位：无。

③ 举例

```
MANT AC0, AC1   ;AC1 等于 AC0 的尾数，即将 AC0 右移与 32 位带符号数对齐后的值；
:: NEXP AC0, T1 ;T1 等于将 AC0 的 MSB 左移与 32 位带符号数对齐所移位的次数值。
```

（25）饱和和舍入指令

① 指令

```
SAT[R] [ACx,] ACy ;ACy = saturate(rnd(ACx))
ROUND [ACx,] ACy ;ACy = rnd(ACx)
```

② 状态位

影响指令执行的状态位有：C54CM，M40，RDM，SATD。

执行指令后会受影响的状态位：ACOVy。

③ 举例

ROUND AC0, AC1 ;AC1=AC0+8000h，且 16 个最低有效位清 0

	执行前	执行后
AC0	EF 0FF0 8023	EF 0FF0 8023
AC1	00 0000 0000	EF 0FF1 0000
RDM	1	1
M40	0	0
SATD	0	0
ACOV1	0	1

SAT AC0, AC1 ;将 32 位的 AC0 饱和，将饱和后的值 FF 8000 0000 装入 AC1

	执行前	执行后
AC0	EF 0FE0 8023	EF 0FF0 8023
AC1	00 0000 0000	FF 8000 0000
ACOV1	0	1

（26）平方差指令

① 指令

```
SQDST Xmem, Ymem, ACx, ACy ;ACy = ACy + (ACx(32–16) * ACx(32–16))
                           ;ACx = (Xmem << #16) – (Ymem << #16)
```

② 状态位

影响指令执行的状态位有：FRCT，SMUL，C54CM，M40，SATD，SXMD。

执行指令后会受影响的状态位：ACOVx，ACOVy，CARRY。

③ 举例

```
SQDST *AR0, *AR1, AC0, AC1 ;AC1=AC1+(AC0（32-16）)*(AC0(32-16)),
                           ;AC0=((*AR0)<<16)–((*AR1<<16)。
```

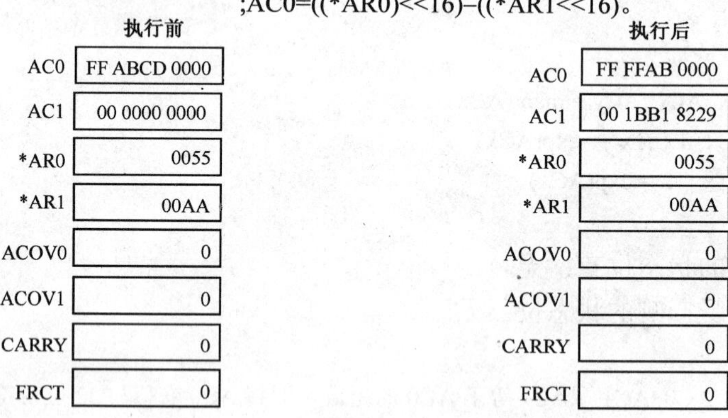

2．位操作指令

C55x 支持的位操作指令可以对操作数进行位比较、位计数、设置、扩展和抽取等操作。

（1）位域比较指令

① 指令

```
BAND Smem, k16, TCx ;If( ((Smem) AND k16 ) == 0)，TCx = 0
                    ;else TCx = 1
```

② 状态位

影响指令执行的状态位有：无。

执行指令后会受影响的状态位：TCx。

③ 举例

BAND *AR3, #00A0h, TC2 ;由于(*AR3) AND k16 = = 0，TC2 = 0

	执行前		执行后
*AR3	0040	*AR3	0040
TC2	0	TC2	0

（2）位计数

① 指令

BCNT ACx,ACy,TCx,Tx ;Tx = (ACx AND ACy)中 1 的个数

;若 Tx 为奇数，则 TCx=1；反之 TCx=0

② 状态位

影响指令执行的状态位有：无。

执行指令后会受影响的状态位：TCx。

③ 举例

BCNT AC1, AC2, TC1, T1 ;T1=(AC1 与 AC2)中 1 的个数，个数是奇数，TC1=1

	执行前		执行后
AC1	7E 2355 4FC0	AC1	7E 2355 4FC0
AC2	0F E340 5678	AC2	0F E340 5678
T1	0000	T1	000B
TC1	0	TC1	1

（3）位域扩展和抽取指令

① 指令

位域抽取：

BFXTR k16, ACx, dst ;从 LSB 到 MSB 将 k16 中非零位对应的 ACx 中的位抽取出来，

;依次放到 dst 的 LSB 中

位域扩展：

BFXPA k16, ACx, dst ;将 ACx 的 LSB 放到 k16 中非零位对应的 dst 中的位置上，

;ACx 的 LSB 个数等于 k16 中 1 的个数

② 状态位

影响指令执行的状态位有：无。

执行指令后会受影响的状态位；无。

③ 举例

BFXTR #8024h, AC0, T2 ;从最低位到最高位将（8024h）中非零位对应的 AC0 中的位

;抽取出来依次放到 T2 的 LSB 中

	执行前		执行后
AC0	00 2300 55AA	AC0	00 2300 55AA
T2	0000	T2	0002

BFXPA #8024h, AC0, T2 ;将 AC0 的 LSB 放到#8024h 中非零位对应的 T2 中的位置上

;AC0 的 LSB 个数等于#8024h 中 1 的个数

	执行前		执行后
AC0	00 2300 2B65	AC0	00 2300 2B65
T2	0000	T2	8004

（4）存储器位操作指令

存储器位操作包括测试、清零、置位和取反。其指令及操作如表 3-21 所示。

① 指令

表 3-21　存储器位操作指令

助记符指令	代 数 指 令	说　明
BTST src, Smem, TCx	TCx = bit(Smem, src)	以 src 的 4 个 LSB 为位地址，测试 Smem 的对应位
BNOT src, Smem	cbit(Smem, src)	以 src 的 4 个 LSB 为位地址，取反 Smem 的对应位
BCLR src, Smem	bit(Smem, src) = #0	以 src 的 4 个 LSB 为位地址，清零 Smem 的对应位
BSET src, Smem	bit(Smem, src) = #1	以 src 的 4 个 LSB 为位地址，置位 Smem 的对应位
BTSTSET k4, Smem, TCx	TCx = bit(Smem, k4), bit(Smem, k4) = #1	以 k4 为位地址，测试并置位 Smem 的对应位
BTSTCLR k4, Smem, TCx	TCx = bit(Smem, k4), bit(Smem, k4) = #0	以 k4 为位地址，测试并清零 Smem 的对应位
BTSTNOT k4, Smem, TCx	TCx = bit(Smem, k4), cbit(Smem, k4)	以 k4 为位地址， 测试并取反 Smem 的对应位
BTST k4, Smem, TCx	TCx = bit(Smem, k4)	以 k4 为位地址，测试 Smem 的对应位

② 状态位

影响指令执行的状态位有：无。

执行指令后会受影响的状态位：TCx。

③ 举例

BTST AC0, *AR0, TC1 ;位地址 AC0(3−0)=8，测试(*AR0)的位 8，结果存入 TC1

BTSTNOT #12, *AR0, TC1 ;测试(*AR0)的位 12，结果存入 TC1，并将(*AR0)的
;位 12 取反

	执行前		执行后
*AR0	0040	*AR0	1040
TC1	0	TC1	0

（5）寄存器位操作指令

寄存器位操作包括测试、置位、清零和取反操作。其指令及操作如表 3-22 所示。

① 指令

表 3-22　寄存器位操作指令

助记符指令	代 数 指 令	说　明
BTST Baddr, src, TCx	TCx = bit(src, Baddr)	以 Baddr 的 6/4 个 LSB 为位地址，测试 src 的对应位（6 对应 src 是累加器，4 对应 src 是辅助或临时寄存器）
BNOT Baddr, src	cbit(src, Baddr)	以 Baddr 的 6/4 个 LSB 为位地址，取反 src 的对应位
BCLR Baddr, src	bit(src, Baddr) = #0	以 Baddr 的 6/4 个 LSB 为位地址，清零 src 的对应位
BSET Baddr, src	bit(src, Baddr) = #1	以 Baddr 的 6/4 个 LSB 为位地址，置位 src 的对应位
BTSTP Baddr, src	bit(src, pair(Baddr))	以 Baddr 的 6/4 个 LSB 为位地址，测试 Smem 连续的两个对应位

② 状态位

影响指令执行的状态位有：无。

执行指令后会受影响的状态位：TCx。

③ 举例

BTST @#12, T0, TC1 ;测试 T0 的位 12，将结果存入 TC1

	执行前		执行后
T0	FE00	T0	FE00
TC1	0	TC1	1

BNOT AR1, T0 ;将 T0 中由 AR1 确定的位 12 取反

	执行前		执行后
T0	E000	T0	F000
AR1	000C	AR1	000C

BTSTP AR1(T0), AC0 ;由基地址（AR1）和偏移地址 T0 确定的位地址为 39，测试 AC0

;中的第 39 位并存入 TC1；测试 AC0 中的第 40 位并存入 TC2

	执行前		执行后
AC0	E0 1234 0000	AC0	E0 1234 0000
AR1	0026	AC1	0026
T0	0001	T0	0001
TC1	0	TC1	1
TC2	0	TC2	0

（6）状态位设置指令

状态位设置指令包括置位和清零，其指令及操作如表 3-23 所示。

① 指令

表 3-23　状态位设置指令

助记符指令	代 数 指 令	说　明
BCLR k4, STx_55	bit(STx, k4) = #0	以 k4 为位地址，清零 STx_55 中的对应位
BSET k4, STx_55	bit(STx, k4) = #1	以 k4 为位地址，置位 STx_55 中的对应位
BCLR f-name		按 f-name（状态标志名）寻址，清零 STx_55 中的对应位
BSET f-name		按 f-name（状态标志名）寻址，置位 STx_55 中的对应位

② 状态位

影响指令执行的状态位有：无。

执行指令后会受影响的状态位：已经选择的状态位。

③ 举例

BCLR AR1LC, ST2_55 ;由标号 AR1LC 确定位地址为 1，将 ST2_55 的位 2 清零

	执行前		执行后
ST2_55	0006	ST2_55	0004

BSET CARRY, ST0_55 ;由标号 CARRY 确定位地址为 11，将 ST0_55 的位 11 置位

执行前　　　　　　　　　　　　　　　　执行后

ST0_55	0000	ST0_55	0800

BSET CARRY ;将 ST0_55 的 CARRY（位 11）置位

执行前　　　　　　　　　　　　　　　　执行后

ST0_55	0000	ST0_55	0800

3．扩展辅助寄存器操作指令

扩展辅助寄存器操作指令及其操作如表 3-24 所示。

① 指令

表 3-24　辅助寄存器操作指令

助记符指令	代 数 指 令	说　明
MOV xsrc, xdst	xdst = xsrc	当 xdst 为累加器，xsrc 为 23 位时 xdst(31–23)=0,xdst(22–0)=xsrc 当 xdst 为 23 位，xsrc 为累加器时 xdst=xsrc(22–0)
AMAR Smem, XAdst	XAdst = (Smem)	把操作数载入寄存器 XAdst
AMOV k23, XAdst	XAdst = k23	把 23 位无符号立即数载入寄存器 XAdst
MOV dbl(Lmem), XAdst	XAdst = dbl(Lmem)	XAdst = Lmem(22–0) 把 32 位操作数的低 23 位载入寄存器 XAdst
MOV XAsrc, dbl(Lmem)	dbl(Lmem) = XAsrc	Lmem(22–0)=XAsrc,Lmem(31–23)=0 把 23 位寄存器 XAsrc 的内容载入 32 位操作数的低 23 位，其他位清零
POPBOTH xdst	xdst = popboth()	xdst(15–0)=(SP),xdst(31–16)=(SSP) 当 xdst 为 23 位时，取 SSP 的低 7 位
PSHBOTH xsrc	pshboth(xsrc)	(SP)=xsrc(15–0),(SSP)=xsrc(31–16) 当 xsrc 为 23 位时，(SSP)(6–0)= xsrc(22–16), (SSP)(15–7)=0

② 状态位

影响指令执行的状态位有：ST2-55。

执行指令后会受影响的状态位：无。

③ 举例

AMAR *AR1+, XAR0　;将(*AR1)的内容装入 XAR0，且 AR1 增 1

AMOV #7FFFFFh ;将 23 位的值（7FFFFFh）装入 XAR0

MOV dbl(*AR3), XAR1 ;将(*AR3)低 7 位和(*（AR3+1）)的 16 位装入 XAR1

执行前　　　　　　　　　　　　　　　　执行后

XAR1	00 0000	XAR1	12 0FD3
AR3	0200	AR3	0200
数据存储器		数据存储器	
0200	3492	0200	3492
0201	0FD3	0201	0FD3

4. 逻辑运算指令

C55x 的逻辑运算指令包括按位与/或/异或/取反、逻辑移位和循环移位。

（1）按位与/或/异或/取反指令

按位与/或/异或/取反指令及其操作如表 3-25 所示。

① 指令

表 3-25 按位与/或/异或/取反指令

助记符指令	代数指令	说明
NOT [src,] dst	dst = not(src)	寄存器按位取反
AND/OR/XOR src,dst	dst = dst AND/OR/XOR src	两个寄存器按位与/或/异或
AND/OR/XOR k8,src,dst	dst = k8 AND/OR/XOR src	8 位无符号立即数和寄存器按位与/或/异或
AND/OR/XOR k16,src,dst	dst = k16 AND/OR/XOR src	16 位无符号立即数和寄存器按位与/或/异或
AND/OR/XOR Smem,src,dst	dst = (Smem) AND/OR/XOR src	操作数和寄存器按位与/或/异或
AND/OR/XOR ACx << #SHIFTW[, ACy]	ACy = ACy AND/OR/XOR ACx << #SHIFTW	累加器 ACx 移位后和累加器 ACy 按位与/或/异或
AND/OR/XOR k16 << #16, [ACx,] ACy	ACy = ACx AND/OR/XOR k16 << #16	16 位无符号立即数左移 16 位后和累加器 ACx 按位与/或/异或
AND/OR/XOR k16 << #SHFT, [ACx,] ACy	ACy = ACx AND/OR/XOR k16 << #SHFT	16 位无符号立即数移位后和累加器 ACx 按位与/或/异或
AND/OR/XOR k16, Smem	(Smem) = (Smem) AND/OR/XOR k16	16 位无符号立即数和操作数按位与/或/异或

② 状态位

影响指令执行的状态位有：C54CM，M40。

执行指令后会受影响的状态位：无。

③ 举例

NOT AC0, AC1 ;将 AC0 的内容取反，结果存入 AC1

	执行前		执行后
AC0	7E 2355 4FC0	AC0	7E 2355 4FC0
AC1	00 2300 5678	AC1	81 DCAA B03F

AND AC0, AC1 ;AC1=AC1 AND AC0

	执行前		执行后
AC0	7E 2355 4FC0	AC0	7E 2355 4FC0
AC1	0F E340 5678	AC1	0E 2340 4640

OR AC0 << #4, AC1 ;将 AC0 逻辑左移 4 位后与 AC1 相或，结果存入 AC1

	执行前		执行后
AC0	7E 2355 4FC0	AC0	7E 2355 4FC0
AC1	0F E340 5678	AC1	0F F754 FE78

XOR AC0, AC1 ;AC1=AC1 XOR AC0

	执行前		执行后
AC0	7E 2355 4FC0	AC0	7E 2355 4FC0
AC1	0F E340 5678	AC1	71 C015 19B8

（2）逻辑移位

逻辑移位指令如表 3-26 所示。

① 指令

表 3-26　逻辑移位指令

助记符指令	代 数 指 令	说　明
SFTL dst, #1	dst = dst <<< #1	dst = dst << #1，CARRY＝移出的位
SFTL dst, #–1	dst = dst >>> #1	dst = dst >> #1，CARRY＝移出的位
SFTL ACx, Tx[, ACy]	ACy = ACx <<< Tx	若 Tx 超出了–32～31 的范围，则 Tx 被饱和为–32 或 31：ACy=ACx<<Tx
SFTL ACx, #SHIFTW[, ACy]	ACy = ACx <<< #SHIFTW	#SHIFTW 是 6 位值

② 状态位

影响指令执行的状态位有：C54CM，M40。

执行指令后会受影响的状态位：CARRY。

③ 举例

SFTL AC1, #1 ;AC1=AC1<<#1，由于 M40=0，CARRY=位 31，且位（39–32）清零

	执行前		执行后
AC1	8F E340 5678	AC1	00 C680 ACF0
CARRY	0	CARRY	1
M40	0	M40	0

SFTL AC0, T0, AC1 ;AC1=AC0<<–6，由于 M40=0，所以（39–32）清零

（3）循环移位

① 指令

ROL BitOut, src, BitIn, dst ;将 BitIn 移进 src 的 LSB，src 被移出的位存放于 BitOut，;此时的结果放到 dst 中

ROR BitIn, src, BitOut, dst ;将 BitIn 移进 src 的 MSB，src 被移出的位存放于 BitOut，;此时的结果放到 dst 中

② 状态位

影响指令执行的状态位有：CARRY，M40，TC2。

执行指令后会受影响的状态位：CARRY，TC2。

③ 举例

ROL CARRY, AC1, TC2, AC1 ;将 TC2 移入 AC1 的 LSB，将 AC1 中位 31 移出放入 ;CARRY，由于 M40=0，将 AC0（39–32）清零

	执行前		执行后
AC1	0F E340 5678	AC1	00 C680 ACF1
TC1	1	TC1	1
CARRY	1	CARRY	1
M40	0	M40	0

5．移动指令

C55x 的移动指令分为以下 4 种类型：

- 累加器、辅助寄存器或临时寄存器装载、存储、移动和交换；
- 存储单元间的移动及初始化；
- 入栈和出栈；
- CPU 寄存器装载令、存储和移动。

（1）累加器、辅助寄存器或临时寄存器装载、存储、移动和交换指令

① 指令

累加器、辅助寄存器或临时寄存器装载、存储、移动和交换指令及其操作如表 3-27 所示。

表 3-27　累加器、辅助寄存器或临时寄存器装载、存储、移动和交换指令

助记符指令	代 数 指 令	说　明
MOV k4, dst	dst = k4	加载 4 位无符号立即数到目的寄存器
MOV –k4, dst	dst = –k4	4 位无符号立即数取反后加载到目的寄存器
MOV K16, dst	dst = K16	加载 16 位有符号立即数到目的寄存器
MOV Smem, dst	dst = Smem	操作数加载到目的寄存器
MOV [uns(]high_byte(Smem)[)], dst	dst = uns(high_byte(Smem))	16 位操作数的高位字节加载到目的寄存器
MOV [uns(]low_byte(Smem)[)], dst	dst = uns(low_byte(Smem))	16 位操作数的低位字节加载到目的寄存器
MOV K16 << #16, ACx	ACx = K16 << #16	16 位有符号立即数移位后加载到累加器
MOV K16 << #SHFT, ACx	ACx = K16 << #SHFT	
MOV [rnd(]Smem << Tx[)], ACx	ACx = rnd(Smem << Tx)	16 位操作数根据 Tx 的内容移位，结果舍入后放入累加器
MOV low_byte(Smem) << #SHIFTW, ACx	ACx = low_byte(Smem) << #SHIFTW	16 位操作数高位字节移位后加载到累加器
MOV high_byte(Smem) << #SHIFTW, ACx	ACx = high_byte(Smem) << #SHIFTW	16 位操作数低位字节移位后加载到累加器
MOV Smem << #16, ACx	ACx = Smem << #16	16 位操作数左移 16 位后加载到累加器
MOV [uns(]Smem[)],ACx	ACx = uns(Smem)	16 位操作数加载到累加器
MOV [uns(]Smem[)] << #SHIFTW, ACx	ACx = uns(Smem) << #SHIFTW	16 位操作数移位后加载到累加器
MOV[40] dbl(Lmem), ACx	ACx = (Lmem)	32 位操作数加载到累加器
MOV Xmem, Ymem, ACx	LO(ACx) = Xmem, HI(ACx) = Ymem	ACx(15–0) = Xmem, ACx(39–16) = Ymem

续表

助记符指令	代 数 指 令	说 明
MOV dbl(Lmem), pair(HI(ACx))	pair(HI(ACx)) = Lmem	ACx(31–16)=HI(Lmem) AC (x+1)(31–16)=LO(Lmem),x=0 or 2
MOV dbl(Lmem), pair(LO(ACx))	pair(LO(ACx)) = Lmem	ACx(15–0)=HI(Lmem) AC (x+1)(15–0)=LO(Lmem),x=0 or 2
MOV dbl(Lmem), pair(TAx)	pair(TAx) = Lmem	TAx=HI(Lmem) TA(x+1)= LO(Lmem),x=0 or 2
MOV src, Smem	pair(TAx) = Lmem	Smem = src(15–0)
MOV src, high_byte(Smem)	high_byte(Smem) = src	high_byte(Smem) = src(7–0)
MOV src, low_byte(Smem)	low_byte(Smem) = src	low_byte(Smem) = src(7–0)
MOV HI(ACx), Smem	Smem = HI(ACx)	Smem = ACx(31–16)
MOV [rnd()HI(ACx)[]], Smem	Smem = HI(rnd(ACx))	Smem = [rnd] ACx(31–16)
MOV ACx << Tx, Smem	Smem = LO(ACx << Tx)	Smem = (ACx << Tx)(15–0)
MOV [rnd()HI(ACx << Tx)[]], Smem	Smem = HI(rnd(ACx << Tx))	Smem = [rnd](ACx << Tx)) (31–16)
MOV ACx << #SHIFTW, Smem	Smem = LO(ACx << #SHIFTW)	Smem = (ACx << #SHIFTW) (15–0)
MOV HI(ACx << #SHIFTW), Smem	Smem = HI(ACx << #SHIFTW)	Smem = (ACx << #SHIFTW) (31–16)
MOV [rnd(]HI(ACx << #SHIFTW)[)], Smem	Smem = HI(rnd(ACx << #SHIFTW))	Smem = [rnd](ACx << #SHIFTW) (31–16)
MOV [uns(] [rnd()HI(saturate(ACx))[)]], Smem	Smem = HI(saturate(uns(rnd(ACx))))	Smem = [uns]([rnd](sat (ACx(31–16))))
MOV [uns(] [rnd(]HI(saturate(ACx << Tx))[)])], Smem	Smem = HI(saturate(uns(rnd(ACx << Tx))))	累加器 ACx 根据 Tx 的内容移位，结果的高 16 位存储到 Smem
MOV [uns(](rnd(]HI(saturate(ACx << #SHIFTW))[)])], Smem	Smem = [uns]([rnd](sat(HI(ACx << #SHIFTW))))	累加器 ACx 移位后，结果的高 16 位存储到 Smem
MOV ACx, dbl(Lmem)	dbl(Lmem) = ACx	Lmem = ACx(31–0)
MOV [uns()saturate(ACx)[]], dbl(Lmem)	dbl(Lmem) = saturate(uns(ACx))	Lmem = [uns](sat(ACx(31–0)))
MOV ACx >> #1, dual(Lmem)	HI(Lmem) =ACx(31–16) >> #1, LO(Lmem) = ACx(15–0) >> #1	累加器 ACx 的高 16 位右移一位后，结果存储到 Lmem 的高 16 位；累加器 ACx 的低 16 位右移一位后，结果存储到 Lmem 的低 16 位
MOV pair(HI(ACx)), dbl(Lmem)	Lmem = pair(HI(ACx))	累加器 ACx 的高 16 位存储到 Lmem 的高 16 位；累加器 AC(x+1)的高 16 位存储到 Lmem 的低 16 位 HI(Lmem) =ACx(31–16) LO(Lmem) = AC(x+1)(31–16),x=0 or 2
MOV pair(LO(ACx)), dbl(Lmem)	Lmem = pair(LO(ACx))	累加器 ACx 的低 16 位存储到 Lmem 的高 16 位；累加器 AC(x+1)的低 16 位存储到 Lmem 的低 16 位 HI(Lmem) =ACx(15–0) LO(Lmem) = AC(x+1)(15–0),x=0 or 2

续表

助记符指令	代 数 指 令	说　　明
MOV pair(TAx), dbl(Lmem)	Lmem = pair(TAx)	HI(Lmem) = TAx LO(Lmem) = TA(x+1),x=0 or 2
MOV ACx, Xmem, Ymem	Xmem = LO(ACx), Ymem = HI(ACx)	累加器 ACx 的低 16 位存储到 Xmem； 累加器 ACx 的高 16 位存储到 Ymem
MOV src, dst	dst = src	源寄存器的内容存储到目的寄存器
MOV HI(ACx), TAx	TAx = HI(ACx)	累加器 ACx 的高 16 位移动到 TAx
MOV TAx, HI(ACx)	HI(ACx) = TAx	TAx 的内容移动到累加器 ACx 的高 16 位
SWAP ARx, Tx	swap(ARx, Tx)	ARx <-> Tx
SWAP Tx, Ty	swap(Tx, Ty)	Tx <-> Ty
SWAP ARx, ARy	swap(ARx, ARy)	ARx <-> ARy
SWAP ACx, ACy	swap(ACx, ACy)	ACx <-> ACy
SWAPP ARx, Tx	swap(pair(ARx), pair(Tx))	ARx <-> Tx, AR(x+1) <-> Tx(x+1)
SWAPP T0, T2	swap(pair(T0), pair(T2))	T0 <-> T2 , T1 <-> T3
SWAPP AR0, AR2	swap(pair(AR0), pair(AR2))	AR0<->AR2 , AR1<->AR3
SWAPP AC0, AC2	swap(pair(AC0), pair(AC2))	AC0<->AC2 , AC1<->AC3
SWAP4 AR4, T0	swap(block(AR4), block(T0))	AR4<->T0,　AR5<->T1,　AR6<->T2, AR7<->T3

② 状态位

影响指令执行的状态位有：C54CM，M40，RDM，SATD，SXMD。

执行指令后会受影响的状态位：ACOVx。

③ 举例

MOV AC0, *(#0E10h) ;将 AC0(15–0)存入 E10h 单元

	执行前	执行后
AC0	23 0400 6500	23 0400 6500
0E10	0000	6500

MOV AC0, AC1 ;AC1=AC0，由于 M40=0，在 31 位检测到溢出，将 ACOV1 置位

	执行前	执行后
AC0	01 E500 0030	01 E500 0030
AC1	00 2800 0200	01 E500 0030
M40	0	0
SATD	0	0
ACOV1	0	1

MOV #248, AC1 ;AC1= #248

	执行前	执行后
AC1	00 0200 FC00	00 0000 00F8

SWAP AR4, T0，将 AR4 的内容和 T0 的内容互换

执行前		执行后	
T0	6500	T0	0300
AR4	0300	AR4	6500

（2）存储单元间的移动及初始化

存储单元间的移动及初始化指令如表 3-28 所示。

① 指令

表 3-28 存储单元间的移动及初始化指令

助记符指令	代 数 指 令	说 明
DELAY Smem	delay(Smem)	(Smem+1)=(Smem) 将 Smem 的内容复制到下一个地址单元中，原单元的内容保持不变。常用于实现 Z 延迟
MOV Cmem, Smem	(Smem) = (Cmem)	将 Cmem 的内容复制到 Smem 指示的数据存储单元
MOV Smem, Cmem	(Cmem) = (Smem)	将 Smem 的内容复制到 Cmem 指示的数据存储单元
MOV K8, Smem	(Smem) = K8	将立即数加载到 Smem 指示的数据存储单元
MOV K16, Smem	(Smem) = K16	
MOV Cmem, dbl(Lmem)	Lmem = dbl(Cmem)	HI(Lmem) = (Cmem) , LO(Lmem) = (Cmem+1)
MOV dbl(Lmem), Cmem	dbl(Cmem) = Lmem	(Cmem) = HI(Lmem) , (Cmem+1) = LO(Lmem)
MOV dbl(Xmem), dbl(Ymem)	dbl(Ymem) = dbl(Xmem)	(Ymem) = (Xmem) , (Ymem+1) = (Xmem+1)
MOV Xmem, Ymem	(Ymem) = (Xmem)	Xmem 的内容复制到 Ymem

② 状态位

影响指令执行的状态位有：无。

执行指令后会受影响的状态位：无。

③ 举例

DELAY *AR1+ ;*(AR3+1)=*(AR3)，AR3=AR3+1

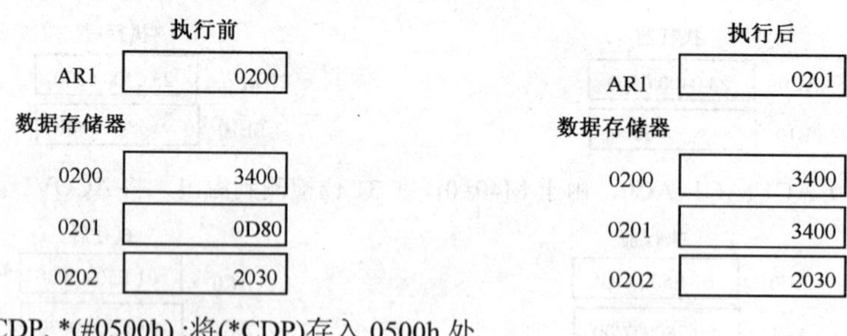

MOV *CDP, *(#0500h) ;将(*CDP)存入 0500h 处

执行前		执行后	
*CDP	3400	*CDP	3400
0500	0000	0500	3400

（3）入栈和出栈指令

入栈和出栈指令如表 3-29 所示。

① 指令

表 3-29　入栈和出栈指令

助记符指令	代 数 指 令	说　明
POP dst1, dst2	dst1, dst2 = pop()	Dst1=(SP),dst2=(SP+1),SP=SP+2
POP dst	dst = pop()	dst=(SP),SP=SP+1, 若 dst 为累加器，则 dst(15-0)=(SP)，dst(39-16)不变
POP dst, Smem	dst, Smem = pop()	dst=(SP),(Smem)=(SP+1), SP=SP+2 若 dst 为累加器，则 dst(15-0)=(SP)，dst(39-16)不变
POP dbl(ACx)	ACx = dbl(pop())	ACx(31-16)=(SP),ACx(15-0)=(SP+1), SP=SP+2
POP Smem	Smem = pop()	(Smem)=(SP),SP=SP+1
POP dbl(Lmem)	dbl(Lmem) = pop()	HI(Lmem)=(SP), LO(Lmem)=(SP+1), SP=SP+2
PSH src1, src2	push(src1, src2)	SP=SP−2,(SP)=src1,(SP+1)=src2 若 src1,src2 为累加器，则将 src(15-0)压入堆栈
PSH src	push(src)	SP=SP−1,(SP)=src 若 src 为累加器，则取 src(15-0)
PSH src, Smem	push(src, Smem)	SP=SP−2,(SP)=src, (SP+1)=Smem 若 src 为累加器，则取 src(15-0)
PSH dbl(ACx)	dbl(push(ACx))	SP=SP−2,(SP)=ACx(31-16), (SP+1)= ACx(15-0)
PSH Smem	push(Smem)	SP=SP−1,(SP)=Smem
PSH dbl(Lmem)	push(dbl(Lmem))	SP=SP−2,(SP)=HI(Lmem), (SP+1)= LO(Lmem)

② 状态位

影响指令执行的状态位有：无。

执行指令后会受影响的状态位：无。

③ 举例

POP AC0, AC1 ;AC0(15-0)=(SP)，AC1(15-0)=(SP+1)
;(39-16)不变，SP=SP+2

	执行前	执行后
AC0	00 4500 0000	00 4500 4890
AC1	F7 5678 9432	F7 5678 2300
SP	0300	0302
数据存储器		
0300	4890	4890
0301	2300	2300

PSH AR0, AC1 ;SP=SP-2，(SP)=AR0，(SP+1)=AC1(15-0)

	执行前	执行后
AR0	0300	0300
AC1	03 5644 F800	03 5644 F800
SP	0300	02FE
数据存储器		
02FE	0000	0300
02FF	0000	F800
0300	5890	5890

（4）CPU 寄存器装载、存储和移动指令

CPU 寄存器装载、存储和移动指令如表 3-30 所示。

① 指令

表 3-30　CPU 寄存器装载、存储和移动指令

助记符指令	代数指令	说明
MOV k12, BK03	BK03 = k12	装载立即数到指定的 CPU 寄存器单元
MOV k12, BK47	BK47 = k12	
MOV k12, BKC	BKC = k12	
MOV k12, BRC0	BRC0 = k12	
MOV k12, BRC1	BRC1 = k12, BRS1 = k12	
MOV k12, CSR	CSR = k12	
MOV k7, DPH	DPH = k7	
MOV k9, PDP	PDP = k9	
MOV k16, BSA01	BSA01 = k16	
MOV k16, BSA23	BSA23 = k16	
MOV k16, BSA45	BSA45 = k16	
MOV k16, BSA67	BSA67 = k16	
MOV k16, BSAC	BSAC = k16	
MOV k16, CDP	CDP = k16	
MOV k16, DP	DP = k16	
MOV k16, SP	SP = k16	
MOV k16, SSP	SSP = k16	
MOV Smem, BK03	BK03 = Smem	把 Smem 指示的数据存储单元的内容装载到指定的 CPU 寄存器单元
MOV Smem, BK47	BK47 = Smem	
MOV Smem, BKC	BKC = Smem	
MOV Smem, BSA01	BOF01 = Smem	
MOV Smem, BSA23	BOF23 = Smem	
MOV Smem, BSA45	BOF45 = Smem	
MOV Smem, BSA67	BOF67 = Smem	
MOV Smem, BSAC	BOFC = Smem	
MOV Smem, BRC0	BRC0 = Smem	
MOV Smem, BRC1	BRC1 = Smem	
MOV Smem, CDP	CDP = Smem	
MOV Smem, CSR	CSR = Smem	
MOV Smem, DP	DP = Smem	
MOV Smem, DPH	DPH = Smem	
MOV Smem, PDP	PDP = Smem	
MOV Smem, SP	SP = Smem	
MOV Smem, SSP	SSP = Smem	
MOV Smem, TRN0	TRN0 = Smem	
MOV Smem, TRN1	TRN1 = Smem	

续表

助记符指令	代数指令	说明
MOV dbl(Lmem), RETA	RETA = dbl(Lmem)	把 Lmem 指示的数据存储单元的内容装载到指定的 CPU 寄存器单元 CFCT=Lmem(31-24)，RETA=Lmem(23-0)
MOV BK03, Smem	Smem = BK03	把指定的 CPU 寄存器单元的内容存储到 Smem 指示的数据存储单元
MOV BK47, Smem	Smem = BK47	
MOV BKC, Smem	Smem = BKC	
MOV BSA01, Smem	Smem = BOF01	
MOV BSA23, Smem	Smem = BOF23	
MOV BSA45, Smem	Smem = BOF45	
MOV BSA67, Smem	Smem = BOF67	
MOV BSAC, Smem	Smem = BOFC	
MOV BRC0, Smem	Smem = BRC0	
MOV BRC1, Smem	Smem = BRC1	
MOV CDP, Smem	Smem = CDP	
MOV CSR, Smem	Smem = CSR	
MOV DP, Smem	Smem = DP	
MOV DPH, Smem	Smem = DPH	
MOV PDP, Smem	Smem = PDP	
MOV SP, Smem	Smem = SP	
MOV SSP, Smem	Smem = SSP	
MOV TRN0, Smem	Smem = TRN0	
MOV TRN1, Smem	Smem = TRN1	
MOV RETA, dbl(Lmem)	dbl(Lmem) = RETA	把指定的 CPU 寄存器单元的内容存储到 Lmem 指示的数据存储单元 Lmem(31-24)= CFCT, Lmem(23-0) = RETA
MOV TAx, BRC0	BRC0 = TAx	把 TAx 的内容移动到指定的 CPU 寄存器单元
MOV TAx, BRC1	BRC1 = TAx, BRS1 = TAx	
MOV TAx, CDP	CDP = TAx	
MOV TAx, CSR	CSR = TAx	
MOV TAx, SP	SP = TAx	
MOV TAx, SSP	SSP = TAx	
MOV BRC0, TAx	TAx = BRC0	把指定的 CPU 寄存器单元的内容移动到 TAx
MOV BRC1, TAx	TAx = BRC1	
MOV CDP, TAx	TAx = CDP	
MOV RPTC, TAx	TAx = RPTC	
MOV SP, TAx	TAx = SP	
MOV SSP, TAx	TAx = SSP	

② 状态位

影响指令执行的状态位有：无。

执行指令后会受影响的状态位：无。

③ 举例

MOV T1, BRC1 ;BRC1=BRS1=T1

	执行前	执行后
T1	0034	0034
BRC1	00EA	0034
BRS1	00EA	0034

MOV SP, *AR1+ ;(*AR1)=(SP)，AR1=AR1+1

	执行前	执行后
AR1	0200	0201
SP	0200	0200
数据存储器		
0200	0000	0200

6．程序控制指令

程序控制指令用于控制程序的流程，包括跳转指令、调用与返回指令、中断与返回指令、重复指令等。

（1）跳转指令

跳转指令包括条件跳转、无条件跳转两种，其指令及操作如表 3-31 所示。

① 指令

表 3-31 跳转指令

助记符指令	代 数 指 令	说 明
B ACx	goto ACx	跳转到由累加器 ACx(23～0)指定的地址，即 PC=ACx(23～0)
B L7	goto L7	跳转到标号 L7，L7 为 7 位长的相对 PC 的有符号偏移
B L16	goto L16	跳转到标号 L16，L16 为 16 位长的相对 PC 的有符号偏移
B P24	goto P24	跳转到由标号 P24 指定的地址，P24 为绝对程序地址
BCC l4, cond	if (cond) goto l4	条件为真时，跳转到标号 I4 处，I4 为 4 位长的相对 PC 的无符号偏移
BCC L8, cond	if (cond) goto L8	条件为真时，跳转到标号 L8 处，L8 为 8 位长的相对 PC 的有符号偏移
BCC L16, cond	if (cond) goto L16	条件为真时，跳转到标号 L16 处，L16 为 16 位长的相对 PC 的有符号偏移
BCC P24, cond	if (cond) goto P24	条件为真时，跳转到标号 P24 处，P24 为 24 位长的绝对程序地址
BCC L16, ARn_mod != #0	if (ARn_mod != #0) goto L16	当指定的辅助寄存器不等于 0 时，跳转到标号 L16 处，L16 为 16 位长的相对 PC 的有符号偏移
BCC[U] L8, src RELOP K8	compare (uns(src RELOP K8)) goto L8	当 src 与 K8 的关系满足指定的关系时，跳转到标号 L8 处，L8 为 8 位长的相对 PC 的有符号偏移
注：周期 x/y 中 x 表示条件为真时的周期数，y 表示条件为假时的周期数。		

② 状态位

影响指令执行的状态位有：ACOVx，CARRY，C54CM，M40，TCx。

执行指令后会受影响的状态位：ACOVx。

③ 举例

BCC branch, TC1 ;TC1 = 1，程序跳转到标号 branch 处执行。

```
BCC branch, TC1
… …                                  address: 00406C
… …
branch    … …                                  00406E
:
```

执行前

TC1	1
PC	00406A

执行后

TC1	1
PC	00406E

B AC0 ;PC=AC0(23-0)

执行前

AC0	00 0000 403D
PC	001F0A

执行后

AC0	00 0000 403D
PC	00403D

（2）调用与返回指令

调用与返回指令包括有条件和无条件的，其指令及操作如表 3-32 所示。

① 指令

表 3-32　调用与返回指令

助记符指令	代 数 指 令	说　明
CALL Acx	call ACx	调用地址等于累加器 ACx(23～0)、L16 或 P24 的子程序，过程如下： （1）将 RETA(15～0)压入 SP，CFCT 与 RETA(23～16)压入 SSP； （2）将返回地址写入 RETA，将激活的控制流程环境参数写入 CFCT；将子程序地址装入 PC，并设置相应的激活标志
CALL L16	call L16	
CALL P24	call P24	
CALLCC L16, cond	if (cond) call L16	当条件为真时，执行调用。调用过程同无条件调用
CALLCC P24, cond	if (cond) call P24	
RET	return	从子程序返回，过程如下： （1）将 RETA 的值写入 PC，更新 CFCT； （2）从 SP 和 SSP 弹出 RETA 和 CFCT 的值
RETCC cond	if (cond) return	当条件为真时，执行返回，过程同无条件返回

② 状态位

影响指令执行的状态位有：ACOVx，CARRY，C54CM，M40，TCx。

执行指令后会受影响的状态位：ACOVx。

③ 举例

CALLCC (subroutine), AC1 >= #2000h ;AC1 >= #2000h，PC=子程序地址

RETCC ACOV0 = #0 ;ACOV0=0，PC=调用子程序的返回地址

（3）中断与返回指令

① 指令

INTR k5 ;程序执行中断服务子程序，中断向量地址由中断向量指针（IVPD）和 5 比

TRAP k5 ;特无符号数确定

RETI ;PC=中断任务的返回地址

② 状态位

影响指令执行的状态位有：无。

执行指令后会受影响的状态位：INTM。

（4）重复指令

① 指令

重复指令包括单指令重复和块重复，其指令及操作如表 3-33 所示。

表 3-33　重复指令

助记符指令	代 数 指 令	说　　明
RPT CSR	repeat(CSR)	重复执行下一条指令(CSR)+1 次
RPT k8	repeat(k8)	重复执行下一条指令 k8+1 次
RPT k16	repeat(k16)	重复执行下一条指令 k16+1 次
RPTADD CSR, TAx	repeat(CSR), CSR += TAx	重复执行下一条指令(CSR)+1 次，CSR=CSR+TAx
RPTADD CSR, k4	repeat(CSR), CSR += k4	重复执行下一条指令(CSR)+1 次，CSR=CSR+k4
RPTSUB CSR, k4	repeat(CSR), CSR −= k4	重复执行下一条指令(CSR)+1 次，CSR=CSR−k4
RPTCC k8, cond	while (cond && (RPTC < k8)) repeat	当条件满足时，重复执行下一条指令 k8+1 次
RPTB pmad	blockrepeat{}	重复执行一段指令，次数=(BRC0/1)+1。指令块最长为 64KB
RPTBLOCAL pmad	localrepeat{}	重复执行一段指令，次数=(BRC0/1)+1。指令块最长为 64KB，仅限于 IBQ 内的指令

② 状态位

影响指令执行的状态位有：ACOVx，CARRY，C54CM，M40，TCx。

执行指令后会受影响的状态位：ACOVx。

③ 举例

```
RPT CSR ;下一条指令执行 CSR+1 次
MACM *AR3+, *AR4+, AC1
```

	执行前	执行后
AC1	00 0000 0000	00 3376 AD10
CSR	0003	0003
AR3	0200	0204
AR4	0400	0404

数据存储器	执行前	执行后
0200	AC03	AC03
0201	3468	3468
0202	FE00	FE00
0203	23DC	23DC
0400	D768	D768
0401	6987	6987
0402	3400	3400
0403	7900	7900

（5）其他程序控制指令

程序控制指令还包括条件执行、空闲（IDLE）、空操作（NOP）和软件复位。

① 指令

XCC [label,]cond ;当条件满足时，执行下面一条指令

XCCPART [label,]cond ;当条件满足时，执行下面两条并行指令

IDLE ;空闲

NOP ;空操作，PC=PC+1

NOP_16 ;空操作，PC=PC+2

RESET ;软件复位

② 状态位

影响指令执行的状态位有：ACOVx，CARRY，C54CM，M40，TCx，INTM。

执行指令后会受影响的状态位：ACOVx，IFR0，IFR1，ST0-55，ST1-55，ST2-55。

③ 举例

XCC branch, *AR0 != #0 ;AR0 不等于 0，执行下一条指令（ADD）

ADD *AR2+, AC0 ;AC0=AC0+(*AR2)，AR2=AR2+1

	执行前	执行后
AR0	3000	3000
AR2	0405	0406
AC0	00 0000 000C	00 0000 EF0C
数据存储器		
0405	EF00	EF00

思考与练习题

1．C55x DSP 支持哪三种寻址模式？

2．简述 k16 绝对寻址和 k23 绝对寻址的不同点和相同点。

3．简述 C55x DSP 并行指令遵守的规则。

4．已知 AC1=0200FC00H，AR3=0200H，（200）=3400H。

MOV *AR3+ << #16, AC1

执行上面指令后，AC1 和 AR3 的值分别是多少？

5．已知 AC0=EC000000H，AC1=00000000H，AR1=0200H，（200）=3300H，TC2=1。ADDSUBCC *AR1, AC0,TC2, AC1

执行上面指令后，AC1、AR1 和 AC0 的值分别是多少？

6．已知 AC0=69000000H，AC1=00230000H，*AR1=EF00H，AR2=0201H，*CDP= A067H。

执行下面指令后，AC0、*AR1、AR2 和 AC1 的值分别是多少？

AMAR *AR2+

:: MAC uns(*AR1), uns(*CDP), AC0 >> #16

7．已知 PC=004042H，AC0=0000000001H，根据下表的情况

```
        B branch
        MOV #1, AC0                 address:  004044
        … …
branch  … …                                   006047
:
        MOV #0, AC0
```

B branch

执行上面指令后，PC 和 AC0 分别是多少？

第 4 章　C55x 处理器的软件设计

C55x 系列处理器应用灵活、处理能力强大，为开发、使用提供了一个很好的硬件平台，要使这个平台更好的发挥作用，高效、方便的软件设计是不可或缺的。在数字信号处理器的软件开发中一直存在一个两难的选择，C/C++语言开发容易、移植性强，但效率较低，不能满足实时性要求；汇编语言效率高，对硬件的操作更为直接，但程序编写复杂、易读性差、移植性不好。比较好的方法是在两者之间折中，即程序的主体框架和对实时性要求不高的部分采用 C/C++语言，而算法实现则采用汇编语言，这样能够充分发挥二者的优点，解决易读性和效率之间的矛盾。这种方法也改善了软件的移植性，在软件移植时可以不改变程序的主体框架，而只要为处理器提供相应的算法即可。

为方便 C55x 算法开发，德州仪器公司为用户提供封装好的各种算法子函数，例如卷积、FIR 滤波、IIR 滤波等，这些子函数内部实现了汇编级的优化，并且都进行了大量的测试和验证，用户可以通过数字信号处理库和图像、视频处理库调用这些子函数，即可得到高效、可靠的代码，可以缩短开发时间，并提高程序运行的效率。

本章主要介绍了 C55x 处理器的程序基本结构，C 语言编程以及优化，C 语言与汇编语言的混合编程，通用目标文件格式，最后对 C55x 处理器的数字信号处理库和图像、视频处理库进行了介绍。

图 4-1 所示为在 C55x 处理器上软件的开发流程。C 语言编译器的作用是将 C/C++源代码转化为汇编源代码，汇编器是把汇编源代码转换成机器语言，链接器则将多个目标文件结合成一个可执行文件，归档器可以把一组文件归档为一个库，供用户使用。如果用户只用汇编语言编写程序，则将跳过 C 语言编译器而直接通过汇编器生成目标文件。

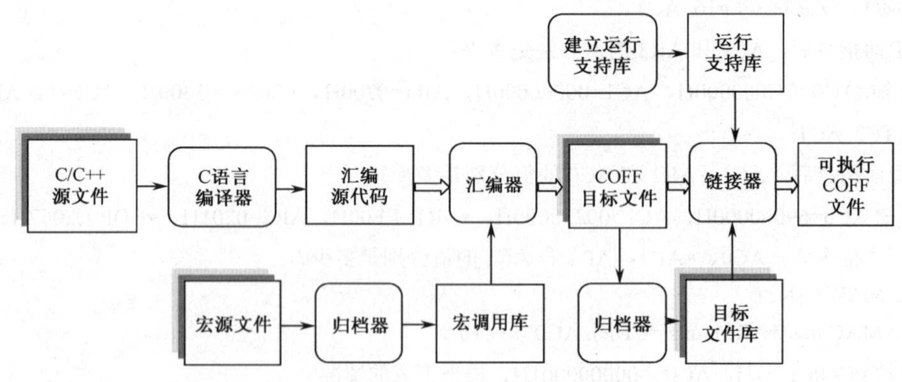

图 4-1　C55x 处理器软件开发流程

4.1　C55x 处理器程序基本结构

根据任务调度的方式不同，C55x 处理器程序大体可以分为两类：一类是由程序自己完成任务调度；另一类是由嵌入式操作系统完成任务调度。这两种类型各具优缺点，由程序自身完成任务调度程序运行效率高，对硬件中断响应快，程序运行稳定，适合于任务较为单一，实时性较强的应用；但如果要利用处理器同时完成多个任务，应用嵌入式操作系统是十分有必要的，这是因为嵌入式操作系统可以将应用分解为多个任务，简化了应用系统软件设计，更为重要的是良好的多任务设计有助于提高系统的稳定性和可靠性。接下来将对这两类程序的基本结构进行介绍。

4.1.1 自我调度程序的基本结构

虽然嵌入式操作系统已经发展得较为成熟，但通过程序自身完成任务调度仍然保持着旺盛的生命力，这是因为这种方式适合于 DSP 这种需要对大量实时数据完成顺序处理的应用。下面给出自我调度程序的基本结构。

```
中断程序 1;
……
中断程序 m;
Main()
{
    DSP_INT(){……};             //DSP 初始化
    For(;;)                      //主循环
    {
        if(条件 1)               //判断条件 1
        {
            处理模块 1;          //条件满足运行处理模块 1
        };
        ……
        if(条件 n)               //判断条件 n
        {
            处理模块 n;          //条件满足运行处理模块 n
        };
    }
}
```

自我调度程序通常由中断程序部分、初始化部分和主循环部分组成，初始化部分通常完成 DSP 软件、硬件的初始化设置，启动系统硬件，使能 DSP 中断，启动 DMA 传送等工作。当这些工作做完后，进入程序的主循环部分。主循环部分是程序的主体，将由它完成数据输入、处理和输出等工作。主循环由条件判断和处理模块组成，当满足条件时运行处理模块，不满足条件则自动跳到下一个判断条件。而中断程序通常不进行数据处理，只通过设置判断标志来影响主循环部分的运行。

为了满足实时运行的要求，自我调度程序的主循环部分必须将处理时延限制在最大可接受时延内，具体来说就是运行主循环的所有分支的时间总和必须小于最大可接受时延，如果不能满足这一条件，则在最坏情况下，会造成处理数据的不连续，而无法实现数据的实时处理。当所编写的程序没有满足上述条件时，则需要对处理流程进行修改，或修改处理算法以满足条件。

4.1.2 应用嵌入式操作系统

在数字信号处理器中运行的操作系统必须满足系统实时性要求，而操作系统的实时方式可以分成两种——硬实时方式和软实时方式。软实时系统由软件来进行任务的切换，而硬实时系统则按照固定时钟节拍切换任务。软实时系统使各个任务尽快运行，而不要求限定某个任务在多长时间内完成；硬实时系统中各任务不仅要执行无误，而且要准时。嵌入式实时操作系统的作用就是合理调度、分配任务的运行，使各个任务正确、及时地执行。

嵌入式操作系统的核心是操作系统内核，在多任务系统中，内核负责管理各个任务，为每个任务分配 CPU 时间，负责任务间的通信和任务切换。根据其重要程度的不同，系统中每个任务都被赋予一定的优先级，内核将根据任务的优先级进行任务调度。基于优先级的内核可以分成不可剥夺型和可剥夺型两种类型。

1．不可剥夺型内核

不可剥夺型内核要求每个任务主动放弃 CPU 使用权，这种任务的调度方法也可以叫做合作型多任务，每个任务相互合作，共享一个 CPU。不可剥夺型内核中的异步事件由中断服务来处理，中断服务可以使一个高优先级的任务由挂起态变为就绪态；但在中断服务之后，CPU 的使用权还给原来被中断的任务，直到该任务主动放弃 CPU 的使用权，一个高优先级的任务才能进入运行态。这种内核的优点是响应中断快，采用不可剥夺型内核允许任务使用不可重入函数，每个任务调用不可重入型函数不必担心其他任务可能使用该函数而造成数据破坏。使用不可剥夺型内核时，任务的响应时间取决于最长任务的执行时间。使用该内核很少需要使用信号量保护共享数据，这是因为正在运行的任务不必担心其他任务抢占 CPU；但如果任务使用共享设备时，还应使用互斥型信号量。不可剥夺型内核的缺点是响应时间具有不确定性，无法确定最高优先级的任务何时能够获得 CPU 的使用权。

2．可剥夺型内核

可剥夺型内核运行时，一旦具有最高优先级的任务就绪，就总能得到 CPU 的使用权。当有一个具有更高优先级的任务进入就绪态时，当前运行的任务将被挂起，更高级的任务立刻得到 CPU 的使用权。如果是中断服务子程序使一个高优先级的任务进入就绪状态，中断完成后，被中断的任务被挂起，开始运行更高级的任务。使用可剥夺型内核可以随时执行最高级任务，这使得任务的响应时间得以最优化。使用可剥夺内核要求应用程序不应直接使用不可重入函数，如果要使用则应满足互斥条件。

内核的主要工作是完成任务的调度，任务也可称作线程，是一个简单的程序，该程序认为 CPU 完全属于自己。操作系统要求把系统所要完成的工作分解为多个任务，每个任务都是应用的一部分。任务都被赋予一定的优先级，并拥有自己的一套 CPU 寄存器和堆栈空间。

任务都是一个无限循环，它必须处于下列 5 个状态之一：休眠状态、就绪状态、运行状态、挂起状态和被中断状态。休眠状态是任务驻留在内存之中，但并没有被系统内核所调用；就绪状态是任务已经准备好，但由于该任务的优先级比正在运行的任务的优先级低，还暂时不能运行；运行状态是任务拥有 CPU 的使用权，正在运行；挂起状态是任务正在等待某一个事件的发生以结束目前的等待（如等待外设的 I/O 操作、等待共享资源、等待定时或超时信息等事件）；当发生中断时，CPU 进入中断服务程序，而暂时不能运行当前的任务，任务就进入了被中断态。

操作系统需要在多个任务之间转换和调度，这是因为 CPU 在某一时刻只能为一个任务提供服务，CPU 必须为一系列任务轮流服务。多任务运行可以使 CPU 的利用率达到最高，并使应用程序模块化，使用多任务可以使程序更容易设计和维护。

当任务从当前任务切换到另一个任务时，必须保存正在执行的任务的当前状态。所谓“任务的当前状态”即 CPU 寄存器中的所有内容；这些内容被保存在任务自己的堆栈中，以备任务下次执行时恢复当前状态。在保存完当前任务后，要把下一个任务的当前状态装入 CPU 寄存器，并开始下一个任务的运行，这一过程叫做“任务切换”。

每个任务都有其优先级，任务越重要，被赋予的优先级应越高。如果程序执行过程中任务的优先级不变，则称为静态优先级；反之则称为动态优先级。

所谓“任务管理”就是在内核的控制下任务在五种状态之间切换。图 4-2 所示为任务状态的转换关系。

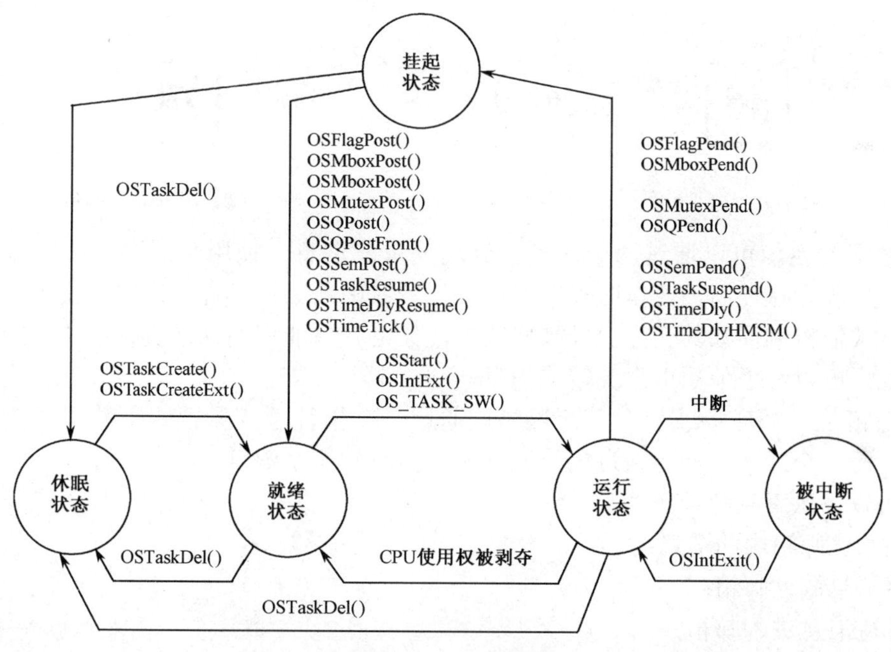

图 4-2 任务状态转换

不同任务之间有可能会使用共同的资源，当它们同时使用共享资源时有可能发生错误，嵌入式操作系统提供了信号量这一约定机制，通过该机制可以控制共享资源的使用权，或标志某一事件的发生，也可以用来为两个任务同步。信号量有两种类型——二进制型和计数器型，实际上二进制型可以看做一个只有一位的计数器型信号量。

信号量可以看做一把钥匙。当任务要运行时首先要取得这把钥匙。如果信号量已经被其他任务占用，那么该任务只好挂起并等待信号量被当前使用者释放。

任务要使用信号量，首先要对信号量进行初始化。如果任务要得到信号量，首先要执行“等待”操作。如果该信号量有效（信号量的值大于 0）,则该信号量值减 1，任务得以继续执行。如果信号量的值为 0，等待信号量的任务就被列入等待信号量任务表。如果等待时间超过某一设定值，该信号量还无效，那么等待信号量的任务自动进入就绪状态并准备运行，并向系统报一个“超时错误”信息。

任务还可以释放信号量。如果这时没有任务等待信号量，则信号量的值加 1，如果有任务等待该信号量，那么就会有一个任务进入就绪状态，信号量的值不增加。实际上，等待该信号量的任务可能有多个。在嵌入式操作系统中通常依照优先级来决定由哪个任务取得信号量。

两个任务之间可以利用信号量来取得同步，这种同步可以分成两类——单向同步和双向同步。所谓“单向同步”是指任务用一个信号量触发另一个任务，图 4-3 所示为单向同步的例子。

当两个任务需要相互同步对方，这时就要用到双向同步，图 4-4 所示为双向同步的示意图。

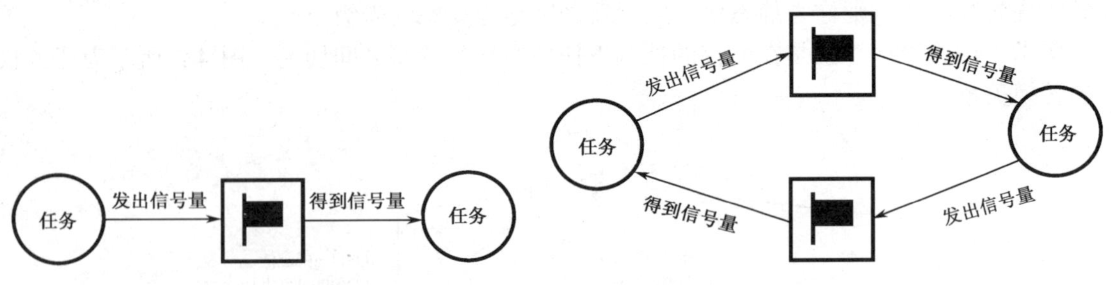

图 4-3　单向同步

图 4-4　两个任务的双向同步

任务之间的通信可以通过两个途径：全局变量或消息。使用全局变量必须保证任务或中断服务子程序，在使用该变量时没有其他的任务或中断服务子程序访问该变量。另外，如果任务没有其他机制通知其变量已经被修改了，任务就只能周期性地查询该变量的值。要避免这种情况，可以考虑使用消息邮箱或消息队列。

消息邮箱是一个任务或一个中断程序。通过一个指针型变量把一个消息（指针）放到邮箱之中，而一个或多个任务通过内核服务可以接收到这个消息。

内核可以提供下列邮箱服务：

- 初始化邮箱内的消息；
- 将消息放入邮箱；
- 等待消息进入邮箱；
- 从邮箱中取得消息。

消息队列则是任务或中断程序把一个消息指针放到消息队列之中，而一个或多个任务通过内核服务从消息队列中接收消息。

内核提供消息队列服务如下：

- 消息队列初始化，即将消息队列清空；
- 将一个消息放到消息队列之中；
- 等待消息到来；
- 得到消息。

4.2　C 语言程序开发及优化

TMS320C55x 处理器为 C 语言开发提供了一系列工具，包括优化 C/C++编译器、链接器和归档器，并支持混合编程。C 语言的优点在于程序可读性强，易于上手，读者只要具有

C 语言基础，并熟悉 C55x 处理器 C 语言的特点，就可以很快进入 C55x 处理器的 C 程序开发。

4.2.1 C 语言中的数据类型

为了方便应用，C55x 支持下列数据类型，其中包括字符、定点数、浮点数、指针等，表 4-1 所示为 C 语言所支持的数据类型、数据长度，以及该数据类型的取值范围。

表 4-1 TMS320C55x C 语言支持的数据类型

类　型	长　度	内　容	最小值	最大值
signed char（有符号字符）	16 位	ASCII 码	−32768	32767
char, unsigned char（无符号字符）	16 位	ASCII 码	0	65535
short, signed short（短整型）	16 位	二进制补码	−32768	32767
unsigned short（无符号短整型）	16 位	二进制数	0	65535
int, signed int（整型）	16 位	二进制补码	−32768	32767
unsigned int（无符号整型）	16 位	二进制数	0	65535
long, signed long（长整型）	32 位	二进制补码	−2 147 483 648	2 147 483 647
unsigned long（无符号长整型）	32 位	二进制数	0	4 249 967 295
long long（40 位长整型）	40 位	二进制补码	−549 755 813 888	549 755 813 887
unsigned long long（40 位无符号长整型）	40 位	二进制数	0	1 099 511 627 775
emum（枚举型）	16 位	二进制补码	−32768	32767
float（浮点型）	32 位	32 位浮点数	1.175 494e−38	3.40 282 346e+38
double（双精度浮点数）	32 位	32 位浮点数	1.175 494e−38	3.40 282 346e+38
long double（长双精度浮点数）	32 位	32 位浮点数	1.175 494e−38	3.40 282 346e+38
pointers（数据指针） 小存储器模式 大存储器模式	 16 位 23 位	二进制数	0	 0xFFFF 0x7FFFFF
pointers（程序指针）	24 位	二进制数	0	0xFFFFFF

在使用表 4-1 中的数据类型时，应仔细检查所定义数据的长度以及取值范围，以免发生错误。例如，定义字符型变量时，就要特别注意在 C55x 中字符型变量的长度为 16 位，即占用两个字节。

指针分为程序指针和数据指针两种，其区别在于程序指针寻址是按字节寻址，而数据指针以字为单位进行寻址。

4.2.2 对 I/O 空间进行寻址

C55x 处理器包含数据空间和 I/O 空间，为了在 C/C++中对 I/O 空间进行寻址，编译器给出了关键字 ioport，以支持 I/O 寻址模式。ioport 关键字可以用在数组、结构、联合以及枚举类型当中。当用在数组中时，ioport 可以作为数组中的元素；在结构中使用 ioport，只能是指向 ioport 数据的指针而不能直接作为结构的成员。

ioport 类型只能用来声明全局或静态变量，如果在本地变量中使用 ioport 类型，则变量必须用指针声明。接下来给出指针声明 ioport 类型的例子：

```
void foo (void)
{
    ioport int i; /*  无效的声明  */
    ioport int *j; /*  有效声明  */
}
```

应当注意声明 ioport 类型的指针只有 16 位，这是因为 I/O 空间是 16 位寻址，而不受大/小存储器模式的限制。

在 printf()中不能直接引用 ioport 指针，如果要引用，则必须进行强制类型转换“void *”，具体例子如下：

```
ioport int *p;
printf(“%p\n”, (void*)p);
```

接下来给出在本地变量中使用 ioport 类型的例子：

```
int * ioport ioport_pointer; /* ioport  指针  */
int i;
int j;
void foo (void)
{
    ioport_pointer = &i;
    j = *ioport_pointer;
}
```

这段代码的编译结果如下：

```
_foo:
MOV #_i,port(#_ioport_pointer)          ;存储 i 在 I/O 空间的地址
MOV port(#_ioport_pointer),AR3          ;载入 i 的地址
MOV *AR3,AR1                            ;将 i 的内容存放到 AR1 中
MOV AR1,*abs16(#_j)                     ;将 i 的内容保存到 j
return
```

接下来给出一个指向 I/O 空间数据指针的例子：

```
/*  指向 ioport 数据: */
ioport int * ptr_to_ioport;
ioport int i;
void foo (void)
{
    int j;
    i = 10;
    ptr_to_ioport = &i;
    j = *ptr_to_ioport;
}
```

上面代码编译结果如下：

```
_foo:
MOV #_i,*abs16(#_ptr_to_ioport)         ;存储_i 的地址
MOV *abs16(#_ptr_to_ioport),AR3
AADD #–1, SP
```

```
MOV #10,port(#_i)                    ;向_i 中存入 10
MOV *AR3,AR1
MOV AR1,*SP(#0)
AADD #1,SP
return
```

下面的例子是利用 ioport 指针指向 I/O 空间的数据：

```
/* 指向 ioport 数据的 ioport 指针: */
ioport int * ioport iop_ptr_to_ioport;
ioport int i;
ioport int j;
void foo (void)
{
    i = 10;
    iop_ptr_to_ioport = &i;
    j = *iop_ptr_to_ioport;
}
```

编译结果如下：

```
_foo:
MOV #10,port(#_i)                    ;将 10 存在_i 中
MOV #_i,port(#_iop_ptr_to_ioport)    ;存储_i 的地址
MOV port(#_iop_ptr_to_ioport),AR3    ;载入_i 的地址
MOV *AR3, AR1                        ;载入_i
MOV AR1,port(#_j)                    ;将 10 存到_j 中
return
```

4.2.3 interrupt 关键字

由于中断操作需要使用特定的寄存器保存规则，并具有特殊的返回顺序。为此，C55x 编译器使用了关键字“interrupt”定义中断函数。当 C/C++代码被中断时，中断程序必须保存所有与程序有关的寄存器。当使用“interrupt”关键字定义函数时，中断函数必须返回空并且没有参数传递。中断函数可以定义本地变量并且使用堆栈。接下来给出定义中断函数的例子：

```
interrupt void int_handler()
{
    unsigned int flags;
    ......
}
```

c_int00 是 C/C++程序的入口点，这个函数名被系统复位中断保留，该中断服务程序用来初始化系统并调用 main 函数。

4.2.4 onchip 关键字

onchip 关键字的作用是告诉编译器由该关键字定义的指针所指向的数据可以作为一个双乘法指令中的操作数。如果用该关键字向函数传递数据，或者最终所引用的数据是用 onchip 定义的，则该数据必须在片上内存。如果该数据在片外，则当通过 BB 数据总线访问该数据

时将产生一个总线错误。下面给出用 onchip 定义数组和指针的例子。

```
onchip int x[100];        /* array declaration */
onchip int *p;            /* pointer declaration */
```

4.2.5 C 语言的优化

如果将未经优化的 C 语言程序直接运行会发现运行效率较低，并且产生的代码较大，而通过优化可以较好地解决这些问题。优化的作用是对循环进行化简，重新组织表达式和声明，将变量直接分配到寄存器中。通过优化可以提高程序运行效率，缩小程序编码数量。

C/C++编译器提供了不同的优化选择，通过修改 cl55 命令行中的-on 选择就可以方便地选择不同的优化等级，n 代表优化等级，包括 0、1、2 和 3。下面给出不同优化等级的功能。

（1）–O0

- 简化控制流图
- 把变量分配到寄存器
- 分析循环的各种情况，只保留一个退出循环的分支
- 删除未用的代码
- 简化表达式和声明
- 把用 inline 声明的函数变为调用关系

（2）–O1

除了 O0 的各种优化功能外，还有如下功能：

- 在分配变量时，将数值直接赋给变量而不是给出变量的索引值
- 去掉没有用的分配变量和表达式
- 去掉本地通用表达式

（3）–O2

除了 O1 的各种优化功能外，还有如下功能：

- 完成循环优化
- 去掉全局通用的子表达式
- 去掉全局没有用的分配变量和表达式
- 完成循环的化解
- 当只用-o 选项时优化器自动进行-O2 优化

（4）–O3

除了 O2 的各种优化功能外，还有如下功能：

- 去掉未调用的函数
- 简化返回值未使用的函数
- 将小函数进行内嵌调用
- 对被调用的函数声明进行重新排序，以便被优化的调用方能够找到该函数
- 完成文件级优化

优化器分析数据流时将尽量减少对内存的访问，如果这个数据必须从内存中得到，则该数据必须用 volatile 关键字定义，这样可以使编译器不对该变量进行优化。

例如声明一个指针：

```
unsigned int *ctrl;
```

当在循环中有如下语句时：

```
while (*ctrl != 0xFF);
```

优化器将只在进入循环的初始化中进行一次内存读，而在循环当中不再更新该变量的内容，如果该变量被中断或其他程序改变，由于循环中的 ctrl 的值没有更新，将会使程序不能按照正确的方式执行，这里应当用如下方法声明 ctrl：

```
volatile unsigned int *ctrl;
```

特别当该变量在中断函数中被赋值，而该变量在主函数的循环中被用到时，必须用 volatile 声明该变量。

4.3 C 语言与汇编语言的混合编程

4.3.1 在 C 语言中直接嵌套汇编语句

与 Visual C++等编译环境类似，C55x 的 C/C++编译器允许使用者在 C 语言代码中直接嵌套汇编语句，嵌套汇编语句的语法十分简单，只需在嵌入的汇编语句前面加上 asm 标示符，左右加上一个双引号和一个小括号即可。

```
asm    ("汇编语句")
```

采用直接嵌套汇编语句的方法比较适合完成对硬件进行操作、设置状态寄存器、开关中断等工作，这样做往往要比用 C 语言实现效率更高，下面给出的例子是分别用 C 语言和汇编打开全局中断的例子。

用 C 语言打开中断的代码：

```
IRQ_globalEnable();                    //全局开中断
```

下面给出该代码编译后的结果：

```
0115A6                 IRQ_globalEnable:
0115A6 3C3B            MOV #3,AR3
0115A8 DF6105          MOV uns(*AR3),AC0
0115AB 76080040        BFXTR #2048,AC0,T0
0115AF 20              NOP
0115B0 46B2            BCLR ST1_INTM
0115B2 4804            RET
```

可以看到采用 C 语言打开全局中断共用了 6 条语句，考虑到调用子函数的开销，完成该功能一共要花费 10 个左右的指令周期，而采用嵌套汇编语句的方法则只用一条指令即可：

```
asm    ("BCLR    ST1_INTM")
```

采用直接嵌套的方法要十分小心，这是因为 C 语言编译器并不检查和分析所嵌入的汇编语句，而嵌入的语句很可能改变 C 语言的运行环境。例如嵌入跳转指令或者标号将会引起不可预测的后果。如果采用嵌套汇编语句，在编译程序时不应采用优化功能，采用优化功能可能会调整汇编语句周围代码的排列顺序，有可能改变程序的运行结果。

如果采用该方法实现较复杂的功能，会造成程序的可读性较差，并影响程序的可移植性，因此在采用汇编语言实现较复杂的功能时，更可行的方法是独立编写 C 语言程序和汇编程序，C 语言通过函数调用汇编子程序，这样既提高了程序的运行效率，又保证了程序的可移植性，这样做的优点还有程序的结构性较好，并不影响 C 语言编译器的优化功能。

4.3.2 C 语言调用汇编模块的接口

要很好地使用 C 语言与汇编的混合编程技术，必须对 C 语言调用子函数的规则详细掌握，这些规则包括 C/C++中寄存器的使用、函数的结构及调用规则等，只有这样才能正确完成 C 语言对汇编模块的调用。

1. C/C++中的寄存器规则

C/C++环境中对特定的操作使用特定的寄存器有着严格的规则，而汇编语言同 C/C++的接口就是按照这些规则实现的。这些规则决定编译器在 C 语言环境下如何使用寄存器和如何在调用函数时传递参数。在函数调用时把函数调用方叫做父函数，被调用方叫做子函数。寄存器规则规定在函数调用时所用到的寄存器需要预先保存，这些保存工作部分由父函数完成，父函数没有保存的而又被子函数用到的寄存器由子函数保存，表 4-2 所示为具体的描述。

表 4-2　寄存器使用和保存规则

寄 存 器	保 存 方	用　　途
AC0,AC1,AC2,AC3	父函数	16 位、32 位或 40 位数据，或 24 位代码指针
(X)AR0～(X)AR4 (X)AR5～(X)AR7	父函数 子函数	16 位或 23 位指针，或 16 位数据
T0、T1 T2、T3	父函数 子函数	16 位数据
RPTC CSR BRC0、BRC1 BRS1 RSA0、RSA1 REA0、REA1 SP SSP PC RETA CFCT	父函数 父函数 父函数 父函数 父函数 父函数 子函数 子函数	

状态寄存器作为标志 DSP 运行状态的寄存器在运行中起着重要的作用，表 4-3 所示为各状态寄存器各字段的作用、默认值以及是否可以修改。

表 4-3　状态寄存器字段

ST0-55

字　段	名　称	默认值	编译器是否修改
ACOV[0～3]	溢出标志		是
CARRY	进位标志		是
TC[1～2]	检验、控制标志		是
DP[7～15]	数据页寄存器		否

ST1-55

字　段	名　称	默 认 值	编译器是否修改
BRAF	块重复标志		否
CPL	编译标志	1	否
XF	外部标志		否
HM	保持标志		否
INTM	中断标志		否
M40	运算模式	0	当为 40 位运算时可修改
SATD	饱和标志	0	是
SXMD	符号扩展模式	1	否
C16	双 16 位运算模式	0	否
FRCT	小数模式	0	是
54CM	C54x 兼容模式	0	在调用 C54x 子函数时可修改
ASM	累加器移位模式		否

ST2-55

字　段	名　称	默 认 值	编译器是否修改
ARMS	辅助寄存器间接寻址模式	1	否
DBGM	调试模式		否
EALLOW	仿真访问使能		否
RDM	舍入模式	0	否
CDPLC	CDP 指针线性/循环状态	0	否
AR[0～7]LC	AR[0～7]线性/循环状态	0	否

ST3-55

字　段	名　称	默 认 值	编译器是否修改
CAFRZ	缓冲冻结		否
CAEN	缓冲使能		否
CACLR	缓冲清零		否
HINT	主机中断		否
CBERR	总线错误标志		否
MPNMC	微处理器/微机模式		否
SATA	饱和模式（A 单元）	0	是
CLKOFF	CLKOUT 关闭		否
SMUL	乘法饱和模式	0	是
SST	存储饱和模式		否

2. 函数调用规则

父函数在调用子函数时首先要将所要传递的参数放入寄存器或堆栈：

（1）如果一个函数的变量用一个省略号声明（标志参数的数量是变化的），则剩余的参数跟着最后一个被声明的参数被传到堆栈，而堆栈的地址将作为访问其他未声明参数的索引。

（2）编译器通常先对所要传递的参数归类，之后按照所归类别将参数放到寄存器中，参数可以分成三类：

- 数据指针（int *, long *, 等）
- 16 位数据（char, short, int）
- 32 位数据（long, float, double, 以及函数指针）

如果参数是指向数据类型的指针，则该参数就是数据指针；如果一个参数能够放入一个 16 位寄存器，则被看成一个 16 位数据；否则该参数被看成一个 32 位数据。

（3）一个 32 位（两个字）或小于 32 位的结构被当做一个 32 位数据通过寄存器传送。

（4）如果结构的长度大于 2 个字，则通过索引传送，即编译器把该结构的地址作为一个数据指针传送。

（5）如果子函数返回的值是一个结构或一个联合，则父函数在本地堆栈为结构分配相应的空间。父函数将该空间的地址作为第一个隐含参数送给子函数，这个参数被看做一个数据指针，下面的例子说明了这一情况。

```
struct s result = fn(x,y);
```

这是一个被调用子函数返回一个结构的例子，实际调用是该函数做了如下转化：

```
fn(&result, x, y);
```

（6）参数在函数声明中的排列位置是与其所分配的寄存器有直接关系的，它们按照表 4-4 所示顺序排列。

表 4-4　C 语言函数调用中参数与寄存器的排列关系

参 数 类 型	寄存器分配顺序	对应的数据类型
16 位或 32 位数据指针	(X)AR0,(X)AR1, (X)AR2, (X)AR3,(X)AR4	数组、字符串、指针或占用空间长度 超过两个字节的结构
16 位数据		（无符号）字符、短整数，整数
32 位数据	T0, T1,　AR0, AR1, AR2, AR3, AR4 AC0, AC1, AC2	长整数、浮点数以及长度小于等于两 个字节的结构

如果参数的数量超过可使用寄存器数量，多余的参数会被压入堆栈，子函数通过堆栈得到剩余参数。

子函数的返回参数也将根据返回参数的类型使用不同的寄存器，表 4-5 所示为这一对应关系。

表 4-5　C 语言函数调用中返回参数所使用寄存器表

子函数返回类型	所使用寄存器	说　明
Void		无返回参数
char, unsigned char, short int, int	T0	返回 16 位数据
long int, float, double		
struct	AC0	返回 32 位数据
	(X)AR0	返回地址

接下来给出了参数传递的例子：

首先声明两个结构，其中 big 的长度大于两个字节，small 的长度等于两个字节。

```
struct big { long x[10]; };
struct small { int x; };
```

```
int fn(int i1, long l2, int *p3);
//参数返回 T0，传递参数分别占用 T0、AC0、AR0 寄存器
long fn(int *p1, int i2, int i3, int i4);
//返回 AC0，参数通过 AR0、T0、T1、AR1 传递
struct big fn(int *p1);
//返回 AR0，参数通过 AR1 传递
int fn(struct big b, int *p1);
//返回 T0，参数通过 AR0、AR1 传递
struct small fn(int *p1);
//参数返回 AC0，参数通过 AR0 传递
int fn(struct small b, int *p1);
//参数返回 T0，参数通过 AC0、AR0 传递
int printf(char *fmt, ...);
//参数返回 T0，其余参数通过堆栈传递，并通过 fmt 的地址进行索引
void fn(long l1, long l2, long l3, long l4, int i5);
//参数通过 AC0、AC1、AC2、堆栈和 T0 传递
void fn(long l1, long l2, long l3, int *p4, int *p5, int *p6, int *p7, int *p8, int i9, int i10);
//参数通过 AC0、AC1、AC2、AR0、AR1、AR2、AR3、AR4、T0、T1 传递
```

3．被调用函数的响应

被调用函数需要完成如下工作：

（1）子函数为本地变量、暂存空间以及函数本身可能调用函数的参数分配足够的空间，这些工作要在函数调用之初完成。

（2）如果子函数修改一些寄存器，如 T2、T3、AR5～AR7，需要子函数将这些数压栈或把它们存储到一个没有使用的寄存器中。如果子函数修改其他寄存器则不需要预先存储这些数。

（3）如果子函数的参数是一个结构，它所收到的是指向这个结构的指针。如果在被调用函数中需要对结构进行写操作，就需要把这个结构复制到本地空间中，如果不进行写操作，则可以直接通过指针访问这个结构。

（4）子函数执行代码。

（5）函数按照表 4-5 的规则返回参数，如果子函数返回一个结构，父函数为这个结构分配空间，并传递指针到(X)AR0 中。如果父函数没有使用这个结构，则在(X)AR0 中返回的地址为 0。

（6）子函数将先前存储的寄存器值重新放到寄存器中。

（7）子函数使堆栈返回调用前状态。

（8）函数返回。

4．C/C++与汇编语言的接口

C/C++与汇编语言可以通过多种方式联系在一起，其中包括在 C/C++中引用汇编语言中的常量或变量，并可以在 C 语言模块中调用汇编代码模块。

C/C++调用汇编语言模块时需要符合前面所述的寄存器规则和函数调用规则。在调用汇编模块时还应注意如下问题：

（1）调用 C54x 汇编函数时，应使用 C54X_CALL 或 C54X_FAR_CALL 关键字。

（2）如果用汇编语言编写中断例程，则需要保存在中断例程中使用的所有寄存器。

（3）如果在汇编程序中调用 C/C++函数，则只有特定的寄存器在 C/C++中被保存，而其他寄存器则可能被 C/C++函数改变。

（4）在定义汇编函数名和变量时，需要在函数名前加上下划线“ _ ”来让编译器识别，下面分别给出定义汇编函数和变量，以及在 C 语言中调用这些函数和变量的例子。

调用汇编函数的例子如下。

C 语言程序：

```
/* 声明外部汇编函数 */
extern int asmfunc（int, int *）;
int gvar; /* 定义全局变量 */
main（）
{
int i;
i = asmfunc（i, &gvar）; /* 调用函数 */
}
```

汇编程序：

```
_asmfunc:
ADD *AR0, T0, T0 ; gvar + T0 => i ， i= T0
RETURN ; 返回
```

调用汇编模块中所定义变量的例子如下。

汇编程序：

```
.bss _var,1 ; 定义变量
.global _var ; 定义其为外部引用
```

C 语言程序：

```
extern int var; /* 外部变量 */
var = 1; /* 使用变量 */
```

（5）如果 C/C++中的变量要在汇编语言中访问，则该变量应用.global 声明。

（6）编译器所默认的 CPL 值为 1，即采用间接绝对方式寻址，如果在汇编函数中 CPL 被设置为 0，在函数返回时应当把这个值改为 1。下面的例子是对应 CPL=1 或=0 时所使用的不同汇编语句：

```
MOV *（#global_var）,AR3 ; CPL = = 1
MOV global_var, AR3 ; CPL = = 0
```

（7）在汇编语言中可以通过.set、.global 命令声明全局常量，这些常量在 C/C++中可以通过特殊的方式访问。例如试图访问常量 X，则在该常量名前需要加上“&”操作符，即在 C/C++中该常量名为&X，下面给出具体例子。

汇编语言：

```
_table_size .set 10000    ; 定义常量
.global _table_size       ; 定义的变量可以被全局访问
```

C 语言：

```
extern int table_size;    /*外部参数 */
#define TABLE_SIZE （（int） （&table_size））
```

```
……
……
……
for （i–0; i<TABLE_SIZE; ++i）
/* 使用该常数 */
```

4.4 通用目标文件格式

汇编器和链接器产生的可执行文件所采用的格式是通用目标文件格式（COFF），而采用通用目标文件格式有助于实现模块化编程，而汇编器和链接器都支持用户创建多个代码段和数据段，这也有助于用户的灵活编程。

编译器产生的可以重新定位的代码和数据块叫做段，这些段可以根据用户的配置分配到存储器的相应地址中。段可以分成两大类——初始化段和未初始化段。初始化段装有数据或代码，在系统加载时会将这些数据或代码载入到存储器的相应位置。常用的初始化段包括代码段（.text 段）、常数段（.const 段）等。未初始化段的作用是在存储器中保留一定空间供程序生成和存储变量使用。常用的未初始化段包括堆栈和系统堆栈段（.stack 和.sysstack）、存储全局和静态变量的.bss 段以及为分配动态存储器保留的.sysmem 段等。

4.4.1 C/C++和汇编语言中段的分配

在 C/C++程序中可以使用编译命令直接将代码或数据分配到所要分配的段中。

用 CODE_SECTION 命令可以分配代码到指定的段中，在 C 语言中语法如下：

```
#pragma CODE_SECTION （ symbol, “section name”） [;]
```

C++中则采用下面的语句：

```
#pragma CODE_SECTION （“section name”） [;]
```

接下来给出使用 CODE_SECTION 命令的例子：

```
#pragma CODE_SECTION（funcA, “codeA”）
int funcA（int a）
{
int i;
return （i = a）;
}
```

编译后的结果如下：

```
.sect “codeA”
.global _funcA
;*****************************************************
;* FUNCTION NAME: _funcA *
;*****************************************************
_funcA:
return ;返回
```

用 DATA_SECTION 命令可以分配数据到指定的段内，在 C 语言中按下面给出的语法定义：

```
#pragma DATA_SECTION （ symbol, “ section name”） [;]
```

C++中的语法是：

```
#pragma DATA_SECTION （" section name"） [;]
```

接下来给出分配数据的例子：

```
#pragma DATA_SECTION（bufferB, "my_sect"）
char bufferA[512];
char bufferB[512];
```

编译后的结果如下：

```
.global _bufferA
.bss _bufferA,512,0,0
.global _bufferB
_bufferB: .usect "my_sect",512,0,0
```

下面给出在汇编语言为代码分配段的例子：

```
.text
MOV #10,AC0
MOV AC0,AC1
```

下面给出在汇编语言为数据分配段的例子：

```
.data
.word 9, 10
.word 11, 12
```

在汇编文件中可以定义变量和为数组预留空间：

```
.def _I_east_data
.def _Q_east_data
.def _I_west_data
.def _Q_west_data
.def _x
.sect input
_I_east_data:
.space 20*16          ；保留 20 个字的空间
_Q_east_data:
.space 20*16          ；保留 20 个字的空间
_I_west_data:
.space 20*16          ；保留 20 个字的空间
_Q_west_data:
.space 20*16          ；保留 20 个字的空间
_x:
.word 0
```

4.4.2 寄存器模式设置

TMS320C55x 处理器采用改进的哈佛结构，在该结构下存储器被分成几个独立的空间，即程序空间、数据空间和 I/O 空间。C55x 编译器为这些空间内的代码块和数据块分配内存。

1. 小存储器模式

在小存储器模式下，代码段和数据段的长度和位置都受到一定限制。如下列段都必须在长度为 64K 字的同一个段内：

- .bss 段和.data 段（存放静态和全局变量）
- .stack 和.sysstack 段（系统堆栈）
- .system 段（动态存储空间）
- .const 段

在该模式下，.text（代码段）、.switch（状态转化段）以及.cinit/.pinit（变量初始化段）的长度和位置都不受限制；小存储器模式下，数据指针为 16 位。在采用数据指针寻址时，XARx 寄存器的高 7 位指向.bss 段所在的数据页，并在程序运行时始终指向该段。

2．大存储器模式

如果在编译器中设置-ml 选项，则编译器将按照大存储器模式编译程序。大存储器模式下可以更加方便地存放数据，而不必过多地考虑数据页的限制；在该模式下，数据指针为 23 位，而堆栈和系统堆栈必须放在同一页中；除了代码段可以跨越页边界以外，其他段都不能跨越页边界，也就是说，除代码段外的其他所有的段只能放在一页存储器之中，不能跨页存放，但和小存储器模式相比，这些段可以分别放在不同的页中，而不需要放在同一页内。

3．C/C++系统堆栈

C55x 的堆栈主要用来保存处理器信息，向函数传递参数以及分配局部变量。堆栈在一块地址按由高到低排列的连续存储器之中，编译器通过堆栈指针（SP）操作堆栈。C55x 还存在辅助堆栈，为了保证与 C54x 的兼容性，主堆栈主要存放低 16 位地址，而辅助堆栈则存放 C55x 返回的高 8 位地址，编译器通过辅助堆栈指针（SSP）操作辅助堆栈。堆栈的大小由链接器设置，_STACK_SIZE 和 _SYSSTACK_SIZE 两个全局符号存放的是堆栈的长度值。系统默认主堆栈和辅助堆栈的长度都是 1000 个字节。应注意的是这两个堆栈对必须放在同一块内存页中。

4．动态内存分配

编译器为动态内存分配提供了如下函数：malloc、calloc 和 realloc。在 C 语言中调用这些函数会在.sysmem 段定义的内存池中分配内存。_SYSMEM_SIZE 中存放的内存池的大小（单位为字节），系统默认大小为 2000 个字节。

动态内存分配只能通过指针访问，可分配的内存大小受内存池中剩余空间限制，动态内存的优点是系统只在需要时才分配，不用时就可以释放所申请的空间，被系统使用。但应注意如果所申请的空间需要经常访问，建议申请静态内存，因为如果申请和释放内存的操作很频繁，将过多占用系统资源，降低程序的执行效率。接下来给出申请动态内存的例子，由例子可以看到在定义变量指针时不需要定义数组的大小，而只在申请内存时才需给出申请的内存长度。

```
struct big *table;
table =（struct big *）malloc（100*sizeof（struct big））;
```

5．结构的对齐

当编译器为结构分配空间时，将为结构的所有成员分配空间。例如一个结构包含一个长整型的成员（32 位），则长整型会被分配到长整型边界上。为了保证分配，编译器会在结构的开头、中间或结尾进行填充，以保证结构的长度为偶数。

4.4.3 链接命令文件

链接器对汇编器编译好的代码和数据进行链接时，所依据的是链接命令文件，即.cmd文件。在链接命令文件中定义了段名，段的起始地址，段的长度，初始化段的初始值等。下面给出一个.cmd文件的具体实例：

```
/*********************************************************************
*         lnk55x <obj files...>        -o <out file> -m <map file> lnk.cmd
*         cl55x    <src files...> -z -o <out file> -m <map file> lnk.cmd
/********************************************************************/

-c                                   /*不区分大小写*/
-m     a1.map                        /*生成.map 文件*/

-stack 0x1800                        /*主堆栈尺寸*/
-sysstack 0x1800                     /*系统堆栈尺寸*/
-heap    0x100                       /*动态内存大小*/

/* Set entry point to Reset vector*/
/* - Allows Reset ISR to force IVPD/IVPH to point to vector table.*/
-e RESET_ISR

/*设置系统内存映射*/
/*载入及链接使用字节地址*/
MEMORY
{
    PAGE 0:
        MMR  （RWIX）            : o=0000000h, l=00000C0h
        DARAM0 （RWIX）          : o=00000C0h, l=000af40h
        DARAM1 （RWIX）          : o=000b000h, l=0000800h
        DARAM2 （RWIX）          : o=000b800h, l=0000800h
        DARAM3 （RWIX）          : o=000c000h, l=0000800h
        DARAM4 （RWIX）          : o=000c800h, l=0000800h
        DARAM5 （RWIX）          : o=000d000h, l=0000800h
        DARAM6 （RWIX）          : o=000d800h, l=0002000h
        DARAM7 （RWIX）          : o=000f800h, l=0000800h
        SARAM0 （RWIX）          : o=0010000h, l=0010000h
        SARAM1 （RWIX）          : o=0020000h, l=0010000h
        SARAM2 （RWIX）          : o=0030000h, l=0020000h
        CE0 （RWIX）             : o=0050000h, l=0100000h
        CE1 （RWIX）             : o=0400000h, l=0400000h
        PDROM （RX）             : o=0FF8000h, l=0008000h
    PAGE 1:
        CE2 （RWIX）             : o=0400000h, l=0200000h
        CE3 （RWIX）             : o=0600000h, l=0100000h
```

```
    PAGE 2:
        IOPORT  (RWI)        : o=0000000h, l=0020000h
}

/*为段分配内存地址*/
SECTIONS
{
    {
    rts55x.lib<boot.obj exit.obj strcpy.obj> (.text)
    }
    */
    {
    rts55.lib<boot.obj exit.obj> (.text)
    }
        .text           > SARAM0                    /* CODE*/
        .switch         > SARAM0                    /* SWITCH TABLE INFO    */
        .const          > SARAM0                    /* CONSTANT DATA        */
        .cinit          > SARAM0                    /* INITIALIZATION TABLES    */
        .pinit          > SARAM0                    /* INITIALIZATION TABLES    */

        .data           > DARAM0 fill=0xBEEF        /* INITIALIZED DATA */
        .bss            > DARAM0 fill=0xBEEF        /* GLOBAL & STATIC VARS */
        .sysmem         > DARAM0 fill=0xBEEF        /* DYNAMIC MALLOC AREA */
        .stack          > DARAM0 fill=0xBEEF        /* PRIMARY SYSTEM STACK */
        .sysstack       > DARAM0 fill=0xBEEF        /* SECONDARY SYSTEM STACK */
        .cio            > DARAM0 fill=0xBEEF
        input           > DARAM1 fill=0xBEEF        /* Input data */
        output          > DARAM2 fill=0xBEFF        /* Output data */
        writdata        > DARAM3 fill=0xBEFF        /* Write pen point */
        para            > DARAM4 fill=0xBEFF        /* Tranfer parameter */
        intvecs         > DARAM5 fill=0xBEFF
        paradata        > DARAM6 fill=0x7
        time            > DARAM7 fill=0
    .ioport             > IOPORT PAGE 2
}
```

4.5 C55x 处理器的数字信号处理库和图像、视频处理库

在 DSP 算法开发过程中，通常会使用一些通用算法，如 FFT、FIR/IIR 滤波器等，而在图像处理中要用到 DCT、卷积、自相关等运算，如果由用户自行编写，不仅花费时间长，还需要对编写的代码进行大量的验证、调试工作，而且运行效率往往不能满足需要，C55x 处理器的数字信号处理库和图像、视频处理库则解决了这一问题。

4.5.1 C55x 的数字信号处理库

德州仪器的 TMS320C55x DSPLIB 是专门针对 TMS320C55x 系列处理器开发的数字信号处理函数库，它包括 50 个经过汇编级优化的数字信号处理函数，这些函数可由 C 调用，满足实时信号处理对运算效率的严格要求。通过使用这些函数可以显著缩短 DSP 的开发时间。

数字信号处理函数库主要包含以下 8 种类型：

- 快速傅里叶变换
- 滤波与卷积
- 自适应滤波
- 相关
- 数学运算
- 三角函数
- 其他运算
- 矩阵

数字信号处理库由头文件 dsplib.h，目标库 55xdsp.lib，源文件库 55xdsp.src 和在 55x_test 子目录下的示例程序和链接命令文件等组成。数字信号处理库可以从 www.ti.com 网站下载，下载的文件是一个自解压文件 55xdsplib.exe，解压之后生成一个 dsplib 目录，用户可以把这个目录及目录下的全部内容复制到…\ti\c5500\cgtools\lib 目录下。

库函数中主要的数据类型是 Q.15（16 位字），其他数据类型还包括 Q.31（32 位双字），和 Q.3.12（3 位整数，12 位小数）。函数中参数的传递大多采用数组的形式，其中数组成员都在内存中连续保存；当存放的是复数时，则以实部一虚部的格式存放；为了节省存储器的空间，源操作数和目的操作数可以使用相同的地址。

在使用定点处理器进行处理时必须对数据的溢出问题加以注意，溢出是由于运算数据的动态范围超过了中间或结果的数据类型的容纳范围。数字信号处理库采用了如下 4 种方式解决溢出问题：

（1）利用缩放来阻止溢出：DSPLIB 库通过缩小中间结果来防止溢出，例如在 FFT 函数中，FFT 的每个阶段都对输出数据进行了缩放，这样会对精度带来一些细微影响。

（2）不采用缩放来防止溢出：对于以乘加为主的运算，如滤波、卷积、相关等，可以通过仔细设计算法来防止溢出，例如可以通过设计滤波器参数使得增益小于 1 来防止溢出。

（3）利用饱和模式来防止溢出：这种类型的函数可以通过设置 32 位饱和模式（SATD=1）来防止溢出。

（4）不处理。

如果在函数运行时发生了溢出，函数可以返回溢出标志，但是由于 C55x 的寄存器为 40 位，其中有 8 位的保护位，因此在运算中可能发生了 32 位溢出但结果仍然正确，在这种情况下，溢出标志代表报警而不是一个错误。

下面给出一个应用 DSPLIB 的程序实例，通过这个实例可以了解如何使用数字信号处理函数库：

```
#include <math.h>
#include <tms320.h>
#include <dsplib.h>
```

```
#define NX 256
#define NH 64
#define FNAME "t8"
#define MAXERROR 10

short i;
short eflag1= PASS;
short eflag2= PASS;
DATA   *dbptr = &db[0];
DATA x[NX], r[NX];

void main（）
{
  // 1. Test for single-buffer
  // clear
  for（i=0; i<NX; i++）  r[i] = 0;          // 输出缓冲区清 0
  for（i=0; i<NH+2; i++）  db[i] = 0;     // 延迟缓冲区清 0
  // compute
  fir（x, h, r, dbptr, NX, NH）;
  // 2. Tets for dual-buffer
  // clear
  for（i=0; i<NX; i++）  r[i] = 0;          //输出缓冲区清 0
  for（i=0; i<NH+2; i++）  db[i] = 0;     //延迟缓冲区清 0
  dbptr = &db[0];
  // compute
  if （NX>=4）
  {
      fir（x, h, r, dbptr, NX/4, NH）;
      fir（&x[NX/4], h, &r[NX/4], dbptr, NX/4, NH）;
      fir（&x[2*NX/4], h, &r[2*NX/4], dbptr, NX/4, NH）;
      fir（&x[3*NX/4], h, &r[3*NX/4], dbptr, NX/4, NH）;
  }
  return;
}
```

在上面的例子中，给出了调用 DSPLIB 函数库中 fir 函数的例子，调用 DSPLIB 函数需要使用#include<dsplib.h>命令。

4.5.2 C55x 的图像、视频处理库

TMS320C55x 的图像、视频处理库（IMGLIB）包括 31 个图像和视频处理函数，这些通用图像处理函数适应于压缩、视频处理、机器视觉和医学影像等方面的应用。

图像和视频处理库包括下面几种类型的函数：

- 压缩和解压缩
- 图像分析

- 图像滤波和格式转换

图像和视频处理库由头文件 imglib.h、包含一个图像例子的头文件 image_sample.h、小波函数的头文件 wavelet.h、支持大存储器模式的目标库 55ximagex.lib、支持小模式的目标库 55ximage.lib 和源文件库 55ximage.src 组成，例子程序和链接命令文件在 examples 子目录下。

双击安装图像和视频处理库 C55xIMGLIB.exe 文件，选择 CCS 安装的目录即可完成图像和视频处理库的安装。安装后的库位于…\ti\c5500\imglib 子目录下。

下面给出 IMGLIB 中一个调用柱状图函数的例子:

```
#include <studio.h>
#include <stdlib.h>
#include <imagelib.h>
#include "imagesample.h"
#define MAX_PIXEL_VALUE 256
#define WIDTH 128
#define HEIGHT 128
void main（）
{
int i
int size
int *input, *output
size = WIDTH*HEIGHT
input = &goldhill[0][0];
output =（int *）malloc（（size_t）（MAX_PIXEL_VALUE*sizeof（int）））;
// 初始化柱状图
for（i=0; i<MAX_PIXEL_VALUE; i++）
output[i] = 0;
histogram（input,output, size）;
}
```

从上面给出的例子可以看到，调用 IMGLIB 库需要包含 imagelib.h，并在工程中加入 55ximage.lib 或 55ximagex.lib 库。

思考与练习题

1．根据任务调度的方式不同，C55x 处理器程序可以分为哪两类？并简述其优缺点。

2．请利用指针将 I/O 空间中地址从 0x100 到 0x107 中的值放置到数据空间*ptr 指针当中。

3．在 o3 级优化情况下，利用中断读取 0x100000 地址，并将值存放到变量 in_flag 中。

4．在 C 语言编写的程序中，分别给出利用 C 语言和嵌套汇编语言打开全局中断的程序代码。

5．给出函数 int　fn(long l1, long l2, long l3, int *p4, int *p5, int *p6, int *p7, int *p8, int i9, int i10)中传送参数所使用的寄存器。

6．在.sine 数据段中定义一个 16 点的正弦表，其数值采用 Q15 方式存放。（Q15 即小数点在第 15 位）

7．在.mydata 段中为 a, b, c 分别预留 10、20、5 个字的空间。

8．请给出调用图像和视频处理库所需要的.h 文件和.lib 文件。

第 5 章　TMS320C55x 的片内集成外设开发及测试

C55x 处理器中 CPU 和外设的关系就像人的大脑与眼睛、耳朵及四肢的关系一样，大脑主要负责思考，眼睛、耳朵从外部获取信息，四肢负责执行大脑的命令。C55x 的 CPU 完成运算和控制功能，而外设完成的功能包括采集原始数据、输出处理结果，CPU 还可以通过外设来控制外部其他设备的工作状态。

5.1　C55x 片内外设与芯片支持库简介

C55x 的片内外设分为如下几类。

1．时钟与定时器

时钟与定时器包括时钟产生器、通用定时器、实时时钟以及看门狗定时器等。时钟产生器的功能是产生 CPU 的工作时钟，并提供 CLKOUT 时钟输出；通用定时器、实时时钟及看门狗定时器的功能是通过计数器为系统提供定时时钟和年、月、日、时、分、秒等时钟信号，以及监控系统正常运行的看门狗时钟，并能发出相应中断。

2．外部设备连接接口

外部设备连接接口包括外部存储器连接接口、主机接口等。外部存储器接口主要用来同并行存储器连接，这些存储器包括 SDRAM、SBSRAM、Flash、SRAM 存储器等，外部存储器接口还可以同外部并行设备进行连接，这些设备包括并行 A/D、D/A 转换器、具有异步并行接口的专用芯片，并可以通过外部存储器接口同 FPGA、CPLD 等连接；主机接口主要用来为主控 CPU 和 C55x 处理器之间提供一条方便、快捷的并行连接接口，这个接口用来对 DSP 进行控制、程序加载、数据传输等工作。

3．信号采集

信号采集类的外设包括采集模拟信号的模数转换器和提供数字信号输入、输出功能的通用输入/输出接口。模数转换器为 DSP 提供了多通道模拟/数字转换能力，通用输入、输出接口可以完成数字信号的采集，当其被设置为输出模式时，可以通过这些接口对其他设备进行控制。

4．通信接口

C55x 处理器为用户提供了多种类型的通信接口，包括多通道缓冲串口、I^2C 接口、异步串口、USB 接口以及多媒体卡/SD 卡接口等。多通道缓冲串口可以连接串行存储器、A/D 转换器、D/A 转换器，并可以通过该接口实现与其他处理器的高速串行连接，多媒体卡/SD 卡接口可以用来扩展 SD 存储卡等移动存储设备，I^2C 接口、异步串口和 USB 接口为 DSP 通过了各种通用通信接口。

5. 其他外设

其他外设包括 DMA 控制器、指令流水线等，这些外设主要用来辅助 CPU 工作，提高 DSP 的工作效率。

为了方便地实现 C55x 外设的控制，德州仪器公司为用户提供了片上外设支持库，片上外设支持库为用户提供了控制片上外设的函数、宏等工具，用户可以通过程序或 DSP/BIOS 完成这些函数和宏的调用。

片上外设支持库具有如下特点：

（1）采用标准协议对外设进行编程。片上外设支持库采用标准协议实现片上外设的编程，这些协议包括数据类型、定义外设配置的宏定义，以及实现各种外设操作的函数等。

（2）基本资源管理。可以通过程序实现多通道外设的资源管理。

（3）设备的符号描述。片上外设支持库通过对外设寄存器和寄存器域的符号定义，使程序在不同 DSP 之间的移植变得容易，而当 DSP 的版本发生升级时，可以最大程度地减少程序的修改。

5.2 时钟发生器

本节主要以 TMS320VC5509 和 TMS320VC5510 为例介绍时钟发生器的工作原理和操作方法等。

5.2.1 时钟模式寄存器

C55x 片内的时钟发生器可以从 CLKIN 引脚接收输入的时钟，将其变换为 CPU 及其外设所需要的工作时钟，工作时钟经过分频也能够通过引脚 CLKOUT 输出，供其他器件使用，如图 5-1 所示。时钟发生器内有一个数字锁相环（Digital Phase Lock Loop，DPLL）和一个时钟模式寄存器（CLKMD）。时钟模式寄存器用于控制时钟发生器的工作状态，如表 5-1 所示。

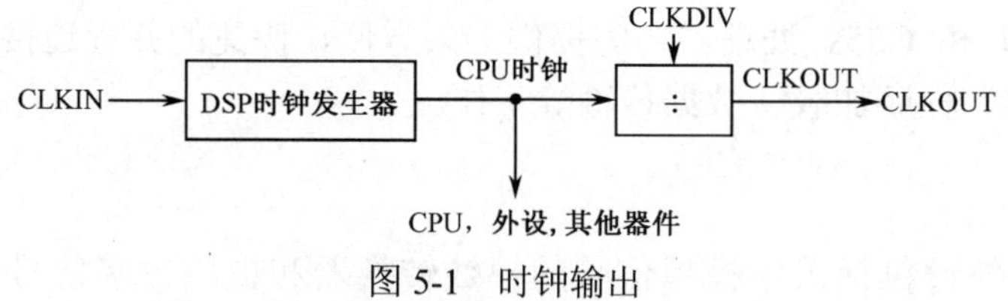

图 5-1 时钟输出

表 5-1 时钟模式寄存器 CLKMD

位	字 段	数 值	说 明
15	Rsvd		保留
14	IAI	 0 1	退出 IDLE 状态后，决定 PLL 是否重新锁定 PLL 将使用与进入 IDLE 状态之前相同的设置进行锁定 PLL 将重新锁定过程
13	IOB	 0 1	处理失锁 时钟发生器不中断 PLL，PLL 继续输出时钟 时钟发生器自动切换到旁路模式，重新开始跟踪锁定后，又自动切换到锁定模式

续表

位	字段	数值	说明
12	TEST	0	必须保持为 0
11～7	PLL MULT	0～31	锁定模式下的倍频值，0～31
6～5	PLL-DIV	0～3	锁定模式下的分频值，0～3
4	PLL ENABLE	 1 0	PLL 使能 使能，为锁定模式 禁止，为旁路模式
3～2	BYPASS DIV	 00 01 10、11	旁路下的分频值 1 分频 2 分频 4 分频
1	BREAKLN	 0 1	错误状态 PLL 失锁 锁定状态或有对 CLKMD 寄存器的写操作
0	LOCK	 0 1	锁定状态 PLL 处于旁路模式 PLL 处于锁定模式

5.2.2 工作模式

在时钟模式寄存器中的 PLL ENABLE 位控制 PLL 的两种工作模式。

1. 旁路模式（BYPASS）

如果 PLL ENABLE=0，PLL 工作于旁路模式，PLL 对输入时钟信号进行分频，分频值由 BYPASS DIV 确定：

- 如果 BYPASS DIV=00，输出时钟信号的频率与输入信号的频率相同，即一分频。
- 如果 BYPASS DIV=01，输出时钟信号的频率是输入信号频率的一半，即二分频。
- 如果 BYPASS DIV=1x，输出时钟信号的频率是输入信号频率的 1/4，即四分频。

2. 锁定模式（LOCK）

如果 PLL ENABLE=1，PLL 工作于锁定模式，输出的时钟频率由下面公式确定：

$$输出频率=\frac{\text{PLL MULT}}{\text{PLL DIV}+1}\times 输入频率$$

式中参数说明见表 5-1。

5.2.3 CLKOUT 输出

如图 5-1 所示，CPU 时钟也可以通过一个时钟分频器提供 CLKOUT 信号，CLKOUT 的频率由系统寄存器（SYSR）中的 CLKDIV 确定：

- 如果 CLKDIV=000b， CLKOUT 的频率等于 CPU 时钟的频率。
- 如果 CLKDIV=001b， CLKOUT 的频率等于 CPU 时钟的频率的 1/2。

- 如果 CLKDIV=010b， CLKOUT 的频率等于 CPU 时钟的频率的 1/3。
- 如果 CLKDIV=011b， CLKOUT 的频率等于 CPU 时钟的频率的 1/4。
- 如果 CLKDIV=100b， CLKOUT 的频率等于 CPU 时钟的频率的 1/5。
- 如果 CLKDIV=101b， CLKOUT 的频率等于 CPU 时钟的频率的 1/6。
- 如果 CLKDIV=110b， CLKOUT 的频率等于 CPU 时钟的频率的 1/7。
- 如果 CLKDIV=111b， CLKOUT 的频率等于 CPU 时钟的频率的 1/8。

5.2.4 使用方法

通过对时钟模式寄存器的操作，可以根据需要设定时钟发生器的工作模式和输出频率，在设置过程中除了工作模式、分频值和倍频值以外，还要注意其他因素对 PLL 的影响。

1. 省电（IDLE）

为了节省功耗，可以使时钟发生器处于省电状态，当时钟发生器退出省电状态时，PLL 自动切换到旁路模式，进行跟踪锁定，锁定后返回到锁定模式，时钟模式寄存器中与省电有关的位是 IAI，详细说明参见表 5-1。

2. DSP 复位

在 DSP 复位期间和复位之后，PLL 工作于旁路模式，输出的时钟频率由 CLKMD 引脚上的电平确定。

- 如果 CLKMD 引脚为低电平，输出频率等于输入频率。
- 如果 CLKMD 引脚为高电平，输出频率等于输入频率的一半。

3. 失锁

锁相环对输入时钟跟踪锁定之后，由于其他原因使其输出时钟发生偏移，即失锁。出现失锁现象后，PLL 的动作由时钟模式寄存器中的 IOB 确定，详细说明参见表 5-1。

5.2.5 使用方法及实例

调用时钟发生器库函数首先要在头文件中包含 csl_pll.h 文件，接下来介绍利用库函数配置时钟发生器的方法。

首先要声明 PLL 配置结构，具体声明如下：

```
PLL_Config Config_PLL = {
1,    /*iai 休眠后重新锁相*/
1,    /*iob 失锁后进入旁路模式并重新锁相*/
6,    /*pllmult    CLKIN * pllmult = DSP 主时钟*/
0,    /*div    CLKOUT= DSP 主时钟/（div+1）*/
};
```

之后运行配置函数：

```
PLL_config（&Config_PLL）;
```

也可以通过函数设置 PLL 频率：

```
PLL_setFreq（6, 1）;
```

通过 PLL_setFreq 函数可以复位 PLL 锁相环，并改变倍频和分频数从而得到所需的频率。

5.2.6 时钟发生器的调试

时钟发生器所产生的 DSP 工作时钟，如果时钟产生器没有正常工作，DSP 将无法正常运行，而调试 DSP 也是不可能的。

调试时钟发生器应遵循以下步骤：

（1）检查 DSP 的时钟输入引脚 CLKIN、时钟输出引脚 CLKOUT 和时钟模式引脚 CLKMD 连接是否正确，正常情况下 CLKIN 应接时钟源，而 CLKMD 应拉高或降低，CLKOUT 应是信号输出引脚。

（2）系统加电后测量 CLKIN 引脚时钟输入是否正常，信号的高低电平及占空比是否满足需要。

（3）在没有进行软件设置的情况下，DSP 在复位后 CLKOUT 的输出直接受 CLKMD 控制，当 CLKMD 为高，CLKOUT 的输出频率将等于 CLKIN 的频率，CLKMD 为低，则 CLKOUT 输出将等于 CLKIN 的频率的 1/2。

（4）如果以上步骤运行正常，则利用软件设置 CLKMD 寄存器，使时钟产生器工作于 PLL 锁相环模式下，此时再检测 CLKOUT 信号，查看锁相环是否正常工作。

5.3 通用定时器

TMS320VC5510 DSP 片内有两个 20 位软件可编程定时器，利用定时器可向 CPU 产生周期性中断或向 DSP 片外的器件提供周期信号。

5.3.1 结构框图

20 位的定时器由两部分组成：一个 4 位的预定标器（PSC）和一个 16 位的主计数器（TIM），如图 5-2 所示。

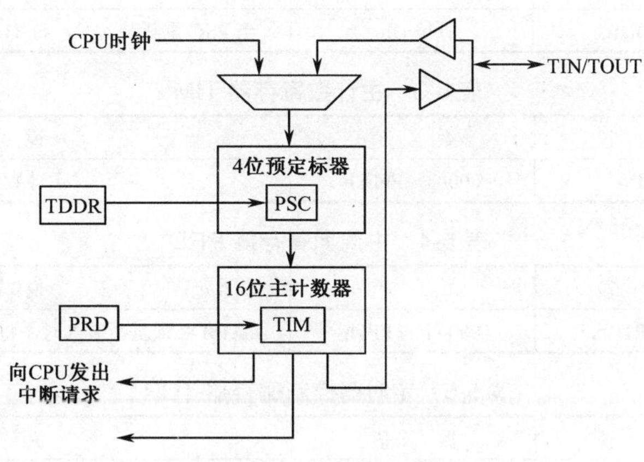

图 5-2 定时器结构图

定时器有两个计数寄存器（PSC，TIM）和两个周期寄存器（TDDR，PRD），在定时器初始化过程中，周期寄存器的内容复制到计数寄存器中。

5.3.2 工作原理

如图 5-2 所示，定时器的工作时钟可以来自 DSP 内部的 CPU 时钟，也可以来自引脚 TIN/TOUT。定时器控制寄存器（TCR）中的字段 FUNC 可以确定时钟源和 TIN/TOUT 引脚的功能，这样定时器的工作模式包括以下几种：

- 当 FUNC=00b 时，TIN/TOUT 为高阻态，时钟源是内部时钟（CPU 时钟）。
- 当 FUNC=01b 时，TIN/TOUT 为定时器输出，时钟源是内部时钟（CPU 时钟）。
- 当 FUNC=10b 时，TIN/TOUT 为通用输出，时钟源是内部时钟（CPU 时钟）。
- 当 FUNC=11b 时，TIN/TOUT 为定时器输入，时钟源是外部时钟。

如图 5-2 所示，在定时器中，预定标器由输入时钟驱动，PSC 在每个输入时钟周期数减 1，当其减到 0 时，TIM 减 1，当 TIM 减到 0，定时器向 CPU 发送一个中断请求（TINT）或向 DMA 控制器发送同步事件。定时器发送中断信号或同步事件信号的频率可用下式计算：

$$\text{TINT频率} = \frac{\text{输入时钟频率}}{(\text{TDDR}+1)\times(\text{PRD}+1)}$$

通过设置 TCR 中的自动重装控制位 ARB，可使定时器工作于自动重装模式，当 TIM 减到 0，重新将周期寄存器（TDDR，PRD）的内容复制到计数寄存器（PSC，TIM）中，继续定时。

每个定时器包括 4 个寄存器，即定时器预定标寄存器 PRSC、主计数寄存器 TIM、主周期寄存器 PRD 和定时器控制寄存器 TCR，表 5-2 至表 5-5 所示是有关这 4 个寄存器的格式和说明。

表 5-2 定时器预定标寄存器 PRSC

位	字 段	数 值	说 明
15～10	Reserved	—	保留
9～6	PSC	0h～fh	预定标计数寄存器
5～4	Reserved	—	保留
3～0	TDDR	0h～fh	当 PSC 重新装入时，将 TDDR 的内容复制到 PSC 中

表 5-3 主计数寄存器 TIM

位	字 段	数 值	说 明
15～0	TIM	0000h～FFFFh	主计数寄存器

表 5-4 主周期寄存器 PRD

位	字 段	数 值	说 明
15～10	PRD	0000h～FFFFh	当 TIM 必须重新装入时，将 PRD 的内容复制到 TIM 中

表 5-5 定时器控制寄存器 TCR

位	字 段	数 值	说 明
15	IDLEEN	 0 1	省电使能位 定时器不能处于省电状态 如果省电状态寄存器中的 PERIS=1，定时器进入省电状态

续表

位	字　段	数　值	说　明
14	INTEXT	 0 1	时钟源从内部切换到外部标志位 定时器没有准备好使用外部时钟源 定时器准备使用外部时钟源
13	ERRTIM	 0 1	定时器错误标志 正常 出错
12～11	FUNC		定时器工作模式选择位
10	TLB	 0 1	定时器装载位 TIM，PSC 不重新装载 将 PRD、TDDR 分别复制到 TIM、PSC 中
9	SOFT		在调试时遇到断点定时器的处理方法
8	FREE		
7～6	PWID	 00 01 10 11	定时器输出脉冲的宽度 1 个 CPU 时钟周期 2 个 CPU 时钟周期 4 个 CPU 时钟周期 8 个 CPU 时钟周期
5	ARB		自动重装控制位
4	TSS	 0 1	定时器停止状态位 启动 停止
3	C/P	 0 1	定时器输出时钟/脉冲选择 输出脉冲 输出时钟
2	POLAR	 0 1	时钟输出极性位 正极性 负极性
1	DATOUT	0 1	当 TIN/TOUT 作为通用输出引脚，该位控制引脚上的电平 低电平 高电平
0	Reserved	0	保留

5.3.3 使用方法

在定时器的工作过程中，要注意以下因素对定时器的影响。

1．初始化定时器

通用定时器的初始化过程如下：

（1）停止计时（TSS=1），定时器装载使能（TLB=1），并将周期寄存器（TIM，PSC）的内容复制到计数寄存器（PRD，TDDR）。

（2）将预定标计数周期数写入 TDDR。

（3）将主计数器周期数装入 PRD。

（4）关闭定时器装载（TLB=0），启动计时（TSS=0）。

2．停止/启动定时器

利用时钟控制寄存器中的 TSS 位可以停止或启动定时器。

- TSS=1，停止计时；
- TSS=0，启动计时。

3．DSP 复位

DSP 复位后定时器的寄存器将按照如下规则复位：

- 停止定时（TSS=1）；
- 预定标计数器值为 0；
- 主计数器值为 FFFFh；
- 定时器不进行自动重装（ARB=0）；
- idle 指令不能使定时器进入省电模式；
- 仿真时遇到软件断点定时器立即停止工作；
- TIN/TOUT 为高阻态，时钟源是内部时钟（FUNC=00b）。

5.3.4 通用定时器的应用

如果使用芯片支持库函数对通用定时器进行编程，则必须包含头文件 csl_timer.h。首先定义通用定时器句柄和配置结构：

```
TIMER_Handle hTimer;
TIMER_Config Config_TIMER = {
                    0X0310,
                    /*; 载入 TCR0t:
                    ; IDLE_EN = 0 （不允许空闲状态）
                    ; FUNC = 00b （引脚为高阻态）
                    ; TLB = 0  （TLB 被清除）
                    ; FREE = 1 （遇到断点时时钟不停止）
                    ; PWID = 00b （脉冲延迟一个 CPU 时钟周期）
                    ; ARB = 1  （当 TIM 计数到 0 时重新载入 TIM 和 PSC）
                    ; TSS = 1  （停止计数器）
                    ; C/P = 0  （引脚输出为脉冲模式）
                    ; POLAR = 0 （引脚信号开始为低）
                    ; 其他为 0
                    */
                    0X197,
                    /*    prd = 407        */
                    0X0007
                    /*   prsc = 7 TDDR=7 */
                    //; 计数器每 3264（408*8） 个时钟周期输出:
                    };
```

接下来打开句柄：

```
hTimer = TIMER_open（TIMER_DEV0,0）;        //设置计数器 0，中断 20K/s
```

调用定时器配置函数对计数器初始化：

```
TIMER_config（hTimer,&Config_TIMER）;
```

调用定时器开始函数使定时器开始工作：

```
TIMER_start（hTimer）;
```

如果在程序中需要暂时停止定时器计数可以调用定时器停止函数：

```
TIMER_stop（hTimer）;
```

当使能定时器中断时，则当定时中断发生时将运行定时中断服务程序：

```
interrupt void Timer0_Isr（）
{
    ……
}
```

5.3.5 通用定时器的调试

通用定时器可以产生定时中断，或者作为 DMA 同步事件来同步 DMA 传送，如果将通用定时器的输出从通用定时器引脚引出，也可以为系统的其他部分提供定时。

通用定时器的调试步骤如下：

（1）设定通用定时器的时钟源，通用定时器的时钟源可以是 CPU 时钟，也可由外部信号提供，如果选择外部时钟，则需要将这个信号从 TIN/TOUT 引脚引入，应当注意此时 TIN/TOUT 引脚将不能够作为定时器输出使用。

（2）正确设置定时器寄存器值，使定时器开始工作。

（3）在定时器中断服务程序中设置断点，看能否进入定时中断，如果定时器的时钟源是 CPU 时钟，这时也可以将定时器信号从 TIN/TOUT 引脚输出，通过示波器检测定时器输出是否正常。

5.4 外部存储器接口

5.4.1 功能与作用

如果比较一下 C54x 和 C55x 的外部总线接口，就可以发现有很大的不同。C54x 的外部总线接口分为三个空间——程序、数据和 I/O 空间，这三个空间共用地址和数据总线及部分控制信号线，只是通过选通信号区分不同的空间。C54x 的外部总线存在一些缺点，那就是在连接外部存储器时无法做到无缝连接，往往需要添加额外的地址译码逻辑电路，这个缺点在 C55x 系列处理器中已经得到了改善。那么 C55x 处理器是如何做到与外部存储器无缝连接的呢？这从外部存储器接口的结构框图 5-3 中就可以看出来。

可以看到在 C54x 中的空间选通信号已经被片选信号所取代，而每个片选信号分别占用不同的地址空间，这样就不需要外部的译码电路从而实现了与外部设备的无缝连接。同 C54x 外部总线接口相比，C55x 的外部存储器接口除了对异步存储器的支持以外，还提供了对同步突发静态存储器（SBSRAM）和同步动态存储器（SDRAM）的支持。异步存储器可以是静态随机存储器（SRAM）、只读存储器（ROM）和闪存存储器等存储器，在实际使用中还可以用异步接口连接并行 A/D 采样器件、并行显示接口等外围设备，但使用这些非标准设备时需要增加一些外部逻辑来保证设备的正常使用。

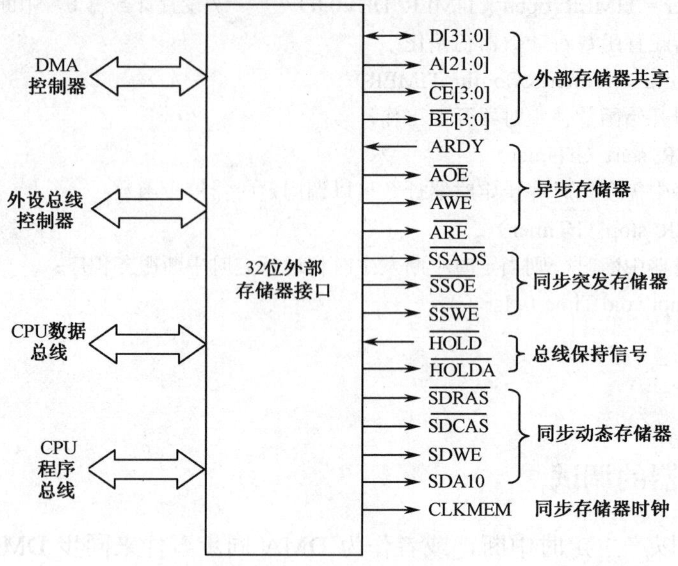

图 5-3　外部存储器结构框图

在使用外部存储器接口时，应注意区分字寻址与字节寻址之间的区别，当 TMS320C55x 访问数据时，CPU 用 23 位地址访问 16 位字，该方式下数据空间被分成 128 页，每页字长 64K。CPU 访问程序代码时，用 24 位地址访问 8 位字节，DMA 控制器访问存储器时也采用字节寻址方式。表 5-6 所示为外部存储器映射表，并分别给出了字寻址和字节寻址方式下物理内存的对应地址。

表 5-6　外部存储器映射表(TMS320C5510)

数　据　页	字寻址方式地址范围（十六进制）	外部存储器	字节寻址方式地址范围（十六进制）
第 2 页后 64K 字节 3～31	02 8000～1F FFFF	CE0 空间 （4M～320K）字节	05 0000～3F FFFF
32～63	20 0000～3F FFFF	CE1 空间 4MB	40 0000～7F FFFF
64～95	40 0000～5F FFFF	CE2 空间 4MB	80 0000～BF FFFF
96～127	60 0000～7F FFFF	当 MP/MC=0， CE3 空间长度为 （4M～32K）字节 剩余地址空间被片上 ROM 占用 当 MP/MC=1 CE3 空间长度为 2M 字节/4M 字节	C0 0000～FF FFFF

5.4.2　外部寄存器接口硬件连接与配置

外部存储器接口所支持的异步存储器接口、同步突发静态存储器接口和同步动态存储器接口都支持程序代码访问，以及 32 位宽、16 位宽和 8 位宽的数据访问。外部存储器的 4

个片选空间都可以单独进行设置，设置的内容包括存储器类型、存储器宽度、读/写时序参数等内容。本节将分别给出不同接口的硬件连接以及参数的设置。

1. 异步存储器接口

异步存储器的类型多种多样，它们既包括静态随机存储器、闪存存储器、只读存储器等，又有先入先出存储器、双端口存储器等，这些存储器有着不同的特点，可以根据需要灵活选用。

AM29LV320D 是一种大容量的闪存存储器，存储容量可以达到 2M 字节/4M 字节，数据总线宽度可以是 8 位或 16 位，图 5-4 所示是 AM29LV320D 与 DSP 的连接关系示意图。

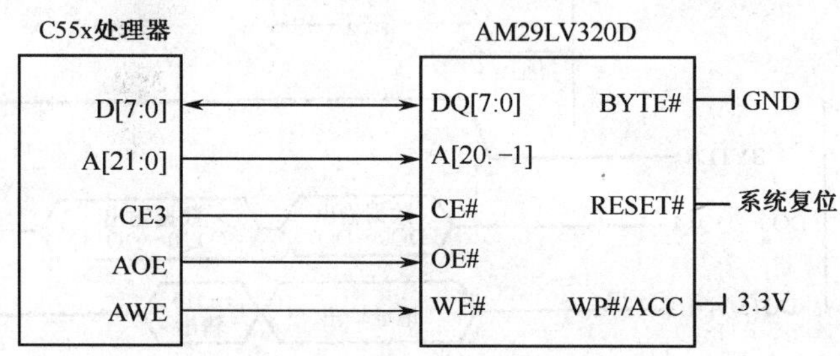

图 5-4　C55x 处理器与 AM29LV320D 的连接

从图 5-4 中可以看到 C55x 处理器与 AM29LV320D 的连接用了数据线 D7～D0，在这种连接方式下 AM29LV320D 的 DQ15/A-1 引脚应当作为地址线 A-1 来使用，处理器的地址总线 A[21:0]接到 AM29LV320D 的 A[20:−1]，AM29LV320D 的 BYTE#信号接地，RESET#接到系统复位信号，写保护/快速编程 WP#/ACC 引脚接高电平。

AM29LV320D 的读/写时序，如图 5-5 和图 5-6 所示，从时序图中可以看到该芯片的一个读/写周期最短为 90ns 或 120ns，而数字信号处理器的 CLKOUT 时钟是 DSP 主时钟的 1/1、1/2、1/3、1/4、1/5、1/6、1/7 或 1/8，如果 DSP 运行在 200MHz，则 DSP 一个时钟周期为 5ns，如果不能让 DSP 的读/写时序同 AM29LV320D 的读/写时序相匹配，就无法实现正确的读/写。调整 DSP 的读/写时序有两种方法：一种是将 AM29LV320D 的 RY/BY 信号接到 DSP 的 ARDY 信号上，通过硬件等待信号实现二者读/写时序的同步；另一种方法是通过软件设置外部存储器接口寄存器实现正确读/写。方法 1 使用简单，但灵活性不强，如果 DSP 通过外部存储器接口连接多个芯片，这种方法就不能使用，软件设置的方法灵活、方便，推荐使用该种方法设置外部存储器接口的读/写时序。

当 CLKOUT 为 4 分频时，设置建立时间为一个时钟周期，选通时间为 4 个时钟周期，保持时间为两个时钟周期就可以正确读取 AM29LV320D 存储器。

图 5-7 给出 TMS320VC55x 与 IDT70V27 双端口存储器的连接关系图。

可以看到 C55x 的外部存储器接口同 IDT70V27 的 L 端口数据、地址和读/写控制信号相连接，而 IDT70V27 的 R 端口可以同其他处理器相连接，从而实现二者相互通信。应当注意图中 C55x 使用了地址线的第 1 位到第 15 位，这是因为外部存储器接口采用了 16 位数据总线的连接方式，这时地址线 A0 将不起作用，而只需使用 A21～A1 地址线。如果读/写数据线为 32 位，则所用的地址线为 A21～A2。

外部存储器接口为每个片选空间都提供了独立的片选控制寄存器，通过这些寄存器可以设置寄存器类型，读/写时序以及超时时钟周期数，参见表 5-7 至表 5-9。

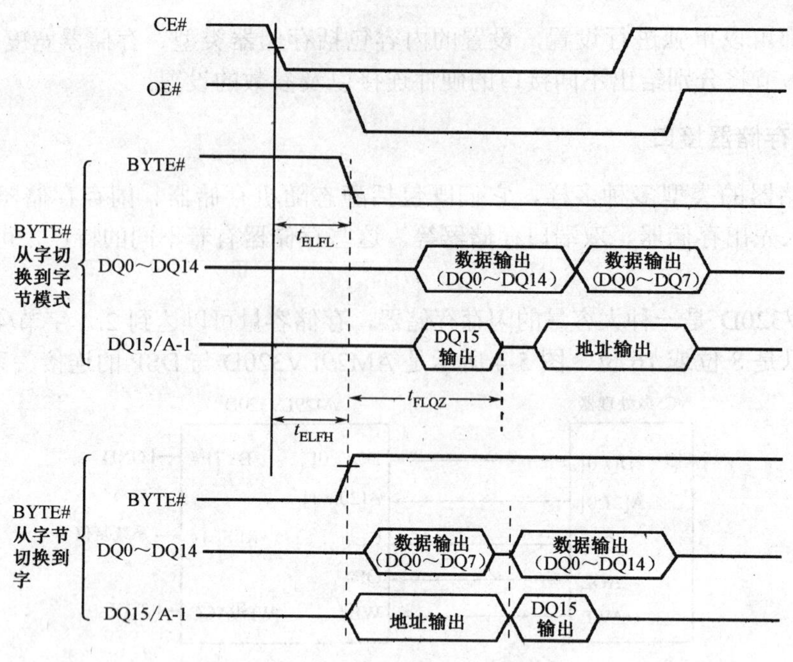

图 5-5　AM29LV320D 读时序

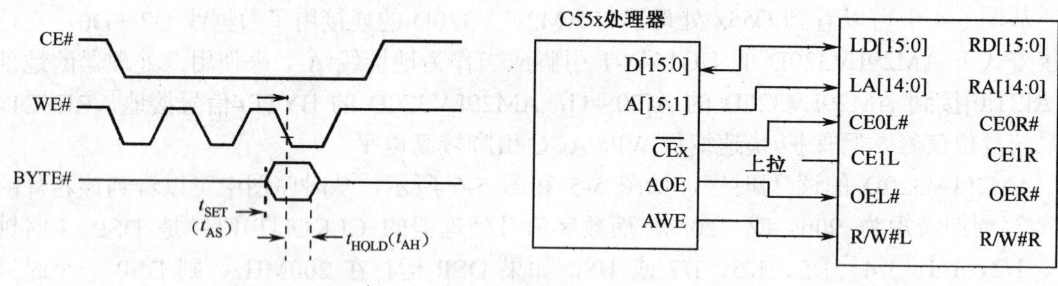

图 5-6　AM29LV320D 写时序　　　图 5-7　TMS320VC55x 与 IDT70V27 的连接

表 5-7　片选控制寄存器 1（CEx_1）

位	字　段	数　值	说　明
15～13	Reserved		保留
14～12	MTYPE		存储器类型
		000b	8 位宽异步存储器
		001b	16 位宽异步存储器
		010b	32 位宽异步存储器
		011b	32 位宽同步动态存储器（SDRAM）
		100b	32 位宽同步静态突发存储器（SBSRAM）
		101b～111b	保留
11～8	READ SETUP	1～15	读建立时间
7～2	READ STROBE	1～63	读选通时间
1～0	READ HOLD	0～3	读保持时间

表 5-8　片选控制寄存器 2（CEx_2）

位	字　段	数　值	说　　明
15～14	EXTENED HOLD READ	0～3	读延长保持时间
13～12	EXTENED HOLD WRITE	0～3	写延长保持时间
11～8	WRITE SETUP	1～15	写建立时间
7～2	WRITE STROBE	1～63	写选通时间
1～0	WRITE HOLD	0～3	写保持时间

表 5-9　片选控制寄存器 3（CEx_3）

位	字　段	数　值	说　　明
15～8	Reserved		保留
7～0	TIMEOUT		超时字段（同步存储器超时字段无效）
		0	超时功能被禁止
		$1 \leqslant N \leqslant 255$	当 ARDY 信号为低超过 N 个时钟周期，则发生超时错误

2．同步突发静态存储器（SBSRAM）

同步突发静态存储器是一种高密度、高速的存储器，与同步动态存储器相比，同步静态存储器不需要刷新，访问更加方便、快捷。TMS320C55x 外部存储器接口支持 32 位宽无校验同步突发管道型静态存储器，同步突发静态存储器的工作频率与 CPU 时钟同频或为 CPU 时钟频率的 1/2。

同步突发静态存储器所使用的信号包括数据总线 D[0..31]、地址总线 A[21..0]、片选信号 CE0～CE3、字节使能信号 BE0～BE3，此外还有 SBSRAM 地址选通信号 SSADS、输出使能信号 SSOE、写使能信号 SSWE 和存储器接口时钟 CLKMEM。

接下来给出 C55x 外部存储器接口同 32 位无校验管道型 SBSRAM 的连接图。如图 5-8 所示，图中 SBSRAM 占用 CE0 空间，SBSRAM 的 MODE 信号接到低电平使 SBSRAM 工作在线性突发模式，其他未用的 SBSRAM 信号如 ZZ、ADV、ADSP 和 GW 信号都接成非活动状态。

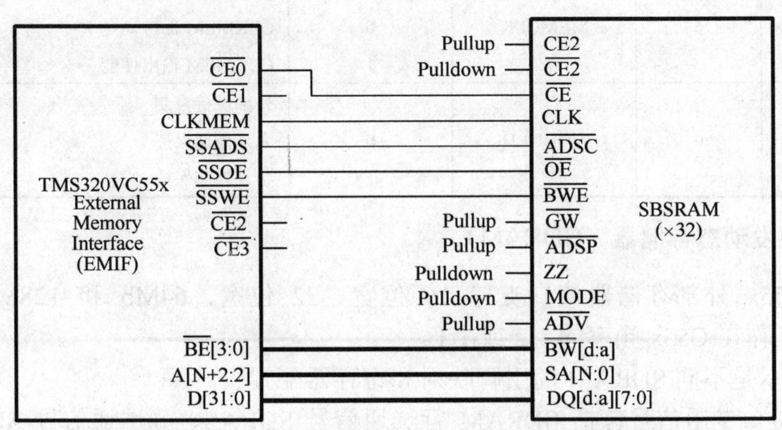

图 5-8　C55x 与 32 位无校验管道型 SBSRAM 的连接

如果所用的 SBSRAM 是有校验型存储器，连接时则应注意 SBSRAM 的校验信号 DQP[d:a]应当接地以减少功率消耗，参见图 5-9。

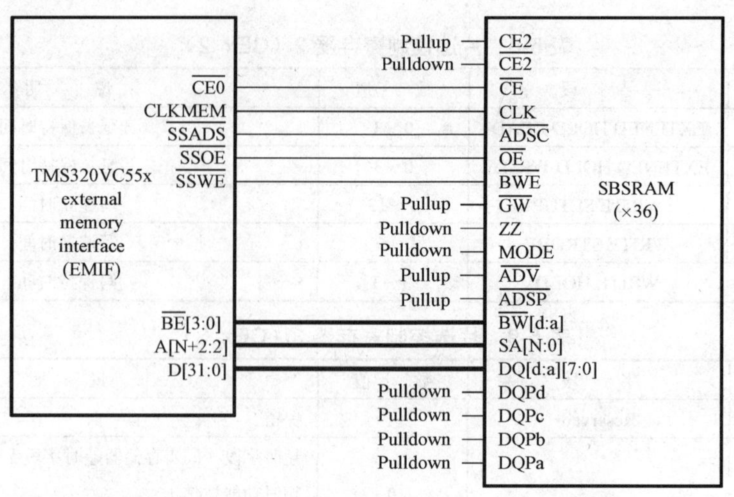

图 5-9　C55x 与有校验型 SBSRAM 的连接

如果要使用 SBSRAM 的电源关闭模式，可以将 SBSRAM 的 ZZ 引脚与 C55x 的通用输入/输出引脚相连接，通过通用输入/输出引脚控制 SBSRAM 是否进入电源关闭模式。

控制 SBSRAM 接口的寄存器包括 EMIF 全局控制寄存器和片选控制寄存器 CEx_1，接下来给出 SBSRAM 所需设置字段表，读者可以根据该表进行设置，如表 5-10 所示。

表 5-10　SBSRAM 需要设置字段

所在寄存器	位	字 段 名 称	数　值	说　明
片选控制寄存器	14～12	MTYPE	100b	32 位宽 SBSRAM
全局控制寄存器	11～9	MEMFREQ	 000b 001b	CLKMEM 频率 CLKOUT 频率 CLKOUT 频率除 2
全局控制寄存器	7	WPE	 0 1	后写使能 禁止后写 后写使能
全局控制寄存器	5	MEMCEN	 0 1	存储器时钟使能 CLKMEM 保持高电平 CLKMEM 输出使能
全局控制寄存器	0	NOHOLD	 0 1	外部保持控制 允许外部保持 禁止外部保持

3．同步突发动态存储器（SDRAM）

TMS320C55x 外部存储器接口支持 16 位宽、32 位宽，64Mb 和 128Mb SDRAM，SDRAM 可以工作在 C55x 频率的 1/2 或 1/1。

表 5-11 所示是不同 SDRAM 的引脚映射和寄存器配置表。

SDRAM 接口专用信号包括 SDRAM 行选通信号 SDRAS、列选通信号 SDCAS 和写使能信号 SDWE，SDA10 信号在 ACTV 命令时作为行地址信号，在读/写操作时作为预加电使能信号，在 DCAB 命令下为高，保持模式下为高阻态。

SDRAM 操作时需要一系列命令来支持其运行，表 5-12 所示为命令列表。

表 5-11 SDRAM 的引脚映射和寄存器配置表

SDRAM 容量及排列方式	使用芯片数量	配置位			占用 CE 空间数	边界/行地址		列地址	
		SDACC	SDSIZE	SDWID		SDRAM	EMIF	SDRAM	EMIF
64Mbit 4M×16 位	1	0	0	0	2	BA[1:0]和[11:0]	A[14:12]、SDA10 和 A[10:1]	A[7:0]	A[8:1]
64Mbit 4M×16 位	2	1	0	0	4	BA[1:0]和[11:0]	A[15:13]、SDA10 和 A[11:2]	A[7:0]	A[9:2]
64Mbit 2M×32 位	1	1	0	1	2	BA[1:0 和[10:0]	A[14:13]、SDA10 和 A[11:2]	A[7:0]	A[9:2]
64Mbit 2M×32 位	2	1	0	1	4	BA[1:0]和[10:0]	A[14:13]、SDA10 和 A[11:2]	A[7:0]	A[9:2]
128Mbit 8M×16 位	1	0	1	0	4	BA[1:0]和[11:0]	A[14:12]、SDA10 和 A[10:1]	A[8:0]	A[9:1]
128Mbit 4M×32 位	1	1	1	1	4	BA[1:0]和[11:0]	A[15:13]、SDA10 和 A[11:2]	A[7:0]	A[9:2]

表 5-12 C55x EMIF 接口 SDRAM 命令

命 令	说 明
DCAB	关闭所有边界
ACTV	打开所选择边界和所选择行
READ	输入起始列地址开始读操作
WRT	输入起始列地址开始写操作
MRS	配置 SDRAM 模式寄存器
REFR	自动循环刷新地址
NOP	不进行操作

在进行 SDRAM 操作时需要修改 EMIF 全局控制寄存器和片选控制寄存器 1，接下来给出 SDRAM 所需设置字段表，如表 5-13 所示，读者可以根据该表进行设置。

表 5-13 SDRAM 需要设置字段

所在寄存器	位	字段名称	数 值	说 明
全局控制寄存器	11～9	MEMFREQ	 000b 001b	CLKMEM 频率 CLKOUT 频率 CLKOUT 频率除 2
全局控制寄存器	7	WPE	 0 1	后写使能 禁止后写 后写使能

续表

所在寄存器	位	字段名称	数　值	说　明
全局控制寄存器	5	MEMCEN	 0 1	存储器时钟使能 CLKMEM 保持高电平 CLKMEM 输出使能
全局控制寄存器	0	NOHOLD	 0 1	外部保持控制 允许外部保持 禁止外部保持
片选控制寄存器 1	14～12	MTYPE	011b	32 位宽或 16 位宽 SDRAM

除了设置以上寄存器以外还需要设置 SDRAM 控制寄存器，如表 5-14 和表 5-15 所示。

表 5-14　SDRAM 控制寄存器 1

位	字　段	初 始 值	说　明
15～11	TRC	1111b	从刷新命令 REFR 到 REFR/MRS/ACTV 命令间隔 CLKMEM 周期数
10	SDSIZE	0	SDRAM 宽度，0：16 位宽　1：32 位宽
9	SDWID	0	SDRAM 容量，0：64 位　1：128M 位
8	RFEN	1	刷新使能，0：禁止刷新　1：允许刷新
7～4	TRCD	0100	从 ACTV 命令到 READ/WRITE 命令 CLKMEM 周期数
3～0	TRP	100	从 DCAB 命令到 REFR/ACTV/MRS 命令 CLKMEM 周期数

表 5-15　SDRAM 控制寄存器 2

位	字　段	初始值	说　明
10	SDACC	0	0: SDRAM 数据总线接口为 16 位宽 1: SDRAM 数据总线接口为 32 位宽
9～8	TMRD	11b	ACTV/DCAB/REFR 延迟 CLKMEM 周期数
7～4	TRAS	1111b	SDRAS 信号有效时持续 CLKMEM 周期数
3～0	TACTV2ACTV	1111b	SDRAS 到 SDRAS 有效延迟 CLKMEM 周期数

SDRAM 周期寄存器和计数寄存器用来设置 SDRAM 的刷新周期，其中周期寄存器存放刷新所需 CLKMEM 时钟周期数，计数寄存器存放刷新计数器当前计数值。

接下来分别给出不同宽度、不同容量 SDRAM 的连接关系图，如图 5-10 至图 5-13 所示。

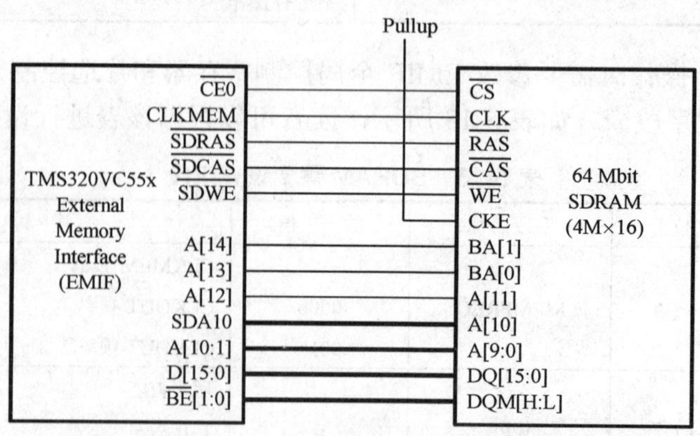

图 5-10　C55x 与一片 64Mb（16 位宽）SDRAM 的连接

图 5-10 中，一片 SDRAM 的容量为 64Mbit，而一个片选空间只有 32Mbit，则需要占用两个连续的片选空间。但在连接片选信号时只需要连接第一个 CE*n* 信号即可，在本例中只需要连接 CE0 信号，而 CE1 信号不需要连接。其他没有用到的 CE*n* 信号（如 CE2、CE3）可以供其他存储器件使用。

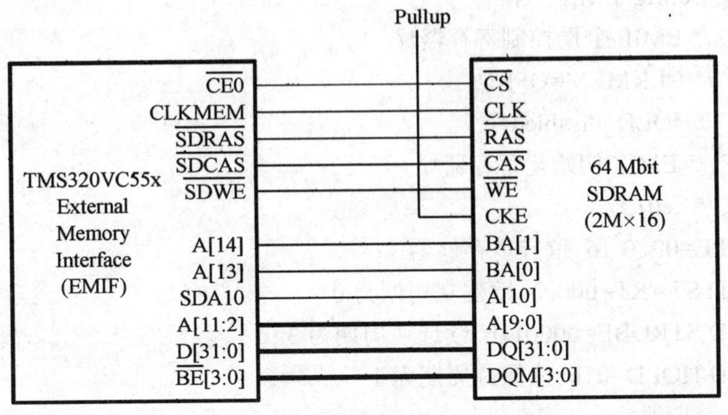

图 5-11　C55x 与一片 64Mb（32 位宽）SDRAM 的连接

64Mbit（×32）SDRAM 也占用了两个片选空间，所以只要连接 CE0 信号即可。

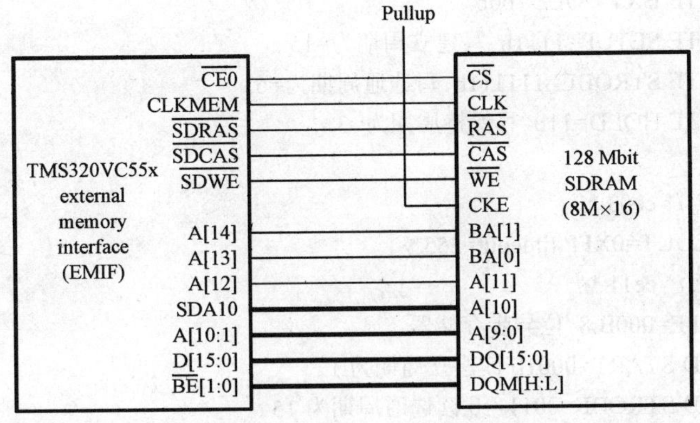

图 5-12　C55x 与一片 128Mb（16 位宽）SDRAM 的连接

128M SDRAM 将占用所有片选空间，而片选信号只需连接 CE0 信号即可，但应注意 CE1～CE3 信号不能被其他的存储器所使用。

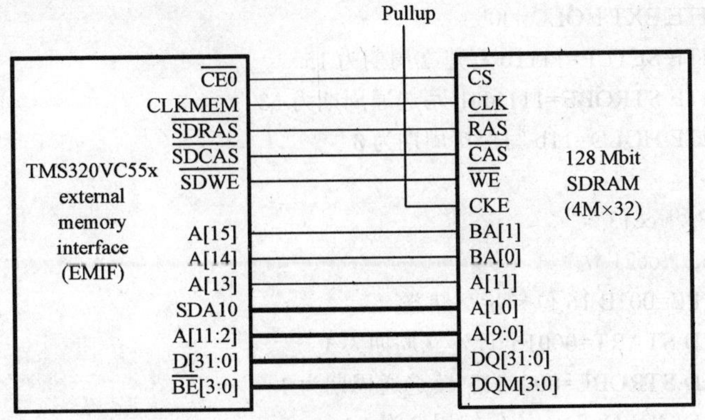

图 5-13　C55x 与一片 128Mb（32 位宽）SDRAM 的连接

5.4.3 外部寄存器接口的软件设置

应用芯片支持库函数对外部寄存器接口进行设置首先要在头文件中包含 csl_emif.h，接下来声明 EMIF 配置结构：

```
EMIF_Config Config_EMIF = {
    0x0281, /* EMIF 全局控制寄存器*/
            /* CLKMEM=OFF*/
            /*HOLD_disabled*/
    0xFFFF, /* EMIF 初始化寄存器*/
    0x100c, /* ce01 */
    /*MTYPE=001B 16 位异步存储器
      READ START=0000b 读建立周期为 0
      READ STROBE=000011b 读选通周期为 3
      READ HOLD=01b 读保持周期为 1
    */
    0x0FFF, /* ce02 */
    /*READ EXT HOLD=00b
      WRITE EXT HOLD=00b
      WRITE SETUP=1111b 写建立周期为=15
      WRITE STROBE=111111b 写选通周期为=63
      WRITE HOLD=11b 写保持周期为=3
    */
    0x00FF, /* ce03 */
    /*TIMEOUT=0XFF,timeout=255*/
    0x013E, /* ce11 */
    /*MTYPE=000B 8 位异步存储器
      READ START=0001b 读建立周期为 1
      READ STROBE=001111b 读选通周期为 15
      READ HOLD=10b 读保持周期为 2
    */
    0x0FFF, /* ce12 */
    /*READ EXT HOLD=00b
      WRITE EXT HOLD=00b
      WRITE SETUP=1111b 写建立周期为 15
      WRITE STROBE=111111b 写选通周期为 63
      WRITE HOLD=11b 写保持周期为 3
    */
    0x00FF, /* ce13 */
    0x1105, /* ce21 */
    /*MTYPE=001B 16 位异步存储器
      READ START=0001b 读建立周期为 1
      READ STROBE=000001b 读选通周期为 1
      READ HOLD=01b 读保持周期为 1
    */
    0x0105, /* ce22 */
```

```
/*READ EXT HOLD=00b
  WRITE EXT HOLD=00b
  WRITE SETUP=0001b 写建立周期为 1
  WRITE STROBE=000001b 写选通周期为 1
  WRITE HOLD=01b 写保持周期为 3
*/
0x00FF, /* ce23 */
0x110D, /* ce31 */
/*MTYPE=001B 16 位异步存储器
  READ START=0001b 读建立周期为 1
  READ STROBE=000011b 读选通周期为 3
  READ HOLD=01b 读保持周期为 1
*/
0x010D, /* ce32 */
/*READ EXT HOLD=00b
  WRITE EXT HOLD=00b
  WRITE SETUP=0001b 写建立周期为 1
  WRITE STROBE=000011b 写选通周期为 3
  WRITE HOLD=01b 写保持周期为 1
*/
0x00FF, /* ce33 */
0x07FF, /* sdc1 */
0x0FFF, /* sdper */
0x07FF, /* init */
0x03FF /* sdc2 */
/*没有 SDRAM*/
};
```

接下来调用 EMIF 配置函数完成配置过程：

```
EMIF_config（&Config_EMIF）;
```

5.5 主机接口（EHPI）

主机接口可以让外部的主处理器直接访问 C55x 数字信号处理器内存映射中的部分内存，而无须 DSP 干预。通过主机接口还可以完成 DSP 的程序引导，DSP 向主机发出中断信号要求主机响应中断等功能。

EHPI 的连接方式有两种——非复用方式和复用方式。本节将重点讲述两种连接方式的异同之处，并给出具体实例。表 5-16 所示为 EHPI 接口的信号及其在不同连接模式下的功能。

表 5-16　EHPI 接口信号简介

信号名称	类　型	说　明
HD[15:0]	输入/输出/高阻	主机数据总线 在非复用模式下，只传输数据信号；复用模式下传输数据和地址信号
HA[19:0]	输入	主机地址总线 复用模式下传输主机到 HPI 口的地址信号；复用模式下 HA[1]变成 HCNTL1，HA[2]变为 HAS_，其他引脚没有使用

续表

信号名称	类　型	说　明
HBE[1:0]	输入	主机字节选择信号，但在 TMS320VC5510 的 2.0 版本之后不再支持该信号
HCS_	输入	片选信号，低有效
HR/W_	输入	读/写信号
HDS1_,HDS2_	输入	数据选通信号，HPI 接口的数据选通信号是这两个信号的同或结果。选通信号至少应持续两个 CPU 周期，HDS1_和 HDS2_信号的连接根据主机选通信号而对应不同的接法，主机有独立的读/写选通信号，并且低有效，则一个接 HDS1_,另一个接 HDS2_； 主机只有一个低有效的选通信号，则这个信号接到 HDS1_、HDS2_之一，而另一个引脚接高电平； 主机有一个高有效的选通信号，则这个信号接 HDS1_或 HDS2_,另一个引脚接低电平
HRDY	输出	EHPI 就绪信号。当这个信号为低时，标志 EHPI 接口忙，主机应延长传输周期，信号为高时，表示传输过程已经结束，主机可以继续下一次传输。当 HCS_信号为高时，HRDY 信号总为高
HCNTL0、HCNTL1	输入	EHPI 口控制信号 非复用模式下 HCNTL0 为低时，EHPI 接口将访问数据存储器，为高时访问 EHPI 控制寄存器，HCNTL1 被地址线占用； 复用模式下，HCNTL1 和 HCNTL0 信号用来选择访问的寄存器类型 HCNTL[1:0]　寄存器访问类型 00HPIC 读或写 01HPID 读/写，并且访问后地址自动增加 1 10HPIA 读/写 11HPID 读/写，访问后地址不增加
HAS_	输入	地址选通信号，该信号只在复用模式下起作用，这个信号使 HCNTL[1:0]和 HR/W_信号可以在访问结束之前就消失
HMODE	输入	EHPI 模式选择信号，当为高时 EHPI 接口工作在非复用模式下，为低工作在复用模式下
RST_MODE	输入	复位模式信号，但该信号在高版本 C55x 处理器中已经不再支持
HINT_	输出	DSP 到主机中断信号，该信号受状态寄存器 ST3_55 中 HINT 位控制

5.5.1 EHPI 接口的非复用连接方式

非复用模式下，EHPI 口地址和数据分别使用单独的总线，接下来给出 C55x DSP 通过 EHPI 接口采用非复用方式访问另一个 C55x DSP 的信号连接图，如图 5-14 所示。

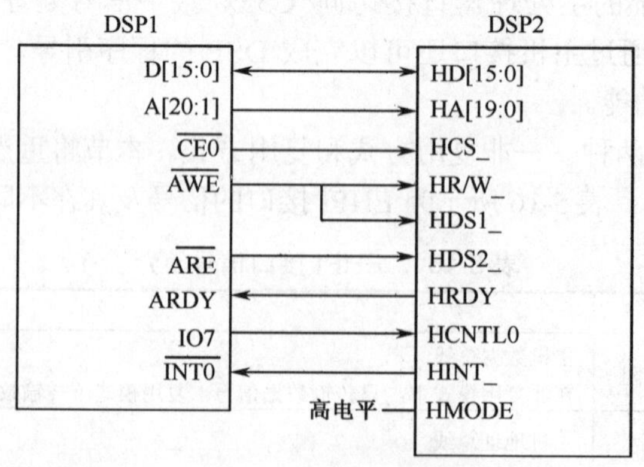

图 5-14　EHPI 口非复用模式下的连接

图 5-14 中 DSP1 的通用 I/O 信号 IO7 是用来选通数据寄存器，还是 EHPI 控制寄存器，图中没有标出的 EHPI 口信号不连接即可。非复用连接方式下数据和地址分别使用不同的总线，地址信号不必再通过 EHPI 数据总线传递，访问更加方便、快捷。

5.5.2 EHPI 接口的复用连接方式

EHPI 口如果采用复用连接方式，地址和数据则都将通过数据总线传递，接下来给出 PCI 总线控制器 PCI2040 与 C55x EHPI 口复用方式下的连接图，如图 5-15 所示。

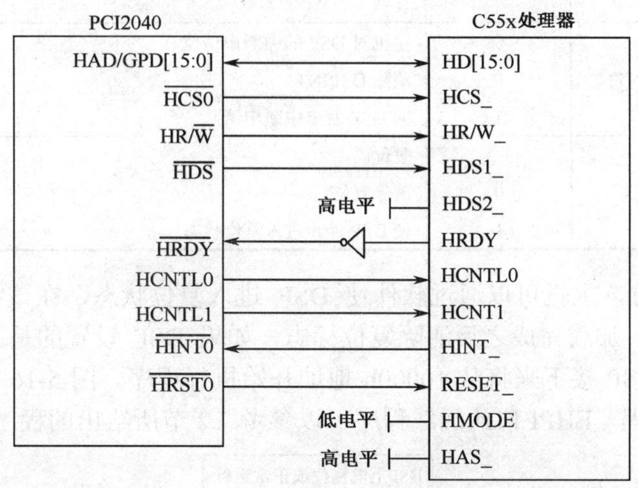

图 5-15 PCI2040 与 C55x EHPI 口复用方式下连接关系图

PCI2040 是为 C54x 和 C6000 系列处理器通过 HPI 接口连接到 PCI 总线而专门提供的，但由于 C55x 处理器的主机接口数据总线由 C54x 的 8 位变为 16 位，因此 C55x 是模拟 C6000 的 HPI 接口同 PCI2040 相连接的，由于 C6000 的 HRDY 信号为低有效，而 C55x 的 HRDY 信号为高有效，因此 C55x 的 HRDY 信号必须通过一个非门连接到 PCI2040 上。PCI2040 没有 HAS 信号，故而 C55x 中的 HAS_信号接高电平。

5.5.3 EHPI 口的寄存器

EHPI 有下列寄存器：数据寄存器（HPID）、地址寄存器（HPIA）和控制寄存器（HPIC），数据寄存器是一个 16 位寄存器，用来存放输入/输出的数据，在非复用方式下，该寄存器只起缓存作用，对主机来说该寄存器是透明的；而复用方式下，主机对 DSP 内存的访问都必须经过数据寄存器，DSP 再根据地址寄存器中的地址访问数据存储器。地址寄存器是一个 16 位或 20 位寄存器，该寄存器保存复用方式下读/写操作的地址，而地址寄存器也将根据 HCNTL1 和 HCNTL0 的状态决定访问结束后寄存器内的地址是否加 1，地址寄存器在非复用方式下不起作用。

控制寄存器 HPIC 控制数据的传输，主机还可以通过该寄存器向 DSP 发出中断，要求 DSP 响应中断，另外主机通过控制 HPIC 中的 RESET 位，在 DSP 复位引脚为高时可以控制 DSP 的复位或使 DSP 脱离复位状态。表 5-17 所示为 HPIC 寄存器的具体说明。

表 5-17　HPIC 寄存器的说明

位	字　段	复 位 值	说　明
15～6	Reserved		保留
5	XADD		扩展地址使能位。在复用模式下如果使用 20 位地址，则须通过设置该位决定访问的是 HPIA 的 19～16 位还是 15～0 位。
		0	写到 HPIA 的 15～0 位；
		1	写到 HPIA 的 19～16 位
4～2	Reserved		保留
1	DSPINT		主机对 DSP 的中断申请位。
		0	清除 DSPINT；
		1	向 DSP 发出中断申请
0	RESET		复位。
		0	清除复位；
		1	使 DSP 停止进入复位状态

利用 RESET 位，主机可以通过软件使 DSP 进入复位状态，在该状态下，主机可以对 DSP 进行程序加载，加载完成之后清除复位标志，如果 DSP 设置的是 EHPI 引导，在主机清除复位标志后，DSP 接下来将从 10000h 地址开始执行程序。图 5-16 所示是通过 EHPI 口加载 DSP 程序的流程，EHPI 口的加载程序可以参考 7.2 节所给出的程序。

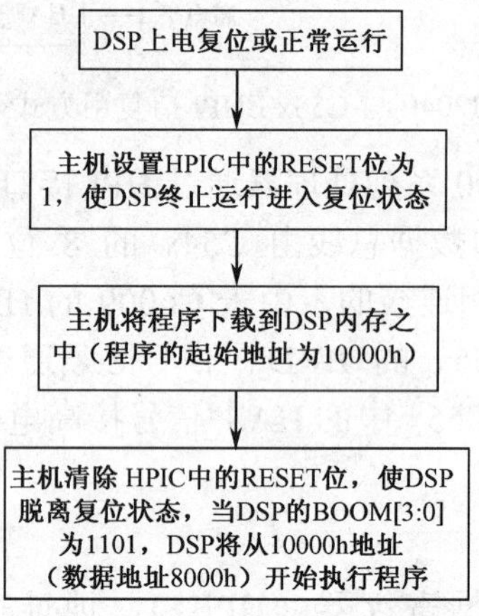

图 5-16　通过 EHPI 口加载程序的流程

5.6　多通道缓冲串口 McBSP

5.6.1　概述

C55x DSP 提供了高速的多通道缓冲串口（Multi-channel Buffered Serial Ports，McBSP），DSP 通过 McBSP 可以与其他 DSP、编解码器等器件相连，它具有的功能和特点如下。

- 全双工通信；
- 双缓冲数据寄存器，允许传送连续的数据流；
- 独立的收发时钟信号和帧信号；

- 可用 128 个通道进行收发；
- 可与工业标准的编解码器、模拟接口芯片（AICs）以及其他串行 A/D、D/A 芯片直接接口连接；
- 能够向 CPU 发送中断，向 DMA 控制器发送 DMA 事件；
- 具有可编程的采样率发生器；
- 可设置帧同步脉冲和时钟信号的极性；
- 传输的字长可以是 8 位、12 位、16 位、20 位、24 位或 32 位；
- 具有μ律和 A 律压缩扩展功能；
- 可将 McBSP 引脚配置为通用输入/输出引脚。

5.6.2 组成框图

McBSP 的结构框图，可以分为数据通道和控制通道两部分，如图 5-17 所示。数据发送引脚 DX 负责数据的发送，数据接收引脚 DR 负责数据的接收，发送时钟引脚 CLKX、接收时钟引脚 CLKR、发送帧同步引脚 FSX 和接收帧同步引脚 FSR 提供串行时钟和控制信号。

CPU 和 DMA 控制器通过外设总线与 McBSP 进行通信。当发送数据时，CPU 和 DMA 将数据写入数据发送寄存器（DXR1，DXR2），接着复制到发送移位寄存器（XSR1，XSR2），通过发送移位寄存器输出至 DX 引脚。同样，当接收数据时，DR 引脚上接收到的数据先移位到接收移位寄存器（RSR1，RSR2），接着复制到接收缓冲寄存器（RBR1，RBR2），RBR 再将数据复制到数据接收寄存器（DRR1，DRR2）中，并通知串口事件通知 CPU 或 DMA 读取数据。这种多级缓冲方式使片内数据通信和串行数据通信能够同时进行。

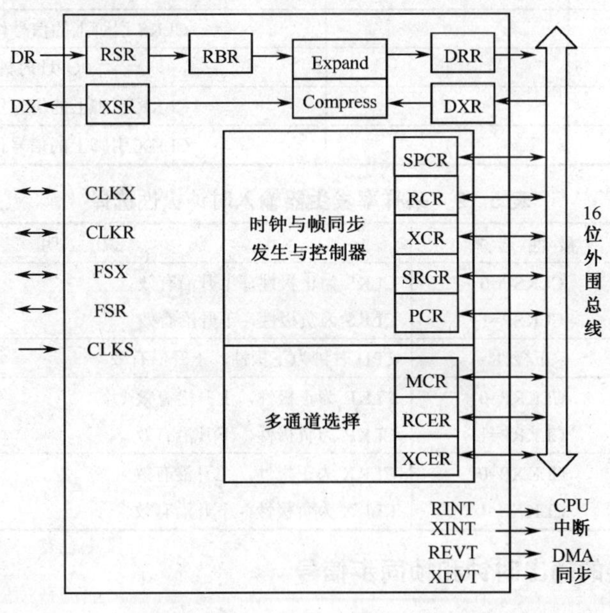

图 5-17 McBSP 的结构框图

5.6.3 采样率发生器

McBSP 包括一个采样率发生器 SRG，用于产生内部数据时钟 CLKG 和内部帧同步信号 FSG，如图 5-18 所示。CLKG 控制 DR 上数据的移位和 DX 上的数据发送；FSG 控制 DR 和

DX 上的帧同步。

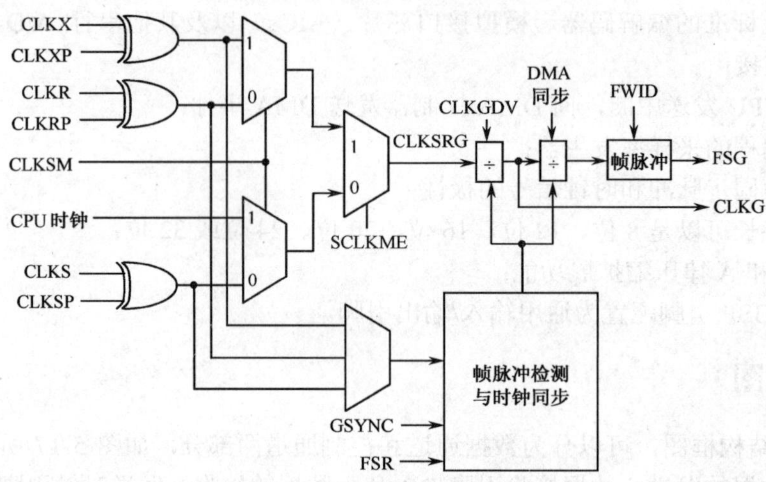

图 5-18　采样率发生器原理框图

采样率发生器的时钟源可以由 CPU 时钟或外部引脚（CLKS，CLKX 或 CLKR）提供，时钟源的选择可以通过引脚控制寄存器 PCR 中的 SCLKME 字段和采样率发生寄存器 SRGR2 中的 CLKSM 字段来确定，参见表 5-18。输入信号的极性由 SRGR2 中的 CLKSP 字段、PCR 中的 CLKXP 字段或 CLKRP 字段确定，参见表 5-19。

表 5-18　采样率发生器输入时钟选择

SCLKME	CLKSM	输入时钟
0	0	CLKS 引脚上的信号作为输入时钟
0	1	CPU 时钟
1	0	CLKR 引脚上的信号作为输入时钟
1	1	CLKX 引脚上的信号作为输入时钟

表 5-19　采样率发生器输入时钟极性选择

输 入 时 钟	极 性 选 择	说　明
CLKS 引脚	CLKSP=0	CLKS 为正极性，上升沿有效
	CLKSP=1	CLKS 为负极性，下升沿有效
CPU 时钟	正极性	CPU 时钟为正极性，上升沿有效
CLKR 引脚	CLKRP=0	CLKR 为正极性，上升沿有效
	CLKRP=1	CLKR 为负极性，下升沿有效
CLKX 引脚	CLKXP=0	CLKX 为正极性，上升沿有效
	CLKXP=1	CLKX 为负极性，下升沿有效

1．采样率发生器的输出时钟和帧同步信号

输入的时钟经过分频产生 SRG 输出时钟 CLKG。分频值由采样率发生寄存器 SRGR1 中的 CLKGDV 字段确定：

$$\text{GLKG 输出时钟频率} = \frac{\text{输入时钟频率}}{\text{CLKGDV}+1} \qquad 1 \leqslant \text{GLKGD} \leqslant 255$$

所以输出的最高时钟频率是输入时钟频率的一半。当 CLKGDV 是奇数时，CLKG 的占空比是 50%，当 CLKGDV 是偶数 $2p$ 时，CLKG 高电平持续时间为 p+1 个输入时钟周期，

低电平持续时间为 p 个输入时钟周期。

帧同步信号 FSG 由 CLKG 进一步分频而来，分频值由采样率发生寄存器 SRGR2 中的 FPER 字段决定：

$$\text{FSG 输出时钟频率}=\frac{\text{GLKG时钟频率}}{\text{FPER}+1} \quad 0 \leqslant \text{FPER} \leqslant 4095$$

帧同步脉冲的宽度由采样率发生寄存器 SRGR1 中的 FWID 字段决定：

$$\text{FSG 脉宽}=(\text{FWID}+1)\times\text{CLKG 的周期} \quad 0 \leqslant \text{FWID} \leqslant 255$$

2．同步

如图 5-18 所示，SRG 的输入时钟可以是内部时钟，即 CPU 时钟，也可以是来自 CLKX、CLKR 和 CLKS 引脚的外部输入时钟。当采用外部时钟源时，一般需要同步，同步由采样率发生寄存器 SRGR2 中的字段 GSYNC 控制。

- 当 GSYNC=0 时，SRG 将自由运行，并按 CLKDV、FPER 和 FWID 等参数的配置产生输出时钟；
- 当 GSYNC=1 时，CLKG 和 FSG 将同步到外部输入时钟。

5.6.4 多通道选择

McBSP 属于多通道串口，每个 McBSP 最多可有 128 个通道。如图 5-17 所示，其多通道选择部分由多通道控制寄存器 MCR、接收使能寄存器 RCER 和发送使能寄存器 XCER 组成。其中，MCR 可以禁止或使能全部 128 个通道，RCER 和 XCER 可以分别禁止或使能某个接收或发送通道。每个寄存器控制 16 个通道，因此 128 个通道共有 8 个通道使能寄存器。

1．接收多通道选择

接收多通道的选择由 MCR1 中的 RMCM 位确定：

当 RMCM=0，所有 128 接收通道使能且不能被禁止。

当 RMCM=1，接收多通道选择模式使能。在这种情况下：

- 通道可以独立地被使能或禁止，使能通道的选择由接收通道使能寄存器 RCER 确定。
- 如果某个接收通道被禁止，在这个通道上接收的数据只传输到接收缓冲寄存器 RBR 中，并不复制到 DRR，因此不会产生 DMA 同步事件。

2．发送多通道选择

发送多通道的选择由 MCR2 中的 XMCM 字段确定：

当 XMCM=00b 时，所有 128 发送通道使能且不能被屏蔽；

当 XMCM=01b 时，由发送使能寄存器 XCER 选择通道，如该通道没有被选择则该通道被禁止；

当 XMCM=10b 时，由 XCER 寄存器禁止通道，如果该通道没有被禁止则通道使能；

当 XMCM=11b 时，所有通道被禁止用，而只有当对应的接收通道使能寄存器 RCER 使能时，发送通道才被使能，当该发送通道使能时，由 XCER 寄存器决定该通道是否被屏蔽。

5.6.5 异常处理

每个多通道缓冲串口 McMSP 有 5 个事件会导致异常错误：

- 接收数据溢出，此时 SPCR1 中的 RFULL=1；
- 接收帧同步脉冲错误，此时 SPCR1 中的 RSYNCERR=1；
- 发送数据重写；
- 发送寄存器空，此时 SPCR2 中的 XEMPTY=0；
- 发送帧同步脉冲错误，此时 SPCR2 中的 XSYNCERR=1。

1. 接收数据溢出

如前所述，接收通道有三级缓冲 RSR-RBR-DRR，当数据复制到 DRR，设置 RRDY，当 DRR 中的数据被读取，清除 RRDY。所以当 RRDY=1，RBR-DRR 的复制不会发生，数据保留在 RSR，这时如果 DR 接收新的数据并移位到 RSR，新数据就会覆盖 RSR 使 RSR 中的数据丢失。有两种方法可以避免数据丢失：

- 至少在第三个数据移入 RSR 前 2.5 个周期读取 DRR 中的数据。
- 利用 DRR 接收标志 RRDY 触发接收中断，使 CPU 或 DMA 能及时来读取数据。

2. 同步帧同步信号错误

接收帧同步信号错误是指在当前数据帧的所有串行数据还未收完时，出现了帧同步信号。由于帧同步表示一帧的开始，所以出现帧同步时，接收器就会停止当前帧的接收并重新开始下一帧的接收，从而造成当前帧数据的丢失。因此，接收帧同步错误又称不期望同步。

为了避免接收帧同步错误造成的数据丢失，可以将接收控制寄存器 RCR2 中的 RFIG 设置为 1，让 McBSP 接收器忽略这些不期望出现的接收帧同步信号。

3. 发送数据重写

发送数据重写是指 CPU 或 DMA 在 DXR 中的数据复制到 XSR 之前向 DXR 写入了新的数据，DXR 中旧的数据被覆盖而丢失。

为了避免 CPU 写入太快造成数据覆盖，可以让 CPU 在写 DXR 之前先查询发送标志 XRDY，检查 DXR 是否就绪，或者由 XRDY 触发发送中断，然后写入 DXR。为了避免 DMA 写入太快，可以让 DMA 与发送事件 XEVT 同步，即由 XRDY 触发 XEVT，然后 DMA 控制器将数据写入 DXR。

4. 发送寄存器空

与发送数据重写相对应，发送寄存器空是由于 CPU 或 DMA 写入太慢，使发送帧同步出现时，DXR 还未写入新值，这样 XSR 中的值就会不断重发，直到 DXR 写入新值为止。

为了避免数据重发，可以由 XRDY 触发对 CPU 中断或 DMA 同步事件，然后将新值写入 DXR。

5. 发送帧同步脉冲错误

与接收帧同步错误相对应，发送帧同步错误是指在当前帧的所有数据比特未发送完之前出现了发送帧同步信号。这样，发送器将终止当前帧的发送，并重新开始下一帧的发送。

为了避免发送帧同步错误，可以将发送控制寄存器 XCR2 中的 XFIG 设置为 1，让发送器忽略这些不期望的发送帧同步信号。

5.6.6 McBSP 寄存器

如图 5-17 所示，McBSP 的寄存器主要包括三部分：收发通道寄存器、时钟和帧同步寄存器、多通道选择寄存器。

1. 收发通道寄存器

收发通道中 CPU 或 DMA 控制器可以访问的寄存器包括数据接收寄存器 DRR 和数据发送寄存器 DXR。由于 McBSP 支持 8 位、12 位、16 位、20 位、24 位或 32 位的字长，当字长等于或小于 16 位，只使用 DRR1/DXR1，当字长超过 16 位，DRR1/DXR1 存放低 16 位，DRR2/DXR2 存放其余数据位。

2. 时钟和帧同步寄存器

时钟和帧部分寄存器主要用于控制时钟和帧同步信号的产生、收发数据帧格式和串口状态的检测等。

（1）串口控制寄存器

每个 McBSP 有两个串口控制寄存器 SPCR1 和 SPCR2，用于控制 McBSP 的工作模式、检测收发操作的状态和对 McBSP 的各部分复位，如表 5-20 和表 5-21 所示。

表 5-20 串口控制寄存器 SPCR1

位	字　段	复位值	说　明
15	DLB	0	数字回环模式使能，0：禁止，1：使能
14～13	RJUST	00	接收数据符号扩展和调整方式
12～11	CLKSTP	00	时钟停止模式
10～8	Reserved		保留
7	DXENA	0	DX 引脚延时使能
6	Reserved	0	保留
5～4	RINTM	00	接收中断模式
3	RSYNCERR	0	接收帧同步错误标志
2	RFULL	0	接收过速错误标志
1	RRDY	0	接收就绪标志
0	RRST	0	接收器复位

表 5-21 串口控制寄存器 SPCR2

位	字　段	复位值	说　明
15～10	Reserved	0	保留
9	FREE	0	自由运行（在高级语言调试器中遇到断点时的处理方式）
8	SOFT	0	软停止（在高级语言调试器中遇到断点时的处理方式）
7	FRST	0	帧同步逻辑复位
6	GRST	0	采样率发生器复位
5～4	XINTM	00	发送中断模式
3	XSYNCERR	0	发送帧同步错误标志
2	XEMPTY	0	发送寄存器空标志
1	XRDY	0	发送就绪标志
0	XRST	0	发送器复位

（2）收发控制寄存器

每个 McBSP 有两个接收控制寄存器 R(X)CR1 和 R(X)CR2，以及两个发送控制寄存器 XCR1 和 XCR2，用于选择或使能数据延时和帧同步忽略等参数，如表 5-22 和表 5-23 所示。

表 5-22　收（发）控制寄存器 R(X)CR1

位	字　段	复 位 值	说　明
15	Reserved	0	保留
14～8	R(X)FRLEN1	0	接收（发送）阶段 1 的帧长（1～128 个字）
7～5	R(X)WDLEN1	0	接收（发送）阶段 1 的字长
4～0	Reserved	0	保留

表 5-23　收（发）控制寄存器 R(X)CR2

位	字　段	复 位 值	说　明
15	R(X)PHASE	0	接收（发送）帧的阶段数
14～8	R(X)FRLEN2	0	接收（发送）阶段 2 的帧长
7～5	R(X)WDLEN2	0	接收（发送）阶段 2 的字长
4～3	R(X) COMPAND	0	接收（发送）数据压扩模式
2	R(X)FIG	0	忽略不期望的收（发）帧同步信号
1～0	R(X)DATDLY	0	接收（发送）数据延时

（3）采样率发生寄存器

每个 McBSP 有两个采样率发生寄存器 SPGR1 和 SPGR2，用于选择与时钟和帧同步有关的参数，如表 5-24 和表 5-25 所示。

表 5-24　采样率发生器 SPGR1

位	字　段	复 位 值	说　明
15～8	FWID	00000000	帧同步信号 FSG 的脉冲宽度
7～0	CLKGDV	00000001	输出时钟信号 CLKG 的分频值

表 5-25　采样率发生器 SPGR2

位	字　段	复 位 值	说　明
15	GSYNC	0	时钟同步模式
14	CLKSP	0	CLKS 引脚极性
13	CLKSM	1	采样率发生器时钟源选择
12	FSGM	0	采样率发生器发送帧同步模式
11～0	FPER	0	FSG 信号帧同步周期数

（4）引脚控制寄存器

每个 McBSP 有一个引脚控制寄存器 PCR，用于 McBSP 省电模式控制和接收（发送）帧同步模式的选择，如表 5-26 所示。

3. 多通道选择寄存器

多通道选择寄存器包括多通道控制寄存器和收发通道使能寄存器。

表 5-26　引脚控制寄存器 PCR

位	字　段	数　值	说　明
15	Reserved		保留位
14	IDLEEN		省电使能
13	XIOEN		发送 GPIO 使能
12	RIOEN		接收 GPIO 使能
11	FSXM		发送帧同步模式
		0	由 FSX 引脚提供
		1	由 McBSP 提供
10	FSRM		接收帧同步模式
		0	由 FSR 引脚提供
		1	由 SRG 提供
9	CLKXM		发送时钟模式（发送时钟源、CLKX 的方向）
8	CLKRM		接收时钟模式（接收时钟源、CLKR 的方向）
7	SCLKME		采样率发生器时钟源模式
6	CLKSSTAT		CLKS 引脚上的电平
		0	低电平
		1	高电平
5	DXSTAT		DX 引脚上的电平
		0	低电平
		1	高电平
4	DRSTAT		DR 引脚上的电平
		0	低电平
		1	高电平
3	FSXP		发送帧同步极性
2	FSRP		接收帧同步极性
1	CLKXP		发送时钟极性
0	CLKRP		接收时钟极性

（1）通道控制寄存器

每个 McBSP 有两个多通道控制寄存器 MCR1 和 MCR2，用于使能所有通道和选择通道等，如表 5-27 和 5-28 所示。

表 5-27　多通道控制寄存器 MCR1

位	字　段	数　值	说　明
15～10	Reserved		保留位
9	RMCME		接收多通道使能
		0	使能 32 个通道
		1	使能 128 个通道
8～7	RPBBLK		接收部分 B 块的通道使能
6～5	RPABLK		接收部分 A 块的通道使能
4～2	RCBLK		接收部分的当前块，表示正在接收的是哪个块的 16 个通道
1	Reserved		保留位
0	RMCM		接收多通道选择
		0	使能 128 个通道
		1	使能选定的通道

表 5-28　多通道控制寄存器 MCR2

位	字　段	数　值	说　明
15～10	Reserved		保留位
9	XMCME	 0 1	发送多通道使能 使能 32 个通道 使能 128 个通道
8～7	XPBBLK		发送部分 B 块的通道使能
6～5	XPABLK		接收部分 A 块的通道使能
4～2	XCBLK		发送部分的当前块，表示正在发送的是哪个块的 16 个通道
1～0	XMCM		发送多通道选择，使能全部通道或使能选定的通道

（2）收发通道使能寄存器

每个 McBSP 有 8 个接收通道使能寄存器 RCERA 到 RCERH 和 8 个发送通道使能寄存器 XCERA 到 XCERH，如图 5-19 和图 5-20 所示。

15	14	13	12	11	10	9	8
RCE15	RCE14	RCE13	RCE12	RCE11	RCE10	RCE9	RCE8
7	6	5	4	3	2	1	0
RCE7	RCE6	RCE5	RCE4	RCE3	RCE2	RCE1	RCE0

*其中 RCEx 表示接收通道使能，用于使能或禁止某个通道

图 5-19　接收通道使能寄存器（RCERA-RCERH）

15	14	13	12	11	10	9	8
XCE15	XCE14	XCE13	XCE12	XCE11	XCE10	XCE9	XCE8
7	6	5	4	3	2	1	0
XCE7	XCE6	XCE5	XCE4	XCE3	XCE2	XCE1	XCE0

*其中 XCEx 表示发送通道使能，它的作用与 XMCM 有关

图 5-20　发送通道使能寄存器（XCERA-XCERH）

5.6.7　多通道缓冲串口的应用

应用多通道缓冲串口需要在头文件包含 csl_mcbsp.h 文件，首先声明 McBSP 句柄以及 McBSP 串口配置结构：

```
MCBSP_Handle myhMcbsp;
MCBSP_Config Config_MCBSP = {
        0x4000,              /* spcr1 */
        // DBL =0            (关闭闭环模式)
        // RJUST=01b         (接收数据右对齐，并符号扩展)
        // CLKSTP=00b        (关闭时钟停止模式)
        // Reserve=000b
        // DXENA=0           (关闭 DX 延迟)
        // ABIS=0            (关闭 ABIS 模式)
        // RINTM=00b         (收到数据 CPU 发出中断)
        // RSYNCERR=0
```

```
// RFULL=0
// RRDY=0
// RRST=0              （处于 RESET 状态）
// 0100000000000000b=4000h
0x0040, /* spcr2 */
// Reserve=000000b
// FREE=0
// SOFT=0          （McBSP 发送和接收时钟立即停止）
// FRST=0          （打开帧同步逻辑）
// GRST=1          （采样率产生器处于 RESET 状态）
// XINTM=00b      （XRDY 由 0 变 1，发出 XINT 信号）
// XSYNCERR=0
// XEMPTY=0
// XRDY=0
// XRST=0          （处于 RESET 状态）
// 0000000001000000b=0040h
0x0020, /* rcr1 */
// Reserve=0
// RFRLEN1=000 0000b（单字）
// RWDLEN1=001b 12bits
// Reserve=00000b
// 0000 0000 0010 0000b
0x0025, /* rcr2 */
// RPHASE=0                  （单相帧）
// RFRLEN2=000 0000b         （单字）
// RWDLEN2=001b 12bits
// RCOMPAND=00b    （不压缩,首先接收高位）
// RFIG=1                    （忽略错误 FSR 脉冲）
// RDATDLY=01b     （延迟 1bit）
// 0000 0000 0010 0101b=0025h
0x0000, /* xcr1 */
// Reserve=0
// XFRLEN1=0                 （单字）
// XWDLEN1=000      （8bits）
// Reserve=0 0000
// 0000 0000 0000 0000b=0000h
0x0004, /* xcr2 */
// XPHASE=0                  （单相帧）
// XFRLEN2=000 0000          （单字）
// XWDLEN2=000      （8bits）
// XCOMPAND=00      （非压缩模式）
// XFIG=1                    （忽略错误 FSR 脉冲）
// XDATDLY=00       （延迟 0bit）
// 0000 0000 0000 0100b=0004h
0x01CB, /* srgr1 */
```

```
// FWID = 0000 0001    （帧同步信号脉冲宽度为 2）
// CLKGDV= 1100 1011b（203）
// 0000 0001 1100 1011b=01CBh
0x300e, /* srgr2 */
// GSYNC=0                 （无外部时钟）
// CLKSP=0
// CLKSM=1                 （CPU colock）
// FSGM=1                  （采样率产生器产生帧信号）
// FPER=0000 0000 1110 （15）
// 0011 0000 0000 1110=300eh
0x0001, /* mcr1 */
0x0001, /* mcr2 */
0x0B03, /* pcr */
// Reserve=0
// IDLE_EN=0
// XIOEN=0
// RIOEN=0
// FSXM=1                  （McBSP 内部产生发送帧同步信号）
// FSRM=0                  （接收帧同步信号由外部产生）
// CLKXM=1                 （发送时钟信号由采样率产生器产生）
// CLKRM=1                 （接收时钟信号由采样率产生器产生）
// SCLKME=0                （CPU colock）
// CLKS_STAT=0
// DX_STAT=0
// FSXP=0                  （发送帧同步信号高有效）
// FSRP=0                  （接收帧同步信号高有效）
// CLKXP=1                 （发送时钟下降沿有效）
// CLKRP=1                 （接收时钟下降沿有效）
// 0000 1011 0000 0011=0B03h
0x0001, /* rcera */
0x0000, /* rcerb */
0x0000, /* rcecrc */
0x0000 , /* rcerd */
0x0000, /* rcere */
0x0000, /* rcerf */
0x0000, /* rcecrg */
0x0000, /* rcerh */
0x0001, /* xcera */
0x0000, /* xcerb */
0x0000, /* xcecrc */
0x0000, /* xcerd */
0x0000, /* xcere */
0x0000, /* xcerf */
0x0000, /* xcecrg */
0x0000, /* xcerh */
```

```
    };
```

接下来调用 MCBSP_open（）函数打开串口 0：

```
    myhMcbsp = MCBSP_open（MCBSP_PORT0, MCBSP_OPEN_RESET）;
```

调用配置函数进行串口配置：

```
    MCBSP_config（myhMcbsp, &Config_MCBSP）;
```

使串口脱离复位状态：

```
    MCBSP_RSET_H（myhMcbsp,SPCR2,0x0040）;        //GRST=1;
```

McBSP 串口开始运行：

```
    MCBSP_start（myhMcbsp,MCBSP_RCV_START|MCBSP_XMIT_START|
              MCBSP_SRGR_START|MCBSP_SRGR_FRAMESYNC,0x300u）;
```

设置接收中断：

```
    IRQ_plug （IRQ_EVT_RINT0, &RINT_Isr）;          //设置接收中断 RINT0
    IRQ_enable（IRQ_EVT_RINT0）;                   //中断使能
```

其中 RINT_Isr 为中断处理子函数，经过上述设置之后打开全局中断 McBSP 串口就可以正常工作了。

5.6.8 McBSP 串口的测试

McBSP 串口的测试可以分成两个部分——DSP 内部连接测试和外部设备连接测试。

1. DSP 内部连接测试

内部连接测试是将串口设为数字回环模式，串口发出的数据直接由串口接收，这种方法主要验证 McBSP 串口软件设置是否正确，串口数据发送和数据接收是否正常。图 5-21 给出了数字回环模式的示意图。

当设置为数字回环模式时，串口接收信号由串口发送信号提供，串行输出时钟接串行输出时钟，帧输入信号接帧输出信号，串行数据输出 DX 信号直接送到串行数据输入 DR，这些信号与外部信号无关。用户通过比较输入、输出数据就可以判断 McBSP 串口在数字回环模式下工作是否正常。

2. 外部设备连接测试

外部设备连接测试比较复杂，下面就以串行 A/D 采样芯片 MAX1246 为例介绍 McBSP 串口连接外部设备时的测试过程，如图 5-22 所示。

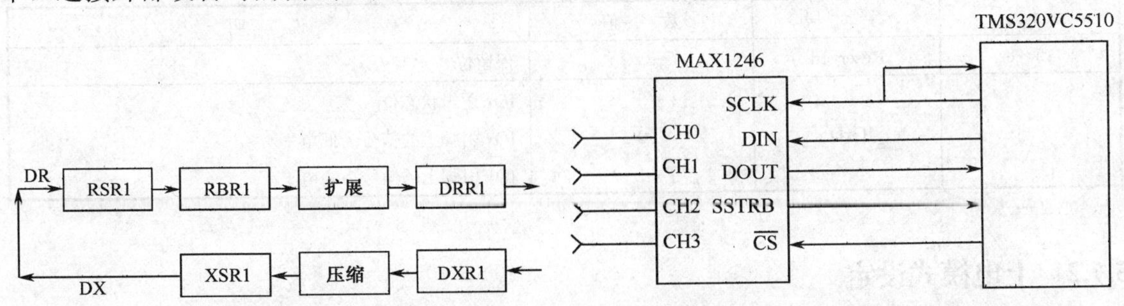

图 5-21 McBSP 串口数字回环模式示意图　　图 5-22 MAX1246 与 McBSP 串口的连接

图 5-22 中 MAX1246 的串行时钟信号 SCLK，以及 DSP 的串行时钟输入信号 CLKR0 都是由 DSP 的串行时钟输出信号 CLKX0 提供，McBSP 串口的数据输出 DX0 和输入 DR0 分

别接 MAX1246 的数据入信号 DIN 和数据出信号 DOUT，MAX1246 的串行选通信号 SSTRB 与 DSP 的帧接收信号 FSR0 相连接，DSP 的 XF 信号接 MAX1246 的片选信号 CS。

调试过程如下：

（1）测试 XF 信号是否输出低电平，即 MAX1246 是否进入工作状态。

（2）正确设置 McBSP 串口时钟产生器，产生串行时钟输出信号，串行时钟输入信号则由外部信号驱动，帧发送信号也由时钟产生器产生。设置完成后检测 SCLK 信号是否与设定的串行时钟信号速率相一致。

（3）通过串行数据输出引脚发出控制字，MAX1246 将根据控制字对所选通道进行采样、保持和 A/D 转换，在 A/D 转换完成后，MAX1246 完成 A/D 转换后，将首先在串行选通信号 SSTRB 上发出选通信号，而该信号被接入 DSP 的帧接收，标志新的数据帧开始传送。通过比较 SSTRB 信号、SCLK 信号和 DIN、DOUT 信号的时序关系，可以分析出 McBSP 串口工作是否正常。

（4）检测 DSP 是否接收到采样数据，如果 MAX1246 的模拟输入端没有接入信号，则此时的采样值应在 0 附近随机分布。

5.7 通用输入/输出端口 GPIO

5.7.1 GPIO 口概述

TMS320VC5510 提供了 8 个专门的通用输入/输出引脚 IO0～IO7，每个引脚的方向可以由 I/O 方向寄存器 IODIR 独立地配置，引脚上的输入/输出逻辑状态由 I/O 数据寄存器 IODATA 反映，见表 5-29 和表 5-30。

表 5-29 GPIO 方向寄存器 IODIR

位	字 段	数 值	说 明
15～8	Reserved		保留位
7～0	IO*x*DIR*		IO*x* 方向控制位
		0	IO*x* 配置为输入
		1	IO*x* 配置为输出

*x=0,1,2,…,7。

表 5-30 GPIO 数据寄存器 IODATA

位	字 段	数 值	说 明
15～8	Reserved		保留位
7～0	IO*x*D*		IO*x* 逻辑状态位
		0	IO*x* 引脚上的信号为低电平
		1	IO*x* 引脚上的信号为高电平

*x=0,1,2,…,7。

5.7.2 上电模式设定

C55x 系列 DSP 通用输入/输出端口的另一个作用是在 DSP 上电时通过测试这些端口的高低电平来决定上电引导模式。

以 TMS320VC5510 为例，其 IO1～IO3 引脚的另一个功能是 BOOTM0～BOOTM2，它

们和 BOOTM3 引脚通过上下拉方式决定如何引导，表 5-31 所示为 C5510 的引导方式。

表 5-31　C5510 的引导方式

BOOTM[3:0]	引 导 方 式
0000	无
0001	从 McBSP0 口用 24 位地址采用 SPI 模式引导（串行 EEROM）
0010～0111	保留
1000	无
1001	从 McBSP0 口用 16 位地址采用 SPI 模式引导（串行 EEROM）
1010	通过并行 EMIF 接口从外部 8 比特异步存储器引导
1011	通过并行 EMIF 接口从外部 16 比特异步存储器引导
1100	通过并行 EMIF 接口从外部 32 比特异步存储器引导
1101	EHPI 口引导
1110	从 McBSP0 口采用 16 比特标准串行模式引导
1111	从 McBSP0 口采用 8 比特标准串行模式引导

图 5-23 所示为通过 GPIO 口设置上电方式的示意图。

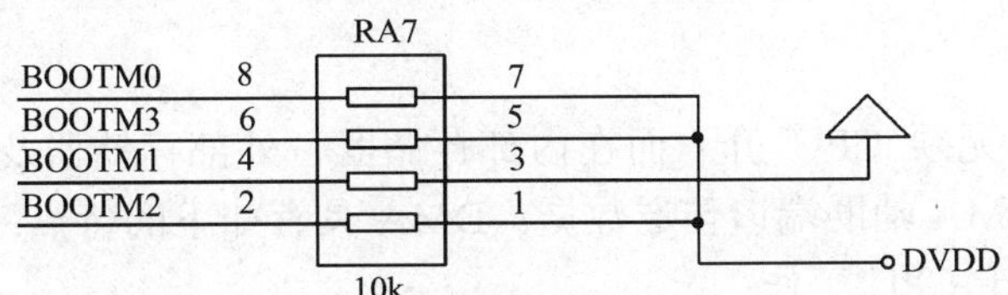

图 5-23　通过 GPIO 设置 DSP 上电方式的示意图

5.7.3　驱动程序开发

应用通用输入/输出口（GPIO）芯片支持函数需要在头文件包含 csl_gpio.h 文件。

输入/输出口（GPIO）芯片支持函数包括读 GPIO 寄存器函数和写 GPIO 寄存器函数，首先介绍读 GPIO 寄存器函数 GPIO_RGET()。该函数有一个输入参数，这个参数是 IODIR 时读取 GPIO 方向寄存器，参数为 IODATA 读取 GPIO 数据寄存器。下面给出读取 GPIO 数据寄存器的例子：

```
int iodata;
iodata = GPIO_RGET（IODATA）;
```

GPIO_RSET()的功能是设置 GPIO 寄存器，该函数有两个参数，第一个参数决定设置的那个寄存器，第二个参数为寄存器值。举例如下：

```
GPIO_RSET（IODIR, iodata）;
```

5.7.4　通用输入/输出 GPIO 的测试

GPIO 作为通用的输入/输出端口，其方向通过 I/O 方向寄存器 IODIR 可以设置，并且引脚上的电平通过 I/O 数据寄存器 IODATA 来反映，CPU 和 DMA 控制器可以在 I/O 空间访问这两个寄存器。

GPIO 的测试分为输入口测试和输出口测试两种。

1. 输入口测试

输入口测试步骤如下：

（1）通过 I/O 方向寄存器 IODIR 设置某一个引脚为输入方向；

（2）在已设置为输入方向的引脚上外加 LVTTL 信号；

（3）DSP 访问 I/O 数据寄存器 IODATA，查看引脚上的逻辑电平，与外加 LVTTL 电平进行比较，来检测输入口是否工作正常。

2. 输出口测试

输出口测试步骤如下：

（1）通过 I/O 方向寄存器 IODIR 设置某一个引脚为输出方向；

（2）在 I/O 数据寄存器 IODATA 上设置这个引脚的逻辑电平；

（3）测量引脚的电平，与设置的逻辑电平相比较来检测输出口是否正常工作。

5.8 DMA 控制器

5.8.1 概述

DMA 控制器可以无须 CPU 介入而在内部存储器、外部存储器及片上外设之间传送数据，HPI 接口也使用 DMA 辅助端口传送数据。DMA 具有如下的特点：

- DMA 可以独立于 CPU 工作；
- 有 4 个标准端口（port）与 DARAM、SARAM、外部存储器和外设相连；
- 一个辅助端口用于 HPI 和存储器之间的数据传送；
- 具有 6 个通道；
- 可以设置每个通道的优先级；
- 每个通道的传输可以由选定事件触发；
- 当操作完成之后，DMA 控制器可向 CPU 发出中断。

DMA 控制器与 DSP 其他部件的连接框图如图 5-24 所示。

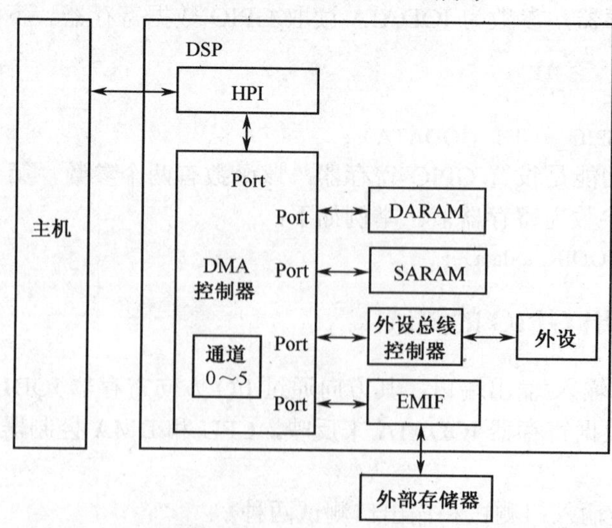

图 5-24　DMA 控制器与 DSP 其他部件的连接框图

5.8.2 通道和端口

如前所述，DMA 控制器有 6 个通道，用于 4 个标准端口之间的数据传送，每个通道可以从某个端口读取数据，也可以将数据写入某个端口。每个通道有一个 FIFO 缓冲区。如图 5-25 所示，使数据的传输包括两个阶段：端口读取和端口写入。DMA 先从源端口读取数据，并将其放到通道的 FIFO 缓冲区里，然后再从 FIFO 缓冲区取出写入目的端口。

图 5-25　DMA 通道传输过程

DMA 控制器的寄存器有两套：一套是配置寄存器，供 CPU 写入所需的配置值；另一套是工作寄存器，供 DMA 工作时使用。所以，DMA 通道正在进行数据传输时，CPU 可以写入下次传输的配置参数，而不影响正在进行的传输。

5.8.3 HPI 的配置

如图 5-26 所示，HPI 和 DMA 通道的关系由 DMAGCR 寄存器中的 EHPIEXCL 位确定。

（1）当 EHPIEXCL=0，HPI 和 DMA 通道共享 DARAM、SARAM 和 EMIF。

（2）当 EHPIEXCL=1，HPI 独占 DARAM 和 SARAM，DMA 通道只能访问 EMIF 和外设。

如图 5-26 所示，HPI 不能访问外设端口。

DMA 通道和 HPI 具有可编程的优先级。通过寄存器 DMACCR 中的 PRIO 位可以设置每个通道的优先级，通过寄存器 DMAGCR 中的 EHPIPRIO 位可以设置 HPI 的优先级。不管优先级如何设定，端口对通道和 HPI 的检测按照固定的顺序循环：0，1，2，3，4，5，HPI，0，1，2，3，4，5，HPI…

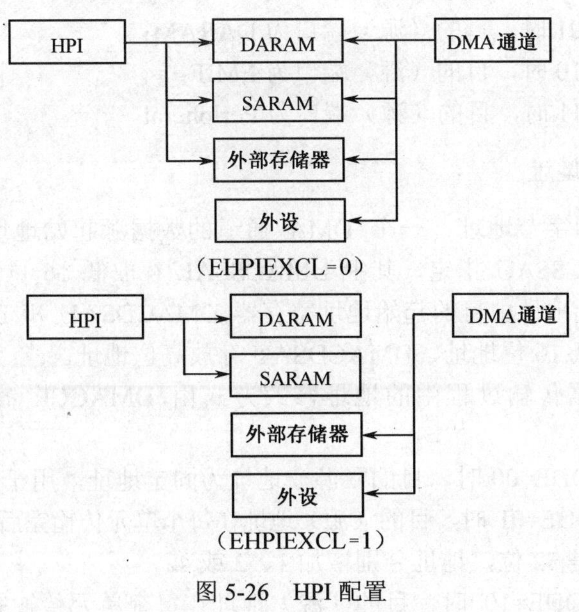

图 5-26　HPI 配置

5.8.4 DMA 传输配置

1．数据传输单位

DMA 通道传输的数据单位有 4 种：

（1）字节（Byte）：一个字节是 DMA 通道最小的数据传输单位。

（2）单元（Element）：若干个字节构成的数据传输单位称为一个单元，一个单元可以是 8 位、16 位或 32 位的。一个单元的传输是不能被中断的。

（3）帧（Frame）：若干个单元构成的数据传输单位称为一帧。在一帧的传输过程中不能被中断。

（4）块（Block）：若干个帧构成的数据传输单位称为一个块，每个通道一次或多次传输一个块。在块的传输过程中可以被中断。

对于 DMA 的每个通道，可以定义一块中包括帧的个数，一帧中单元的个数，一个单元中字节的个数。

2．数据打包

DMA 控制器具有数据打包功能，如选择 8 比特的数据传输而目的端口是 32 位的数据总线，可以将 4 个 8 比特的数据片打包成一个 32 比特的数据包进行传输，这样会提高 DMA 的传输速率。DMA 控制器的数据打包功能通过参数寄存器 DMACSDP 中的 DST(SRC)PACK 字段设定。

当 DST(SRC)PACK=0 时，不打包；

当 DST(SRC)PACK=1 时，对数据打包后再传输。

3．端口

DMA 通道传输的目的端口和源端口由参数寄存器 DMACSDP 中的 DST(SRC)字段来确定。

当 DST(SRC)= xx00 时，目的（源）端口为 SARAM；

当 DST(SRC)= xx01 时，目的（源）端口为 DARAM；

当 DST(SRC)= xx10 时，目的（源）端口为 EMIF；

当 DST(SRC)= xx11 时，目的（源）端口为 Peripheral。

4．数据源和目的地址

DMA 控制器采用字节地址，一个 DMA 通道的数据源起始地址由源起始地址寄存器 DMACSSAL 和 DMACSSAU 指定，其中 DMACSSAL 存放低 16 位地址，DMACSSAU 存放高位地址；目的起始地址由目的起始地址寄存器 DMACDSAL 和 DMACDSAU 指定，其中 DMACDSAL 存放低 16 位地址，DMACDSAU 存放高位地址。

DMA 通道在数据传输过程中的地址修改方式由 DMACCR 寄存器中的 DST(SRC) AMODE 字段确定。

当 DST(SRC)AMODE=00 时，目的（源）地址为固定地址，用于单元的传输。

当 DST(SRC)AMODE=01 时，目的（源）地址在每个单元传输完后自动增加。根据数据的位数是 8 位、16 位还是 32 位，地址分别增加 1、2 或 4。

当 DST(SRC)AMODE=10 时，目的（源）地址在每个单元传输完后自动增加一个索引值，索引值由单元索引寄存器 DMACEI/DMACSEI 确定。

当 DST(SRC)AMODE=11 时，目的（源）地址在每个单元传输完后按单元索引和帧索引自动增加，索引值由单元索引寄存器 DMACEI/DMACSEI 和帧索引寄存器 DMACFI/DMACSFI 确定，又称为双索引。

5.8.5 DMA 控制器的寄存器

表 5-32 所示为 DMA 控制器的寄存器，其中有三个全局控制寄存器 DMAGCR、DMAGSCR 和 DMAGTCR 对所有的通道进行控制，此外还有通道配置寄存器用于对每个通道进行控制。

表 5-32　DMA 控制器的寄存器

寄存器名	说明	数量
DMAGCR	全局控制寄存器，用于配置 HPI	1
DMAGSCR*	全局软件兼容寄存器，用于控制 DMA 获得目的单元、目的帧索引的方式	1
DMAGTCR*	全局超时控制寄存器，用于使能或禁止 SARAM 和 DARAM 端口的超时计数器	1
DMACCR	通道控制寄存器，用于配置优先级等	每个通道一个
DMACICR	通道中断寄存器，用于中断使能	每个通道一个
DMACSR	状态寄存器	每个通道一个
DMACSDP	源和目的参数寄存器，用于配置数据块参数	每个通道一个
DMACSSAL	源起始地址寄存器（低地址）	每个通道一个
DMACSSAU	源起始地址寄存器（高地址）	每个通道一个
DMACDSAL	目的起始地址寄存器（低地址）	每个通道一个
DMACDSAU	目的起始地址寄存器（高地址）	每个通道一个
DMACEN	单元数量寄存器	每个通道一个
DMACFN	帧数量寄存器	每个通道一个
DMACEI/DMACSEI	单元索引寄存器	每个通道一个
DMACFI/DMACSFI	帧索引寄存器	每个通道一个
DMACDEI*	目的单元索引寄存器	每个通道一个
DMACDFI*	目的帧索引寄存器	每个通道一个
DMACSAC*	源地址计数寄存器	每个通道一个
DMACDAC*	目的地址计数寄存器	每个通道一个

带*的寄存器只在 TMS320VC5509a 和 TMS320VC5510 中应用。

下面分别介绍各寄存器的格式。

1．DMA 全局控制寄存器

表 5-33 所示为 DMA 全局控制寄存器的参数及说明。

表 5-33　DMA 全局控制寄存器 DMAGCR

位	字　段	数　值	说　明
15～4	Reserved		保留位
3	Reserved	1	保留位（通常写入 1）
2	FREE	 0 1	遇到断点时的处理 停止 DMA 传输 继续 DMA 传输
1	EHPIEXCL	 0 1	HPI 的配置 与通道共享 独占内部 RAM
0	EHPIPRIO	 0 1	HPI 优先级 低优先级 高优先级

2．DMA 通道控制寄存器

表 5-34 所示为 DMA 通道控制寄存器的参数及说明。

表 5-34　DMA 通道控制寄存器 DMACCR

位	字　段	数　值	说　明
15～14	DSTAMODE	00～11	目的地址修改模式
13～12	SRCAMODE	00～11	源地址修改模式
11	ENDPROG	 0 1	通道传输配置 在传输过程中，可以对配置寄存器进行编程 编程结束
10	Reserved	0	保留位
9	REPEAT	 0 1	多次传输配置时的重复条件 在本次传输结束后，只有当 ENDPROG=1，才装入新的配置值，开始下次传输 在本次传输结束后，立即装入新的配置值，开始下次传输
8	AUTOINIT	 0 1	多次传输配置时的自动初始 自动初始禁止 自动初始使能
7	EN	 0 1	通道使能 禁止 使能
6	PRIO	 0 1	通道优先级 低优先级 高优先级
5	FS	 0 1	帧/单元同步 单元同步 帧同步
4-0	SYNC		同步事件

3．源和目的参数寄存器

表 5-35 所示为源和目的参数寄存器的参数及说明。

表 5-35　源和目的参数寄存器 DMACSDP

位	字　段	数　值	说　明
15～14	DSTBEN	 00、01 10 11	目的端口突发使能 目的端口突发禁止 目的端口突发使能 保留
13	DSTPACK	 0 1	目的端口打包使能 禁止 使能
12～9	DST	 xx00 xx01 xx10 xx11	目的端口类型 目的端口为 SARAM 目的端口为 SARAM 目的端口为 EMIF 目的端口为 Peripherals
8～7	SRCBEN	 00、01 10 11	源端口突发使能 禁止 使能 保留
6	SRCPACK	0 1	源端口打包使能 禁止 使能
5～2	SRC		源端口类型（同 DST）
1～0	DATATYPE	 00 01 10 11	数据传输单位 8 位 16 位 32 位 保留

4．起始地址寄存器

表 5-36 所示为起始地址寄存器的参数及说明。

表 5-36　起始地址寄存器

寄存器名	位	字　段	说　明
DMACSSAL	15～0	SSAL	源起始地址低 16 位
DMACSSAU		SSAU	源起始地址高位
DMACDSAL		DSAL	目的起始地址低 16 位
DMACDSAU		DSAU	目的起始地址高位

5．单元数量和帧数量寄存器

表 5-37 所示为单元数量和帧数量寄存器的参数及说明。

表 5-37　单元数量和帧数量寄存器

寄存器名	位	字　段	说　明
DMACEN	15～0	ELEMENTNUM	每帧包含的单元数量
DMACFN		FRAMENUM	每块包含的帧数量

6．单元索引寄存器和帧索引寄存器

表 5-38 所示为单元索引寄存器和帧寄存器的参数及说明。

表 5-38　单元索引寄存器和帧索引寄存器

寄存器名	位	字　段	说　明
DMACEI/DMACSEI	15～0	ELEMENTNDX	单元索引值
DMACFI/DMACSFI		FRAMENDX	帧索引值
DMACDEI		ELEMENTNDX	目的单元索引值
DMACDFI		FRAMENTDX	目的帧索引值

5.8.6　使用方法及实例

调用 DMA 库函数首先要在头文件中包含 csl_dma.h 文件，接下来介绍 DMA 配置结构。DMA 配置结构名为 DMA_Config，DMA_Config 包含如下成员：

```
Uint16 dmacsdp ;DMA 通道控制寄存器
Uint16 dmaccr ;DMA 通道中断寄存器
Uint16 dmacicr ;DMA 通道状态寄存器
（DMA_AdrPtr）dmacssal ;DMA 通道源起始地址（低字段）
Uint16 dmacssau ;DMA 通道源起始地址（高字段）
（DMA_AdrPtr） dmacdsal ;DMA 通道目的地址（低字段）
Uint16 dmacdsau ;通道目的地址（高字段）
Uint16 dmacen ;DMA 通道数据单元数量寄存器
Uint16 dmacfn ;DMA 通道帧数寄存器
对于 CHIP_5509, CHIP_5510PG1_x （x=0, 2）
Int16 dmacfi ;DMA 通道帧索引寄存器
Int16 dmacei ;DMA 通道单元索引寄存器
对于 CHIP_5510PG2_x （x=0, 1, 2）, 5509A, 5502
Int16 dmacsfi ;DMA 通道源帧索引寄存器
Int16 dmacsei ;DMA 通道源单元索引寄存器
Int16 dmacdfi ;DMA 通道目的帧索引寄存器
Int16 dmacdei DMA 通道目的单元索引寄存器
        DMA_Config myconfig = {
                    ……
            }
```

声明配置结构之后，需要调用 DMA_open 函数，初始化 DMA 句柄：

```
DMA_Handle myhDma;
myhDma = DMA_open（DMA_CHA0, 0）;/* 打开 DMA 通道 0 */
```

接下来调用 DMA_config 函数对 DMA 进行配置：

```
myconfig.dmacssal =
（DMA_AdrPtr）（（（Uint16）（myconfig.dmacssal）<<1）&0xFFFF）;
```

```
myconfig.dmacdsal =
（DMA_AdrPtr）（（（Uint16）（myconfig.dmacdsal）<<1）&0xFFFF）;
myconfig.dmacssau -（（（Uint32） &src） >> 15） & 0xFFFF;
myconfig.dmacdsau -（（（Uint32） &dst） >> 15） & 0xFFFF;
DMA_config（myhDma, &myConfig）; /* 配置通道 */
```

配置完成之后，调用 DMA_start（）函数开始 DMA 传送：

```
DMA_start（myhDma）; /* 开始传送 */
```

等待 DMA 状态寄存器的帧状态位指示传输结束：

```
        while （!DMA_FGETH（myhDma, DMACSR, FRAME））
{
}
```

之后关闭句柄：

```
DMA_close（myhDma）; /* 关闭通道 */
```

5.9 I^2C 总线

5.9.1 I^2C 总线简介

TMS320C55x 可以通过 I^2C 串行总线同其他 I^2C 兼容设备相连接，通过该串行总线可以收发 8 位数据，图 5-27 所示为 I^2C 总线的连接关系图。

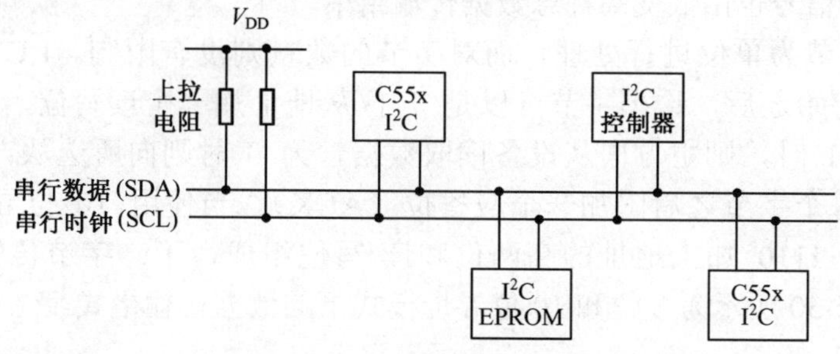

图 5-27 I^2C 总线的连接关系图

C55x 的 I^2C 总线模块有如下特点：

（1）兼容 I^2C 总线标准：即支持位/字节格式传输，支持 7 位和 10 位寻址模式，支持多主方发送从方接收模式和多主方接收从方发送模式，I^2C 总线的数据传输率可以从 10～400kb/s；

（2）可以通过 DMA 完成读/写操作；

（3）可以用 CPU 完成读/写操作和处理非法操作中断；

（4）模块的工作频率为 12MHz；

（5）模块可以使能和被禁止。

I^2C 总线使用一条串行数据线 SDA 和一条串行时钟线 SCL，这两条线都支持输入/输出双向传输，在连接时应注意这两根线都需要外接上拉电阻，当总线处于空闲状态时两条线都处于高电平。I^2C 总线支持多主设备模式，当多个主设备要进行通信时，可以通过仲裁机制决定哪个主设备占用总线。

I^2C 总线模块由串行接口、DSP 外设总线接口、时钟产生和同步器、预定标器、噪声过滤器、仲裁器以及中断和DMA同步事件接口，图5-28所示为I²C总线模块内部框图。

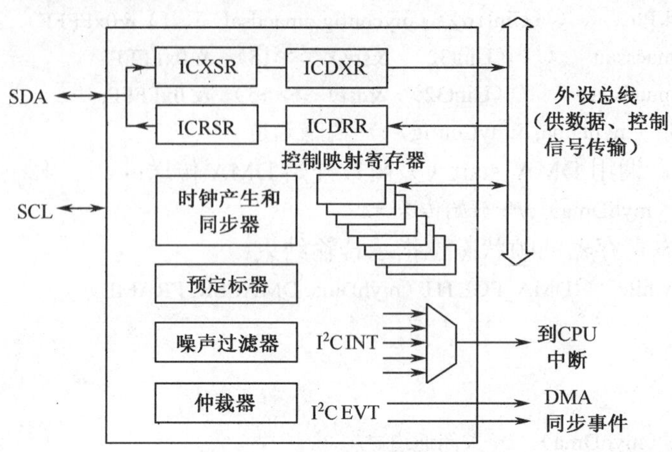

图5-28　I²C总线模块内部框图

1. I²C总线数据传输

I²C 串行数据信号在时钟信号为低时改变，而在时钟信号为高时进行判别，这时数据信号必须保持稳定。当I²C总线处在空闲态转化到工作态的过程中必须满足起始条件，即串行数据信号SDA首先由高变低，之后时钟信号也由高变低；当数据传输结束时则SDA首先由低变高，之后时钟信号也由低变高标志数据传输结束。

I²C 总线以字节为单位进行处理，而对字节的数量则没有限制。I²C 总线传输的第一个字节跟在数据起始之后，这个字节可以是 7 位从地址加一个读写位，也可以是 8 位数据。当读/写位为 1 时，则主方向从设备读取数据，为 0 时则向所选从设备写数据。在应答模式下需要在每个字节之后附加一个应答位（ACK）。当使用 10 位寻址模式时，所传的第一个字节由 11110 加上地址的高两位和读/写位组成，下一字节传输剩余的 8 位地址。图5-29和图5-30所示为8位和10位寻址模式下的数据传输格式。

图5-29　位寻址数据格式（8位）

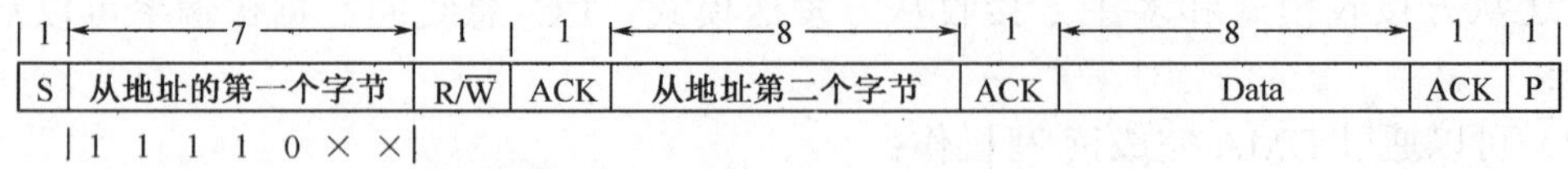

图5-30　位寻址数据格式（10位）

I²C 总线的数据传输可以分成 4 种模式——主发送模式、主接收模式、从发送模式和从接收模式，接下来分别介绍这4种模式。

（1）主发送模式：主发送模式支持 7 位和 10 位寻址模式，这时数据由主方送出，并且发送的数据同自己产生的时钟脉冲同步，而当一个字节已经发送走后需要 DSP 干预时，时钟信号保持低。

（2）主接收模式：主接收模式也支持两种寻址方式。而当地址发送完后，数据线变为输入，而时钟仍然由主方产生。当一个字节传输完后需要 DSP 干预时，时钟保持低电平。在传输结束时由主方产生一个结束标志。

（3）从发送模式：从发送模式只能由从接收模式转化而来，当在从接收模式下接收的地址同自己的地址相同时，并且读/写位为 1，则进入从发送模式。从发送模式时钟由主设备产生，从设备产生数据信号，但可以在需要 DSP 干预时使 SCL 信号保持低。

（4）从接收模式：从接收模式的数据和时钟都由主方产生，但可以在需要 DSP 干预时使 SCL 信号保持低。

2．仲裁

如果在一条总线上有两个或两个以上主设备同时开始一个主发送模式，这时就需要一个仲裁机制决定到底由谁掌握总线的控制权。仲裁是通过串行数据线上竞争传输的数据来进行判别的，总线上传输的串行数据流实际上是一个二进制数，如果主设备传输的二进制数较小，则仲裁器将优先权赋予这个主设备，没有被赋予优先权的设备则进入从接收模式，并同时将仲裁丧失标志置成 1，并产生仲裁丧失中断。当两个或两个以上主设备传送的第一个字节相同，则将根据接下来的字节进行仲裁。

3．时钟产生和同步

正常状态下，只有一个主设备产生时钟信号，但如果有两个或两个以上主设备进行仲裁，这时就需要进行时钟同步。串行时钟线 SCL 具有线与的特性，这意味着如果一个设备首先在 SCL 线上产生一个低电平信号就将否决其他设备，这时其他设备的时钟发生器也将被迫进入低电平。如果有设备仍处在低电平，SCL 信号也将保持低电平，这时其他结束低电平状态的设备必须等待 SCL 被释放后开始高电平状态。通过这种方法时钟得到同步。

4．I^2C 模块的中断和 DMA 同步事件

I^2C 模块可以产生 5 种中断类型以方便 CPU 处理，这 5 种类型分别是仲裁丧失中断、无应答中断、寄存器访问就绪中断、接收数据就绪中断和发送数据就绪中断。DMA 同步事件有两种类型：一种是 DMA 控制器从数据接收寄存器 ICDRR 同步读取接收数据；另一种是向数据发送寄存器 ICDXR 同步写入发送数据。

5．I^2C 模块的禁止与使能

I^2C 模块可以通过 I^2C 模式寄存器 ICMDR 中的复位使能位（IRS）使能或被禁止。

5.9.2 I^2C 寄存器

表 5-39 所示是 I^2C 模块的寄存器表，表中简要地说明了它们的功能。

表 5-39 I^2C 模块的寄存器

寄 存 器	说 明	功 能
ICOAR	I^2C 自身地址寄存器	保存自己作为从设备的 7 位或 10 位地址
ICIMR	I^2C 中断屏蔽寄存器	设置中断类型是否屏蔽
ICSTR	I^2C 中断状态寄存器	用来判定中断是否发生并可查询 I^2C 的状态
ICCLKL	I^2C 时钟分频低计数器	对主时钟分频，产生低速传输频率

续表

寄 存 器	说 明	功 能
ICCLKH	I^2C 时钟分频高计数器	对主时钟分频，产生高速传输频率
ICCNT	I^2C 数据计数寄存器	该寄存器被用来产生结束条件结束传输
ICDRR	I^2C 数据接收寄存器	供 DSP 读取接收的数据
ICSAR	I^2C 从地址寄存器	存放所要通信的从设备的地址
ICDXR	I^2C 数据发送寄存器	供 DSP 写发送的数据
ICMDR	I^2C 模式寄存器	包含 I^2C 模块的控制位
ICIVR	I^2C 中断矢量寄存器	供 DSP 查询已经发生的中断
ICGPIO	I^2C 通用输入输出寄存器	当 I^2C 模块工作在通用 I/O 模式下时控制 SDA 和 SCL 引脚
ICPSC	I^2C 预定标寄存器	用来对系统时钟分频以获得 12MHz 时钟
ICRSR	I^2C 接收移位寄存器	DSP 无法访问
ICXSR	I^2C 发送移位寄存器	DSP 无法访问

5.9.3 I^2C 模块的使用

使用 I^2C 模块的芯片支持库必须包含 csl_i2c.h 文件，接下来给出 I^2C 初始化结构：

```
I2C_Init Init = {
        0,              /* 7 位寻址模式 */
        0x0000,         /* 自身地址（主模式下可忽略） */
        144,            /* 时钟输出数 （MHz） */
        400,            /* 信息传递速率（10～400kbps）*/
        0,              /* 接收或发送的位或字节数 （8）*/
        0,              /* 数字回环模式*/
        1               /* 自由操作模式*/
        };
```

调用初始化函数初始化 I^2C 模块：

```
I2C_init（&Init）;
```

设置中断服务程序结构，该结构中的成员都是中断服务程序的入口地址。

```
I2C_IsrAddr addr = {
        myALIsr,
        myNACKIsr,
        myARDYIsr,
        myRRDYIsr,
        myXRDYIsr
        };
```

调用中断向量表定位函数并将 I^2C 中断函数指针指向中断服务程序：

```
IRQ_setVecs（0x10000）;        //将中断向量指针设置为 0x10000
I2C_setCallback（&addr）;      //将 I2C 中断函数指针指向中断服务程序结构
```

使能接收就绪中断：

```
I2C_eventEnable（I2C_EVT_RRDY）;
```

打开全局中断：

```
IRQ_globalEnable（）;
```

向 I^2C 模块中写入发送数据，其中第 1 个参数是指向发送数据数组的指针，第 2 个参数是发送数据的长度，第 3 个参数标示主从模式（0 为从模式，1 为主模式），第 4 个参数是传输模式（1 为起始+地址+数据（多个）+结束；2 为起始+地址+数据（多个）；3 为起始+地址+数据（连续）），第 5 个参数定义超时时间：

```
x=I2C_write（databyte1,1,1,0x00,1,30000）；
```

5.10 多媒体卡控制器

5.10.1 多媒体卡控制器简介

多媒体卡控制器可以读/写多媒体卡（MultiMedia Card，简称 MMC 卡）和数字存储卡（Secure Digital Memory Card，简称 SD 卡）上的存储器，该控制器有如下特点：支持 MMC/SD 协议和 SPI 协议；软件支持未来的扩展升级；MMC 控制器的运行频率可以通过程序设置；MMC 控制器与存储卡之间控制传输速率的时钟可以通过编程设置。

MMC 控制器可以在存储卡和 CPU 或 DMA 控制器之间传输数据，也可以进行卡对卡之间的传输。它们之间的通信可以按照 MMC/SD 协议也可以按照 SPI 协议进行，在基于 MMC/SD 协议时使用一条双向数据线（MMC 卡）或 4 条双向数据线（SD 卡），基于 SPI 协议时则是用两条串行数据线，一条向卡上存储数据，另一条从卡上读回数据。图 5-31 所示是 MMC 控制器信号连接图。

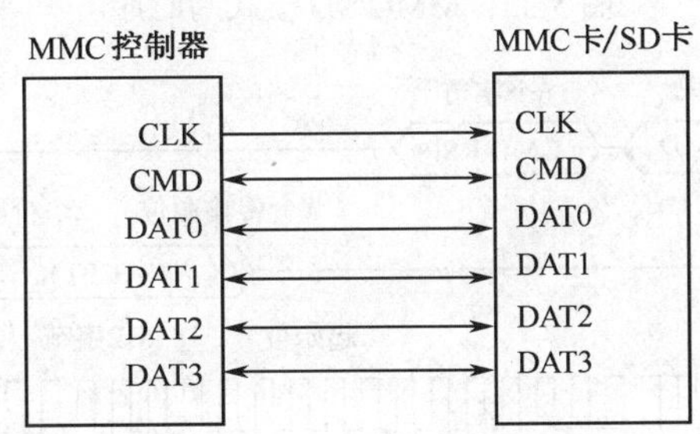

图 5-31 MMC 控制器与 MMC/SD 卡信号连接关系图

从图 5-31 中可以看到连接的信号有时钟信号（CLK），控制信号（CMD）和数据信号，当连接的是 MMC 卡时，只使用 DAT0 数据线，而连接的是 SD 卡时，则使用 DAT0～3 数据线。

MMC 控制器内部有两个时钟——工作时钟和存储时钟。工作时钟决定控制器的工作频率，这个时钟是由 CPU 时钟分频得到的，分频值由 MMCFCLKn 寄存器中的 FDIV 决定：

工作时钟=CPU 时钟/（FDIV+1）

存储时钟是 MMC 控制器 CLK 引脚所传递的时钟信号，该时钟控制 MMC 控制器与所连接的 MMC 卡之间的通信速率。存储时钟是对工作时钟分频产生的，分频值由 MMCCLKx 寄存器中的 CDIV 决定。

存储时钟=工作时钟/（CDIV+1）

DSP 通过 CPU 或 DMA 控制器读/写 MMC 控制器的数据接收寄存器（MMCDRR）和数据发送寄存器（MMCDXR），读/写都是以 16 位为单位的。而存储卡是 8 位的设备，一次只能传输一个字节，因此数据的读/写必须遵照一定规则。当接收数据时，如果数据接收寄存器收到两个字节，MMC 控制器将产生一个数据接收就绪事件。当要接收奇数字节数据时，最后一个字节将被装载到接收寄存器的低位字节中并产生一个数据接收就绪信号。在发送数据时，如果发送寄存器中的两个字节已经被发送，则将产生一个数据发送就绪事件。如果奇数个字节需要发送，那么最后一个字节将靠右对齐，而将高位字节补 0，当最后一个字节发送之后将引发一个数据发送就绪事件。

5.10.2 MMC/SD 模式

MMC/SD 模式下 CMD 引脚主要用来传递 MMC 控制器对存储卡的控制命令和参数，并传送存储卡对命令的回复；数据线传送读/写的数据，而 CLK 则被控制器用来传送给存储卡的时钟信号。该模式下控制器可以连接多个存储卡，控制器将为这些卡分配不同的地址。图 5-32 和图 5-33 所示是 MMC/SD 模式的写/读时序。

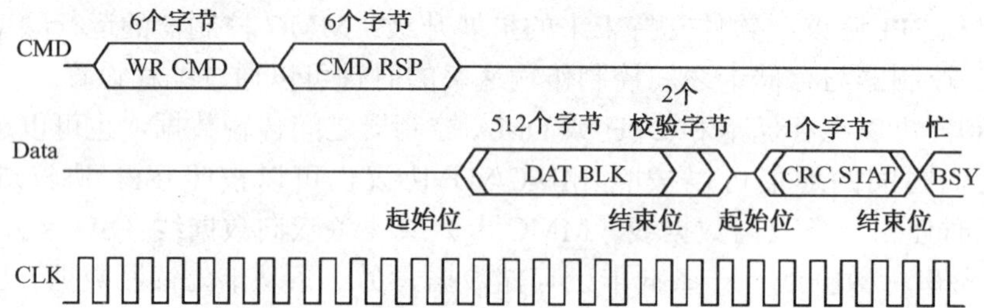

图 5-32　MMC/SD 模式写时序

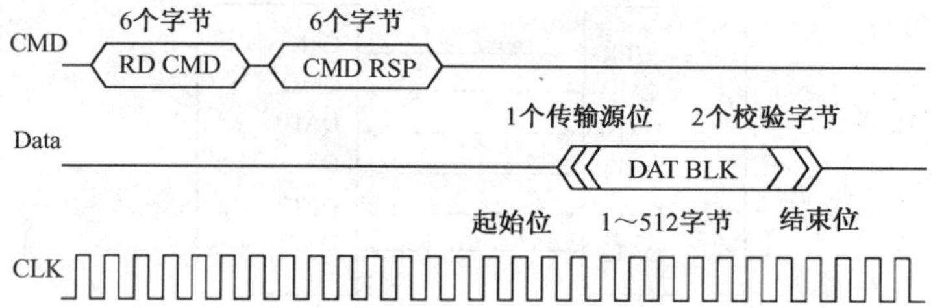

图 5-33　MMC/SD 模式读时序

1．MMC/SD 模式写

接下来介绍 MMC/SD 写中的各部分的功能：

WR CMD：批量写命令，6 字节长，由 DSP 发给存储卡；

CMD RSP：写命令回复。是存储卡发给 DSP 批量写回执，通知 DSP 已经收到批量写命令；

DAT BLK：数据块。是 DSP 向存储卡写的数据，该数据块包括在开始有起始位，结束时则有两个字节的 CRC 校验和一个结束位；

CRC STAT：CRC 状态。存储卡发给 DSP 的一个字节的错误校验状态信息，如果校验正确则数据被存储卡接受，错误则数据被丢弃，CRC 状态的内容也需要添加起始位和结束位；

BSY：忙。CRC 状态信息之后将跟随一串为低的数据流，标志着存储卡处在繁忙状态，直到数据被存到存储卡的闪存存储器中。

2. MMC/SD 模式读

接下来介绍 MMC/SD 读中的各部分的功能：

RD CMD：批量读命令，6 字节长，由 DSP 发给存储卡；

CMD RSP：读命令回复。是存储卡发给 DSP 批量读回执，通知 DSP 已经收到批量读命令；

DAT BLK：数据块。是 DSP 从存储卡读的数据，该数据块包括在开始有起始位，结束时则有两个字节的 CRC 校验和一个结束位。

3. 卡识别操作

在 MMC 控制器开始数据传送之前，首先要识别在总线上一共连接有多少块卡，并配置它们。所谓识别就是控制器发出 ALL_SEND_CID 广播命令，控制器读取存储卡发回的独一无二的卡标示号（CID），控制器再向存储卡分配一个地址用来标示这块存储卡。一次只能有一块卡回复 ALL_SEND_CID 命令，如果没有回复则说明所有卡已经被识别和配置。

卡识别操作的过程如下。

（1）通过命令寄存器（MMCCMD）发出 GO_IDLE_STATE 广播命令，使所有卡进入静止状态；

（2）发出 ALL_SEND_CID 广播命令，通知所有卡进行识别操作；

（3）等待卡的回应，如果有卡进行回应，则进行第（4）步，否则停止；

（4）从回应寄存器（MMCRSP7～MMCRSP0）中读取 CID，并通过 SET_RELATIVE_ADDR 命令为存储卡分配一个相应的地址；

（5）返回第（3）步。

4. 单块写操作

该操作用来向存储卡写入单块数据，数据块的长度必须为 512 个字节，操作过程如下。

（1）向参数寄存器 MMCARG 写入要进行写的卡的相关地址，地址的高位写入 MMCARGH，低位写入 MMCARGL；

（2）通过命令寄存器发出 SELECT/DESELECT_CARD 广播命令，该命令用来选择/不选某块卡；

（3）向参数寄存器写入目标地址；

（4）向数据传送寄存器写入所传送的数据块中的第一个字节；

（5）向存储卡发出 WRITE_BLOCK 命令；

（6）用状态寄存器 0 检测错误，在判断字节发送成功后，如果数据没有全部写完则进入第（7）步，如果写完了则停止；

（7）写入数据块的下一个字节，并返回第（6）步。

5. 单块读操作

单块读操作是从存储卡中读取单独的数据块，操作过程如下。

（1）向参数寄存器写入卡的相应地址；

（2）通过命令寄存器发出 SELECT/DESELECT_CARD 广播命令，该命令用来选择/不选某块卡；

（3）向参数寄存器写入目标地址；

（4）如果块的长度同先前操作中块的长度不同，则发出 SET_BLOCKLEN 命令改变块的长度；

（5）发出 READ_SINGLE_BLOCK 命令；

（6）用状态寄存器 0 检测错误，在判断字节被成功的接收后，如果数据没有全部接收完则进入第（7）步，如果接收完了则停止；

（7）从数据接收寄存器中读取新的数据字节，并返回第（6）步。

6. 多块读操作

多块读操作的每块数据的长度必须保持一致，操作过程如下。

（1）向参数寄存器写入卡的相应地址；

（2）如果块的长度同先前操作中块的长度不同，则发出 SET_BLOCKLEN 命令改变块的长度，数据块的长度必须是 512 字节；

（3）发出 READ_MULT_BLOCKS 命令；

（4）用状态寄存器 0 检测错误，在判断字节被成功地接收后，如果数据没有全部接收则进入第（5）步，如果数据接收完了则进入第（6）步；

（5）从数据接收寄存器中读取新的数据字节，并返回第（4）步；

（6）发出 STOP_TRANSMISSION 命令。

7. MMC/SD 模式初始化

初始化应按照如下步骤进行。

（1）使 MMC 控制寄存器 MMCCTL 中的 CMDRST 和 DATRST 位进入复位状态，并在其他位中写入数值；

（2）写其他寄存器完成配置；

（3）清除 CMDRST 和 DATRST 位使控制器脱离复位状态，应注意不改变第一步中写入的其他数值；

（4）使能 CLK 引脚，向存储卡送出时钟信号。

表 5-40 所示为给出了 MMC 控制寄存器的参数及说明。

表 5-40　MMC 控制寄存器

位	字　段	数　值	说　明
8	DMAEN	0	禁止 DMA 事件
		1	使能 DMA 事件
7~6	DATEG	00	禁止 DAT2 边沿检测
		01	DAT3 上升沿检测
		10	DAT3 下降沿检测
		11	DAT3 上升和下降沿都进行检测
5	SPIEN	0	MMC/SD 模式
		1	SPI 模式
2	WIDTH	0	MMC 卡（使用 DAT0）
		1	SD 卡（使用 DAT0~DAT3）
1	CMDRST	0	MMC 控制器的命令逻辑使能
		1	MMC 控制器的命令逻辑在复位状态
0	DATRST	0	MMC 控制器的数字逻辑使能
		1	MMC 控制器的数字逻辑在复位状态

初始化时钟控制寄存器 MMCFCLK 和 MMCCLK 将决定 MMC 控制器的工作时钟和存储时钟，如表 5-41 和表 5-42 所示。其中 FDIV 的范围是 0～255，而 CDIV 的范围是 0～15。

表 5-41　MMCFCLK 寄存器

位	字　段	数　值	说　明
8	IDLEEN	0	MMC 控制器不能被停止
		1	如果 PERI=1，则 IDLE 命令后 MMC 控制器进入静止状态
7～0	FDIV	0～255	工作时钟分频数

表 5-42　MMCCLK 寄存器

位	字　段	数　值	说　明
4	CLKEN	0	CLK 信号被禁止，该引脚的信号为低
		1	CLK 信号使能
3～0	CDIV	0～15	存储时钟分频数

接下来初始化中断使能寄存器，该寄存器用来决定 MMC 向 CPU 所发送的中断申请，这些位为 0 时禁止该中断，为 1 时使能该中断。MMC 控制器进行通信时可能会出现超时问题，可以通过设置超时寄存器来解决这一问题，MMCTOR 寄存器用来确定存储卡响应的超时周期，周期的长度从 0～255；MMCTOD 确定读取数据的超时周期，这个范围从 0～65535。

数据块寄存器包括字节长度寄存器 MMCBLEN 和发送块数量寄存器 MMCNBLK，其中字节长度的范围从 1～512，而块的数量从 1～65535，当 MMCNBLK 的值为 0 时，则块的数量为无穷大。

8．行为监测

MMC 控制器运行时应监测其运行状态，以便根据这些状态进行相应的操作，这些状态可以通过 MMC 状态寄存器进行检测。这些可监测的状态包括 DAT3 边沿监测、接收数据就绪、发送数据就绪、数据错误、回复 CRC 错误、读取数据 CRC 错误、写数据 CRC 错误、回复超时、读取数据超时、命令/回复执行、忙状态、数据传输状态、DAT3 状态、传输数据空、接收数据空、时钟停止状态等。

5.10.3　SPI 模式

MMC 控制器既可以工作在 MMC/SD 模式下，也可以工作在 SPI 模式下。SPI 模式可以通过 MMC 控制寄存器的 SPI 使能位来设置，图 5-34 所示是 SPI 模式接口连接图。

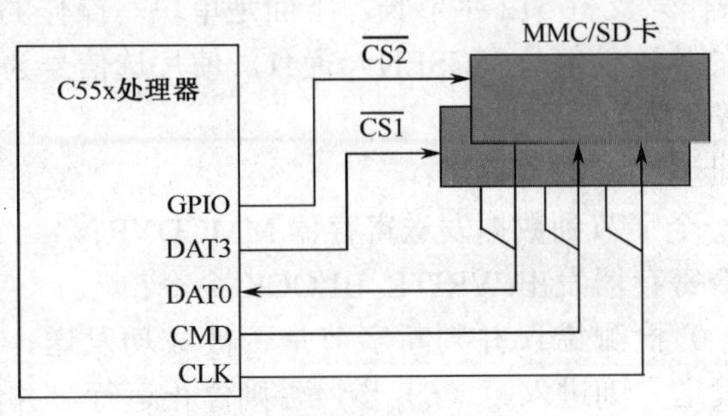

图 5-34　SPI 模式接口连接图

从图 5-34 中可以看到 DAT3 信号和 GPIO 信号都作为 MMC/SD 卡的片选信号；DAT0 信号作为串行数据输入信号（DATIN），用来接收数据和回复信号；CMD 信号作为串行数据输出信号（DATOUT），用来传递命令和数据；CLK 是提供定时传输的时钟信号。SPI 模式不支持连续或多块读/写操作，因此在使用 SPI 模式时只能采用单块读/写操作。

1．SPI 模式写操作

SPI 写操作首先由控制器发出写命令，存储卡接到命令后返回一个应答信息表示接到命令，得到回执后控制器向卡传送数据块，卡再返回一个回执表示已经接到数据，而在数据被写到卡上的闪存存储器之前卡都将处于忙状态。图 5-35 所示是 SPI 写时序。

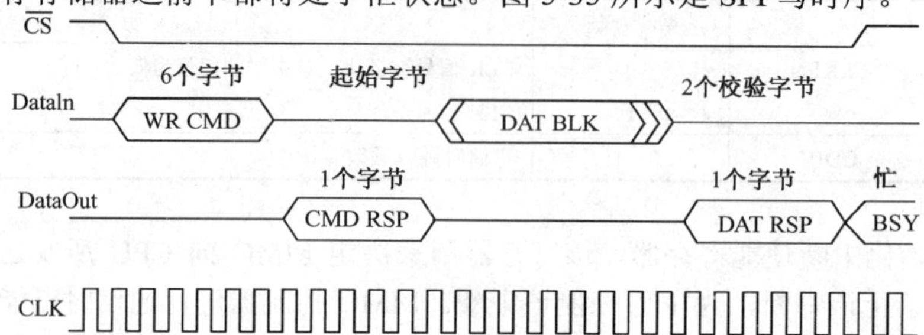

图 5-35　SPI 写时序

2．SPI 读操作

SPI 读操作首先由控制器向卡发出读命令，卡返回回执通知收到命令，接下来卡送出数据块以及数据校验。图 5-36 所示是 SPI 读时序。

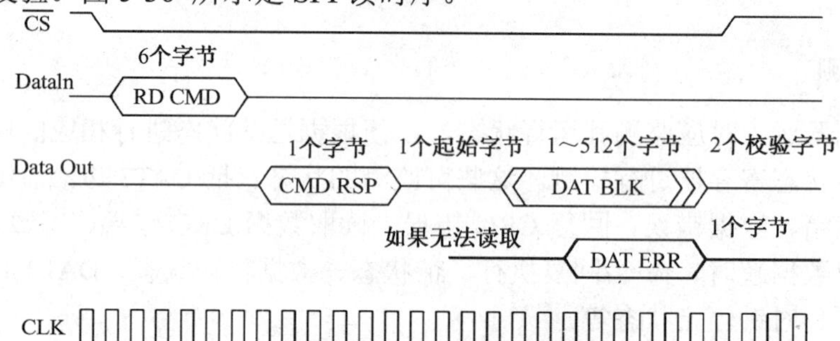

图 5-36　SPI 读时序

3．SPI 单块写操作

SPI 模式的单块写操作只支持 512 字节长，下面是单块写操作的流程。

（1）将控制寄存器的片选使能位（CSEN）置 1，使片选信号为低（如果用 GPIO 作为片选信号，则写 GPIO 寄存器）；

（2）将目标起始地址写到参数寄存器；

（3）写数据块的第一个字节到数据发送寄存器 MMCDXR；

（4）通过 MMC 命令寄存器发出 WRITE_BLOCK 命令；

（5）用状态寄存器 0 检测错误并判断字节是否被成功发送，如果上一个字节已经发送，而整个数据块没有发送完则进入第（6）步，否则停止运行，并清除 CSEN 位；

（6）写下一个字节到数据发送寄存器并返回第（5）步。

4. SPI 单块读操作

SPI 读操作中块的长度从 1～512 字节，控制器和卡之间定义的长度必须一致。

（1）将控制寄存器的片选使能位（CSEN）置 1，使片选信号为低（如果用 GPIO 作为片选信号，则写 GPIO 寄存器）；

（2）将源数据的起始地址写到参数寄存器；

（3）如果块的长度同上一次操作块的长度不一致，则发出 SET_BLOCKLEN 命令调整块长度；

（4）发出 READ_SINGLE_BLOCK 命令；

（5）用状态寄存器 0 检测错误并判断字节是否被成功接收，如果已经收到新字节，而整个数据块没有接收完则进入第（6）步，否则停止运行，并清除 CSEN 位；

（6）从数据接收寄存器 MMDCRR 读收到的新字节，并返回第（5）步。

5.10.4 MMC 控制器的应用

应用 MMC 控制器芯片支持函数应在头文件中包含 csl_mmc.h 文件。

为了完成 MMC 控制器的设置，首先定义配置结构：

```
MMC_Config myMMCCfg = {
        0x000F, /* MMCCTL */
        0x0F00, /* MMCFCLKCTL */
        0x0001, /* MMCCLK */
        0x0FA0, /* MMCIm */
        0x0500, /* MMCTOR */
        0x0500, /* MMCTOD */
        0x0200, /* MMCBLEN */
        0x0001 /* MMCNBLK */
};
```

调用 MMC_open( )函数打开 MMC 设备：

```
MMC_Handle myMmC;
myMmc = MMC_open（MMC_DEV0）;
```

调用 MMC_config( )配置 MMC 控制器：

```
MMC_config（myMMC, &myMMCCfg）;
```

在完成 MMC 设备配置后可用 MMC_read( )函数读取数据

```
Uint16 mybuf[512];
MMC_read（myMmc, 0, mybuf, 512）;
```

如果要 MMC 控制器操作结束，可调用 MMC_close( )函数关闭 MMC 控制器：

```
MMC_close（myMmc）;
```

5.11 通用串行总线（USB）

5.11.1 通用串行总线（USB）简介

通用串行总线（USB）已经得到了广泛的应用，许多电子产品中都提供了 USB 接口，TMS320VC5509 就提供了 USB 接口，应用该接口可以省掉 USB 接口芯片，方便地将 DSP

与 USB 总线连接。

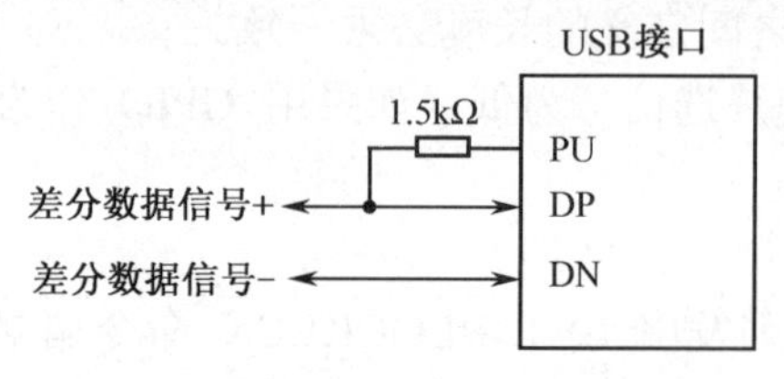

图 5-37　USB 接口信号图

图 5-37 所示为给出了 USB 接口信号图，USB 总线是通过串行差模信号传递数据的，其中 DP 接差分正信号，DN 接差分负信号，差分正信号通过一个 1.5kΩ的电阻与 PU 连接。

USB 接口的数据传输按照传输的方向可以分为输出传输和输入传输，其中输出传输是指数据由主机向 USB 设备传输，而输入传输则是数据由设备向主机传输。如果按照传输的类型分类则可以分成控制传输、批量传输、中断传输和同步传输。

控制传输：控制传输是 USB 主机向一个 USB 设备传递的控制命令，而设备首次连接时所发的自举命令也被作为控制传输，控制传输包含错误检测。

批量传输：当主机要传输没有时间要求的大量数据时，可以采取批量传输的方式。批量传输将在其他类型的传输不占用总线时进行，批量传输也要进行错误检测。

中断传输：中断传输要求 USB 设备以最小的时间延迟，周期性的进行数据传输，中断传输需要错误检测。

同步传输：当需要按照固定速率实时传输数据时则采用同步传输模式。同步传输同中断传输相比能够处理更多的数据，但这种传输方式将不进行错误检测。

USB 主机和 USB 设备之间的数据传输是通过设备中的端点来进行的，这些端点为数据传输分配固定的存储区，这些端点由端点号和输入输出方向来进行标示。输出端口用来保存从主机接收的数据，而 USB 设备必须通过输出端口读取来自主机的数据，设备都必须由输出端口 0 来进行控制传输；输入端口用来暂时保存设备向主机传输的数据，而每个设备都必须由输入端口 0 来进行控制传输。

C55x 的 USB 模块有 16 个端点，其中有两个控制端点——即输入端点 0 和输出端点 0；14 个通用端点——输入端点 1～7 和输出端点 1～7，通用端点支持批量、中断和同步传输，对于高速数据吞吐可以采用双缓冲的方法来解决，而在通用端点和 DSP 存储器之间的数据交换可以通过设置固定的 DMA 通道来进行。

USB 模块需要 48MHz 时钟驱动，CLKIN 的时钟可以不等于 48MHz，但必须通过 USB 时钟产生器产生 48MHz 时钟。

5.11.2　USB 的 DMA 控制器

通用端口的数据缓冲区和 DSP 内存之间的数据传输可以通过 USB 模块中的 DMA 控制器来完成，这个 DMA 控制器是 USB 模块中的一个组成部分，而不属于 DSP 的 DMA 控制器。应注意此 DMA 控制器无法访问控制端口。采用 DMA 控制器可以减少 CPU 的干预，CPU 只需告诉 DMA 控制器开始数据传输，接下来由控制器来进行数据搬移。当使用 DMA 控制器时应注意如下几点：

（1）每个通用端点都必须工作在双缓冲模式下，DMA 控制器交替使用每个端点的 X 缓冲区和 Y 缓冲区，而必须从 X 缓冲区开始数据传输。

（2）USB 的 DMA 控制器访问 DSP 的内存是通过处理器 DMA 控制器的辅助端口进行的，这个辅助端口是和 EHPI 接口共享的，而 USB 模块享有更高的优先级；

（3）DMA 控制器与 DSP 的其他部分共享外部存储器接口，外部存储器接口根据预先设置的优先级控制来自 DSP 芯片内部的访问申请。当 USB 的 DMA 控制器访问外部存储器时，DMA 控制器向外部存储器接口发出一个申请并等待服务。

表 5-43 所示为给出了 CPU 初始化 DMA 传输的过程。

表 5-43　CPU 初始化 DMA 传输的过程

CPU 的动作	DMA 控制器的动作
初始化 DMA 内容寄存	根据 DMA 内容寄存器动作
发出一个运行命令（设置 GO 位）	响应运行命令 当 CPU 设置 GO 位，控制器开始查询 X/Y 缓冲区中的 NAK 位，当 NAK=1 时，控制器开始 DMA 传输（当端点设置为同步模式时，控制器将等待帧起始包）
设置或清除重新载入位（RLD）	根据 RLD 的数值动作 当一个 DMA 传输停止，控制器检查 RLD 位，如果 RLD=0,控制器停止，清除 GO 位，等待 CPU 再次设置 GO 位。如果 RLD=1,控制器完成一个 DMA 重新载入操作，清除 RLD 位并开始另一次传输
发出停止命令（STP=1）	回应停止命令 如果传输已经结束，并且 RLD=0 则控制器停止。但如果 CPU 的 STP 位是对端点的，则控制器在 DMA 传输下一个包的边界 或正在传输的包的结尾停止，停止之后，控制器清除 STP 和 GO 位
使能/禁止中断，并响应中断 用运行和重载中断使能寄存器可以独立使能或禁止 GO 和 RLD 中断	产生中断 当控制器结束一次传输且 RLD=0，控制器清除 GO 位并设置 GO 中断标志，RLD 中断标志是在控制器完成重载操作并清除 RLD 位后，设置 RLD 中断标志
读状态信息 监控控制器的行为	为 CPU 记录状态信息

USB 的 DMA 控制器为了保存 DMA 传输的字节长度以及 DSP 存储器的地址提供了一套主寄存器和一套重载寄存器，其中主寄存器主要被当前的 DMA 传输使用，而重载寄存器则用来存放下次传输的地址和长度，如表 5-44 所示。

表 5-44　USB 的 DMA 控制主寄存器和重载寄存器

端　点	寄存器内容	主 寄 存 器	重载寄存器
输出端点 *n*	DMA 传输的长度（字节）	USBODSIZ*n*	USBODRSZ*n*
	DSP 存储器低 16 位地址	USBODADL*n*	USBODRAL*n*
	DSP 存储器高 8 位地址	USBODADH*n*	USBODRAH*n*
输入端点 *n*	DMA 传输的长度（字节）	USBIDSIZ*n*	USBIDRSZ*n*
	DSP 存储器低 16 位地址	USBIDADL*n*	USBIDRAL*n*
	DSP 存储器高 8 位地址	USBIDADH*n*	USBIDRAH*n*

对于每次新的 DMA 传输，端点的传输计数从 0 开始，也就是说当发出一个运行命令，控制器将在搬移数据之前清除端点计数寄存器。同样的在控制器结束一个 DMA 重载操作后，也将在下一次 DMA 传输开始之前清除计数寄存器。如果输出传输的结束数据包较短，而 DMA 控制器在接收到数据包后如果要继续进行 DMA 重载操作或立即开始下一次传输，计数寄存器很可能在 CPU 读取之前就被清除，这样 CPU 将无法知道上一个数据包的长度，为了

防止这种情况，控制器在每次读完端点缓冲区后会将计数值复制到 DSP 存储器中，CPU 可以从寄存器中读取输出传输数据包的长度。图 5-38 所示为给出了存储输出传输计数的示意图。

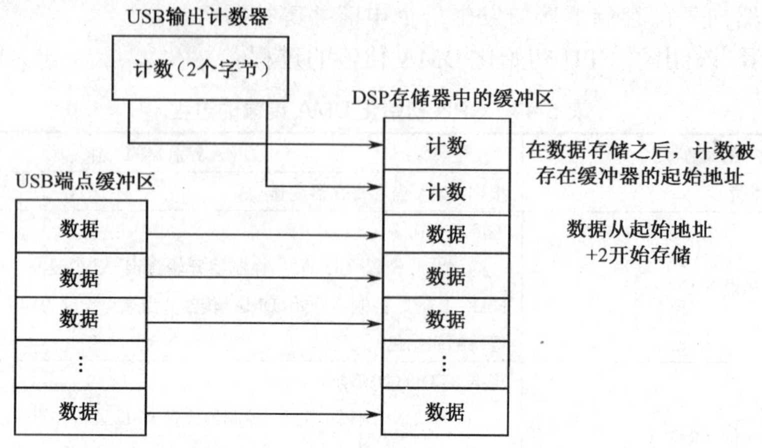

图 5-38　存储输出传输计数示意图

1. 主机-DMA 模式

在主机-DMA 模式下，主机可以通过两个通用端点（包括一个输入端点和一个输出端点）初始化直接内存访问（DMA）模式，这两个通用端点是设备自举时由控制器向主机报告的，通过这两个端点主机可以直接访问 DSP 内存，而不用 DSP 的处理器干预。使用这种方式，不需要初始化任何 DMA 内容寄存器，这是因为主机发出的协议头包含了这些信息。图 5-39 所示为协议头示意图。

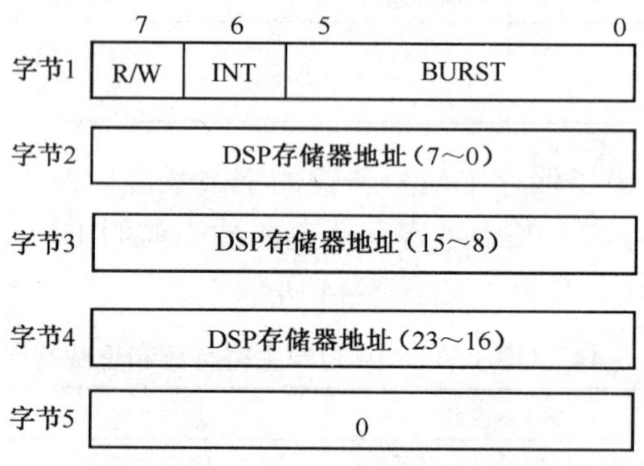

图 5-39　主机-DMA 模式协议头

R/W 位标示传输的方向，0 为输出传输，1 为输入传输；INT 标示主机中断，0 为没有主机中断，1 表示在传输的末尾产生一个主机中断；BURSR 的范围为 1～59，表示传输的字节数。

2. USB 模块中的中断

USB 模块可以产生 4 种中断申请，它们分别是 USB 总线中断申请、端点中断申请、USB DMA 中断申请和主机-DMA 模式中断申请。这些中断经过一个仲裁器向 CPU 发出 USB 中断申请，而仲裁的顺序是根据预先设定的优先级来进行的。

USB 总线中断：USB 总线中断主要有如下情况——在总线上检测到复位情况，在总线上检测到挂起情况，USB 重新开始工作、一个设置包到达，设置发生覆盖，在总线上检测到帧开始包，一个帧开始计数器结束递减计数（该计数器在 750kHz 下运行）；

端点中断：每次数据移入或移出端点缓冲产生中断；

USB DMA 中断：当 USB 的 DMA 控制器清除 GO 和 RLD 位时可以产生中断申请；

主机-DMA 模式中断：该类型中断包括主机中断和主机错误中断。

5.11.3 USB 模块的寄存器

USB 模块寄存器包括 5 类——DMA 内容寄存器、端点描述寄存器、中断寄存器、主机-DMA 模式寄存器和通用控制及状态寄存器。DSP 还有两个寄存器用来控制 USB 模块，它们是 USB 时钟模式寄存器（USBCLKMD）和 USB 空闲控制寄存器（USBIDLECTL）。

USB 时钟模式寄存器用来控制 USB 时钟产生器，该产生器的作用是通过对 CLKIN 信号倍频和分频产生 USB 模块所需的 48MHz 时钟，该寄存器的设置可参照 5.2 节时钟模式寄存器（CLKMD）的设置。

表 5-45 所示为 USB 空闲控制寄存器的详细说明。

表 5-45　USB 空闲控制寄存器 USBCLKMD

位	字　段	数　值	功　能
7～3	Reserved		保留
2	USBRST		USB 模块复位
		0	USB 模块保持复位状态
		1	USB 模块脱离复位状态
1	IDLESTAT		空闲状态
		0	USB 模块没有被空闲指令（IDLE）关闭
		1	USB 模块发出空闲指令（IDLE）后进入空闲状态
0	IDLEEN		空闲使能
		0	USB 模块不被空闲指令影响
		1	允许 USB 模块被空闲指令关闭

1. DMA 内容寄存器

DMA 内容寄存器为每个输入/输出端点都单独提供了一套内容寄存器，内容寄存器主要有控制寄存器、主寄存器和重载寄存器。主寄存器用来控制当前的传输，包括用来存放传输字节数的数量寄存器 USBIDSIZ*n* 和 USBODSIZ*n*，存放数据缓冲区地址的 USBIDADL*n*、USBODADL*n* 和 USBIDADH*n*、USBODADH*n*，存放当前传输字节数的计数寄存器 USBIDCT*n*、USBODCT*n*。重载寄存器则存放下一次传输的控制信息，包括用来存放传输字节数的数量寄存器 USBIDRSIZ*n* 和 USBODRSIZ*n*，存放数据缓冲区地址的 USBIDRADL*n*、USBODRADL*n* 和 USBIDRADH*n*、USBODRADH*n*。

USB 模块的 DMA 控制寄存器用来控制每个端点的 DMA 通道，表 5-46 所示为该寄存器的参数及详细说明。

表 5-46　USB 模块 DMA 控制寄存器（USBxDCTLn）

位	字　段	数　值	功　能
15～9	Reserved		保留
8	PM		该状态位表明前一帧信息包是否存在，当 EM=0 该位应被忽略
		0	存在
		1	不存在
7	EM		该控制位决定在同步传输时，当发生一帧中信息包丢失应如何处理
		0	丢失的信息包被作为 0 长度的包
		1	丢失包将引起 GO 位被清 0，DMA 传送被终止，当这一情况发生时 PM 由 0 变成 1
6	SHT		短信息包控制。该位只在开始或重载时产生作用 输入传输：
		0	如果传输的最后一个信息包与最大信息包的大小相等则不再插入一个 0 字节的包
		1	如果传输的最后一个信息包与最大信息包的大小相等则插入一个 0 字节的包结束传输 输出传输：
		0	如果传输的最后一个信息包与最大信息包的大小相等则不再等待一个 0 字节的包表示传输结尾
		1	如果传输的最后一个信息包与最大信息包的大小相等则等待一个 0 字节的包表示传输结束
5	CAT		连接控制，该位只在开始或重载时产生作用 输入传输：
		0	当传输的字节数小于信息包的最大尺寸时，则允许 USN 模块传输一个短信息包
		1	连接 DMA 传输。当传输的字节数小于信息包的最大尺寸时，则将下一次 DMA 传输的内容填充到这个信息包中 输出传输：
		0	如果信息包的大小超过了 DMA 传输的剩余字节数，则在 OVF 位中给出溢出标志
		1	如果信息包的大小超过了 DMA 传输的剩余字节数，不发出溢出标志，而记录下缓冲区的当前位置，在下一次 DMA 传输中传输剩余的数据
4	END		字节排列模式 小模式（字中的第一个字节是低位字节） 大模式（字中的第一个字节是高位字节）
3	OVF		上溢/下溢标志 同步输入传输： 读：没有发生下溢 读：向下溢出　　写：写入 1 清除标志 同步和异步输出传输： 读：没有发生上溢 读：向上溢出　　写：写入 1 清除标志
2	RLD		重载控制
		0	不用重载寄存器
		1	重载和交换地址和数量寄存器
1	STP		停止 DMA 传送
		0	DMA 功能正常
		1	在向一个信息包的边界或当前 DMA 传送的结尾，DMA 传送停止 GO 和 STP 被复位
0	GO		开始 DMA 传送 DMA 控制器处于空闲状态 读：DMA 控制器进行了一次传送 写：开始 DMA 传送

2．通用端点描述寄存器

C55x 为每个输入/输出通用端点提供了一组 8 个描述寄存器，这组寄存器包括端点配置寄存器、X 缓冲区基址寄存器、X 缓冲区计数寄存器、输出端点 X 缓冲区计数扩展寄存器/输入端点 X（Y）缓冲区数量扩展寄存器、X（Y）缓冲区数量寄存器、Y 缓冲区基址寄存器、Y 缓冲区计数寄存器、输出端点 Y 缓冲区计数扩展寄存器。

输入端点配置寄存器在同步传输和非同步传输方式下具有不同的定义，接下来分别介绍同步和非同步模式下输入/输出端点配置寄存器的情况，如表 5-47 至表 5-50 所示。

表 5-47　同步模式下输入端点配置寄存器（ISO=1）

位	字　段	数　值	描　述
7	UBME		USB 缓冲控制访问使能
		0	该端点不能访问
		1	该端点可以访问
6	ISO	1	同步模式
5～3	CTXH	000～111b	输入端点 X 缓冲字节计数（高位）
2～0	CTYH	000～111b	输入端点 Y 缓冲字节计数（高位）

表 5-48　非同步模式下输入端点配置寄存器（ISO=0）

位	字　段	数　值	描　述
7	UBME		USB 缓冲控制访问使能
		0	该端点不能访问
		1	该端点可以访问
6	ISO	0	非同步模式
5	TOGGLE		端点数据切换
		0	下一个数据包是 DATA0
		1	下一个数据包是 DATA1
4	DBUF		双缓冲模式使能
		0	用单缓冲区（X 缓冲区）
		1	双缓冲区
3	STALL		端点阻塞
		0	没有阻塞
		1	端点阻塞。如果 STALL 为没有被清 0，当主机发出访问申请时，将回应一个阻塞信号
2～0	Reserved		保留

同样输出端点配置寄存器也对应有同步和非同步两种模式。

表 5-49　同步模式下输出端点配置寄存器（ISO=1）

位	字　段	数　值	描　述
7	UBME		USB 缓冲控制访问使能
		0	该端点不能访问
		1	该端点可以访问
6	ISO	1	同步模式
5～3	Reserved		保留
2～0	SIZE	000～111b	输出端点 X/Y 缓冲区数量（高位）

表 5-50　非同步模式下输出端点配置寄存器（ISO=0）

位	字　段	数　值	描　述
7	UBME		USB 缓冲控制访问使能
		0	该端点不能访问
		1	该端点可以访问
6	ISO	0	非同步模式
5	TOGGLE		端点数据切换
		0	下一个数据包是 DATA0
		1	下一个数据包是 DATA1
4	DBUF		双缓冲模式使能
		0	用单缓冲区（X 缓冲区）
		1	双缓冲区
3	STALL		端点阻塞
		0	没有阻塞
		1	端点阻塞。如果 STALL 没有被清 0，当主机发出访问申请时，将回应一个阻塞信号
2～0	Reserved		保留

3．控制端点描述寄存器

输入控制端点 0 和输出控制端点 0 各有两个描述寄存器——配置寄存器和计数寄存器。表 5-51 所示为配置寄存器的详细情况。

表 5-51　端点 0 配置寄存器

位	字　段	数　值	描　述
7	UBME		USB 缓冲控制访问使能
		0	该端点不能访问
		1	该端点可以访问
6	Reserved		保留
5	TOGGLE		端点数据切换
		0	下一个数据包是 DATA0
		1	下一个数据包是 DATA1
4	Reserved		保留
3	STALL		端点阻塞
		0	没有阻塞
		1	端点阻塞。如果 STALL 没有被清 0，当主机发出访问申请时，将回应一个阻塞信号
2～0	Reserved		保留

输入端点 0 和输出端点 0 各有一个计数寄存器，它们都由一个 7 位的计数器 CT0 和 NAK 标志组成。输入端点 0 的 NAK 位表示输入端点是否准备好输入传输，输出端点 0 则表示输出端点是否准备好输出传输。计数器的值不应大于 64，否则将发生不可预测的结果。

4．中断寄存器

中断寄存器包括 USB 中断源寄存器、中断事件标志寄存器和中断使能寄存器。USB 模块的中断申请都经过仲裁器后作为一个 USB 中断申请向 CPU 发出。CPU 可以通过读中断源寄存器来决定进入哪个中断服务程序。

端点中断标志寄存器用来表示哪个端点发生中断，而端点中断使能寄存器则决定该端点的中断申请是否被禁止。

当 DMA 传送结束后，如果重载标志 RLD=0，那么 DMA 控制器将清除端点的 GO 标志，同时在 DMA 运行中断标志寄存器中设置相应的中断标志。如果 RLD=1，则 DMA 控制器将清除 RLD 标志，并在 DMA 重载中断标志寄存器中设置中断标志。DMA 中断使能寄存器则决定是否允许上述两种中断。

主机-DMA 模式寄存器主要包括主机控制寄存器、主机端点选择寄存器和主机状态寄存器。通用控制和状态寄存器的作用包括复位 USB 模块，关闭 USB 模块，对 USB 的特殊情况做出反应，以及跟踪监控 USB 同步传输中的帧，这类寄存器包括全局控制寄存器、帧数寄存器、USB 控制寄存器、USB 中断标志寄存器、USB 中断使能寄存器、USB 设备地址寄存器和 PSOF（帧预起始）中断定时计数器。

5.11.4 USB 模块的应用

初始化应用函数接口矢量指针，调用该函数使用户可以通过函数调用表访问芯片支持库 USB 应用函数：

```
USB_setAPIVectorAddress();
```

应用 USB 模块首先应初始化 USB 时钟产生器，来产生 USB 模块所需的 48MHz 时钟，初始化可以调用 USB_initPLL 函数，该函数有三个参数，第一个参数为输入频率，第二个是输出频率，第三个参数是输入时钟分频数，接下来给出调用的例子：

```
USB_initPLL（12, 48, 0）;
```

声明 USB 配置结构：

```
USB_EpObj usbEpObjOut0 = {
USB_OUT_EP0, /* 端点号 */
USB_CTRL, /* 传输类型号 */
0x0040, /* 端口支持的包的最大尺寸 */
0x003d, /* 事件屏蔽 */
USB_ctl_handler,/* 指向 USB 中断服务程序的指针 */
0x0000, /* 数据标志 */
0x0000, /* 状态 */
0x6782, /* 端点描述寄存器块的起始地址 */
0x6680, /* DMA 寄存器块的起始地址*/
0x0000, /* 字节计数 */
0x0000, /* 连接节点字节数 */
NULL, /* 指向存储移入（移出）字节数的指针*/
NULL, /* 当前数据缓冲指针 */
NULL, /* 指向下一个缓冲区的指针 */
0x0000, /* 事件标志*/
};
```

调用初始化函数 USB_init 初始化 USB 模块，该函数有三个参数，第一个是 USB 设备号，第二个是指向一个以 NULL 结束的初始化端点目标的句柄组成的数组，第三个参数是帧预起始定时器的计数值。

首先声明句柄数组：

```
USB_EpHandle myUSBConfig[2];
myUSBConfig[i++] = &usbEpObjOut0;
myUSBConfig[i] = NULL;
```

调用初始化函数：

```
USB_init（USB0, myUSBConfig, 0x80）;
```

可以用两种方式处理 USB 事件：

（1）中断轮循方式：用户代码可以以一定周期轮流查询 USB 中断标志，当发行中断标志位被置成 1，就调用 USB 事件调度程序；

（2）中断服务程序方式：用户将 USB 事件调度程序放在中断服务程序内，每次 USB 事件发生自动进入中断服务程序。

当 USB 模块初始化完成后，调用 USB_devConnect 函数使 USB 模块同总线相连接，这样 USB 模块发送和接收 USB 源数据。USB 模块同主机相连接需要在 DSP 上运行相应的代码以支持 USB 协议。如果没有 USB 协议处理代码，DSP 将不能处理接收到的数据，这样可能导致主机锁死。

5.12 模数转换器（ADC）

5.12.1 模数转换器结构和时序

在数字信号处理器的具体应用中，往往需要采集一些模拟信号量，如电池电压、面板旋钮输入值等，模数转换器就是用来将这些模拟量转化为数字量来供 DSP 使用。DSP 所提供的模数转换器一次转换可以在四路输入中任选一路进行采样，采样结果为十位，最高采样速率为 21.5kHz。图 5-40 所示是模数转换器结构示意图。

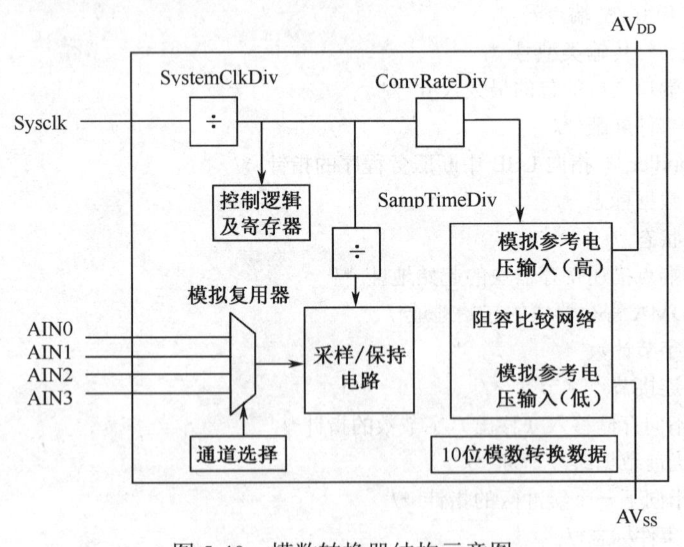

图 5-40　模数转换器结构示意图

模数转换器采用连续逼近式结构，在模数转换器内部用了三个可编程分频器来灵活地产生用户需要的采样率。

整个模数转换过程分为两个周期——采样/保持周期及转换周期，如图 5-41 所示。

（1）采样/保持周期是采样/保持电路采集模拟信号的时间，这个周期大于或等于 40μs;

（2）转换周期是 RC 比较网络在一次采样中完成逼近处理并输出 A/D 转换结果的时间，这需要 13 个转换时钟周期。内部转换时钟的最大频率为 2MHz。

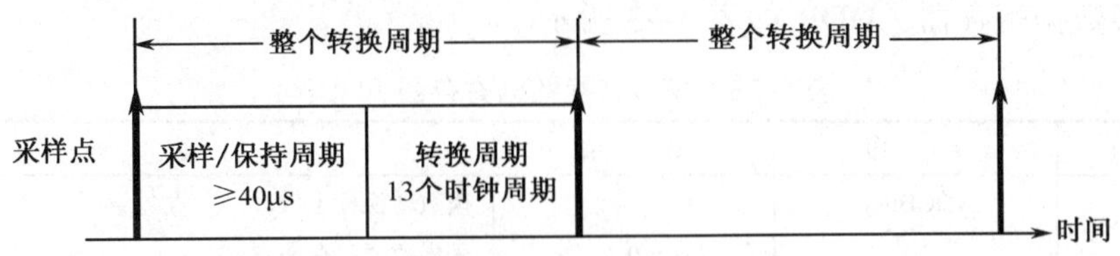

图 5-41　转换时序图

模数转换主时钟：

ADC Clock =（System Clock）/（SystemClkDiv + 1）

模数转换时钟：

ADC Conversion Clock =（ADC Clock）/（2 ×（ConvRateDiv + 1））

模数转换时钟必须等于或小于 2MHz;

模数采样/保持周期：

ADC Sample and Hold Period =

（1 /（ADC Clock））/（2 ×（ConvRateDiv + 1 + SampTimeDiv））

模数采样/保持周期必须大于等于 40μs

整个转化周期：

ADC Total Conversion Time =

（ADC Sample and Hold Period）+（13 ×（1 /（ADC Conversion Clock）））

应当注意的是，模数转换器不能工作于连续模式下，每次开始转换前，DSP 必须将模数转换控制寄存器（ADCR）的 ADCStart 位置 1，来命令模数转换器开始转换。当开始转换后，DSP 必须通过查询模数转换数据寄存器（ADDR）的 ADCBusy 位来确定采样是否结束。当 ADCBusy 位从 1 变为 0 时标志转换完成，采样数据已经被存放在数/模转换器的数据寄存器中。

5.12.2　模数转换器的寄存器

模数转换器的寄存器包括控制寄存器（ADCR）、数据寄存器（ADDR）、时钟分频寄存器（ADCDR）和时钟控制寄存器（ADCCR）。

模数转换控制寄存器 ADCR 如表 5-52 所示。

表 5-52　模数转换控制寄存器 ADCR

位	字　段	数　值	说　明
15	ADCStart		转换开始位
		0	无效
		1	转换开始。在转换结束后，如果 ADCStart 位不为高，模数转换器自动进入关电模式
14～12	ChSelect		选择模拟输入通道
		000	选择 AIN0 通道
		001	选择 AIN1 通道
		010	选择 AIN2 通道（BGA 封装）
		011	选择 AIN3 通道（BGA 封装）
		100～111	所有通道关闭
11～0	Reserved		保留，读时总为 0

在模数转换开始之前需要对模数转换控制寄存器进行设置，选择所要采集的通道，并通过将 ADCStart 位设置为 1 命令转换开始。

模数转换数据寄存器 ADDR 如表 5-53 所示。

表 5-53　模数转换数据寄存器 ADDR

位	字　段	数　值	说　明
15	ADCBusy	 0 1	模数转换标志位： 采样数据已存在 正在转换之中，在 ADCStart 置为 1 后，ADCBusy 变为 1，直到转换结束
14～12	ChSelect	 000 001 010 011 100～111	标志采集数据的通道 AIN0 通道 AIN1 通道 AIN2 通道（BGA 封装） AIN3 通道（BGA 封装） 保留
11～10	Reserved		保留，读时总为 0
9～0	ADCData		模数转换数据字段。存放模拟信号的 10 位转换结果

模数转换时钟分频寄存器 ADCDR 如表 5-54 所示。

表 5-54　模数转换时钟分频寄存器 ADCDR

位	字　段	数　值	说　明
15～8	SampTimeDiv	0～255	采样和保持时间分频字段。该字段同 ConvRateDiv 字段一起决定采样和保持周期 ADC Sample and Hold Period =（ADC Clock Period）×（2×（ConvRateDiv + 1 + SampTimeDiv））
7～4	Reserved		保留
3～0	ConvRateDiv	 0000～1111	转换时钟分频字段，该字段同 SampTimeDiv 字段一起决定采样和保持周期 ADC Conversion Clock =（ADC Clock）/（2 ×（ConvRateDiv + 1））

模数转换时钟控制寄存器 ADCCR 如表 5-55 所示。

表 5-55　模数转换时钟控制寄存器 ADCCR

位	字　段	数　值	说　明
15-9	Reserved		保留
8	IdleEn	 0 1	模数转换器时钟使能位 时钟使能 在运行休眠指令时时钟停止
7-0	SystemClkDiv	0～255	系统时钟分频字段 ADC Clock =（System Clock）/（SystemClkDiv + 1）

接下来给出一个设置模数转换器的例子，在该例子中 DSP 系统主时钟为 144MHz。

（1）首先对系统主时钟分频，产生模数转换器时钟，该时钟应尽量运行在较低频率下，以降低功率消耗，在本例中模数转换器时钟是通过对系统主时钟 36 分频产生的，则此时模数转换时钟=144MHz/36=4MHz，根据公式

ADC Clock=(System Clock)/(SystemClkDiv+1)

得出 SystemClkDiv=35；

（2）对模数转换器时钟分频产生模数转换时钟，该时钟最大值为 2MHz，为了获得 2MHz 的模数转换时钟，则需要对模数转换器时钟 2 分频，由

ADC 转换时钟=(ADC Clock)/(2×(ConvRateDiv+1))

得出 ConvRateDiv=0

ADC 转换时间=13×(1/ADC Conversion Clock)

ADC 转换时间=13×(1/(2 MHz))=6.5μs；

（3）对采样和保持时间进行设置，这个值必须大于 40μs

ADC 采样和保持时间=

(1/(ADC Clock))/(2×(ConvRateDiv+1+SampTimeDiv))

=(1/(4MHz))/(2×(0+1+SampTimeDiv))

=250ns×(2×(0+1+79))=40μs

SampTimeDiv=79；

（4）整个转换时间为 40μs 的采样和保持时间加上 6.5μs 的转换时间等于 46.5μs，采样率=1/46.5μs =21.5 kHz。

5.12.3 使用方法及实例

C55x 芯片支持库为模数转换器提供了相应的函数，应用这些函数可以对模数转换器进行配置、读取采样数据。使用片支持函数与直接用汇编语言对外设操作相比，片支持函数采用标准模式对外围设备进行编程，而汇编语言对外设操作没有统一的模式，需要对不同的外设采用不同的编程方式；片支持函数可以用 open 和 close 函数控制外设资源，这样对操作多通道外设更加有利；片支持函数采用完整的符号描述所有外设寄存器和寄存器字段，而不是只针对特定的器件，更加有利于硬件升级时代码的继承性。

使用模数转换器片支持库首先要在头文件中包含 csl_adc.h 文件，接下来就可以调用模数转换库函数了。

用片支持库配置模数转换器有两种方式——以寄存器为基础的配置和以参数为基础的配置方式，首先介绍以寄存器为基础的配置方式：

以寄存器为基础的配置方式首先要声明 ADC 配置结构，具体声明如下：

```
ADC_Config Config = {
        0x0000, /* ADCR ,对 0 通道采样*/
        0x0023, /* ADCCR ,SystemClkDiv=35 */
        0x4F00   /* ADCDR ,SampTimeDiv=79,ConvRateDiv=0*/
        }
```

接下来运行配置函数：

```
ADC_config（&Config）;
```

以参数为基础的配置方式通过 ADC_setFreq 函数进行，该函数定义如下：

```
void ADC_setFreq（
        int cpuclkdiv,              //数值范围 0～255
        int convratediv,            //数值范围 0～16
        int sampletimediv）;        //数值范围 0～255
```

接着给出调用的例子：

```
int i=35,j=0,k=79;
ADC_setFreq（i,j,k）;
```

配置好模数转换器后就可以用 ADC_read 函数完成采样过程，下面给出例子：

```
int channel=0,samplenumber=3;
Uint16 samplestorage[3]={0,0,0};
ADC_read（channel,samplestorage,samplenumber）;
/* 对模拟输入 0 通道进行 3 次采样，  */
/* 采样的结果放在 samplestorage 数组中 */
```

5.13 实时时钟（RTC）

在数字信号处理器的很多应用中，都需要一个实时时钟提供系统定时，这个实时时钟可以通过外加实时芯片的方式获得，这要增加系统的复杂程度，并占用一定的空间，这对于诸如手机、掌上电脑等对系统的功耗、体积有严格限制的地方是很难接受的，TMS320VC5509 则把实时时钟集成到 DSP 之中，大大方便了用户的使用。

TMS320VC5509 实时时钟有如下功能：

- 可以到 2099 年的长达 100 年的日历；
- 同 DSP 内部 CPU 连接的外设总线；
- 32 位配置/状态寄存器；
- 独立的秒、分、小时、星期、天、月和带闰年补偿的计数器；
- 支持 12 小时和 24 小时模式；
- 可以按秒、分、小时或天输出报警中断；
- 周期更新中断；
- 可以连接外部 32.768kHz 振荡器；
- 独立的电源供应。

5.13.1 实时时钟基本结构

图 5-42 所示为实时时钟模块图。图中的 RTCX1 和 RTCX2 分别是振荡器输入和输出引脚，TCLK 是测试时钟输入，这个信号只在测试时起作用，DI[7:0]和 DO[7:0]分别是数据输入和输出，IRQ 是中断请求信号，实时时钟的所有中断申请都是通过该信号发出的，NRESET 是实时时钟复位信号，当 NRESET 信号发出复位信号时，这个信号并不影响时钟、日历，而会把配置和状态寄存器中的一些值设置为 0，这些位包括周期中断使能位、报警中断使能位、更新结束中断使能位、中断申请状态标志位、周期中断标志位、报警中断标志位、更新结束中断标志位，并将 IRQ 信号设置为高。

实时时钟的 RTCX1 和 RTCX2 引脚供外部振荡器使用，外部振荡器的频率为 32.768kHz，如果信号消失实时时钟将进入等待状态。实时时钟由独立的电源供电引脚

RCVDD 和 RDVDD 供电。当实时时钟监测到 TMS320C55x DSP 处于电源关闭状态时，实时时钟将使连接 DSP 核心的信号进入高阻态，而由 DSP 输入的信号则进入总线保持状态，以确保输入、输出信号都不处在浮动状态。

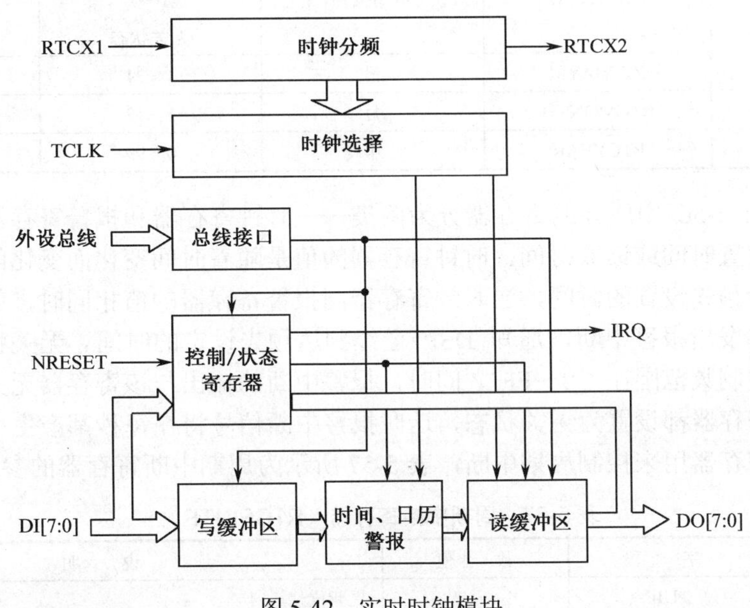

图 5-42　实时时钟模块

5.13.2　实时时钟的内部寄存器

实时时钟的内部寄存器包括时钟寄存器、报警寄存器、实时时钟中断寄存器、实时时钟中断使能寄存器、实时时钟中断标志寄存器等，表 5-56 所示为时钟和报警寄存器表。

表 5-56　时钟和报警寄存器表

地　址	名　称	功　能	十进制数字范围	BCD 码
1800h	RECSEC	秒	0～59	00～59
1801h	RTCSECA	秒报警	0～59 无关状态	00～59 C0～FF
1802h	RTCMIN	分钟	0～59	00～59
1803h	RTCMINA	分钟报警	0～59 无关状态	00～59 C0～FF
1804h	RTCHOUR	12 小时模式	1～12	00～12（上午） 81～92（下午）
		24 小时模式	0～23	00～23
1805h	RTCHOUTA	12 小时报警模式	1～12 无关状态	00～12（上午） 81～92（下午） C0～FF
		24 小时报警模式	0～23 无关状态	00～23 C0～FF

续表

地 址	名 称	功 能	十进制数字范围	BCD 码
1806h	RTCDAYW	星期 星期报警	1～7 1～7 无关状态	1～7 1～7 C0～FF
1807h	RTCDAYM	日	1～31	01～31
1808h	RTCMONTH	月	1～12	01～12
1809h	RTCYEAR	年	0～99	00～99

可以看到表 5-56 中所列的寄存器分为两类——时钟寄存器和报警寄存器。用户可以通过时钟寄存器设置时间或读取时间，时钟寄存器的值是随着时间变化而变化的。报警寄存器存放的则是用户预先设置的时间，当时钟寄存器同报警寄存器的值相同时，如果报警中断使能，实时时钟将发出报警中断，通知 DSP 已经到达预先设定的时间。无关状态是指当报警寄存器中十六进制数范围在 C0～FF 之间时，报警中断的输出与该寄存器无关。如当小时、分钟和秒报警寄存器都设置为无关状态，这时报警中断信号将在每秒都产生。

周期中断寄存器用来控制周期中断，表 5-57 所示为周期中断寄存器的参数及说明。

表 5-57 周期中断寄存器（RTCPINTR）

位	字 段	数 值	说 明
7	UIP		更新位
		0	至少 244μs 不会发生更新
		1	在 UIP 位变高后，在 244μs 内将会发生更新
6～5	Reserved		保留
4～0	RS		周期中断间隔时间选择
		00000	无
		00001	3.90625ms
		00010	7.8125ms
		00011	122.070μs
		00100	244.141μs
		00101	488.281μs
		00110	976.5625μs
		00111	1.953125ms
		01000	3.90625ms
		01001	7.8125ms
		01010	15.625ms
		01011	32.25ms
		01100	62.5ms
		01101	125ms
		01110	250ms
		01111	500ms
		10000～11111	1 分钟

如果在读/写实时时钟时寄存器发生变化，很可能造成数据读/写错误，通过设置 UIP 位就可以防止这种错误的发生。当 UIP 位被清为 0，则至少在 244μs 之内不会更新寄存器，在

这段时间内用户可以访问数据。UIP 位是只读位，只有将中断使能寄存器中的 SET 位设置为 1 才能清除 UIP 位。

接下来介绍中断使能寄存器，如表 5-58 所示。

表 5-58 中断使能寄存器

位	字　段	数　值	说　明
7	SET		将缓冲同时间、日历和报警寄存器分离或连接
		0	缓冲同时间、日历和报警寄存器连接
		1	缓冲同时间、日历和报警寄存器分离使读/写操作可以独立与更新周期
6	PIE		周期中断使能位
		0	周期中断禁止
		1	周期中断使能
5	AIE		更新结束中断使能
		0	更新结束中断禁止
		1	周期中断使能
3～2	Reserved		保留
1	TM		计时模式位
		0	12 小时模式
		1	24 小时模式
0	Reserved		保留

中断标志寄存器存放中断类型标志，用户可以通过查询该寄存器来确定所发生中断的类型，如表 5-59 所示。

表 5-59 中断标志寄存器

位	字　段	数　值	说　明
7	IRQF		终端请求状态标志：标志是否有中断发生
		0	没有中断
		1	至少有一个中断发生
6	PF		周期中断标志
		0	没有中断
		1	如果周期中断位（PIE）使能，则发生周期中断
5	AF		报警中断标志
		0	没有中断
		1	如果周期中断位（AIE）使能，则发生报警中断
4	UF		更新结束中断
		0	没有中断
		1	如果更新结束中断（UIE）使能，则发生更新结束中断
3～0	Reserved		保留

5.13.3 实时时钟的应用

应用实时时钟芯片支持库函数首先需要在头文件中包含 csl_rtc.h 文件。实时时钟芯片支持库函数的种类和功能较多，接下来将介绍常用的功能函数。

实时时钟配置结构用来配置实时时钟的各个寄存器，下面是配置函数的例子：

```
RTC_Config myConfig = {
        0x0, /* 秒 */
        0x10, /* 秒报警 */
        0x18, /* 分钟 */
        0x10, /* 分钟报警 */
        0x10, /* 小时 */
        0x13, /* 小时报警 */
        0x06, /* 星期以及星期报警*/
        0x11, /* 日期 */
        0x05, /* 月 */
        0x01, /* 年 */
        0x10, /* 周期中断选择寄存器 */
        0x02, /* 中断使能寄存器 */
        };
```

配置函数是用配置结构初始化实时时钟：

```
RTC_config（&myConfig）;
```

实时时钟的中断可以通过实时时钟中断事件禁止和使能函数来进行设置，首先介绍三种中断事件：

```
RTC_EVT_PERIODIC—— 周期中断
RTC_EVT_ALARM —— 报警中断
RTC_EVT_UPDATE —— 更新结束中断
```

中断事件禁止和使能函数可以是用以上三个参数禁止或使能该中断：

```
RTC_eventDisable（RTC_EVT_UPDATE）;
RTC_eventEnable（RTC_EVT_PERIODIC）;
```

实时时钟函数提供了设置日期和读取日期的函数，这两个函数都是以日期结构作为参数的，日期结构的成员分别是年、月、星期和日期，下面分别介绍两个函数的使用，首先介绍读取日期函数：

```
RTC_Date getDate;
RTC_getDate（&getDate）;
```

该函数返回结构的成员的值是以BCD码的形式存放的。

下面是设置日期函数的例子：

```
RTC_Date myDate = {
0x01, /* 2001年 */
0x05, /* 5月*/
0x10, /* 10号 */
0x05 /* 星期五 */
};
RTC_setDate（&myDate）;
```

对应的也有时间设置函数和读取函数，这两个函数的参数是时间结构，该结构的成员分别是小时、分钟、秒，首先给出设置函数的例子：

```
RTC_Time myTime = {
        0x13, /* 13点（小时是以24小时模式设置的） */
        0x58, /* 58分 */
        0x30 /* 30秒 */
```

```
    };
    RTC_setTime（&myTime）;
```

接下来是读取时间函数：

```
    RTC_Time getTime;
    RTC_getTime（&getTime）;
```

实时时钟起始函数和停止函数分别用来启动实时时钟和停止实时时钟：

```
    RTC_start();
    RTC_stop();
```

5.14 看门狗定时器（Watchdog）

5.14.1 工作方式

在数字信号处理器的工作过程中有时会发生一些异常情况，这可能是在软件执行时发生错误，如堆栈溢出、内存溢出等软件编写时没有预料到的错误，也可能是 DSP 在运行时受到外界干扰而使程序运行不正常，在这些情况下将会发生不可预测的错误。为了防止出现这种情况，使用看门狗定时器是一种很好的解决方法。

看门狗定时器实际上是一个定时器，该定时器需要处理器周期性地执行一些特定操作，当处理器运行正常时，这些操作会正常执行，而当出现异常时这些操作将被打断，看门狗定时器计数会计到 0 而发生超时，这时定时器将输出一个低脉冲，这个输出可以触发中断或引起 DSP 复位（可以触发不可屏蔽中断或看门狗定时器中断，如果看门狗定时器的输出连接到硬件复位端将引起 DSP 复位）。

看门狗定时器有一个 16 位计数器和一个 16 位预计数器，使计数器动态范围达到 32 位。在脱离复位状态后，看门狗定时器会先被暂停，等待代码载入。实际上这段时间计数器仍在计数，只是看门狗定时器输出的超时事件没有输出到定时器之外。看门狗定时器正常工作后当定时器计到 0 时，会触发看门狗定时器中断，并将 WDFLAG 位置 1，之后计数器和预计数器将会被重新载入，而超时事件将会从看门狗定时器的输出端输出。看门狗定时器正常工作时会在计数状态、服务状态和超时状态之间转换，图 5-43 所示为看门狗定时器的状态转换过程。

如果看门狗定时器被使能，不能通过软件直接禁止，但可以通过看门狗超时事件或硬件复位禁止看门狗定时器。当软件陷入死循环或发生软件错误时，看门狗定时器会产生超时事件，强迫 DSP 进行异常处理。

看门狗的时钟是直接来自时钟产生器，因此即使处理器处于休眠状态中仍将继续计数。

5.14.2 寄存器说明

看门狗定时器主要有 4 个寄存器——即看门狗计数寄存器（WDTIM）、看门狗周期寄存器（WDPRD）、看门狗控制寄存器（WDTCR）和看门狗控制寄存器 2（WDTCR2）。

看门狗计数寄存器和看门狗周期寄存器都是 16 位寄存器，它们协同工作完成计数功能。

看门狗周期寄存器 WDPRD 存放计数的初始值，当计数寄存器的值减到 0 后，将把周期寄存器中的数载入到计数寄存器中。当控制寄存器中的 PSC 位减到 0 之前或看门狗计数器被复位时，计数寄存器将进行减 1 计数。

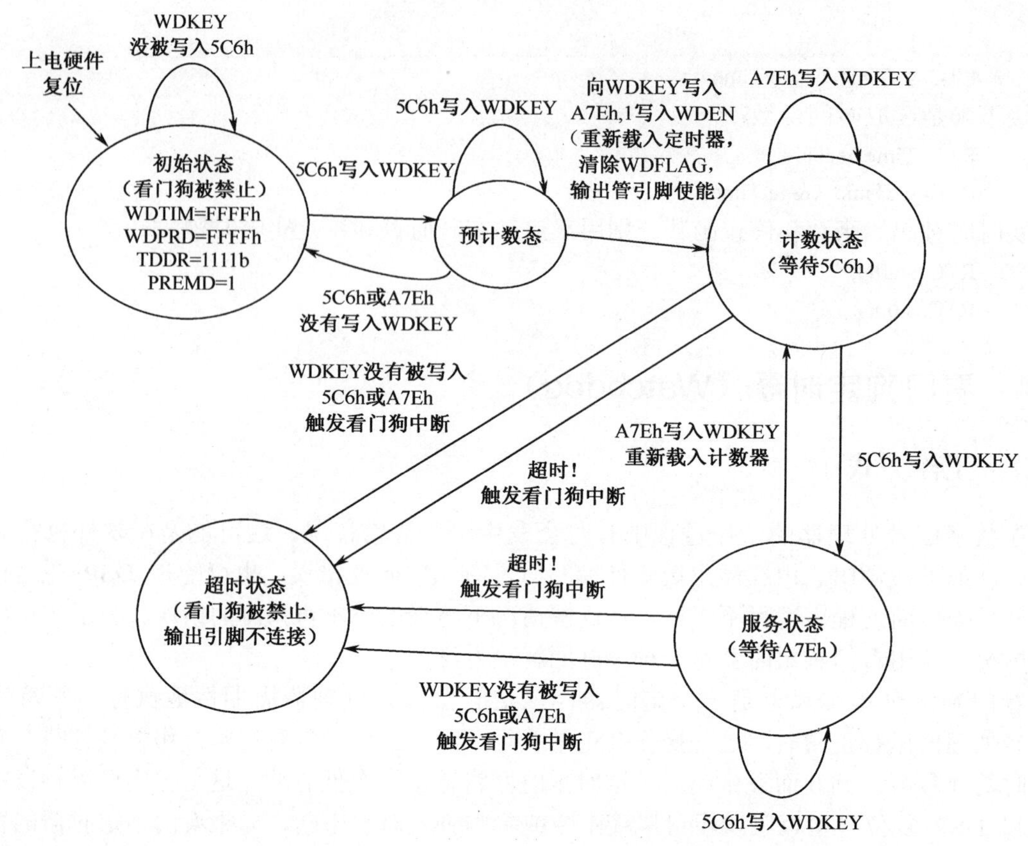

图 5-43　看门狗定时器操作状态图

看门狗控制寄存器 WDTCR1 如表 5-60 所示。

表 5-60　看门狗控制寄存器 WDTCR1

位	字　段	数　值	说　明
15～14	Reserved		保留
13～12	WDOUT		看门狗定时器输出复用连接
		00	输出连接到定时器中断（INT3）
		01	输出连接到不可屏蔽中断
		02	输出连接到复位端
		03	输出不连接
11	SOFT		该位决定在调试遇到断点时看门狗的状态
		0	看门狗定时器立即停止
		1	看门狗定时器的计数器寄存器 WDTIM 计数到 0 时停止
10	FREE		同 SOFT 位一同决定调试断点时看门狗定时器的状态
		0	SOFT 位决定看门狗的状态
		1	忽略 SOFT 位，看门狗定时器自动运行
9～6	PSC		看门狗定时器前置计数器字段，当看门狗定时器复位或 PSC 字段减到 0 时，会把 TDDR 中的内容载入到 PSC 中，WDTIM 计数器继续计数
5～4	Reserved		保留

续表

位	字　段	数　值	说　明
3～0	TDDR	0-15	前置计数器直接模式（WDTCR2 中的 PREMD=0）该模式下该字段将直接装入 PSC，而前置计数器的值就是 TDDR 的值
			前置计数器间接模式（WDTCR2 中的 PREMD=1），该模式下前置计数器的值的范围将扩展到 65535，而该字段用来在 PSC 减到 0 之前载入 PSC 字段
		0000	前置计数器值：0001h
		0001	前置计数器值：0003h
		0010	前置计数器值：0007h
		0011	前置计数器值：000Fh
		0100	前置计数器值：001Fh
		0101	前置计数器值：003Fh
		0110	前置计数器值：007Fh
		0111	前置计数器值：00FFh
		1000	前置计数器值：01FFh
		1001	前置计数器值：03FFh
		1010	前置计数器值：07FFh
		1011	前置计数器值：0FFFh
		1100	前置计数器值：1FFFh
		1101	前置计数器值：3FFFh
		1110	前置计数器值：7FFFh
		1111	前置计数器值：FFFFh

看门狗控制寄存器 2 包含看门狗标志位、看门狗使能位、看门狗模式指示、预计数器模式位以及看门狗服务字段 WDKEY，如表 5-61 所示。

表 5-61　看门狗控制寄存器 WDTCR2

位	字　段	数　值	说　明
15	WDFLAG		看门狗标志位。该位可以通过复位、使能看门狗定时器或向该位直接写入 1 来清除
		0	没有超时事件发生
		1	超时事件发生
14	WDEN		看门狗定时器使能位
		0	看门狗定时器被禁止
		1	看门狗定时器被使能，可以通过超时事件或复位禁止看门狗
13	Reserved		保留
12	PREMD		前置计数器模式
		0	直接模式
		1	间接模式
11-0	WDKEY		看门狗定时器复位字段 在超时事件发生之前，如果写入该字段的数不是 5C6h 或 A7Eh，都将立即触发超时事件

5.14.3 看门狗定时器的应用

应用看门狗定时器的芯片支持函数首先要包含 csl_wdtim.h 头文件，接下来定义看门狗定时器的配置结构：

```
WDTIM_Config MyConfig = {
        0x0060, /* Counter */
        0x1000, /* Period */
        0x0000, /* Control */
        0x1000 /* Secondary control */
        };
```

配置看门狗定时器需要调用看门狗配置函数：

```
WDTIM_config（&MyConfig）;
```

在配置好看门狗定时器后调用开始函数，该函数的作用是将看门狗定时器控制寄存器 2 的 WDEN 位设置为 1：

```
WDTIM_start();
```

在运行看门狗开始函数后，看门狗开始递减计数，在计数器减到 0 之前需要周期性地向 WDKEY 字段写入 A5C5h 和 A7Eh，否则看门狗定时器将会发生超时事件，从而触发中断或复位，该操作可以通过调用 WDTIM_service()函数来完成。

```
WDTIM_service();
```

5.15 异步串口（UART）

5.15.1 异步串口基本结构

异步串口是常用的通信方式之一，它具有连接简单，不需要时钟同步的特点。C55x 异步串口的操作与 TL16C550 相同，即 DSP 通过缓存完成异步串口的字节收发，C55x 的接收和发送 FIFO 最多可以分别存储 16 个字节，其中接收 FIFO 还存储了每个字节的 3 个错误状态位。异步串口内部包含一个波特率产生器，它可以对 UART 模块的输入时钟进行 1～65535 倍分频，从而产生 16 倍波特率的模块工作时钟，图 5-44 所示为异步串口模块框图。

1. 异步串口发送部分

异步串口发送部分包括一个发送保持寄存器（URTHR）和一个发送移位寄存器（URTSR），当异步串口工作在 FIFO 模式下时，发送保持寄存器可以缓存 16 个字节。发送部分由异步串口线路控制寄存器（URLCR）控制，发送格式如下：

- 1 个起始位
- 5 个、6 个、7 个或 8 个数据位
- 1 个奇偶校验位（可选）
- 1 个、1.5 个或 2 个停止位

如果串口发送保持寄存器从内部数据总线接收到数据，当发送移位寄存器准备好时，异步串口模块将数据从发送保持寄存器发送到发送移位寄存器，发送移位寄存器通过 TX 引脚将串行数据发送出去。

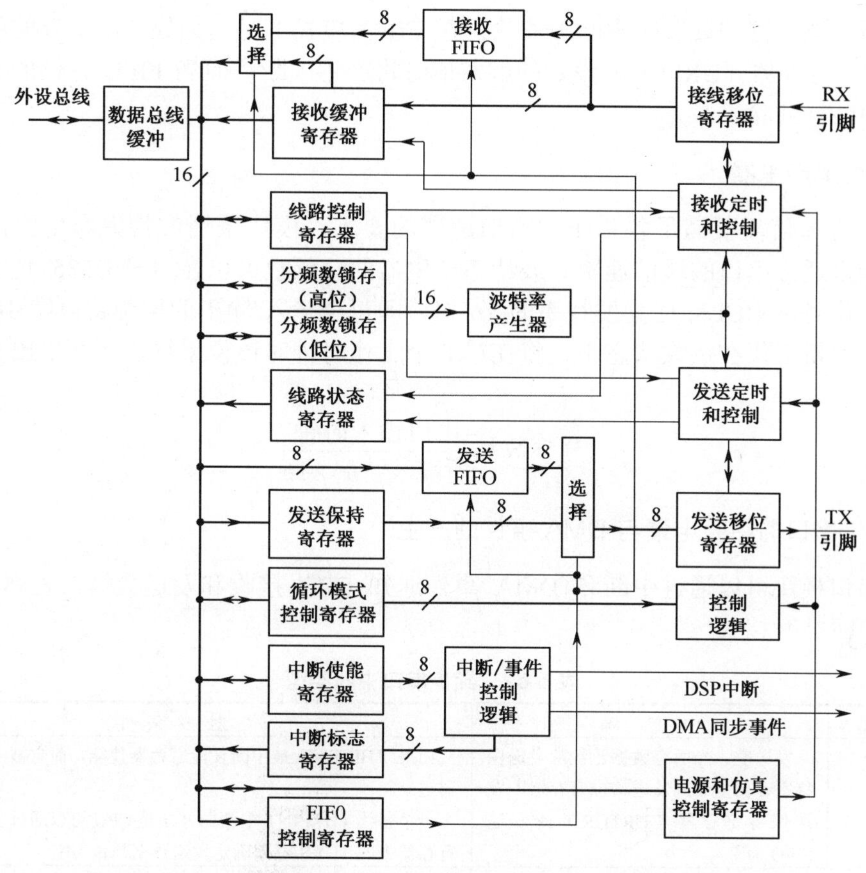

图 5-44　异步串口模块框图

在非 FIFO 模式下，当发送保持寄存器没有数据存储时，如果中断使能寄存器使能发送寄存器空中断，则产生该中断，而当一个新的字节被装入发送保持寄存器时这个中断被清除；在 FIFO 模式下，发送 FIFO 为空时产生中断，当新的字节被装入 FIFO 时中断被清除。

2. 异步串口接收部分

异步串口接收部分包括一个接收移位寄存器（URRSR）和一个接收缓冲寄存器（URRBR）。当异步串口工作在 FIFO 模式下时，接收缓冲寄存器可以缓冲 16 个字节。接收部分的定时器由 16 倍接收时钟提供，在异步串口控制寄存器的控制下，接收部分可以接收如下格式数据：

- 1 个起始位
- 5 个、6 个、7 个或 8 个数据位
- 1 个奇偶校验位（可选）
- 1 个停止位

当接收移位寄存器从 RX 引脚收到数据后，将组合好的数据送到接收缓冲寄存器或接收 FIFO，异步串口可以为每个收到的字节存储三个错误状态信息位，包括奇偶校验错误、帧错误和接收间断。

在非 FIFO 模式下时，如果一个字符被放到接收数据缓冲寄存器中，并且中断使能时，

将产生中断，该字符被读取时中断被清除；在 FIFO 模式下时，如果 FIFO 存储的数据量达到 FIFO 控制寄存器（URFCR）设定的触发值时将产生中断，而当 FIFO 存储的数据量小于触发值时中断被清除。

3．波特率产生器

异步串行通信需要满足各种不同通信速率的要求，模块采用波特率产生器，通过对输入时钟分频来适应串口的通信速率。波特率产生器的分频数可以在 1～65535 任意选择，异步串口的工作时钟 BCLK 应为波特率的 16 倍，即每个输入/输出的位都将持续 16 个工作时钟，而如果串口工作在接收状态下，将在第 8 个工作时钟对该位采样，下面给出分频数的计算公式：

$$分频数=\frac{串口输入时钟}{所需波特率\times 16}$$

4．异步串口的中断申请与 DMA 事件的产生

异步串口模块可以通过中断和 DMA 事件通知 CPU 接收和发送数据，表 5-62 所示为 UART 的中断类型。

表 5-62　异步串口中断类型

中断申请	中断源	触发条件
THREINT	发送空：当所有数据已经从发送保持寄存器复制到发送移位寄存器，发送保持寄存器（URTHR）或发送 FIFO 为空	如果 THREINT 被中断使能寄存器使能，而它被中断标志寄存器记录 一个替代 THREINT 中断的方法是 CPU 可以通过访问线路状态寄存器中的 THRE 位来确定发送数据是否为空
RDRINT	接收数据准备好：当数据已经读到接收缓冲寄存器或接收 FIFO 存储数据量达到触发值。如果过了 4 个字符周期 FIFO 中的数据还没有被访问，将再次发送 RDRINT 中断	如果 RDRINT 被中断使能寄存器使能，并且被中断标志寄存器记录替代的方法是可以通过访问线路状态寄存器中的 DR 位，但在 FIFO 模式下时，由于 DR 位不能被 FIFO 的触发值改变，DR 位只能标志是否有未被读取的字符
RTOINT	接收超时：当在 4 个符号周期内没有字符被送到接收 FIFO 中，并且这段时间内 FIFO 中至少有一个字符	当接收 FIFO 中的数据数小于触发值而不能产生数据准备好中断时，可以通过发送接收超时中断防止 UART 长时间等待 如果 RTOINT 被中断使能寄存器使能，而它被中断标志寄存器记录
RLSINT	接收线路状态：接收溢出，奇偶校验位错误，帧错误，或者接收发生间断	如果 RLSINT 被中断使能寄存器使能，而它被中断标志寄存器记录 替代的方法是访问线路标志寄存器中的相应位，包括接收溢出 OE，奇偶校验位错误 PE，帧错误 FE，或者接收发生间断 BI。当 CPU 读取线路标志寄存器时，OE 标志将自动被清除

当中断被中断使能寄存器使能，并被中断标志寄存器记录时，这些中断将通过一个仲裁器向 CPU 发送一个 UART 中断，中断标志寄存器中记录这些中断可以分为两个过程。

（1）当中断标志码被写到中断标志字中时，如果有多个中断申请同时发生并被使能，则拥有高优先级的申请将被写到标志字中。被记录的标志码在如下情况下才能被改变：

- 可以引起中断清除的行为，这时中断标志字被填入 000b；
- 另一个中断发生，中断标志字被填入新的标志码；
- 发生一次硬件复位，中断标志字被填入 000b。

（2）如果之前未被响应的中断一直没有被响应，则中断未响应位为 0，直到未响应中断

被清除或发生硬件复位。

如果中断申请发生而该中断未被使能，则中断申请被禁止，该中断申请不会记录到中断标志寄存器中，也不会被提交给 CPU。异步串口中断也是一个可屏蔽中断，如果该中断被 CPU 使能，CPU 将执行相应的中断服务程序，中断服务程序读取中断标志寄存器中的标志字，之后执行到相应的中断服务程序。

如果有多个中断没有被响应，中断服务程序可以通过线路标志寄存器的值来判断哪些中断没有响应，但通过线路标志寄存器无法检测超时事件，或者接收 FIFO 是否达到设定的触发值，这是因为这些情况在线路标志寄存器中没有对应的状态位。

在 FIFO 模式下，异步串口可以产生下面两种 DMA 事件，DMA 通道可以利用这些事件来进行同步，在非 FIFO 模式下，则没有 DMA 事件产生。

（1）接收事件（REVT）：如果通过 FIFO 控制寄存器中的 RFITR 字段设定接收 FIFO 的触发值时（1 个、4 个、8 个或 14 个字符），每次达到触发值或者接收超时时，将向 DMA 控制器发出一个接收事件，而 DMA 控制器可以通过接收缓冲寄存器 URRBR 读取数据。

（2）发送事件（XEVT）：当发送 FIFO 为空时，异步串口发出一个 XEVT 信号到 DMA 控制器，DMA 控制器可以通过发送保持寄存器向 FIFO 发送数据；而当使用供电和仿真寄存器中 URST 位使异步串口脱离复位状态后也会向 DMA 控制器发出 XEVT 信号。

5．FIFO 工作模式

FIFO 模式下可以采用下面两种方法处理发送和接收：

（1）FIFO 中断模式：如果 FIFO 被使能而相关的中断也被使能，在事件发生时向 CPU 发送中断。

（2）FIFO 轮循模式：FIFO 被使能而相关的中断被禁止，CPU 通过轮循状态位来检测事件。

当工作在 FIFO 中断模式下时，如果接收 FIFO 被使能，并且接收中断被使能时，应注意下面的几点：

（1）当 FIFO 达到触发值时将向 CPU 发送一个数据准备好中断，而当 CPU 或 DMA 控制器从 FIFO 中读取数据使 FIFO 低于触发值时，中断将被清除。

（2）如果发生溢出错误、奇偶校验错、帧错误和接收间断错误时会产生接收线路状态中断，该中断比数据准备好中断优先级更高。

（3）线路状态寄存器中的数据准备好位（DR）表示接收 FIFO 中是否有数据，当字符从接收移位寄存器中被复制到空的接收 FIFO 中时， DR 被置为 1，当 FIFO 被清空时 DR 被清 0。

（4）如果发生下面的情况时，将触发一个接收超时中断：

① 在 FIFO 中至少有一个字符；

② 接收上一个字符之后超过 4 个连续的字符周期，一个字符周期包括一个起始位、n 个数据位、1 个奇偶校验位和 1 个停止位，这里 n 代表字符长度；

③ DSP 读取上一个字符后时间超过 4 个字符周期；

（5）字符周期可以通过波特率来计算。

（6）当接收超时中断发生后，CPU 或 DMA 控制器从接收 FIFO 中读取一个字符后中断被清除，而当 FIFO 接收到一个新的字符，或者 URST 位被清除时中断也可以被清除。

（7）如果没有发生超时中断，则当收到新的字符或者 DSP 读取接收 FIFO 后，超时计数器被清 0。

当发送 FIFO 和发送保持寄存器空中断被使能时，则选择了发送 FIFO 中断模式。这时如果发送 FIFO 是空时产生一个发送保持寄存器空中断，当发送保持寄存器被装入数据时中断被清除。

工作在 FIFO 轮循模式下时，CPU 可以通过访问线路状态寄存器中的状态位来检测事件。RFIER 位表示是否接收 FIFO 有错误，TEMT 位表示接收保持寄存器和接收移位寄存器为空，THRE 位表示接收保持寄存器空，而 BI 位、FE 位、PE 位和 OE 位表示错误发生，而 DR 位表示接收 FIFO 中至少有一个字符。

6. 供电和仿真

为了减小电源消耗，用户可以选择相应的空闲等级，如果当前的空闲等级将外设关闭，异步串口将进入静止、低功耗模式。

（1）如果正在进行数据传输，异步串口首先停止传输，产生中断或 DMA 同步事件，之后进入静止状态；

（2）如果没有数据传输，异步串口立刻进入静止状态。

异步串口单元还会受到其他外设状态的影响，如果时钟产生单元处在静止状态，则异步串口将没有时钟输入，如果 DMA 单元处于静止状态，则 DMA 控制器将无法响应 DMA 事件。

供电和仿真控制寄存器中的 FREE 位决定异步串口在仿真模式遇到调试断点下如何操作。当 FREE=0 而串口正在传输时，将在这个字传输结束后停止，如果没有在传输，异步串口将立即停止；如果 FREE=1 时，异步串口将不停止。

异步串口可以通过两种方式复位：

（1）异步串口复位：当向供电和仿真控制寄存器的 URST 写入 0 时，将复位异步串口状态机但不复位寄存器；

（2）DSP 复位：RESET 引脚为低时，DSP 将被复位并保持复位状态直到 RESET 引脚变高。当 DSP 复位时，异步串口状态机将复位，而寄存器也将被设成默认状态。

应注意分频数锁存寄存器不受硬件复位和 UART 软件复位影响，它必须在上电后载入；为了正确操作 UART，分频数必须大于 0；为了保证 UART 和 DMA 控制器的正常通信，串口 FIFO 控制寄存器中的 DMA 模式位（DMAMOD）必须为 1，而在硬件复位后，应当把 DMAMOD 从 0 改写为 1。

5.15.2 异步串口寄存器

异步串口寄存器的地址分配在 DSP 的 I/O 空间。接收缓冲寄存器、发送保持寄存器和分频数锁存寄存器（低位）共用一个地址，当线路控制寄存器中的 DLAB 位为 0 时，DSP 从这个地址读到的是接收缓冲寄存器的内容，而从这个地址写入到发送保持寄存器；当 DLAB 为 1 时，访问的是分频数锁存寄存器。中断使能寄存器和分频数锁存寄存器（高位）共用一个地址，当 DLAB=0 时，访问中断使能寄存器；当 DLAB=1 时，访问分频数锁存寄存器（高位）。中断标志寄存器和 FIFO 控制寄存器共用一个地址，读操作访问中断标志寄存器，写操作访问 FIFO 控制寄存器。实际上，中断标志寄存器和分频数锁存寄存器（高位）也分配了地址，如果使用这些地址访问，可以将 DLAB 位清 0，这时将在确定地址访问接收缓冲寄存器、发送保持寄存器和中断使能寄存器。

应当注意在串口发送过程中不能写控制寄存器，应当在发送过程中保持控制寄存器不变。

1．接收缓冲寄存器（URRBR）

异步串口接收部分包括接收移位寄存器和接收缓冲寄存器，接收缓冲寄存器的低 8 位用来存放接收到的字符。当异步串口工作于 FIFO 模式下时，接收缓冲寄存器是一个 16 字节 FIFO，工作时钟进行 16 分频得到接收时钟，接收部分由线路控制寄存器控制。

接收移位寄存器接收来自 RX 引脚的串行数据，之后将数据移入接收缓冲寄存器或接收 FIFO 中。在非 FIFO 的工作模式下，当一个字符被放入接收缓冲寄存器中时并且接收数据准备好中断被使能（中断使能寄存器中 DR=1），这时会产生一个中断，在字符被从接收缓冲寄存器中读取后中断被清除；工作在 FIFO 模式下，当 FIFO 中存储数据达到设定值时也将产生一个中断，而当 FIFO 中的内容小于设定值时中断被清除。

2．发送保持寄存器（URTHR）

发送部分包括发送保持寄存器和发送移位寄存器，发送保持寄存器的低 8 位用来保存发送字节，当工作于 FIFO 模式下时，发送保持寄存器为一个 16 字节 FIFO，发送部分由线路控制寄存器控制。

当发送保持寄存器从内部数据总线收到数据，如果发送移位寄存器处于空闲状态，异步串口将会把数据从发送保持寄存器送到发送移位寄存器，之后数据被从 TX 引脚串行输出。当工作于非 FIFO 模式下时，如果发送保持寄存器为空、并且中断使能寄存器中的 ETBEI=1 时，将产生一个发送保持寄存器空中断，当数据写入到寄存器中时中断被清除；在 FIFO 模式下时，当发送 FIFO 为空时产生中断，当字节写入到 FIFO 中时中断被清除。

3．分频数锁存寄存器（URDLL 和 URDLM）

分频数锁存寄存器由高位和低位组成，而存储的 16 位分频数用来产生波特率产生器的时钟，其中 DLM 保存高 8 位，DLL 保存低 8 位，而分频数必须在异步串口初始化时被写入寄存器，从而保证产生正确的时钟；当分频数写入波特率产生器时，会插入两个等待周期。

4．中断使能寄存器（URIER）

中断使能寄存器用来使能或禁止异步串口产生的中断申请，表 5-63 所示为寄存器的详细说明。

表 5-63　中断使能寄存器 URIER

位	字　段	数　值	说　　明
15～4	保留	0	读取为 0
3	保留	0	该位应当总被写入 0
2	ELSI		使能线路状态中断申请
		0	中断申请禁止
		1	中断申请使能
1	ETBEI		使能发送保持寄存器空中断申请
		0	中断申请禁止
		1	中断申请使能
0	ERBEI		使能接收数据准备好空和接收超时中断申请
		0	中断申请禁止
		1	中断申请使能

5. 中断标志寄存器（URIIR）

针对上述 3 种中断，异步串口为其规定了不同的优先级别，其中线路状态中断优先级最高，接收数据准备好和接收超时中断其次，发送保持寄存器中断优先级最低。当中断产生并被使能时，中断标志寄存器通过规定位和中断类型编码来标志未响应的中断。表 5-64 所示为中断标志寄存器的详细说明。

表 5-64　中断标志寄存器 URIIR

位	字　段	数　值	说　明
15～8	保留	0	读取为 0
7～6	FIENR		FIFO 状态位
		00	非 FIFO 模式（FIFO 控制寄存器中 FIEN=0）
		01	保留
		10	保留
		11	FIFO 模式（FIFO 控制寄存器中 FIEN=1）
5～4	保留	0	读取为 0
3～1	IID		中断标志字段。当中断产生并被使能时，通过 IID 字段来显示中断的类型，如果多个中断同时产生，则具有最高优先级的被记录在 IID 中。当下面的事件发生时，IID 的内容将被改写： • 中断被清除时，IID 字段被添 0 • 另一个中断发生，IID 中被装入新的中断类型 • 发生硬件复位，IID 被添 0
		011b	接收线路状态中断
		010b	接收数据准备好中断
		110b	接收超时中断
		001b	发送保持寄存器空中断
		000b	没有中断
0	IP		中断未响应位。当中断产生并被使能时，IP 被置入 0 直到该中断被清除或者发生硬件复位，如果没有中断被使能，IP 不能置 0
		0	一个中断未被响应
		1	没有中断未被响应

6. FIFO 控制寄存器（URFCR）

FIFO 控制寄存器用来使能和清除 FIFO，还可以设定接收 FIFO 触发值，表 5-65 所示为寄存器的详细描述。

表 5-65　FIFO 控制寄存器 URFCR

位	字　段	数　值	说　明
15～8	保留	0	读取为 0
7～6	RFITR		接收 FIFO 触发值设定
		00b	1 个字节
		01b	4 个字节
		10b	8 个字节
		11b	14 个字节
5～4	保留	0	读取为 0
3	DMAMOD	1	DMA 模式，这一位应当写入 1。在硬件复位后，此位由 0 变为 1
2	TFIRS		发送 FIFO 复位位
		0	此位被清 0
		1	当被设为 1 时，清除发送 FIFO 指针，这时接收 FIFO 中的字符将被忽略，移位寄存器不会被清 0，而被写入 1

续表

位	字　段	数　值	说　明
1	RFIRS		接收 FIFO 复位位
		0	此位被清 0
		1	当被设为 1 时，清除接收 FIFO 指针，这时接收 FIFO 中的字符将被忽略，移位寄存器不会被清 0，而被写入 1
0	FIEN		FIFO 使能位
		0	非 FIFO 模式。接收和发送 FIFO 被禁止，FIFO 指针被清除
		1	FIFO 模式。接收和发送 FIFO 寄存器被使能

7. 线路控制寄存器（URLCR）

系统通过线路控制寄存器控制异步通信的数据格式，寄存器的内容可以被获取、查询和修改，表 5-66 所示为寄存器的详细描述。

表 5-66　线路控制寄存器 URLCR

位	字　段	数　值	说　明
15～8	保留	0	读取为 0
7	DLAB		共享地址选择位
		0	选择串口接收缓冲寄存器、发送保持寄存器和中断使能寄存器
		1	选择分频数锁存寄存器（高位和低位）
6	BC		间断控制位。当该位被设为 1 时，TX 信号被强制清除
		0	间断被禁止
		1	间断使能
5	STPAR		添加奇偶校验位。当 3 位、4 位和 5 位为 1 时，奇偶校验将被传输但不检测；当 3 位和 5 位为 1，4 位为 0，奇偶校验将被传输并且检测；如果第 5 位为 0，将不添加奇偶校验位
		0	不添加奇偶校验位
		1	添加奇偶校验位
4	EPS		偶数校验选择位
		0	奇数校验
		1	偶数校验
3	PEN		奇偶校验使能位
		0	奇偶校验禁止
		1	奇偶校验使能
2	STB		停止位模式位
		0	1 个停止位在数据中产生
		1	停止位数量由 WLS 决定
1～0	WLS		字长度选择
		00b	5 比特
		01b	6 比特
		10b	7 比特
		11b	8 比特

表 5-67 所示为线路控制寄存器中的 STPAR 位、EPS 位和 PEN 位之间的相互关系。

表 5-67　STPAR 位、EPS 位和 PEN 位之间的相互关系

STPAR	EPS	PEN	说　明
X	X	0	奇偶校验禁止，奇偶校验位不传输和检测
0	0	1	奇数校验：奇数时为 1
0	1	1	偶数校验：偶数时为 1
1	0	1	奇偶校验位传输并检测
1	1	1	奇偶校验位传输但不检测

表 5-68 所示为停止位的长度。

表 5-68 停止位长度

STB	字 长 度	停止位长度	时 钟
0	任意长度	1	16
1	5 位	1+1/2	24
1	6 位	2	32
1	7 位	2	32
1	8 位	3	32

8. 循环模式控制寄存器（URMCR）

寄存器中的 LOOP 位用来使能和禁止异步串口的循环模式，LOOP 在寄存器的第 4 位，当该位为 0 时，循环模式被禁止；为 1 时，循环模式被使能，而这时 TX 为高，RX 引脚不连接，这时发送移位寄存器的输出直接接到接收移位寄存器的输入。

9. 线路状态寄存器（URLSR）

线路状态寄存器为 CPU 通过数据传输的状态，该寄存器为只读寄存器，表 5-69 所示为寄存器的详细描述。

表 5-69 线路控制寄存器 URLSR

位	字 段	数 值	说 明
15～8	保留	0	读取为 0
7	RFIER		接收 FIFO 错误指示
			非 FIFO 模式
		0	没有错误，或者 CPU 从接收缓冲寄存器中读取出错的字符造成该位被清除
		1	有奇偶校验错、帧错误或通信间断
			FIFO 模式
		0	没有错误，或者错误字符被从接收 FIFO 中读取并且在接收 FIFO 中没有错误
		1	至少有一个奇偶校验错、帧错误或通信间断
6	TEMT		发送空指示
			非 FIFO 模式
		0	发送保持寄存器或发送移位寄存器中装有一个字符
		1	发送保持寄存器和发送移位寄存器为空
			FIFO 模式
		0	发送 FIFO 或发送移位寄存器中装有一个字符
		1	发送 FIFO 和发送移位寄存器为空
5	THRE		发送保持寄存器空指示，如果 THRE 为 1 时并且中断被使能，一个中断申请产生
			非 FIFO 模式
		0	发送保持寄存器已经被 CPU 装入
		1	发送保持寄存器空，该寄存器的内容已经被装入发送移位寄存器
			FIFO 模式
		0	发送 FIFO 中装有一个字符，如果发送 FIFO 不满时还可以写入发送 FIFO
		1	发送 FIFO 为空，FIFO 中的最后一个字符已经被传到发送移位寄存器
3	FE		帧错误指示。当字符接收时没有检测到一个有效的停止位时产生一个帧错误。当发生帧错误时，异步串口将 FE 设置为 1 一直到 RX 引脚变高；如果 RX 引脚变高，接收器开始检测新数据的起始位
			非 FIFO 模式
		0	没有检测到帧错误，或 CPU 已经从接收缓冲寄存器中读取出错数据，使 FE 被清除
		1	在接收缓冲寄存器中的字符被检测到帧错误
			FIFO 模式
		0	没有检测到帧错误，或 CPU 已经从接收 FIFO 读取出错数据并且下一个数据没有帧错误，使 FE 被清除
		1	在接收 FIFO 中的头个字符被检测到帧错误

续表

位	字　段	数　值	说　明
2	PE		奇偶校验错误指示。当收到的字符奇偶校验出错时该位被设置
			非 FIFO 模式
		0	没有检测到奇偶校验错误，或 CPU 已经从接收缓冲寄存器中读取出错数据，使 PE 被清除
		1	在接收缓冲寄存器中的字符被检测到奇偶校验错误
			FIFO 模式
		0	没有检测到奇偶校验错误，或 CPU 已经从接收 FIFO 读取出错数据并且下一个数据没有奇偶校验错误，使 PE 被清除
		1	在接收 FIFO 中的头个字符被检测到奇偶校验错误
1	OE		溢出错误指示
			非 FIFO 模式
		0	没有检测到溢出错误，或 CPU 读取线路状态寄存器的内容，使 OE 被清除
		1	检测到一个溢出错误，当发生这个错误时，接收缓冲寄存器中的上一个字符被当前字符覆盖
		0	FIFO 模式
		1	没有检测到溢出错误，或 CPU 读取线路状态寄存器的内容，使 OE 被清除
			检测到一个溢出错误。当 FIFO 的数据超出容量而数据已经在移位寄存器中被完整接收时会发生一个溢出错误，这时新的数据将覆盖移位寄存器中的内容，但不被传输给 FIFO
0	DR		数据准备好指示
			非 FIFO 模式
			数据没有准备好，或字符被从接收缓冲寄存器中读取，DR 位被清除
			数据准备好。一个完整的字符被接收并被传到接收缓冲寄存器
			FIFO 模式
			数据没有准备好，或字符被从 FIFO 中读取，DR 位被清除
			数据准备好。至少还有一个未读字符在接收 FIFO 中

10．供电和仿真控制寄存器（URPECR）

供电和仿真寄存器包含 URST 位和 FREE 位，表 5-70 所示为寄存器的详细描述。

表 5-70　线路控制寄存器 URLSR

位	字　段	数　值	说　明
15	URST		异步串口软件复位位
		0	串口在复位状态下接收和发送被禁止，异步串口将不产生中断和 DMA 事件，但是，发送保持寄存器可以被载入数据，接收缓冲寄存器可以被读取 当向 URST 写入 0 时，异步串口状态机被复位，如果有超时中断，中断将被清除，但寄存器不受影响
		1	接收和发送被使能
14～1	保留	0001h	读取返回 0001h
0	FREE		仿真模式下串口工作设置，如遇到一个调试断点
		0	如果没有字符传输，串口将立即停止；如果有字符正在传输，串口将在传输结束后停止
		1	串口继续工作

5.15.3　异步串口的应用

调用异步串口函数库首先需要包含 csl_uart.h 库文件，异步串口的配置结构如下：

```
UART_Setup mySetup = {
    20,                          //输入时钟频率
    UART_BAUD_9600,              //波特率
    UART_WORD8,                  //字长度
    UART_STOP1,                  //停止位
    UART_DISABLE_PARITY,         //奇偶校验位
    UART_FIFO_DMA0_TRIG14,       //FIFO 模式设置
    UART_NO_LOOPBACK,            //禁止循环模式
};
```

设置函数如下：

```
UART_setup（&mySetup）；
```

下面给出查询模式下串口操作的例子：

```
void UART_rec()
{
Search:                                          //搜索$字符
    pStr=ttt;
    ReturnFlag=UART_read（pStr,1,2000）；
    if（ReturnFlag==false）goto Enddata;
    if（pStr[0]!='$'）goto Search;
    pStr++;
    ReturnFlag=UART_read（pStr,1000,4000000000）；
Enddata：
}
```

思考与练习题

1．C55x 的片内外设可以分为哪几类？这些片上外设可以通过什么工具完成片上外设的操作？

2．片上外设支持库具有什么特点？

3．如何测试时钟发生器是否正常工作？

4．设数字信号处理器定时器输入时钟频率为 100MHz，如果要求定时器发送中断信号或同步事件信号的频率为 1000 次/秒，需要如何对定时器进行设置？

5．为了完成 McBSP 串口的测试，需要其在回环模式下工作，试画出回环模式工作框图。

6．系统需要通过 EHPI 接口完成引导，在该引导模式下需要如何对通用引脚进行设置？

7．如何对通用输入/输出引脚进行测试？

8．DMAGCR 寄存器中的 EHPIEXCL 位设置为 0 或 1 时有何区别？

第 6 章　DSP 集成开发环境 CCS

6.1　CCS 功能简介

Texas Instruments 公司的 DSP 集成开发环境 CCS（Code Composer Studio）是一个在 Windows 操作系统下，为开发 TMS320 系列 DSP 而设计的集成开发环境。CCS 不仅包含代码生成工具，具备基本调试功能，而且具备实时分析能力。它支持整个软件开发过程：从方案设计、代码生成到调试、实时分析等。此外，CCS 还具有可扩展的结构。

CCS 的功能十分强大，它集成了代码的编辑、编译、链接和调试等功能，而且支持 C 语言和汇编混合编程，其主要功能如下。

集成可视化代码编辑界面：可直接编写 C 语言、汇编、C 语言和汇编混合、.H 文件和.cmd 文件等。

集成代码生成工具：包括汇编器、优化 C 语言编译器、链接器等，将代码的编辑、编译、链接和调试等功能集成到一个开发环境中。

基本调试工具：可以装入执行代码（.out 文件），查看寄存器窗口、存储器窗口、反汇编窗口和变量窗口，并且支持 C 语言源代码级调试。

断点工具：能在调试程序的过程中，设置软件断点、硬件断点、数据空间读/写断点、条件断点（使用 GEL 编写表达式）等。

探针调试工具（probe points）：可用于算法仿真，数据监视等。

性能分析工具（profile points）：可用于评估代码执行的时钟数。

实时分析和数据可视化工具：例如，数据的图形显示工具，可绘制时域/频域波形、眼图、星座图、图像等，并具有自动刷新功能（使用 Animate 命令运行）。

GEL 工具：用户利用 GEL 扩展语言可以编写自己的控制面板/菜单，设置 GEL 菜单选项，可方便直观地修改变量，配置参数等。

支持实时数据交换 RTDX（Real Time Data Exchange）技术：该技术可在不中断目标系统运行的情况下，实现 DSP 与其他应用程序（OLE）的数据交换。

提供 DSP/BIOS 工具：增强对代码的实时分析能力，如分析代码执行的效率、调度程序执行的优先级、方便管理或使用系统资源（代码/数据占用空间，中断服务程序的调用，定时器使用等），从而减少了开发人员对硬件资源熟悉程度的依赖性。

支持多 DSP 的调试。

开放式的 plug-in 技术不仅可以支持第三方 ActiveX 插件，而且通过安装相应的驱动程序就可以支持包括软仿真在内的各种仿真器。

CCS 尤为重要的特点是提供了配置、构造、跟踪和分析程序的工具，并在基本代码生成工具的基础上增加了调试和实时分析功能，为使用者提供了方便、实用的开发工具，从而加速了实时、嵌入式信号处理的开发。

6.2 CCS 安装与设置

6.2.1 CCS 软件安装

将 CCS 安装光盘放入光盘驱动器中，在 Windows 环境下运行安装程序 setup.exe。

当 CCS 软件安装到计算机后，桌面上会出现如图 6-1 所示的两个快捷方式图标。其中“CCS C5000”对应 CCS 的应用程序，而“Setup CCS C5000”对应 CCS 配置程序。

CCS2
('C5000)

Setup CCS2
('C5000)

图 6-1 CCS 的两个图标

6.2.2 CCS 设置

CCS 是运行在一系列仿真设备之上的一个集成开发环境。这一系列仿真设备包括软仿真器（Simulator）、各种硬仿真器（Emulator）、TI 或第三方公司提供的 DSP 初学者套件（DSK）和 DSP 评估板（EVM）等。为了使 CCS 能工作在不同的硬件或仿真目标板上，在使用 CCS 进行 DSP 软件开发之前，必须要进行 CCS 设置。可利用系统提供的标准配置文件为 CCS 进行配置，也可按用户自己建立的配置文件来配置系统结构。

采用标准配置文件进行系统配置的步骤如下。

（1）启动 CCS 配置程序。双击桌面上 Setup CCS 快捷图标，运行仿真设备的安装程序，界面如图 6-2 所示。

图 6-2 Import Configuration 对话框

CCS 安装完成之后，会在系统中默认安装 C55x 的软仿真设备（C55x Simulator）。

（2）清除以前定义的配置。在图 6-2 所示的对话框中，单击“Clear”按钮，即可清除 CCS 默认的配置。

（3）选择与目标系统相匹配的配置文件。用户可在“Available Configurations”区域中选择所需要的仿真设备，然后单击“Import”按钮，即可将其添加到系统配置中（system configuration）。

（4）保存系统配置。单击“Save and Quit”按钮，安装程序就会提示是否退出后启动 CCS，如图 6-3 所示。单击“是”按钮，即可成功启动 CCS 在选定的仿真设备下工作。

通过使用过滤器，可以快速地选定需要的系统配置。在过滤器中，有三个下拉列表。DSP 系列（Family）下拉列表当中的可选项有：C54x，C55x。平台类型（Platform）下拉列表当中的可选项有：DSK，EMU，EVM，SIM。对于 C5000 系列 DSP，Endianness 选项可不用。依次选择前两个下拉菜单后，单击“Import”按钮即可，如图 6-4 所示。单击“Save and Quit”按钮，安装程序就会提示是否退出后启动 CCS，如图 6-3 所示。单击“是”按钮，即可成功启动 CCS 在选定的仿真设备下工作。

图 6-3　安装程序启动 CCS 的提示

图 6-4　快速选择仿真设备

上述内容是添加 CCS 提供的标准仿真设备，当使用第三方公司提供的仿真设备时，就需要按照以下步骤进行系统配置。

（1）双击桌面 Setup CCS 图标，屏幕将出现“Import Configuration”对话框；单击“Close”按钮关闭该对话框，CCS 设置界面如图 6-5 所示。

（2）在仿真设备安装程序的最右栏单击“Install a Device Driver”，弹出“Select Device Driver File”对话框，选择所需驱动程序（后缀名为.dvr 的文件），将其打开即可，如图 6-6 所示。

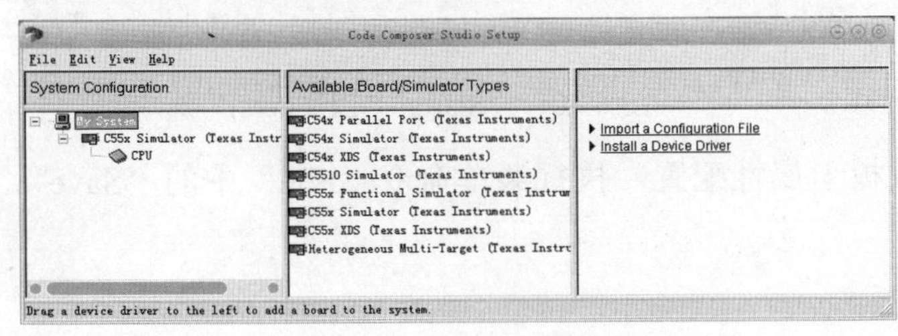

图 6-5　CCS 设置界面

图 6-6　选择器件驱动程序

（3）在“Available Board/Simulator Types”栏中可以看到刚添加的板卡，选定板卡，可在“Install a Device Driver”栏中看到其简介，然后单击“Add to System”，弹出“Board Properties”对话框，如图 6-7 所示。

（4）单击“Next>”按钮，弹出“Board Properties”标签（软件模拟器 Simulator 无此栏），修改 I/O 端口值，如图 6-8 所示。

（5）单击“Next>”按钮，弹出“Processor Configuration”选项卡，选择适当型号的处理器，单击“Add Single”按钮将 CPU 加入配置中，如图 6-9 所示。

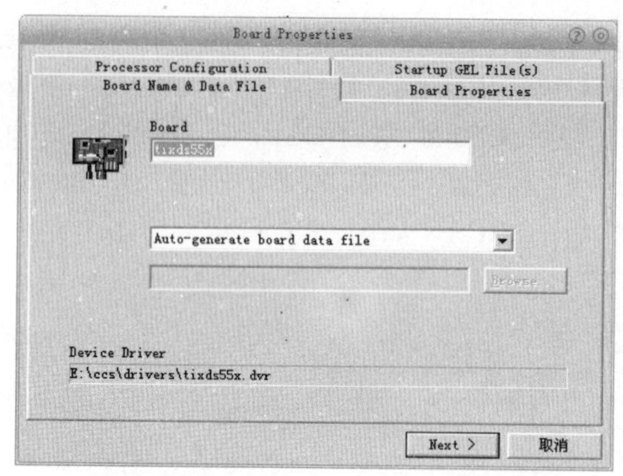

图 6-7　“Board Name & Data File”选项卡

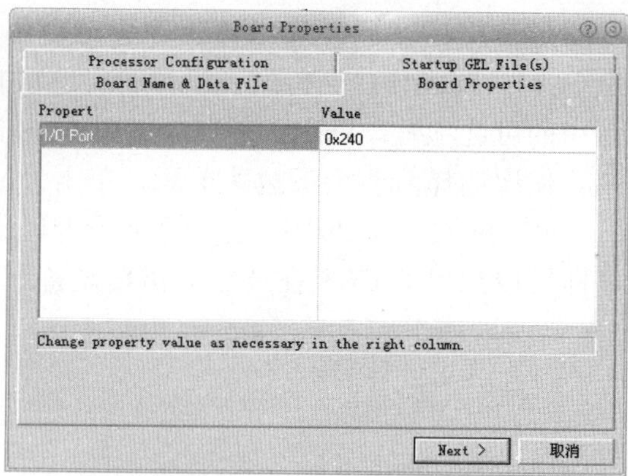

图 6-8　“Board Properties”选项卡

（6）单击“Next>”按钮，弹出“Startup GEL File(s)”选项卡，GEL 即通用扩展语言（General Extension Language），它是一种解释性语言，类似于 C 语言，可以使用 GEL 来编写函数，从而扩展 CCS 的功能。单击“浏览”按钮，选择所需要的 GEL 文件，如图 6-10 所示。

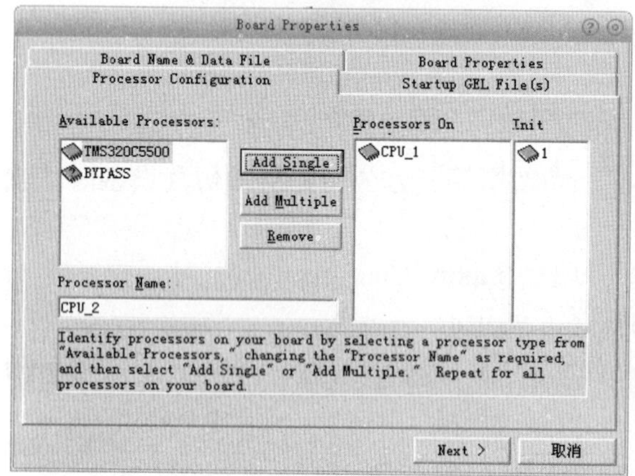

图 6-9　“Processor Configuration”选项卡

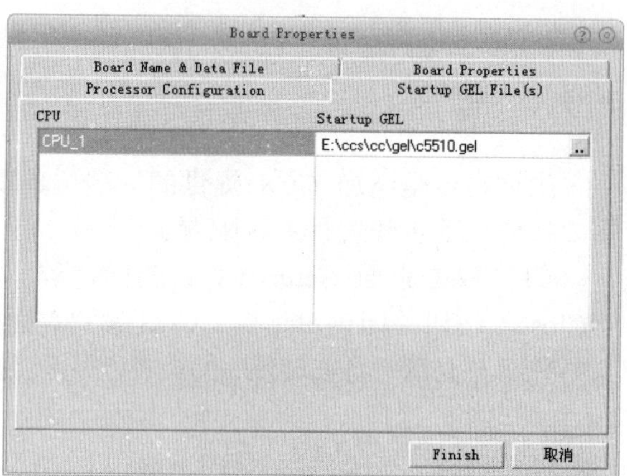

图 6-10　“Startup GEL File(s)”选项卡

（7）单击“Finish”　按钮，完成板卡属性配置，执行菜单命令“File”中的“Save”，存储当前配置。

6.3　CCS 的基本操作

成功的执行 CCS 的配置程序，安装相应的设备驱动程序后，退出配置程序“Setup CCS C5000”时，安装程序会自动启动 CCS 应用程序。

利用 CCS 集成开发环境，用户可以在开发环境下完成工程项目的创建、程序编辑、编译、链接、调试和数据分析等。使用 CCS 开发应用程序的一般步骤主要有：

（1）打开或创建一个工程项目文件（project），包括源程序（C 语言或汇编）、目标文件、库文件、链接命令文件和包含文件。

（2）可以使用 CCS 提供的集成编程环境，对头文件（*.h 文件）、链接命令文件（*.cmd 文件）和源程序（*.c，*.asm 文件）进行编辑。

（3）对工程项目进行编译。如出现语法错误，将在构建（Build）窗口中显示错误信息。用户可以根据现实的信息定位错误位置，更改错误。

（4）利用 CCS 提供的探针点、图形显示、性能评价等工具，对程序运行结果、输出数据进行分析，评估算法的性能。

6.3.1　CCS 的窗口和工具条

1．CCS 的应用界面

如图 6-11 所示的 CCS 基本运行界面，一个典型的 CCS 开发环境界面由主菜单、工具条、工程窗口、编辑窗口、反汇编窗口、图像显示窗口、内存单元显示窗口和寄存器显示窗口等构成。

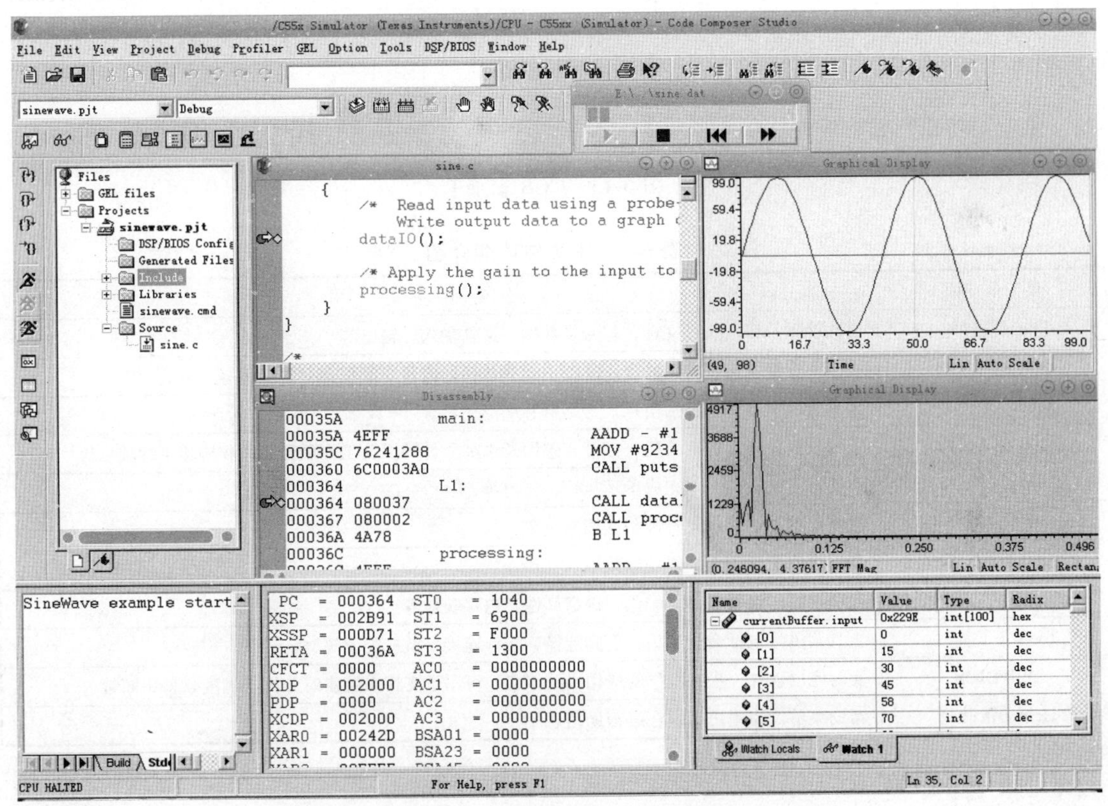

图 6-11　CCS 的基本运行界面

工程窗口：用来组织若干程序，构成一个工程项目。用户可以从工程列表中选择需要编辑和调试的程序。

编辑窗口：既可以编辑源程序，又可以设置断点、探针点调试程序。

反汇编窗口：用来帮助用户查看机器指令，查找错误。

内容和寄存器显示窗口：可以查看、编辑内存单元和寄存器。

图形显示窗口：可以根据用户需要，以图形的方式显示数据。

2．关联菜单

CCS 的所有窗口都含有一个关联菜单。只要在该窗口中单击右键，就可以打开关联菜

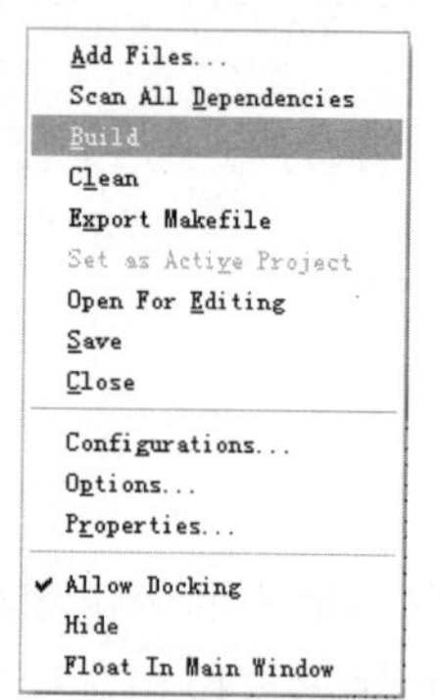

图 6-12　工程窗口中的关联菜单

单。用户可以通过关联菜单提供的选项和命令，对窗口进行设置，完成特定操作。例如在工程窗口（Project View）中单击右键，弹出如图 6-12 所示的菜单。选择不同的选项，用户可对窗口进行各种操作，完成相应的功能。

3．主菜单

主菜单中各选项如图 6-13 所示，由 File（文件）、Edit（编辑）、View（查看）、Project（项目）、Debug（调试）、Profiler（性能分析）、GEL（扩展功能）、Option（选项）、Tools（工具）、DSP/BIOS、Window（视窗）和 Help（帮助）12 个选项组成。其各项的功能如表 6-1 所示。

File　Edit　View　Project　Debug　Profiler　GEL　Option　Tools　DSP/BIOS　Window　Help

图 6-13　CCS 主菜单

表 6-1　主菜单功能介绍

菜　单　项	菜 单 功 能
File（文件）	文件管理，载入执行文件、符号及数据、文件输入、输出等
Edit（编辑）	文字及变量编辑，剪贴操作、字符串查找替换、内容变量和寄存器编辑等
View（查看）	工具条显示设置，包括内存、寄存器和图形显示等
Project（项目）	工程项目管理，包括新建、打开、关闭及添加文件等以及工程项目编译和构建工程项目等
Debug（调试）	设置断点、探针点，完成单步执行、复位等
Profiler（性能分析）	性能菜单，包括设置时钟和性能断点等
GEL（扩展功能）	利用通用扩展语言扩展功能菜单
Option（选项）	选项设置，设置字体、颜色、键盘属性、内存映射等
Tools（工具）	工具菜单，包括命令窗口、引脚连接、端口连接、链接配置等
DSP/BIOS	实时底层软件，提供底层的应用函数接口，可用于支持系统实时分析、调度软件中断等
Help（帮助）	帮助菜单，为用户提供在线帮助信息

4．常用工具条

CCS 主菜单中常用的命令又组成了 4 类工具条：标准工具条、编辑工具条、项目工具条和调试工具条。用户可以直接单击工具条上的按钮执行相应的操作。

（1）标准工具条

标准工具条如图 6-14 所示。可以通过选择主菜单“View”中的“Standard Toolbar”选项，打开和关闭标准工具条。

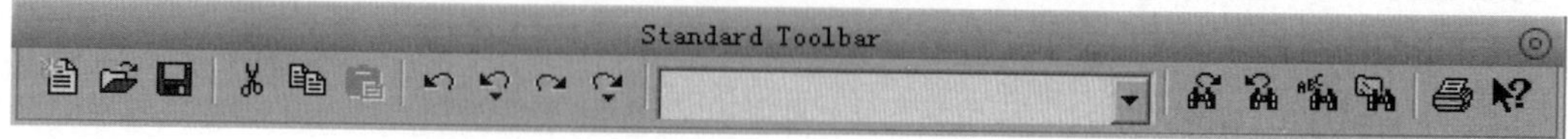

图 6-14　标准工具条

标准工具条中的按钮包括：

New：创建文件按钮，用来创建新文件。

Open：打开文件按钮，用来打开已有的文件。

Save：保存文件按钮，用来保存当前窗口中的文件。

Cut：剪切按钮，用来剪切选定的文本并保存到剪贴板。

Copy：复制按钮，用来复制选定的文本并保存到剪贴板。

Paste：粘贴按钮，将剪贴板中的文本用来粘贴在光标处。

Undo：撤销按钮，用于撤销最后的编辑活动。

Undo History：撤销历史按钮，用于显示撤销的历史编辑活动。

Redo：恢复按钮，用于恢复最后撤销的编辑活动。

Redo History：恢复历史按钮，用于显示恢复的历史编辑活动。

Find Next：向下搜索按钮，用来查找光标所在位置下一个要搜索的字符串。

Find Previous：向上搜索按钮，用来查找光标所在位置前一个要搜索的字符串。

Search Word：搜索文本段按钮，将选定的文本段作为搜索内容，单击该按钮，将显示该文本段下一个出现的位置。

Find in Files：搜索多个文件按钮，单击该按钮，弹出的对话框是有关搜索多个文件或指定文件的信息。

Print：打印文件按钮，用来打印当前窗口的源文件。

Help：帮助按钮，可为用户提供上下文相关的帮助。

（2）编辑工具条

编辑工具条如图 6-15 所示。可通过主菜单“View”中的“Edit Toolbar”选项，打开和关闭编辑工具条。

图 6-15　编辑工具条

编辑工具条中的按钮包括：

Mark To：将光标放在开括号前，单击该按钮，查找匹配的闭括号并标记括号对中的文本。

Mark Next：从光标处向下查找括号对，并标记括号中的文本。

Find Match：将光标放在括号前，查找与之匹配的括号。

Find Next Open：从光标处查找下一个开括号。

Outdent Marked Text：将选定的文本块向左缩进。

Indent Marked Text：将选定的文本块向右。

Edit Toggle Bookmark：用来为当前文件中光标所在行设置或删除书签。

Edit Next Bookmark：在当前文件光标所在处，查找下一个书签。

Edit Previous Bookmark：在当前文件光标所在处，查找上一个书签。

Edit Bookmarks：用来编辑书签属性。

Enable the external editor：使能外部编辑器。

（3）项目工具条

项目工具条如图 6-16 所示，主要用于构建工程项目，完成对断点、探针点的操作等。

可通过主菜单“View”中的“Project Toolbar”选项，打开和关闭项目工具条。

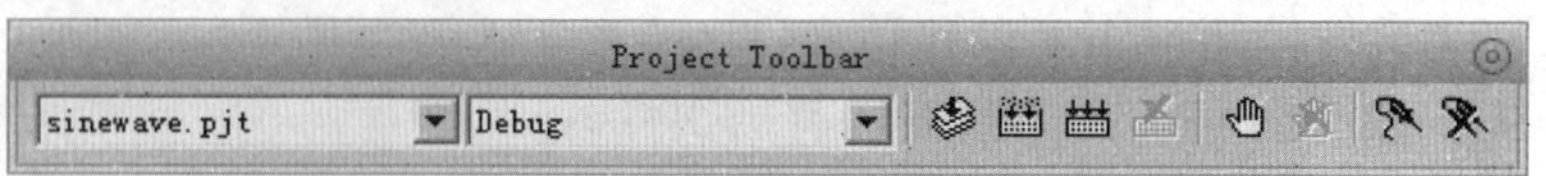

图 6-16　项目工具条

项目工具条中的按钮包括：

Compile File：用来编译当前的源文件，但不进行链接。

Incremental Build：只对上次构建后又进行修改的文件编译。

Rebuild All：用来重新编译当前工程项目中的所有文件，并重新链接形成输入文件。

Stop Build：用来停止文件编译后的构建过程。

Toggle breakPoint：用来在编辑窗口的源文件或反汇编指令中设置断点。

Remove All breakPoints：用来删除全部断点。

Toggle Probe Point：在光标所在处设置探针点。

Remove All Probe Points：删除全部探针点。

（4）调试工具条

CCS 提供了多种调试程序的操作方法。这些调试方法以按钮的形式出现在调试工具条中。调试工具条如图 6-17 所示。可通过主菜单“View”中的“Debug Toolbar”选项，打开和关闭项目工具条。

图 6-17　调试工具条

调试按钮包括：

Single Step：在调试程序中，单步执行下一条指令，如果下一条指令是函数调用，则进入该函数。

Step Over：执行一个函数调用后暂停。如果不是函数调用，则单步执行下一条指令。

Step Out：执行完当前子程序，返回到调用该子程序的指令。

Run to Cursor：执行装载的程序，直到遇到反汇编窗口中的光标处为止。

Run：从当前位置开始执行程序，直到遇到断点后停止。

Halt：用来暂定正在执行的程序。

Animate：从当前程序位置执行到下一个断点处，刷新数据后继续执行程序。

Register Window：用来查看和修改 CPU 寄存器和外设寄存器。

View Memory：用来查看指定地址开始的存储器内容。

View Stack：用来打开堆栈窗口。

View disassembly：用来打开反汇编窗口。

6.3.2　文件的编辑

CCS 提供了很多编辑功能，可以灵活使用这些功能来高效地编辑一个工程中的各种文件。它提供的功能主要有：

（1）采用高亮显示句法：以不同的高亮颜色显示语句中的关键词、注释、字符串和汇编伪指令等。

（2）具有查找和替换功能：可以在一个或多个文件中搜索和查找替换字符串。

（3）提供上下文相关的帮助：在源程序中，通过F1键可以对高亮显示字符串进行在线帮助。

（4）多窗口显示：可以打开多个文件窗口或对一文件采用多窗口显示。

（5）快速方便的工具条：可以利用标准工具条和编辑工具条让用户快速使用编辑功能。

（6）单击右键可以通过弹出的关联菜单快速使用编辑器功能。

（7）C语言编辑器可以判别圆括号或大括号是否匹配，提示语法错误。

（8）所有编辑命令都有快捷键。

1．创建文件

创建一个新文件的步骤如下：

（1）选择主菜单“File”中的“New”选项，或者单击标准工具条上的创建文件按钮，将在编辑窗口出现一个新的窗口。

（2）在新窗口中输入源代码，同时在编辑窗口标题的文件名后面出现一个星号（*），表示该源文件已被修改，存盘后星号自动消失。

（3）选择主菜单“File”中的“Save”或“Save As”选项，或者单击标准工具条上的保存文件按钮，将出现“保存为”对话框。

（4）在“保存为”对话框中，确定保存文件的目录，输入文件名和扩展名。扩展名默认为“.c”。

（5）单击“保存为”对话框上的“保存”按钮，完成文件的保存。

2．打开一个文件

利用“Open”命令可以打开一个存在的源文件。打开文件的步骤如下：

（1）选择主菜单“File”中的“Open”选项，或者单击标准工具条上的打开文件按钮，出现“打开”对话框。

（2）在“打开”对话框中，选择文件。若没有所要选择的文件，通过选择文件类型和目录再查找要打开的文件。

（3）单击“打开”对话框上的“打开”按钮，将在编辑窗口中打开所选择的文件。

3．编辑文件

在打开和创建的文本文件中，可进行各种文本剪辑。

（1）文本的剪切、复制和粘贴

对文本的剪切、复制和粘贴步骤如下：

① 选中要剪切或复制的文本段。

② 选择主菜单“Edit”中的“Cut”或“Copy”选项，也可以单击标准工具条上的剪切按钮或复制按钮，将选中的文本存入剪贴板。

③ 将光标放在需要插入文本的地方。

④ 选择“Paste”选项或单击标准工具条中的粘贴按钮。

（2）删除文本

选中要删除的文本段，单击主菜单“Edit”中的“Delete”选项，或按键盘上的

"Delete"键，来删除文本。

（3）撤销/恢复

选择主菜单"Edit"中的"Undo"和"Undo History"选项，或单击撤销按钮和撤销历史按钮，可以撤销当前窗口中的最后一次编辑活动和历史编辑活动。

选择主菜单"Edit"中的"Redo"和"Redo History"选项，或单击恢复按钮和恢复历史按钮，可以恢复当前窗口中的最后一次编辑活动和历史编辑活动。

4. 文本的查找和替换

可以在当前文件或多个文件中搜索文本串，也可以用一个文本串代替另一个文本串。利用这个功能可以完成在多个文件中的跟踪、修改变量和函数等。

（1）在当前文件中查找文本

使用标准工具条中的寻找域，可快速查找当前窗口中的字符串。具体步骤如下：

① 在寻找域中输入要查找的字符串。它是一个下拉式的查找清单，记录了已经查找过的字符串。

② 单击标准工具条上的向下查找按钮或向上查找按钮，开始查找。

也可以使用"Edit"菜单中的"Find/Replace"选项来完成字符串的查找和替换。

（2）在多个文件中查找文本

使用"Edit"菜单中的"Find in Files"选项，可在多个文件中搜索指定的字符串。操作步骤如下：

① 选择"Edit"菜单中的"Find in Files"选项，或单击标准工具条中的按钮，弹出如图 6-18 所示的对话框。

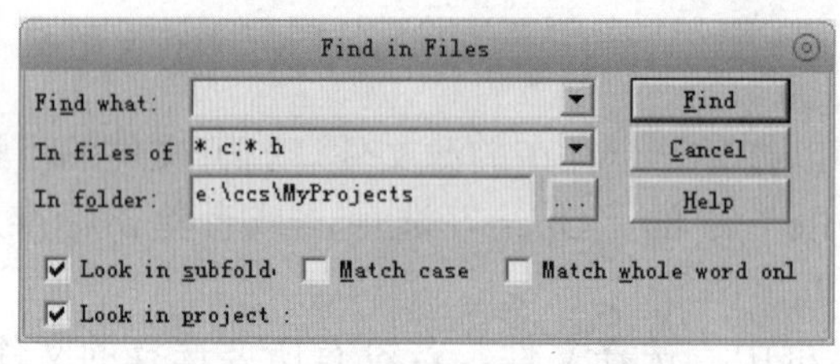

图 6-18 "Find in Files"对话框

在"Find what"中输入要查找的字符串，也可在下拉列表中选择。"In files of"是选择要搜索的文件类型，可以从下拉列表中选择。"In folder"是要搜索的主文件夹，可以使用浏览的方式选择主文件夹。"Look in subfolders"的选定表示搜索主文件夹中的子文件夹。"Match case"的选定表示大小写匹配的字符串。"Match whole word only"表示仅搜索整个字匹配的字符串。"Look in project"表示在工程文件中搜索。

② 在对话框中输入搜索信息。

③ 单击对话框中的"Find"按钮开始搜索。在输出窗口中显示搜索结果，包括文件所在目录、文件名、行号以及该行的内容。双击匹配文本行，将在编辑窗口中打开指定的文件，光标位于匹配文本行的开头。若要关闭输出窗口，在窗口中单击右键，在关联窗口中选择"Hide"选项即可。

5. 文本书签

当开发 DSP 软件项目所编写的代码过长时，在调试过程中想快速找到某一行就可以使用文本书签功能。

（1）设置书签

在源文件中设置书签的步骤如下：

① 将光标移动到要设置书签的文本行上。

② 单击编辑工具条中的设置/取消书签按钮，完成一个书签的设置，如图 6-19 所示。

（2）显示书签

可以使用以下任何方法来打开书签列表：

① 在已设置书签的文件中，单击右键打开关联菜单，选择“Bookmarks”子菜单中的“Bookmarks”选项，显示书签列表。

② 在主菜单“Edit”中，选择“Bookmarks”选项，可以打开书签列表。

③ 在编辑工具条上单击按钮，可显示书签列表。

打开的书签列表如图 6-20 所示，选定某一书签，单击“Go To”按钮就可快速定位到书签所在的行上。

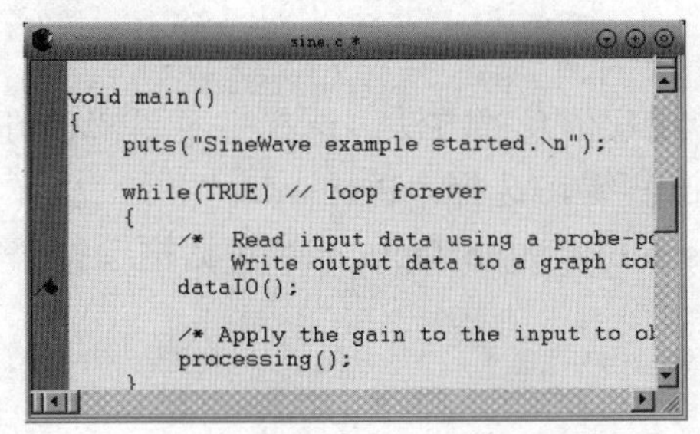

图 6-19　设置了书签的编辑窗口

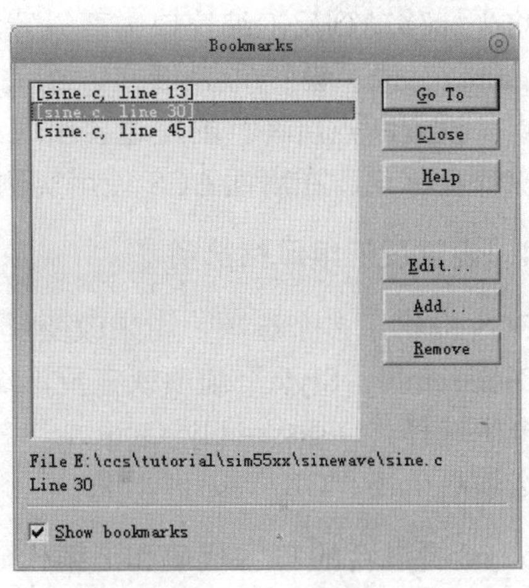

图 6-20　书签列表

（3）删除书签

可以使用下面的任何一种方法来删除书签：

① 在打开的书签列表中，选定要删除的书签，单击“Remove”按钮即可。

② 打开要删除书签的文件，将光标移动到书签上，单击右键打开关联菜单，选择“Bookmarks”子菜单中的“Remove Bookmark”选项，删除书签。

③ 打开要删除书签的文件，将光标移动到书签上，单击编辑工具条上的按钮即可。

6.3.3　反汇编窗口的使用

当程序载入目标处理器或仿真器后，调试器会自动打开反汇编窗口，如图 6-21 所示。反汇编窗口主要显示反汇编后的指令和调试所需的符号信息，包括反汇编指令、指令存放的地址和相应的操作码。

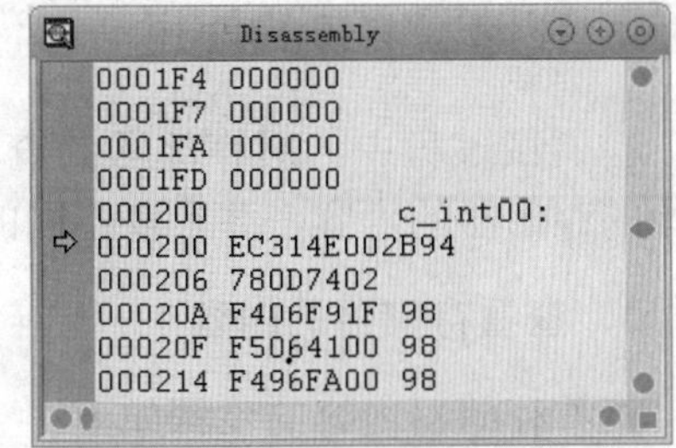

图 6-21　反汇编窗口

1. 打开多个反汇编窗口

选择主菜单“View”中的“Disassembly”选项，或者单击调试工具条上的按钮，可打开多个反汇编窗口，并且在每个窗口的标题条中标有窗口序号。

2. 修改程序起始地址

在反汇编窗口中单击右键，从弹出的关联窗口中选择“Start Address”选项后会出现“View Address”对话框，在该对话框中输入所需的起始地址，然后单击“OK”按钮即可。

3. 从反汇编窗口管理断点和探针点

可以在反汇编窗口中设置断点和探针点。使用断点是程序调试的基本手段，在程序调试中充分利用 CCS 提供灵活多样的断点工具，可以大大提高调试效率。探针点是 CCS 中比较有特色的调试工具，程序运行到探针点会执行刷新图形、文件输入/输出等操作。

将光标移动到反汇编窗口需要设置断点的位置，双击该行或在关联窗口中选择“Toggle breakpoint ”选项设置/取消断点。在关联窗口中选择“Toggle Probe Point”选项设置/取消探针点。设置断点所在行的左边会出现红色的断点标记。设置探针点所在行的左边会出现蓝色的探针点标记。在后面 CCS 使用实例中会详细介绍断点和探针点的设置。

4. 设置反汇编风格选项

CCS 提供了多个选项，用来改变反汇编窗口中观察信息的方法。选择主菜单“Option”中“Disassembly Style”选项或在反汇编窗口中单击右键，选择“Properties”后，从弹出的对话框中选择“Disassembly Options”。在“Disassembly Style Options”对话框选择所需的风格选项后单击“OK”按钮即可。

5. 查看混合的 C 源代码和汇编代码

在反汇编窗口中，除了可以查看反汇编指令，还可以查看 C 语言源程序和汇编程序的混合代码。具体步骤如下：

（1）选择“View”菜单中的“Mixed Source/ASM”选项。选中该项后，该选项前会有“√”标记。

（2）选择“Debug”菜单中的“Go Main”选项。

然后调试器开始执行程序，并在 main()处停止，会在编辑窗口自动显示有关的 C 语言源程序，每一条 C 语言语句的反汇编指令都出现在源代码中。

6.3.4 存储器窗口的使用

在调试过程中，对存储器的查看和修改非常重要，可以利用存储器窗口查看指定地址开始的存储器的内容，并且以不同的格式进行显示和修改。

1. 查看存储器的内容

查看存储器内容的步骤如下：

（1）选择“View”菜单中的“Memory”选项或单击调试工具条中的按钮，打开“Memory Window Options”对话框，如图 6-22 所示。

（2）在对话框中输入想查看的存储器的起始地址和设置各种显示选项。

（3）单击“OK”按钮，在编辑窗口中出现存储器窗口，如图 6-23 所示。

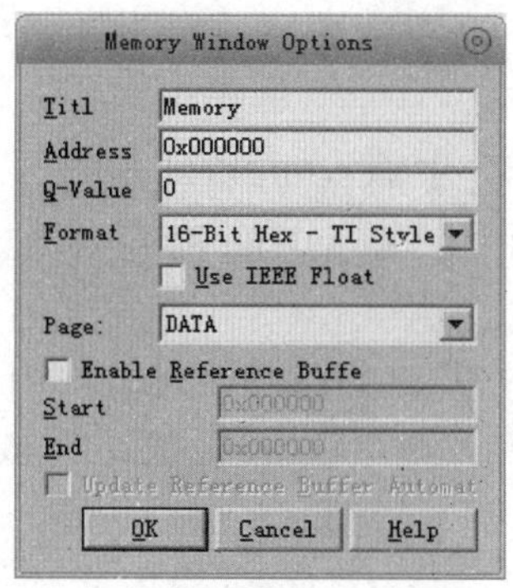

图 6-22　存储器窗口选项对话框

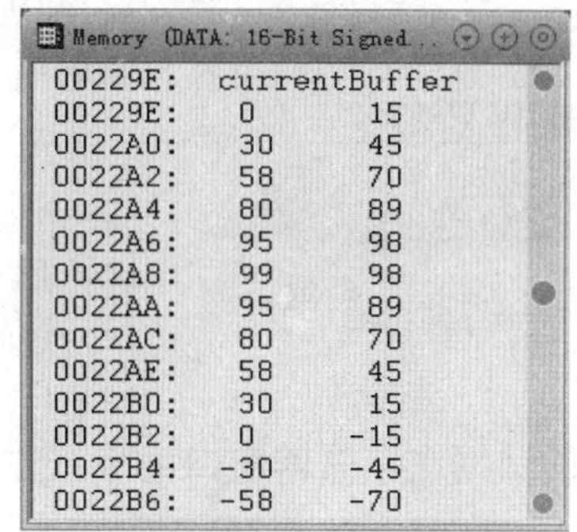

图 6-23　存储器窗口

2．设置存储器窗口选项

在图 6-22 所示的存储器窗口选项对话框中，通过对各参数的选择可以使存储器窗口具有各种不同的特征。

- Address：表示所要观察的存储器起始地址。
- Q-Value：表示所要观察数据的小数点的位置，也就是数据有多少位二进制小数。
- Format：从下拉列表中选择存储器显示的格式。
- Use IEEE Float：表示数据以 IEEE 浮点格式显示。
- Enable Reference Buffer：选择此项后，将保存指定的存储器范围，以便进行数据的比较。例如，选择该项后输入起始地址和结束地址确定存储器的地址范围 0x0000～0x002F。该地址范围的内容被保存到主机存储器中。每次暂停目标程序、遇到中断或刷新存储器时，调试器就会比较参考缓冲区与当前存储器的内容，如果数据发生了改变，在存储器中用红色显示改变的数据。
- Start Address：只有选择“Enable Reference Buffer”选项后，在该项中输入要保存到参考存储器中的存储器起始地址。
- End Address：只有选择“Enable Reference Buffer”选项后，在该项中输入要保存到参考存储器中的存储器结束地址。
- Update Reference Buffer Automatically：选定该项后，参考缓冲区中的内容自动被指定范围的存储器当前的内容覆盖。存储器窗口被刷新时，参考缓冲区的内容相应被更新。

3．编辑存储器

可以采用以下方法编辑存储器的内容。

（1）在存储器窗口编辑

① 打开存储器窗口，在准备编辑的存储器位置双击后弹出如图 6-24 所示的“Edit Memory”对话框，地址和数据域是选中存储器的地址和数据。

② 在对话框的“Date”域输入数据，输入的数据可以是十六进制、十进制或浮点数。

③ 单击对话框上的“Done”按钮完成存储器的编辑。编辑后的数据在存储器窗口中显示红色。

（2）用菜单命令编辑

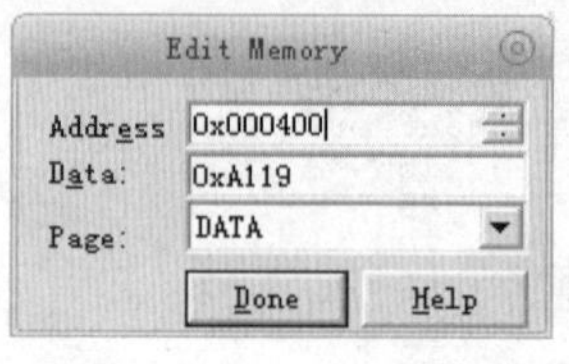

图 6-24　编辑存储器对话框

① 选择“Edit”菜单的“Memory”选项后，在子菜单中选择“Edit”命令，弹出如图 6-24 所示的编辑存储器窗口对话框。

② 在“Address”中输入要编辑的地址。

③ 单击 “Data”，数据域的内容自动更新为指定地址的内容。

④ 在数据域输入数据修改指定地址的内容。

⑤ 单击对话框上的“Done”按钮完成存储器的编辑。编辑后的数据在存储器窗口中显示红色。

6.3.5　寄存器窗口的使用

可以在寄存器窗口中查看和编辑 CPU 寄存器和外设寄存器。

（1）查看和编辑 CPU 寄存器的内容

① 选择“View”菜单中的“CPU Register”选项，在子菜单中选择“CPU Registers”命令，出现如图 6-25 所示的寄存器窗口。或者单击调试工具条上的按钮，也可打开寄存器窗口。其中列出了所有 CPU 内部的寄存器的值，这样在调试时比较直观地得到各种状态位和控制位的值。选择“Debug”菜单中的“Run”，继续运行程序，此时 CPU 寄存器的值会发生变化，但是在 CPU 寄存器窗口中的值不会相应的变化。再用“Halt”指令停止程序运行，可以看到窗口中的值发生了变化。

② 双击想要修改的寄存器或在 CPU 寄存器窗口中单击右键，在弹出菜单中选择“Edit Register”命令，就会出现如图 6-26 所示的编辑寄存器对话框。

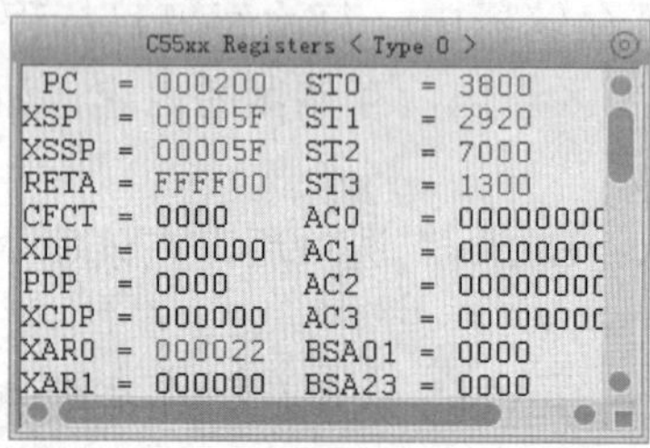

图 6-25　寄存器窗口

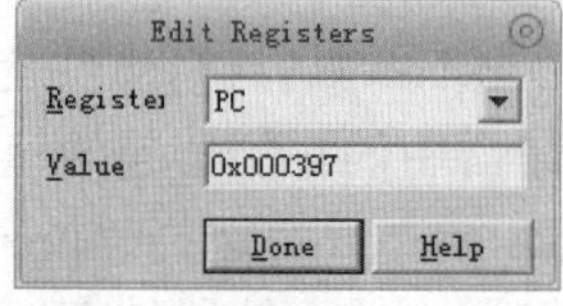

图 6-26　编辑寄存器对话框

③ 在下拉列表中选择需要修改的寄存器，然后在“Value”中输入新的值。

④ 单击“Done”按钮即可。

（2）查看和编辑外设寄存器的内容

在 DSP 芯片内部有各种外设，对这些外设的控制和运行都是以读/写外设控制寄存器的方式完成的。可以利用 CCS 的调试工具查看和修改这些外设寄存器。

① 选择“View”菜单中的“CPU Register”选项，在子菜单中选择“Peripheral Registers”命令，出现如图 6-27 所示的外设寄存器窗口。

② 采用与前面相同的方式编辑外设寄存器的值。

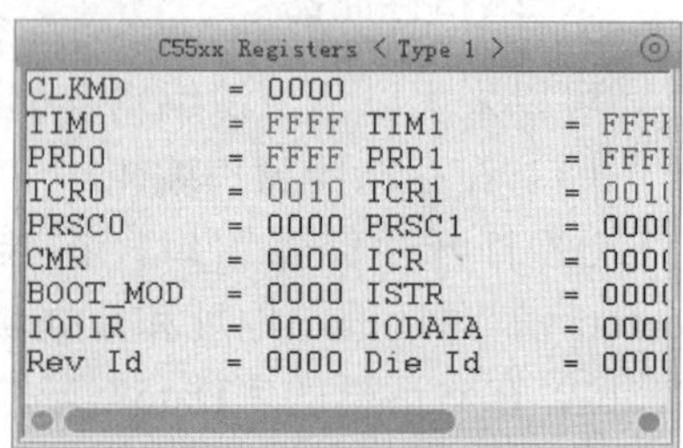

图 6-27　外设寄存器窗口

6.3.6 观察窗口的使用

观测窗（Watch Window）是一种重要的调试工具，它用于检查、编辑局部变量、全局变量、C/C++表达式的值。

1．打开观察窗口

选择“View”菜单中的“Watch Window”选项或单击观察工具条上的按钮，打开观察窗口，如图 6-28 所示。

观测窗显示以下 4 类信息：符号名（name）、数值（value）、数据类型（type）和基数（radix）。其中，“基数”显示所代表的数据格式见表 6-2。

表 6-2 Radix 显示代表的数据格式

Radix 显示	所代表的数据格式
hex	十六进制
dec	十进制
bin	二进制
oct	八进制
char	ASCII 字符
float	十进制浮点数
scientific	指数形式浮点数
unsigned	无符号整数
auto	默认显示格式

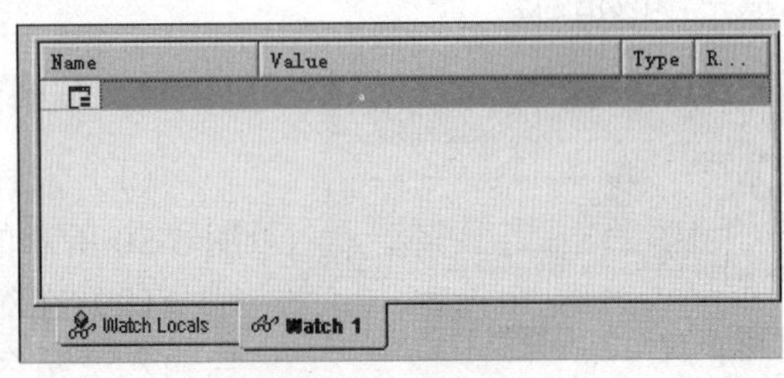

图 6-28 观察窗口

2．在观察窗口加入观察变量或数组

打开图 6-28 所示的观察窗口后，在默认的情况下观察窗口显示“Watch Locals”标签，在其中显示当前执行函数中的所有局部变量。

可以采用下面任何一种方法在观察窗口中加入变量或数组：

（1）在源文件或反汇编窗口中，双击变量使其选中，单击右键，选择“Add to Watch Window”选项，则该变量或数组自动加入当前的观察窗口。

（2）在打开的观察窗口中选择“Watch 1”标签，然后打开源文件，双击变量或数组使其被选中，然后用鼠标将其拖入观察窗口。

（3）在打开的观察窗口中选择“Watch 1”标签，单击“Name”域或按键盘上的“Insert”键，然后输入要观察的变量名或表达式。

数组或结构变量包含多个单元，当数组或结构变量定义到观察窗口后，会采用“+”“–”的前缀来显示。

3．快速观察

利用 CCS 提供的快速观察功能可以快速地观察和修改变量。

（1）观察变量

在 CCS 的编辑窗口中，将光标移动到要观察的变量上，单击右键选择“Quick Watch”命令，或者单击观察工具条上的按钮，弹出如图 6-29 所示的快速观察对话框。

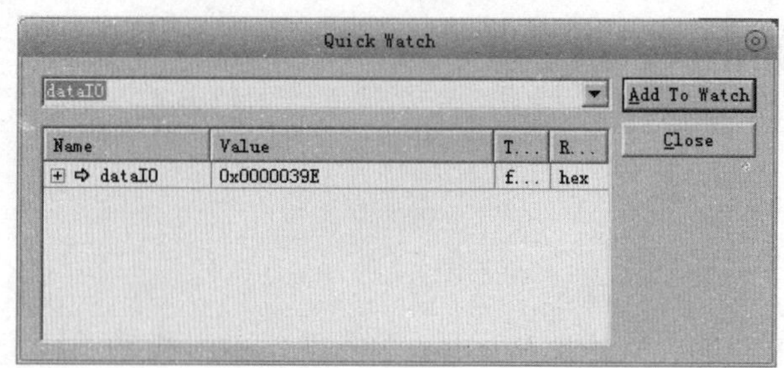

图 6-29　快速观察对话框

（2）将变量加入观察窗口

在打开的快速观察窗口中选的一个变量，单击窗口中的“Add to Watch”选项后，即可将变量加入到观察窗口变量列表中。

（3）编辑观察变量

在打开的快速观察窗口中单击变量名，然后单击“Name”域或“Value”域，即可在选择的域中修改信息。

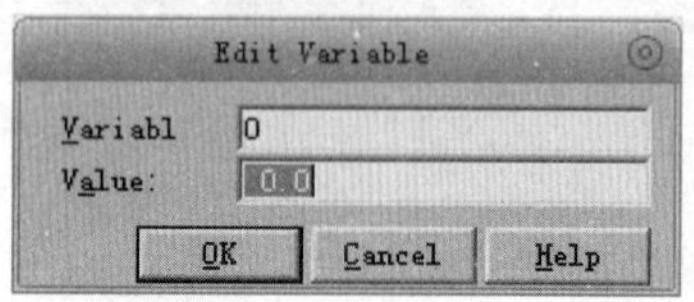

图 6-30　编辑变量对话框

4．编辑变量

（1）选择菜单“Edit”中的“Variable”选项，弹出如图 6-30 所示的对话框。

（2）在对话框中输入要编辑的变量名和新的变量值。当输入变量名后，单击“Value”域，CCS 会自动显示变量的原始值。

（3）修改变量值后，单击“OK”按钮完成编辑。

6.4　创建工程项目

6.4.1　工程项目的建立、打开和关闭

1．创建一个工程项目

工程项目的创建过程比较简单。在主菜单“Project”中选择“New”选项，弹出如图 6-31 所示的对话框。

（2）在“Project Name”域中输入要创建的项目名，在“Location”域输入或选择将要创建的工程项目所处的目录，对于每个新建的工程项目，最好建立不同的目录。

（3）从“Project”下拉列表中选择要创建的工程项目的配置（可执行程序.out 或目标库函数.lib）。

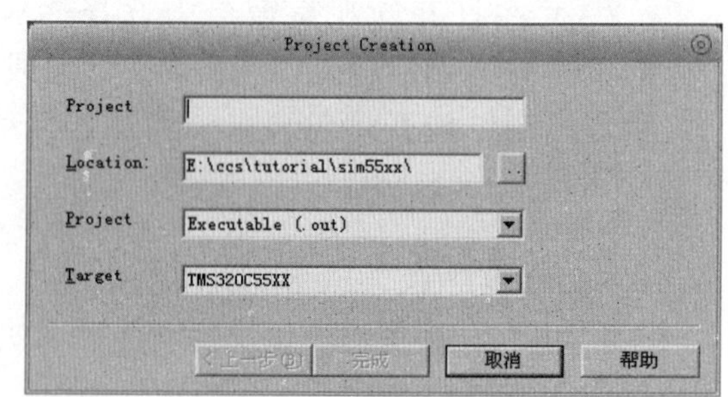

图 6-31　创建工程项目对话框

（4）在“Target”下拉列表中选择将要创建的工程项目所对应的目标器件系列（TMS320C54xx、TMS320C55xx、TMS320C62xx 等）。

（5）单击“Finish”按钮，就完成了一个工程项目的创建。

2. 打开已有的工程项目

若要打开已创建的工程项目，选择主菜单“Project”中的“Open”选项，在弹出的“Project Open”对话框中选择要打开的工程项目文件，单击“打开”按钮即可。或者选择主菜单“Project”中的“Recent Project Files”选项，打开最近使用过的工程项目文件。

3. 关闭工程项目

如果要关闭已打开的工程项目，可以采用的方法有：

（1）选择主菜单“Project”中的“Close”选项，即可关闭已打开的工程项目。

（2）在如图 6-32 所示的工程项目浏览窗口中，将光标移到将要关闭的项目名处，单击右键，在弹出的关联窗口中选择“Close”命令，即可关闭该项目。

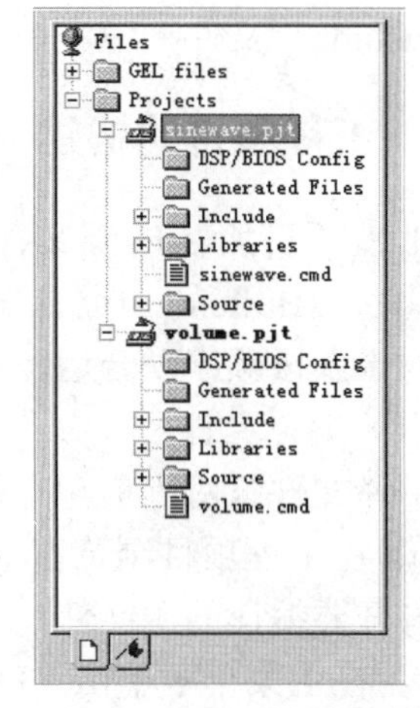

图 6-32　工程项目浏览窗口

6.4.2　向工程项目添加各类文件

可以使用两种方法向工程添加源文件、目标文件、库文件、CMD 文件。

（1）添加源文件。在主菜单中选择“Project”中的“Add Files to Project”选项，如图 6-33 所示；或在工程项目浏览窗口单击项目名，在弹出的对话框中选择“Add Files”选项，如图 6-34 所示，在弹出的对话框中选择要添加文件的目录、文件类型和文件名（可同时选择多个文件），单击“打开”按钮。通过这种方式可以添加 C 语言代码文件和汇编源文件。

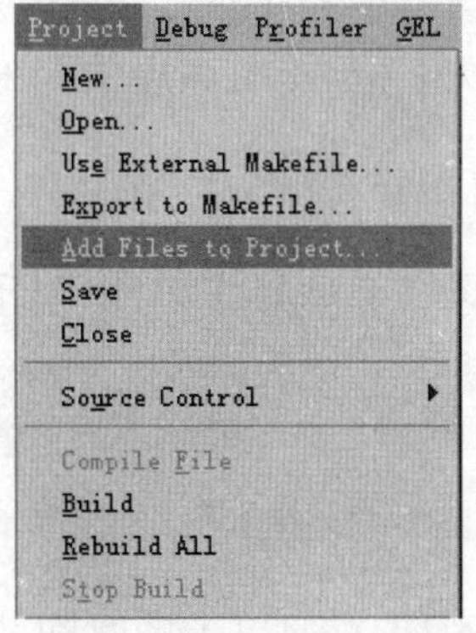

图 6-33　添加文件（1）

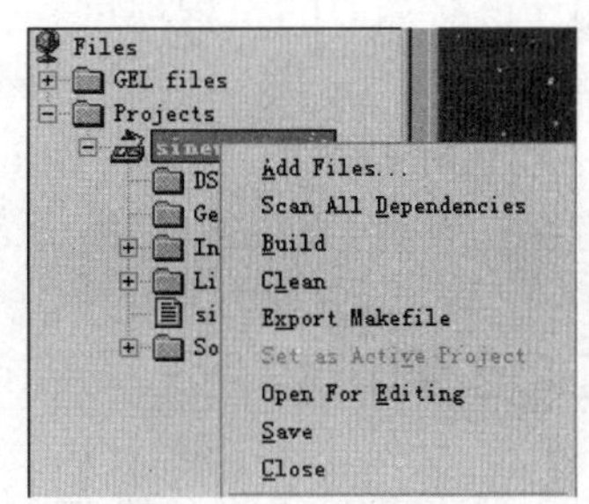

图 6-34　添加文件（2）

（2）添加内存定位文件“*.cmd”，使用上述任何一种方式，向工程里添加“*.cmd”，在添加文件对话框的“文件类型”下拉列表中要选择“Linker Command File（*.cmd)”，该类型文件定义了各代码段或数据段在存储器中的位置。

（3）如果工程文件是基于 C 语言编写的，还需要添加运行时支持库（Run-Time-Support Library）。使用上述任何一种方式，向工程里添加“rts55x.lib”或“rts55.lib”文件，该文件存放在 CCS 的安装目录“\c5500\cgtools\lib”下。在添加文件对话框的“文件类型”下拉列表中要选择“Object and Library Files（*.o*,*.l*）”。

（4）添加头文件。在图 6-32 所示的工程浏览窗口中，在工程名上单击右键，选择

"Scan All Dependencies"，这样".c"文件所包含的头文件".h"就会出现在工程浏览窗口的"Include"文件夹中。

6.4.3 工程项目的构建

工程项目所需的源文件编辑完成后，就可以对该文件进行编译链接，生成可执行文件。构建（Building）是指编译（Compiling）、汇编（Assembling）和链接（Linking）三个独立的步骤按顺序联合运行。

（1）编译文件

编译文件只对当前源文件进行编译，不进行链接。具体步骤如下：

① 在工程项目浏览窗中，右键单击要编译的源文件名，选择关联窗口中的"Open"选项，打开要编译的源文件。也可双击该文件名，打开源文件。

② 在主菜单中单击"Project"中"Compile File"命令，或单击项目工具条上的编译文件按钮，对打开的文件进行编译。

（2）增加性构建

增加性构建只对修改过的源文件进行编译。

以下任何一种方法可以完成工程项目的增加性构建：

① 在主菜单中单击"Project"中"Build"命令。

② 右键单击工程项目浏览窗中的工程项目文件，选择关联菜单中的"Build"选项。

③ 单击项目工具条中的增加性构建按钮。

（3）全部重新构建

全部重新构建是重新对当前工程项目中的所有文件进行编译、汇编和链接。链接完毕，CCS 生成一个".out"文件，默认存放在工程项目下的"Debug"目录内。

选择主菜单"Project"中"Build All"命令，或单击项目工具条中的全部重新构建按钮，即可重新编译链接当前的工程项目。

（4）停止构建

选择主菜单"Project"中"Stop Build"命令，或单击项目工具条中的停止构建按钮，构建过程将在完成对当前文件的编译之后停止。

6.5 利用 CCS 调试程序

程序的调试过程和优化过程一般会占用整个开发周期 60%以上的时间，好的调试工具可以大大提高调试的效率。针对 DSP 的特殊应用环境，CCS 不仅提供了基本的调试工具如存储器与寄存器的查看与修改、断点、性能分析，还提供了嵌入式开发中非常有用的事件检测、探针，以及图形化等工具。合理有效地使用这些工具可以极大地提高程序调试的效率。

6.5.1 装载并运行程序

1．装载程序

利用前面介绍的方法，构建工程项目，完成程序的编译、汇编和链接后，可以得到在目标系统中运行的可执行程序（.out）文件。在运行程序之前，需要将程序装载入目标系统。在本节的实例中使用的目标系统是 Tms320C55x Simulator，使用的例子程序是 CCS 自带的，位于 CCS 的安装目录\tutorial \sim55x\sinewave 文件夹下。

（1）装载目标文件

① 单击主菜单“File”中“Load Program”选项，弹出如图 6-35 所示的对话框。

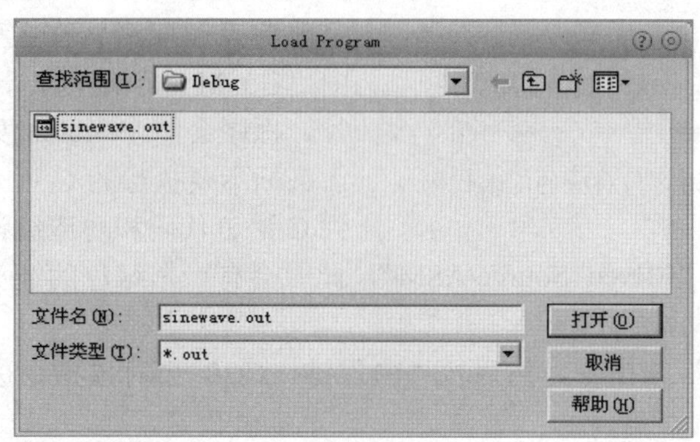

图 6-35 装载程序对话框

② 在对话框中，在 CCS 的安装目录下，找到构建该工程项目下的“Debug”目录，选择构建后生成的可执行文件“*.out”，并打开。

CCS 装载完毕，该“*.out”文件到目标 DSP 之后，会自动弹出“Disassembly”窗口。

（2）装载符号信息

可执行程序中一般会有一个符号表，在调试过程中，特别是高级语言程序的调试过程中，符号表非常重要，符号表中包含了程序中使用到的变量名、函数名登载数据存储器和程序存储器中对应的位置。一般加载程序时自动将.out 文件中的符号信息加载到 CCS 内部的符号表中。

如果仅装载符号信息，步骤如下：

① 单击主菜单“File”中“Load Symbol”选项，弹出如图 6-35 所示的对话框。

② 在对话框中，选择所要装载的文件，并打开。

（3）重新装载程序

当对源程序做了修改，重新编译链接后，需要将新生成的可执行程序加载到目标系统，可以使用该功能。

重新装载程序，可选择菜单“File”中的“Reload Program”选项即可。

2．复位目标处理器

在程序调试过程中，有时经常需要对处理器进行复位操作。CCS 提供了一些命令用来复位目标处理器。

（1）Reset DSP 命令

执行该命令将初始化寄存器，使其恢复到上电时的状态，并且暂停当前所执行的程序。在“Debug”菜单中选择“Reset DSP”命令即可实现 DSP 的复位。

（2）Restart 命令

执行该命令是将程序指针 PC 恢复到装载程序的入口地址，但是没有开始执行程序。在“Debug”菜单中选择“Restart”命令后，将装载程序的入口地址装入程序指针 PC 中。

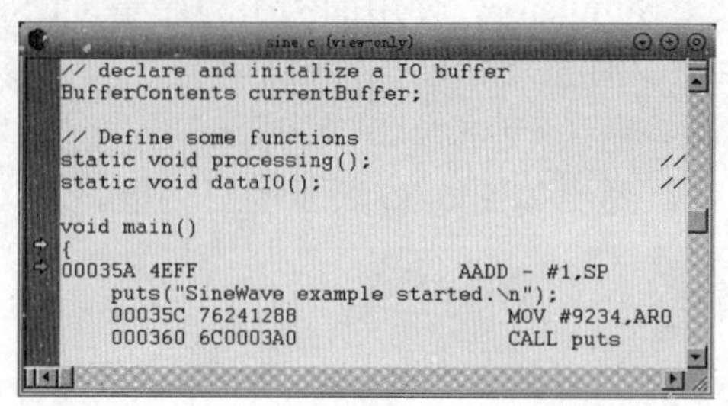

图 6-36 同时观察 C 语言与对应的汇编代码

（3）Go Main 命令

执行该命令后，将一个临时断点设置在装载程序的关键字“main”处，并且开始运行程序，直到遇到断点或执行暂停命令“Halt”，临时断点被取消。在主菜单中单击“Debug”中“Go Main”选项，让程序从主程序开始执行。程序会停在 main()处，并会有一个黄色的箭头标示要执行的 C 语言代码。如果想同时看到 C 语言代码和对应编译生成的汇编代码，单击主菜单“View”中“Mixed Source/ASM”，此时会有一个绿色的箭头标记当前要执行的汇编代码，如图 6-36 所示。

单击灰色显示的汇编指令，然后按“F1”键，CCS 会对该指令进行搜索并弹出帮助窗进行解释。

3．运行程序

（1）Step Into

单击主菜单“Debug”中“Step Into”选项，或单击调试工具条上的按钮，或使用快捷键“F8”，进行单步执行操作。该操作的功能是执行下一条指令，如果下一条指令是一个函数调用，则进入函数内部，并且在函数的开始位置暂停程序的执行。

（2）Step Over

单击主菜单“Debug”中“Step Over”选项，或单击调试工具条上的按钮，或使用快捷键“F10”，单步运行程序。该操作的功能是执行一条指令或一段程序，如果执行的是一个程序调用语句，则该命令是将所调用的程序作为一条指令来完成。

（3）Step Out

单击主菜单“Debug”中“Step Out”选项，或单击调试工具条上的按钮，或使用快捷键“Shift+F7”，完成单步跳出操作。该命令可完成从子程序中跳出，即执行当前的子程序后返回到调用函数，并且暂停程序的执行。

（4）Run to Cursor

单击主菜单“Debug”中“Run to Cursor”选项，或单击调试工具条上的按钮，或使用快捷键“Ctrl+F10”，执行到光标所在处。即在反汇编或文本窗口中设置一个光标，执行该命令可以使程序从当前位置运行到光标所在处为止。

（5）Multiple Operations

该指令可以将前面的单步运行执行多次，通过单击主菜单“Debug”中“Multiple Operations”选项，在弹出的对话框中输入操作次数来完成。

（6）Run

单击主菜单“Debug”中“Run”选项，或单击调试工具条上的按钮，让程序从当前程序指针（PC）所在位置开始全速运行，直到遇到断点才停止程序的运行。

（7）Halt

单击主菜单“Debug”中“Halt”选项，或单击调试工具条上的按钮，让程序退出运行。

（8）Animate

该命令是一个在断点支持下的快速调试程序的操作。在执行前先设置各断点，执行该命令运行程序直到遇到断点，在断点处暂停程序的运行，所有没有与探针点连接的窗口被刷新，然后程序接着运行直到遇到下一个断点。单击主菜单“Debug”中“Animate”选项，或单击调试工具条上的按钮，可以执行该命令。

（9）Run Free

单击主菜单“Debug”中“Run Free”选项，全速运行程序。从当前 PC 位置开始，忽略所有的断点和探针点。

6.5.2 断点的使用

CCS 的断点工具包括软件断点、硬件断点和各种存储器访问断点等。

1．软件断点

软件断点是最常用的断点形式，程序运行过程中如果遇到断点，就会暂时停止运行，回到调试状态。用户可以通过查看变量、图形等方式，发现程序中的错误。

（1）设置断点

断点可以设置在源代码行上，也设置在反汇编窗口中的指令行上。有三种方法可以快速地设置断点。

① 在反汇编窗口或含有 C/C++的源代码窗口中，将光标移动到需要设置断点的指令行上，单击右键，在弹出的菜单中选择“Toggle breakpoint”命令，在本行左边会出现红色标记，表示此处有断点。

② 在反汇编窗口，双击要设置断点的指令行，在源代码窗口，双击指令行左边的页边，即可完成断点的设置。

③ 可以单击工具条上的按钮来添加断点。

设置好断点后，重行启动运行，程序会停在断点处，并且在断点所在行左边显示一个黄色的箭头，表示程序运行到此，如图 6-37 所示。

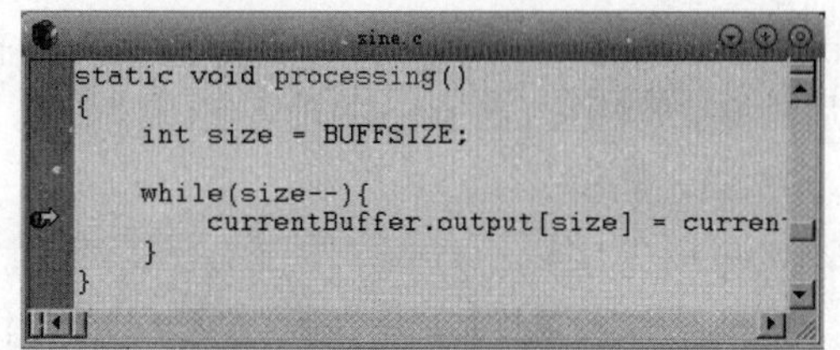

图 6-37 程序停在断点处

软件断点的实现是通过在用户目标代码中插入陷阱（TRAP）指令，将正常的程序流转到调试器（Debugger）上。设置软件断点时，应注意以下两点：

① 避免将断点设置在分支（Branch）或调用（Call）的语句上；

② 避免将断点设置在块重复操作的倒数第一条语句或第二条语句上。

（2）编辑断点

在程序调试中会同时使用多个断点。如果将暂时不需要的断点都清除，以后添加起来就非常麻烦。可以临时关闭暂时不使用的断点，以后在需要使用时再打开。CCS 中的断点具有打开和关闭两种状态。

① 选择“Debug”菜单中“Breakpoints”命令，出现“Break/Probe Points”对话框，如图 6-38 所示。

② 左下方的列表框中列出了所有的断点，每个断点前面有一个复选框，如果选中表示对应的断点处于打开状态，没有选中则对应的断点处于不可使用状态。另外对话框中右边的

按钮可以完成一些断点的操作：

"Delete"用于删除在列表中选中的断点。

"Enable All"表示使能所有的断点。

"Disable All"表示使所有的断点处于不可使用的状态。

"Delete All"可以清除所有的断点。

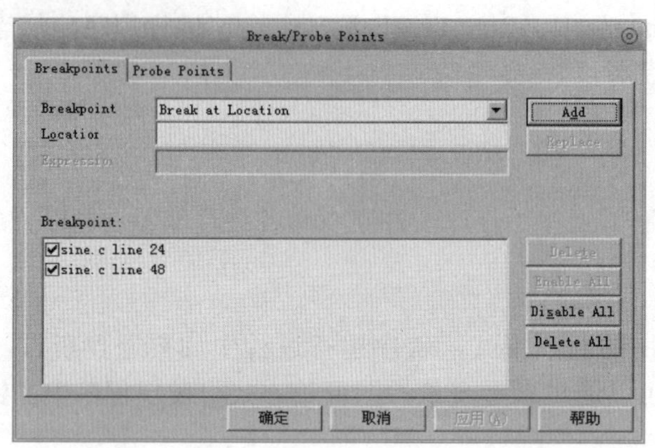

图 6-38 "Break/Probe Points"对话框

③ 选中对话框中的断点，在"Breakpoint"下拉列表框中选择"Break at Location if expression is TRUE"选项，即只有当指定的表达式为"真"时，才在指定位置停止运行。在"Expression"栏中输入条件表达式，它必须是一个合法的 C 语言表达式，可以使用 CCS 内部符号表中的符号。本例中由于 BUFFERSIZE=100，所以表达式可以写为"size= =100–50"。由于 BUFFERSIZE 只是源程序中定义的宏，不会进入符号表，因此不能写成"size= =BUFFERSIZE–50"。选择菜单命令"Debug"中"Run"，循环执行 50 遍后停止，快速查看 size 的值，结果为 50。

（3）删除断点

可以使用以下任何一种方法删除断点。

- 在反汇编窗口或含有 C/C++的源代码窗口中，将光标移动到已经设有断点的指令行上，单击右键，在弹出的菜单中选择"Toggle breakpoint"命令来取消断点。
- 在反汇编窗口，双击已经设有断点的指令行，在源代码窗口，双击设有断点的指令行左边的页边，即可取消断点。
- 可以单击工具条上的按钮来删除断点。
- 选择"Debug"菜单中"Breakpoints"命令，出现如图 6-38 所示的"Break/Probe Points"对话框，在断点列表中选择要删除的断点，单击"Delete"按钮，单击"OK"按钮即可。

2．硬件断点

前面介绍的软件断点实际上是通过修改断点处的指令来达到中断程序运行的目的。但在功能上还有一定的限制。例如，断点必须位于程序存储器，而且必须是在 CCS 能够修改的存储器，如 RAM 中。如果需要为 ROM 中的程序设置断点，就必须使用硬件断点。

以 C5000 系列的硬件仿真器为例添加一个硬件断点的步骤如下：

① 打开如图 6-38 所示的对话框。

② 在“Breakpoints”下拉列表中选择“H/W Break”，“Breakpoints”下拉菜单中的选项将随着目标板或仿真器设置的不同而不同。

③ 在“Location”栏输入想设置断点处的语句地址。

地址有两种格式：

- 绝对地址：有效的 C 语言表达式或 C 语言函数名、标号名。
- 断点地址：格式为文件名 line 行数，如 main.c line 5。

④ 单击“Add”按钮。

本例中在“Location”输入地址“0xFF82”后，选择“Debug”中“Reset CPU”命令，然后按“F5”键开始运行，会发现程序停止在 0xFF82，此处的程序位于片内 ROM 中。

3．存储器访问断点

如果程序有一个大的缓冲区，发现程序在运行过程中错误地修改了其中的某个值，需要找到程序中出错的地方，使用存储器访问断点的方法可以很方便地解决这个问题。访问存储器断点可以在 CPU 运行时访问指定的程序、数据或 I/O 存储器时中断运行。可以使用的存储器访问断点类型包括：

- Break on Data read：读数据存储器时中断运行；
- Break on Data write：写数据存储器时中断运行；
- Break on Data R/W：读/写数据存储器时中断运行；
- Break on Prog read：读程序存储器时中断运行；
- Break on Prog write：写程序存储器时中断运行；
- Break on Prog R/W：读/写程序存储器时中断运行；
- Break on IO read：读 I/O 存储器时中断运行；
- Break on IO write：写 I/O 存储器时中断运行；
- Break on IO R/W：读/写 I/O 存储器时中断运行。

在“Breakpoints”下拉列表中选择“Break on <bus> <Read|Write|R/W>”进行存储器访问断点的设置。

6.5.3 探针点的使用

探针点（Probe Point）是 CCS 中比较有特色的工具，程序运行到探针点会执行特定的操作，如刷新图形、文件输入/输出等。这里主要讲述文件 I/O 的使用，文件 I/O 可以完成目标系统的 DSP 存储器与主机上的文件之间的数据交换。探针点与图形显示的连接参见 6.5.4 节。

1．探针点的设置

探针点可以在反汇编窗口或含有 C/C++的源文件中设置。有两种方法可以很方便地设置探针点。

将光标移动到需要设置探针点的位置，单击右键，在弹出的菜单中选择“Toggle Probe Point”命令，该行最左边将出现一个蓝色菱形探针点标志；或单击项目工具条上的按钮完成探针点的设置。

2．探针点的删除

在反汇编窗口或含有 C/C++的源文件中，将光标移动到已设置探针点的位置，单击右键，在弹出的菜单中选择“Toggle Probe Point”命令即可删除探针点；或单击项目工具条上的按钮 删除探针点。

单击项目工具条上的按钮可以删除所有探针点。

3. 探针点的使用

以 sinewave.pjt 为例，打开并载入程序。

① 选择“Debug”菜单中“Restart”选项，重新开始调试。在 sine.c 源程序窗口，将光标移动到 30 行，单击右键，在弹出的菜单中选择“Toggle Probe Point”命令，本行左边出现一个蓝色菱形探针点标志，同样在此行增加一个断点。也可以单击项目工具条上的按钮，完成探针点的设置。

② 选择“File”中“File I/O”选项，弹出如图 6-39 对话框，在对话框中设置主机上的文件与 DSP 交换数据。

在对话框的“File Input”和“File Output”中分别设置文件输入和文件输出。输入和输出是针对 DSP 而言的。在本例中，通过文件输入从一个数据文件中读取波形到 DSP 内部的缓冲区中，缓冲区的地址为 currentBuffer.input，长度为 100 字。

③ 在“File Input”选项卡，单击“Add File”按钮，在该工程项目中打开 sine.dat 文件。

④ 在对话框的“Address”中输入缓冲区地址“currentBuffer.input”，在“Length”中输入“100”，在“Page”下拉表中选择“Data”。因为“currentBuffer”在数据存储器中。“Probe”栏显示“Not Connected”，表示这个文件输入还没有和探针点连接。

⑤ 单击“Add Probe Point”按钮，弹出如图 6-40 所示的“Break/Probe Points”对话框，在“Probe Point”列表中选中探针点，在“Connect”下拉列表中选择文件输入 sine.dat，单击“Replace”按钮，这时列表框里显示已经将探针点和文件输入连接。

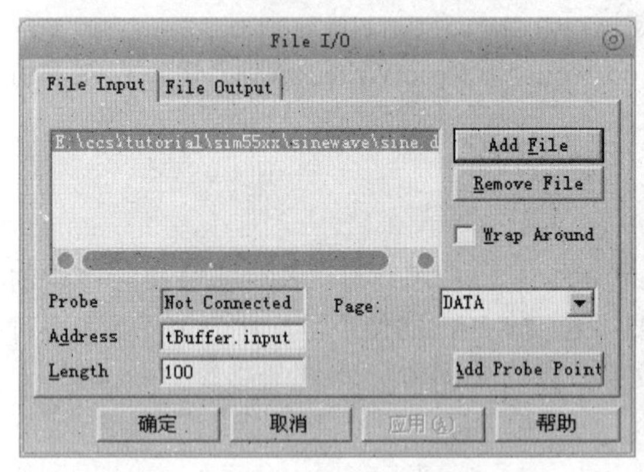

图 6-39 “File I/O”对话框

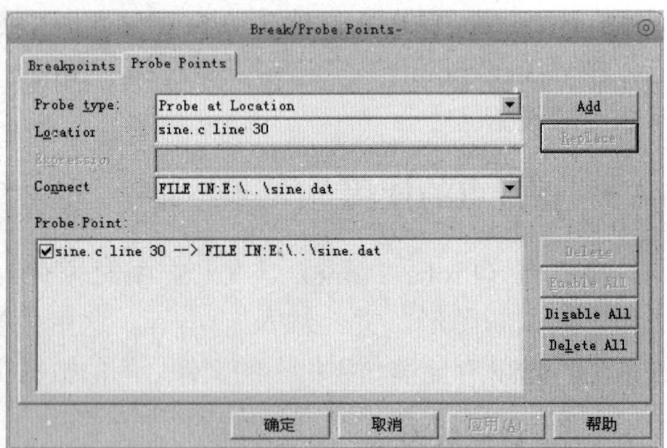

图 6-40 “Break/Probe Points”对话框

⑥ 关闭“Break/Probe Points”对话框，“File I/O”对话框中的“Probe”框中显示“Connected”。

图 6-41 文件读取进度

⑦ 关闭“File I/O”对话框，出现一个显示文件读取的对话框，如图 6-41 所示。

⑧ 选择“Debug”中“Run”命令，运行的程序自动停止在第 30 行的断点，由于此处有探针点，CCS 会进行

文件输入，从文件读取进度可以看出变化。也可以查看变量 currentBuffer，可以发现 input 数组中的值已经发生了变化，这是因为 CCS 已经完成了数据的输入。

6.5.4 图形工具的使用

在程序调试过程中，可以利用 CCS 提供的可视化工具，将内存中的数据以各种图形的方式显示。图形显示类型（Display type）包括常见的时域/频域（Time/Frequency）显示选项，还包括用于显示信号相位分布的星座图（Constellation）选项、用于显示信号间干扰情况的眼图（Eye Diagram）选项以及用于显示 YUV 图像或 RGB 图像的图像显示（Image）选项。其中，时域/频域显示包括如下选项。

- 时域单曲线图（single time）：对数据不加处理，直接画出显示缓冲区数据的幅度—时间曲线。
- 时域双曲线图（dual time）：在一幅图形上显示两条信号曲线。
- FFT 幅度谱（FFT Magnitude）：在显示缓冲区数据进行 FFT 变换，画出幅度—频率曲线。
- 复数 FFT（Complex FFT）：对复数数据的实部和虚部分别作 FFT 变换，在一个图形窗口中画出两条幅度—频率曲线。
- FFT 幅度—相位谱（FFT Magnitude and Phase）：在一个图形窗口画出幅度—频率曲线和相位—频率曲线。
- FFT 多频显示（FFT Waterfall）：对缓冲区数据进行 FFT 变换，其幅度—频率曲线构成多频显示中的一帧。

图形显示窗口相关的缓冲区有两个：采集缓冲区和显示缓冲区。采集缓冲区位于真实目标板或模拟目标板当中。当图形更新时，主机从真实目标板或模拟目标板的读采集缓冲区中读数据。显示缓冲区位于主机内存当中，所以必须保留历史数据。图形是由显示缓冲区中的数据产生。

使用图形显示功能只需单击“View”菜单中“Graph”选项，在子菜单中选取所需显示类型的菜单项（Time/Frequency，constellation，eye Diagram，image）即可进入相应显示类型的属性对话框。由于不同显示类型的属性对话框有许多功能完全相同的设置选项，所以功能相同的设置选项就不再重复解释。

1. 时域/频域显示（Time /Frequency）

可以将感兴趣的信号、数据在时域或频域显示出来。时域最多可以同时显示两路信号。频域分析可以有多种选择：幅度谱、相位谱、复谱、瀑布显示等。在程序运行到任何一点，都可以随时更新图形显示。

选择“Time/Frequency”命令，打开如图 6-42 所示的图形属性对话框。以双曲线图为例介绍各参数选项。

- Graph Title：为每个显示窗口定义不同的标题，这样有助于区分多个同时打开窗口。
- Interleaved Data Sources：该选项说明信号来源是否是交叉存取的，即是否允许一个缓冲区代表两个信号源。如果允许则缓冲区中奇数采样点代表第一个信号源（X 信号源），偶数采样点代表第二个信号源（Y 信号源）。

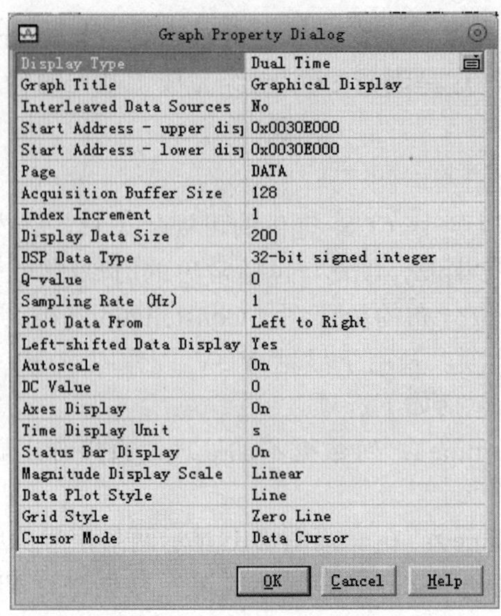

图 6-42 “Dual Time”图形属性对话框

- Start Address：定义采集缓冲区的起始地址。此对话框允许输入符号和 C 表达式；对于“dual time”显示，需要输入两个采集缓冲区首地址。
- Page：指明采集缓冲区的数据来自程序空间、数据空间还是 I/O 空间。
- Acquisition Buffer Size：采集缓冲区存放着实际的或仿真目标板中的数据。根据需要，用户可以定义采样缓冲区的大小。若希望逐个观察数据，则缓冲区大小定义为 1。
- Index Increment：定义显示缓冲区中每隔几个数据取一个样点进行显示。
- Display Data Size：显示缓冲区里存放着图形原始数据的长度。根据需要，用户可以定义显示缓冲区的大小。
- DSP Data Type：选项包括 32 比特有符号整数、32 比特无符号整数、32 比特浮点数、32 比特 IEEE 浮点数、16 比特有符号数、16 比特无符号数、8 比特有符号数、8 比特无符号数。
- Q-value：Q 值为定点数的定标值，它指明小数点所在的位置。
- Sampling Rate：采样频率。对于频域图形，此参数用于指示频谱各点对应的频率；对于时域图形，此参数用于指示数据的采样时刻。
- Plot Data From：可选项为“自左向右”或“自右向左”。
- Left-shifted Data Display：数据依时间次序向左移动显示。
- Autoscale：纵轴最大值就是所显示数据中的最大值。
- DC Value：叠加到显示数据上的直流分量值。
- Axes Display：说明在显示图形时是否显示 X 轴或 Y 轴。
- Time Display Unit：可选项为秒、毫秒、微秒或样点。
- Status Bar Display：说明下端的状态栏是否显示。
- 幅度显示标尺（Magnitude Display Scale）：线性标尺或对数标尺。
- Data Plot Style：可选项为“连线”或“柱状图”。
- Grid Style：设置水平或垂直方向网格显示。包括没有网格、零轴线（只显示 0 轴）、全部网格（显示水平和垂直栅格）这三个选项。

- Cursor Mode：此项设置光标显示类型，有以下选项：无光标（no cursor）、数据光标（data cursor）和缩放光标（zoom cursor）。数据光标在视图的状态栏显示光标所处位置及其指向的数据值，而缩放光标允许放大图形显示。其方法是：按住鼠标左键、拖动，则定义的矩形框被放大。

FFT 幅度谱、复数 FFT、FFT 幅度-相位谱和 FFT 多频显示属性对话框如图 6-43 至图 6-46 所示。其中各自的特殊设置参数选项如下：

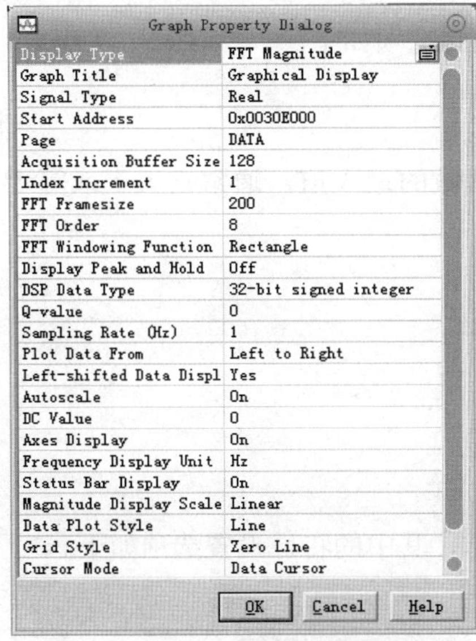

Graph Property Dialog

Display Type	FFT Magnitude
Graph Title	Graphical Display
Signal Type	Real
Start Address	0x0030E000
Page	DATA
Acquisition Buffer Size	128
Index Increment	1
FFT Framesize	200
FFT Order	8
FFT Windowing Function	Rectangle
Display Peak and Hold	Off
DSP Data Type	32-bit signed integer
Q-value	0
Sampling Rate (Hz)	1
Plot Data From	Left to Right
Left-shifted Data Displ	Yes
Autoscale	On
DC Value	0
Axes Display	On
Frequency Display Unit	Hz
Status Bar Display	On
Magnitude Display Scale	Linear
Data Plot Style	Line
Grid Style	Zero Line
Cursor Mode	Data Cursor

OK　Cancel　Help

图 6-43　“FFT Magnitude”图形属性对话框

Graph Property Dialog

Display Type	Complex FFT
Graph Title	Graphical Display
Signal Type	Real
Start Address	0x0030E000
Page	DATA
Acquisition Buffer Size	128
Index Increment	1
FFT Framesize	200
FFT Order	8
FFT Windowing Function	Rectangle
DSP Data Type	32-bit signed integer
Q-value	0
Sampling Rate (Hz)	1
Plot Data From	Left to Right
Left-shifted Data Displ	Yes
Autoscale	On
DC Value	0
Axes Display	On
Frequency Display Unit	Hz
Status Bar Display	On
Magnitude Display Scale	Linear
Data Plot Style	Line
Grid Style	Zero Line
Cursor Mode	Data Cursor

OK　Cancel　Help

图 6-44　“Complex FFT”图形属性对话框

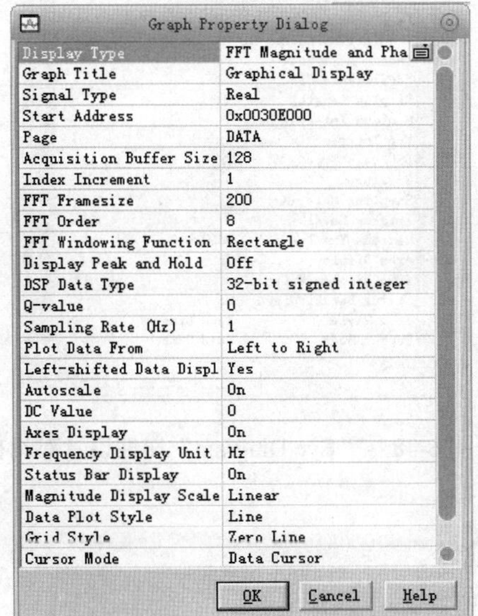

Graph Property Dialog

Display Type	FFT Magnitude and Pha
Graph Title	Graphical Display
Signal Type	Real
Start Address	0x0030E000
Page	DATA
Acquisition Buffer Size	128
Index Increment	1
FFT Framesize	200
FFT Order	8
FFT Windowing Function	Rectangle
Display Peak and Hold	Off
DSP Data Type	32-bit signed integer
Q-value	0
Sampling Rate (Hz)	1
Plot Data From	Left to Right
Left-shifted Data Displ	Yes
Autoscale	On
DC Value	0
Axes Display	On
Frequency Display Unit	Hz
Status Bar Display	On
Magnitude Display Scale	Linear
Data Plot Style	Line
Grid Style	Zero Line
Cursor Mode	Data Cursor

OK　Cancel　Help

图 6-45　“FFT Magnitude and Phase”图形属性对话框

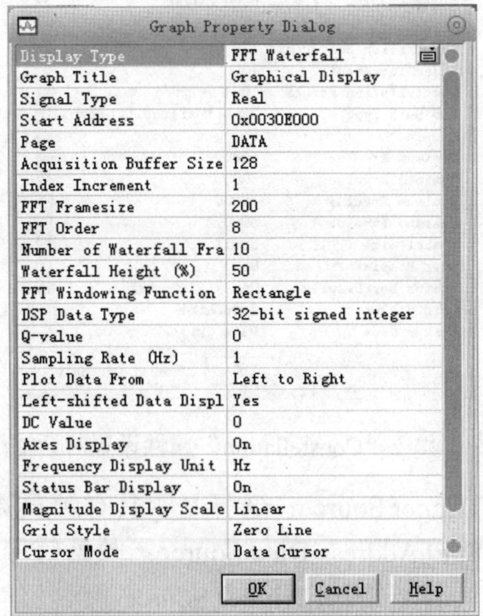

Graph Property Dialog

Display Type	FFT Waterfall
Graph Title	Graphical Display
Signal Type	Real
Start Address	0x0030E000
Page	DATA
Acquisition Buffer Size	128
Index Increment	1
FFT Framesize	200
FFT Order	8
Number of Waterfall Fra	10
Waterfall Height (%)	50
FFT Windowing Function	Rectangle
DSP Data Type	32-bit signed integer
Q-value	0
Sampling Rate (Hz)	1
Plot Data From	Left to Right
Left-shifted Data Displ	Yes
DC Value	0
Axes Display	On
Frequency Display Unit	Hz
Status Bar Display	On
Magnitude Display Scale	Linear
Grid Style	Zero Line
Cursor Mode	Data Cursor

OK　Cancel　Help

图 6-46　“FFT Waterfall”图形属性对话框

- Signal Type：指定信号源的类型是实信号还是复信号。
- FFT Framesize：指定 FFT 变换运算当中的样本数。采集缓冲区的大小可以和 FFT

帧大小不同。

- FFT Order：指定 FFT 大小= $2^{\text{FFT 阶数}}$。
- FFT Windowing Function：可选用如下的窗函数对进行 FFT 的数据进行预处理：矩形窗、三角窗、布莱克曼窗口、汉宁窗、海明窗 （Rectangle， Bartlett，Blackman，Hanning，Hamming）。
- Frequency Display Unit：指定频率坐标的度量单位，包括 Hz，kHz 和 MHz。

2．星座图（Constellation）

星座图属性对话框如图 6-47 所示，其中特殊设置选项如下。

- Start Address-X Source：X 信号源的起始地址。
- Start Address-Y Source：Y 信号源的起始地址。
- Constellation Points：星座点数是所显示样本数的最大值，通常它大于或等于采样缓冲器的长度。
- Minimum X-value：定义显示的 X 轴的最小值。
- Maximum X-value：定义显示的 X 轴的最大值。
- Minimum Y-value：定义显示的 Y 轴的最小值。
- Maximum Y-value：定义显示的 Y 轴的最大值。

3．眼图（Eye Diagram）

眼图（Eye Diagram）属性对话框如图 6-48 所示，其中的特殊设置选项如下。

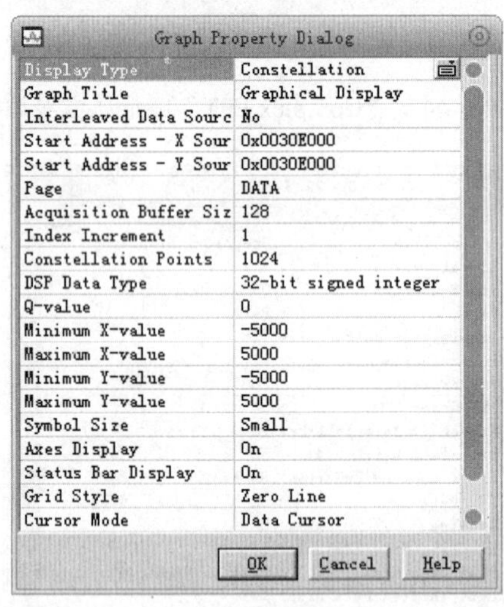

图 6-47 “Constellation”属性设置对话框

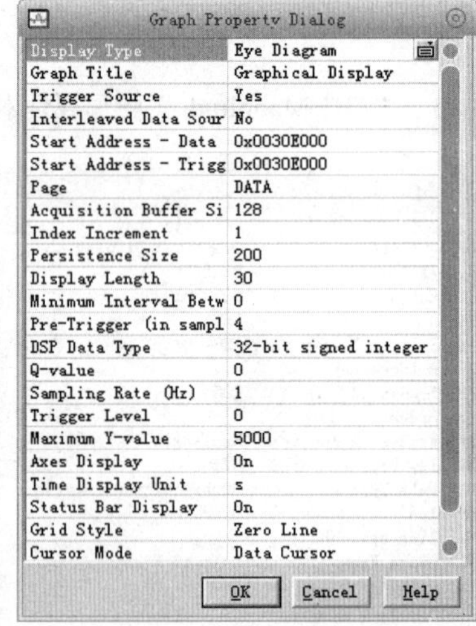

图 6-48 “Eye Diagram”属性设置对话框

- Trigger Source：选择是否具有触发源。
- Start Address-Data Source：数据信号的起始地址。
- Start Address-Trigger Source：触发信号的起始地址。
- Persistence Size：设定用户使用的显示缓冲区的长度。该选项通常大于或等于采集缓冲区的长度。
- Minimum Interval Between：设置两个触发点之间的最小样本间隔。
- 预触发样本数（Pre-trigger in samples）：设置显示在左触发点之前的样本数。该选项对显示触发点附近的信号很有用。

- Trigger Level：设置触发电平。触发过程的过零检测其实不是检测触发源经过零点，而是检测是否经过触发电平。
- Maximum Y-value：设置图形纵轴显示的最大值。该选项和触发电平一起决定了纵轴显示的最小值。

4. 图像（Image）

图像（Image）属性对话框如图 6-49 所示，其中的特殊设置选项如下。

- Color Space：选择数据流表示图像的颜色空间。有 RGB 和 YUV 两个选项，支持标准的数据流格式。
- Start Address：定义三路输入信号源的起始地址。
- Lines Per Display：说明整个图像的高度。
- Pixels Per Line：该选项说明了整个图像的宽度，它和每帧几行（lines per display）共同决定了图像的大小。
- Byte Packing to Fill 32 Bits：选项决定数据流是否以数据包的形式传送。若选择“是”，数据将以每 4 个字节为一包，对应于目标板/模拟目标板中 32 位无符号整数。数据包中的第一个字节是数据的低位字节。
- Image Row 4-Byte Aligned：选择图像中每行的数据是否以 4 字节为边界对齐。如果选择“No”，则某个 32 位整数中可能包含某行的结尾像素和下一行的开始像素。
- YUV Ratio：设置 YUV 信号的采样比，支持三种标准的采样比，4:1:1、4:2:2 和 4:2:0。
- Transformation of YUV Values：YUV 到 RGB 的转换分为两个阶段，即 YUV→Y′U′V′→RGB。选择 unity 表示采用固定矩阵进行 YUV→Y′U′V′转换；选择 ITU-R BT.601(CCIR 601)是采用 ITU-R BT.601 推荐的 CCIR 601 矩阵进行 YUV→RGB 转换。
- Image Origin：图像原点可以有 4 个选项：图像底部左侧、图像顶部左侧、图像顶部右侧、图像底部右侧。
- Uniform Quantization to 256 Colors：该选项仅当图像不是 256 色时才有效。原始图像被映射为分别对红色、绿色、蓝色进行 8 级、8 级、4 级的量化。

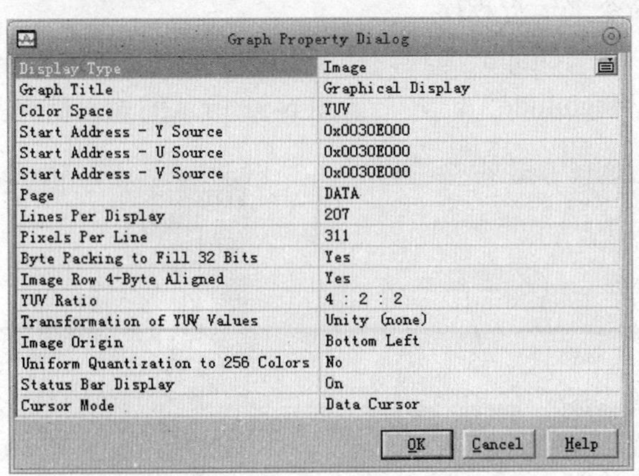

图 6-49 “Image”属性设置对话框

5．图形工具的使用

以 sinewave.pjt 为例，打开并载入程序。

（1）按照前面介绍的方法，在源程序 sine.c 的第 30 行设置断点和探针点。

（2）选择“File”中“File I/O”选项，添加 sine.dat 文件。在对话框的“Address”中输入缓冲区地址“currentBuffer.input”，在“Length”中输入“100”。

（3）单击“Add Probe Point”按钮，出现“Break/Probe Point”对话框，在“Probe Point”列表中选中探针点，在“Connect”下拉列表中选择文件输入 sine.dat，单击“Replace”按钮，这时列表框里显示已经将探针点和文件输入连接。

（4）关闭“Break/Probe Point”对话框和“File I/O”对话框。

（5）选择“View”中“Graph 选项。在子菜单中选择“Time/Frequency”命令，弹出设置显示图形特性的对话框，按图 6-50 所示的设置进行相应的设置。

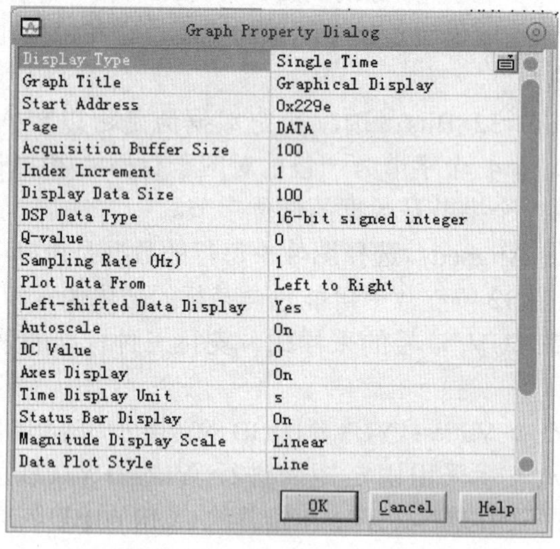

图 6-50　图形属性设置对话框

（6）选择“Debug”中“Animate”命令，这时在波形窗口可以看到不断刷新的波形。选择“Halt”，停止运行，波形也会相应地停止刷新，如图 6-51 所示。也可以选择“Debug”中“Run”命令来运行程序。

（7）选择“View”中“Graph 选项。在子菜单中选择“Time/Frequency”命令，在弹出的对话框中选择“FFT Magnitude”，显示如图 6-52 所示的输入信号的幅度谱。

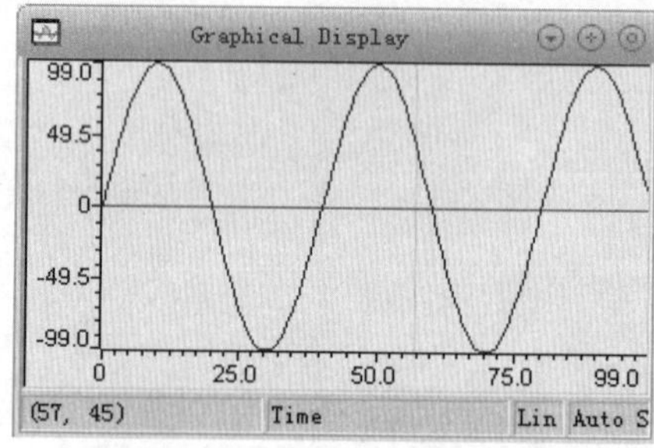

图 6-51　sine 时域波形

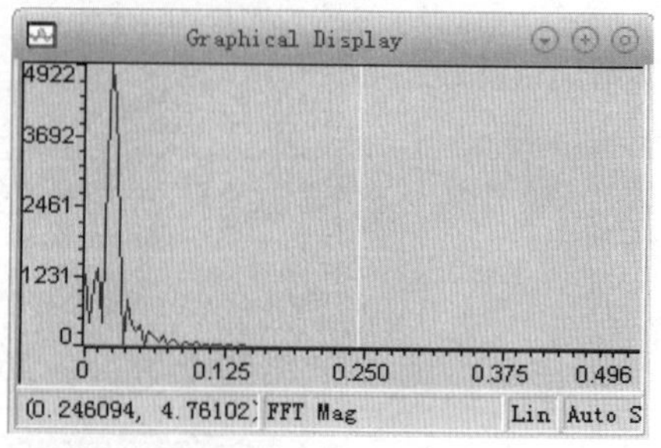

图 6-52　sine 的幅度谱

6.6 程序分析工具的使用

CCS 提供的代码分析工具 Profiler 不仅可以统计代码执行的时钟周期的个数，还可以统计程序运行中的中断、子程序调用、程序分支、返回、指令预取等信息。

本节使用的例子是 CCS 自带的一个调试解调器程序 modem.pjt，位于 CCS 的安装目录\tutorial \sim55x\modem 下。在工程项目浏览窗口打开 Source 子项，可以看到三个源文件：razed32.c、sinetab.c 和 modemtx.c。其中 razed32.c 定义了$\alpha = 0.5$的 4 倍采样升余弦成形滤波器的系数；sinetab.c 定义了一个正弦表，可以通过查表的方法产生正弦波形和余弦波形，供 I/O 两路调制使用；modemtx.c 文件将需要传送的数据进行 16QAM 调制，将调制后的波形放到一个缓冲区中。

打开该工程，并且装入程序 modem.out，CCS 自动打开反汇编窗口，停在 c_init00 处。

1. 分析时钟及其设置

（1）选择“Profiler”中“View Clock”命令打开分析时钟窗口，如图 6-53 所示，窗口显示了时钟的计数值。双击计数值，可以将它复位为 0。

（2）选择“Profiler”中“Clock Setup”命令，打开时钟设置窗口，如图 6-54 所示。其中选项包括如下。

- Count：选择需要分析的事件。
- Instruction Cycle：输入执行一条指令需要的时间，在 DSP 芯片中指执行单周期指令的时间，即运行的主时钟，以 ns 为单位。
- Reset Option：选择“Manual”手工复位或 “Auto”自动复位。一般使用自动方式。
- Pipeline Adjustments：输入流水线校正值。在调试过程中，处理器遇到断点停止运行、单步运行停止或被用户停止运行等操作会引入额外的时间，设置流水线校正值可以从时钟计数中减去额外的时间值，从而得到更加精确的分析结果。

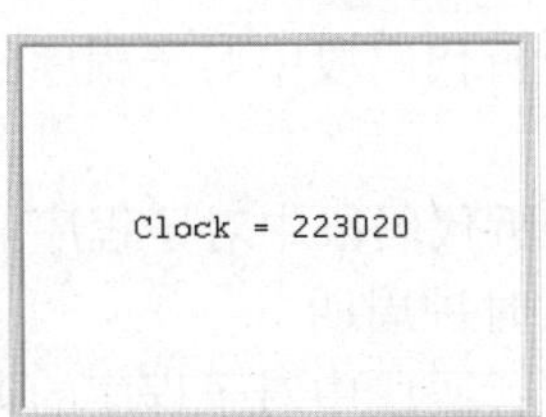

图 6-53　时钟分析窗口

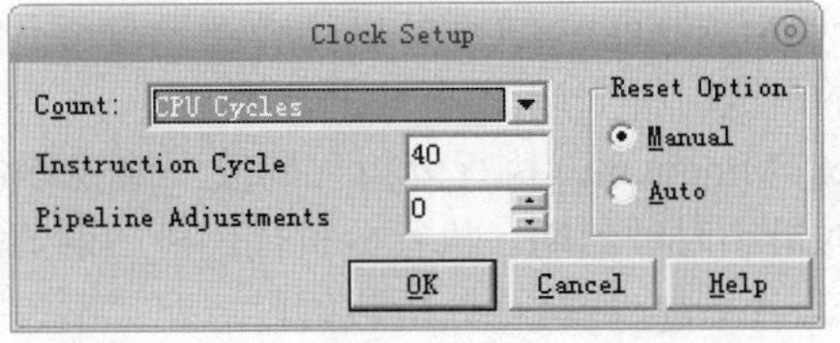

图 6-54　分析时钟设置

2. 分析窗口

分析过程是以分析会话的形式组织的，通常把相关的分析放在一个分析会话中，可以同时使用多个分析会话。选择“Profiler”中的“Start New Session”命令，开始一个新的分析会话，关闭对话框后出现分析会话窗口如图 6-55 所示。

分析会话窗口中有 4 个选项卡：“Files”、“Functions”、“Ranges”、“Setup”。由于还没有设置分析范围，分析窗口中没有分析数据。

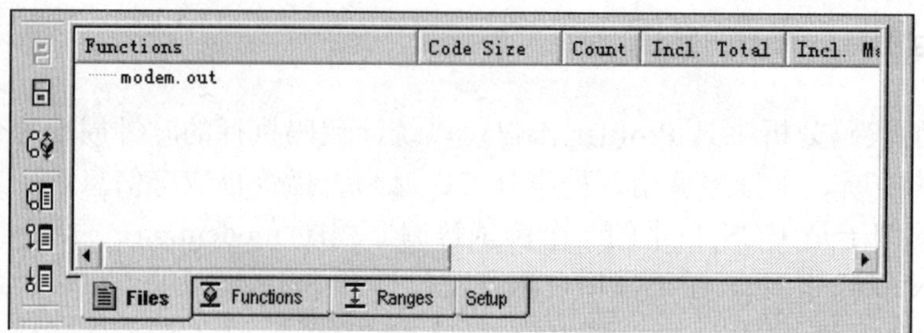

图 6-55　分析会话窗口

3．分析函数

分析窗口中选择“Functions”选项卡，然后打开源程序 modemtx.c 找到第 53 行函数 SineLookup()，选中并拖到“Functions”选项卡，同样将函数 CosLookup()添加到“Functions”选项卡。

选择“Debug”中“Run”命令，运行程序，可以看到，随着程序运行，统计数据在发生变化。选择“Halt”命令暂停程序的运行，可以查看统计的数据，统计数据每行与一个函数相关，每列代表一个特定的统计值，下面介绍具体的含义。

- Code Size：分析代码的大小，以程序存储器最小可寻址单元为单位。
- Incl.Count：统计过程中，程序进入分析代码段的次数。
- Incl.Total：在分析过程中，分析代码消耗的所有时钟周期。
- Incl. Maximum：执行分析代码段一遍消耗的最大时钟周期。
- Incl. Minimum：执行分析代码段一遍消耗的最小时钟周期。
- Incl. Average：执行分析代码段一遍消耗的平均时钟周期。
- Ecxl.Count：在统计过程中，程序进入分析代码的次数，与 Incl.Count 的值相同。
- Ecxl.Total：在刚才程序运行时分析代码使用的所有时钟周期，如果统计时钟周期，不包括在分析代码段中对子程序的调用。
- Excl. Maximum：执行分析代码段一遍（不包括在分析代码段中对子程序的调用）消耗的最大时钟周期。
- Excl. Minimum：执行分析代码段一遍（不包括在分析代码段中对子程序的调用）消耗的最小时钟周期。执行分析代码段一遍消耗的最大时钟周期。
- Excl. Average：执行分析代码段一遍（不包括在分析代码段中对子程序的调用）消耗的平均时钟周期。

一次分析的结果如图 6-56 所示。

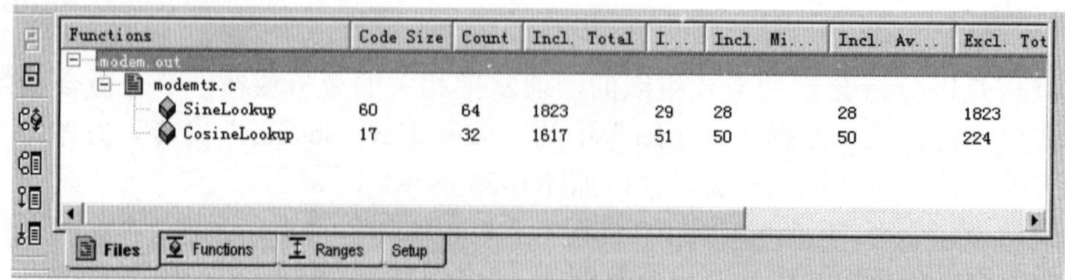

图 6-56　分析结果

6.7 GEL 工具的使用

GEL 是通用扩展语言（General Extension Language）的简称，是一种类似于 C 语言的解释性语言。利用 GEL 语言，用户可以访问实际/仿真目标板。设置 GEL 菜单选项，特别适于自动测试和自定义工作空间。本例工程项目中的 GEL 文件 c5510.gel 位于安装目录\cc\gel 下，代码清单如下：

```
/* GEL 文件载入时执行 Startup()函数 */

StartUp()
{
    C5510_Init();

    GEL_TextOut("Gel StartUp Complete.\n");
}

menuitem "C5510_Configuration";
hotmenu CPU_Reset()
{
    GEL_Reset();

    GEL_TextOut("CPU Reset Complete.\n");
}

/* MP/MC value=1 (BOOTM[2:0]=0)时的存储器映射图 */

hotmenu C5510_Init()
{
    GEL_Reset();

    GEL_MapOn();
    GEL_MapReset();

/* 程序空间 */
GEL_MapAdd(0x0000C0u,0,0x00FF40u,1,1); /* DARAM */
GEL_MapAdd(0x010000u,0,0x040000u,1,1);  /* SARAM */
GEL_MapAdd(0x050000u,0,0x3B0000u,1,1); /* External CE0 */
GEL_MapAdd(0x400000u,0,0x400000u,1,1);  /* External CE1 */
GEL_MapAdd(0x800000u,0,0x400000u,1,1);  /* External CE2 */
/* For MP/MC=1 (BOOTM[2:0] = 0) */
GEL_MapAdd(0xC00000u,0,0x400000u,1,1); /* External CE3 */
/* For MP/MC=0 (BOOTM[2:0] != 0) */
/*GEL_MapAdd(0xC00000u,0,0x3F8000u,1,1); /* External CE3 */
/*GEL_MapAdd(0xFF8000u,0,0x008000u,1,0); /* PDROM */
```

```
    /* 数据空间 */
GEL_MapAdd(0x000000u,1,0x000050u,1,1); /* MMRs */
GEL_MapAdd(0x000060u,1,0x007FA0u,1,1); /* DARAM */
GEL_MapAdd(0x008000u,1,0x020000u,1,1); /* SARAM */
GEL_MapAdd(0x028000u,1,0x1D8000u,1,1); /* External CE0 */
GEL_MapAdd(0x200000u,1,0x200000u,1,1); /* External CE1 */
GEL_MapAdd(0x400000u,1,0x200000u,1,1); /* External CE2 */
/*对于 MP/MC=1 (BOOTM[2:0] = 0) */
GEL_MapAdd(0x600000u,1,0x200000u,1,1); /* External CE3 */
/* For MP/MC=0 (BOOTM[2:0] != 0)*/
/*GEL_MapAdd(0x600000u,1,0x1FC000u,1,1); /* External CE3 */
/*GEL_MapAdd(0x7FC000u,1,0x004000u,1,0); /* PDROM */

    /* IO 空间 */
GEL_MapAdd(0x0000u,2,0x0400u,1,1);/* RHEA 1KW */
GEL_MapAdd(0x0800u,2,0x0400u,1,1);/* EMIF 1KW */
GEL_MapAdd(0x0C00u,2,0x0400u,1,1);/* DMA 1KW */
GEL_MapAdd(0x1000u,2,0x0400u,1,1);/* TIMER#0 1KW */
GEL_MapAdd(0x1400u,2,0x0400u,1,1);/* ICACHE 1KW */
GEL_MapAdd(0x1C00u,2,0x0400u,1,1);/* CLKGEN 1KW */
GEL_MapAdd(0x2000u,2,0x0400u,1,1);/* TRACE FIFO 1KW */
GEL_MapAdd(0x2400u,2,0x0400u,1,1);/* TIMER#1 1KW */
GEL_MapAdd(0x2800u,2,0x0400u,1,1);/* SERIAL PORT#0 1KW */
GEL_MapAdd(0x2C00u,2,0x0400u,1,1);/* SERIAL PORT#1 1KW */
GEL_MapAdd(0x3000u,2,0x0400u,1,1);/* SERIAL PORT#2 1KW */
GEL_MapAdd(0x3400u,2,0x0400u,1,1);/* GPIO 1KW */
GEL_MapAdd(0x3800u,2,0x0400u,1,1);/* ID 1KW */

GEL_TextOut("C5510_Init Complete.\n");
}
```

为了使用 GEL 工具，必须创建包含 GEL 函数的文件（.gel 文件）。当创建了 GEL 文件之后，GEL 文件必须载入 CCS 之中才能够访问这个文件当中的函数。这样，GEL 函数就位于 CCS 的内存当中，可以在任何时刻被执行，除非 GEL 文件被从 CCS 之中移走。如果对已经载入的 GEL 函数进行了修改，必须把它卸载之后并再次载入，所做的修改才会生效。

载入 GEL 文件非常简单，其步骤如下：

选取“File”中“Load Gel”，也可以在工程视图窗口的 GEL 文件夹的位置单击右键，选取 Load GEL。在“Load GEL”对话框当中，指定包含所需 GEL 函数的文件（*.gel）。

我们可以把经常使用的 GEL 函数放置于 CCS 菜单条的 GEL 菜单当中。使用 menuitem 关键词，就可以在 GEL 菜单下创建一个新菜单项目的下拉列表（drop-down list）。下面分别介绍使用 hotmenu 和 slider 关键词创建 GEL 函数的方法。

（1）使用 hotmenu 的例子

使用关键词 hotmenu 可以将一个 GEL 函数添加到 GEL 菜单。该 GEL 函数无须传递参数，而且一旦被选中就被执行。下面的例子完成这样的功能：在菜单项“GEL”中选择

"My Functions"，添加一个初始化目标 DSP 的功能 InitTarget 和一个加载可执行代码的功能 LoadMyProg。

在主菜单中选择"File"中的"New"，选择"Source File"选项，在新建一个源文件中输入以下代码：

```
menuitem "My Functions";
hotmenu InitTarget()
{
  *waitState = 0x11;
}
hotmenu LoadMyProg()
{
  GEL_Load("c:\\mydir\\myfile.out");
}
```

输入完毕后，在主菜单上选择"File"中"Save"命令，在 CCS 安装目录\cc\gel 下，选择存储类型"General Extension Language Files"，命名为"test1.gel"。

编写好 GEL 文件后，使用 GEL 功能非常简单，首先装载 GEL 文件，在主菜单中选择"File"中"Load GEL"，找到"test1.gel"所在目录，将其打开；然后单击主菜单的"GEL"，可以发现初始化目标 DSP 的功能 InitTarget 和加载可执行代码的功能 LoadMyProg 已经添加到菜单了，如图 6-57 所示。

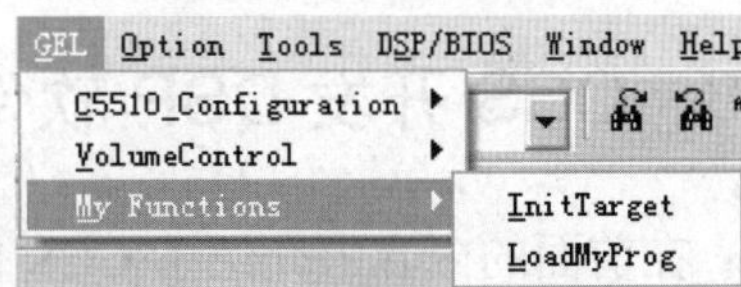

图 6-57　GEL 菜单

（2）使用 slider 的例子

使用关键词 slider 可以将一个 GEL 函数添加到 GEL 菜单。创建滑动条的 GEL 函数（参数说明见表 6-3）格式如下：

```
slider param_definition( minVal, maxVal, increment, pageIncrement, paramName )
{
    语句
}
```

表 6-3　slider 参数说明

参　数	用　途
param_definition	出现在滑动条上的参数描述
minVal	滑动条最低位置对应的整数常数
maxVal	滑动条最高位置对应的整数常数
increment	滑动条向上移动一个位置所对应的整数常数增加值
pageIncrement	滑动条移动一页所对应的整数常数增加值
paramName	函数内使用的参数定义

下面的语句使用关键词"slider"添加一个控制"gain"变量的滑动条，按照前面叙述的方法新建一个源文件，将其保存为 GEL 文件。装载该 GEL 文件后，单击菜单选项"GEL"，选择"VolumeControl"中"gain"选项，如图 6-58 所示，即出现滑动条如图 6-59 所示。用鼠标点住滑动条上下移动，即可在 1～10 的范围内改变幅度。

```
menuitem " VolumeControl ";
```

```
slider gain(1, 10, 1, 1, volume)
{
   /* control the target variable "gain" with the parameter
"volume" passed by the slider object. */
   gain = volume;
}
```

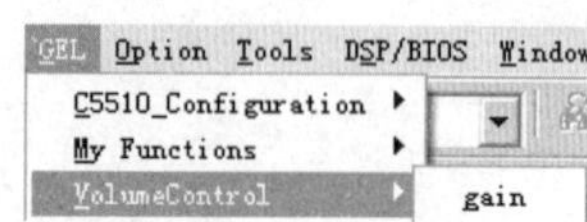

图 6-58　GEL 菜单

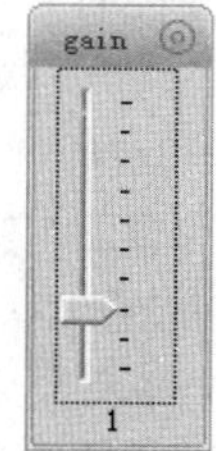

图 6-59　滑动条

GEL 工具功能强大、内容繁复，使用者可以参考 TI 公司提供的使用指南获取更为详细的信息。

6.8　CCS 开发 DSP 软件使用举例

在前面的内容中介绍了 CCS 的基本操作、工程项目的创建和调试，本节以 CCS 自带的工程项目 modem.pjt 为例，指导如何在 CCS 环境下开发 DSP 程序。为了便于学习，在 CCS 的安装目录下，找到“\myprojects”目录，在此新建一个“modem”目录；然后将目录\tutorial\sim55x 下的 modem 文件夹复制到新建的 myprojects 目录下，并删除文件夹中的 modem.pjt。

1．创建工程文件

（1）启动 CCS 应用程序，进入 CCS 开发环境。

（2）选择主菜单“Project”中“New”命令，弹出如图 6-60 所示的“Project Creation”对话框，在第一栏“Project”内输入工程名“modem”，单击第二栏“Location”右边的浏览按钮，找到新建的目录“modem”，在第三栏“Project”中选择“Executable”，在最后一栏“Target”中选择“TMS320C55XX”。单击“完成”按钮，CCS 就会产生一个工程文件“modem.pjt”。

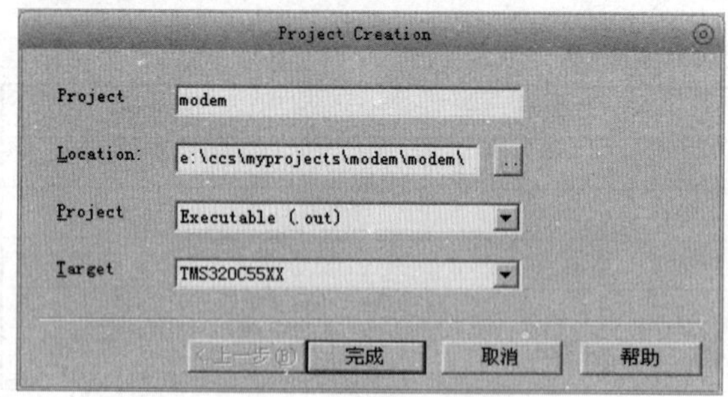

图 6-60　新建工程

（3）将源文件、CMD 文件、库文件添加到工程项目中。单击“Project”中“Add Files to Project”命令，将 C 源程序 modemtx.c、razed32.c 和 sinetab.c、链接命令文件 modem.cmd 和 C 语言标准库文件 rts55.lib（在安装目录\c5500\cgtools\lib 下）添加到工程项目中。

（4）在工程项目浏览窗口中，在工程名“modem.pjt”上单击右键，选择“Scan All Dependencies”。这样 modemtx.c 所包含的三个头文件 modemtx.h、razedcos.h 和 sinetab.h 将出现在工程浏览窗的“Include”文件夹中。

所需要的文件添加完毕，在工程项目浏览窗口中，展开工程项目包含的文件，如图 6-61 所示。

（5）打开源文件和链接命令文件，查阅代码，了解各文件的内容。

2．构建和运行程序

构建命令可以自动完成编译、汇编和链接三个步骤。

（1）选择主菜单“Project”中“Build All”命令，或单击项目工具条中的全部重新构建按钮，CCS 将对工程中所有文件进行编译、汇编和链接，并同时在底部窗口中显示编译链接信息。若没有编译链接错误，将生成“modem.out”文件。

（2）选择主菜单“File”中“Load Program”，在弹出的对话框中，找到“modem”下的“debug”目录，选择“modem.out”文件并打开。装载后，会自动弹出反汇编窗口。

（3）单击“Debug”中“Run”选项，让程序全速运行，单击“Debug”中“Halt”选项，暂停程序的运行。

3．使用断点与观察窗

使用断点和观察窗可以查看变量在程序运行中的取值。

（1）单击“File”中“Reload Program”，在源文件 modemtx.c 中找到第 335 行的“ReadNextData()”语句，双击该行最左边，设置断点。

（2）单击“View”中“Watch Window”，打开观察窗口。

（3）单击“Debug”中“Go Main”，让程序进入主程序。

（4）单击工具条，让程序运行到断点处。

（5）打开观察窗口选择“Watch1”标签，单击“Name”，分别输入“i”和“ReadNextData”作为所观察的变量名，变量的值出现在“Value”中，如图 6-62 所示。

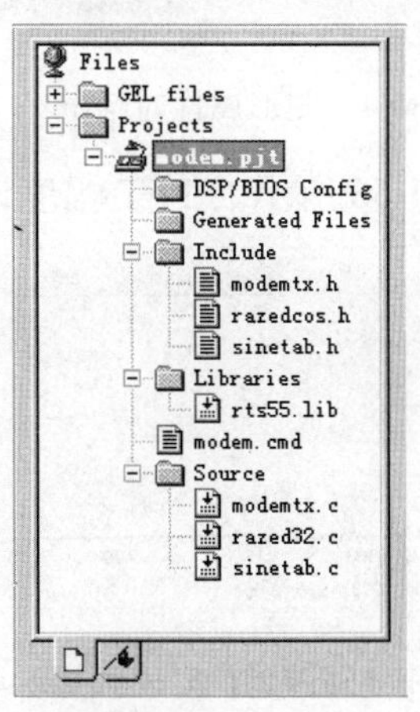

图 6-61　展开的工程项目浏览窗口

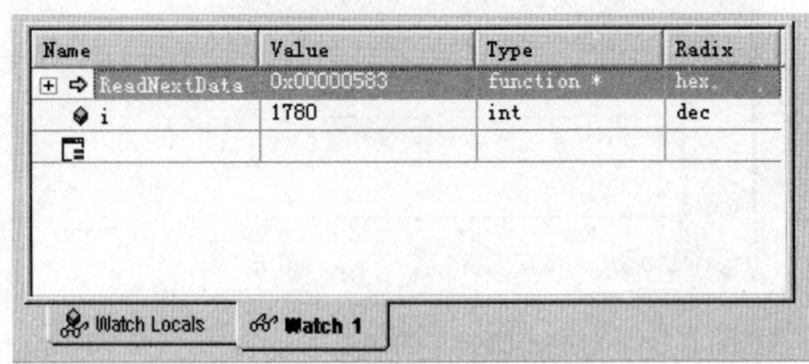

图 6-62　观察窗口

4．使用断点、探针点与图形窗口

打开工程文件 modem.pjt，按照前面介绍的方法加载程序。

（1）单击“Debug”中“Go Main”，CCS 会自动打开“modemtx.c”文件，并停在 main()函数处。

（2）在源文件 modemtx.c 中找到第 335 行的“ReadNextData()”语句，在该行设置断点和探针点。

（3）设置两个文件输入，分别是“pseudo.dat”输入到“g_ModemData.dataSymbols”，长度为 1，“gauss32.dat”输入到“g_ModemData.cNoise”，长度为 2。这两个文件与 modem.pjt 在一个目录下，如图 6-63 所示（在探针点设置窗口，可以使用“Add”命令添加多个数据文件）。

（4）选择“View”中“Graph”，在子菜单中选择“Time/Frequency”命令，出现设置图形特性的窗口，相应的特性设置如图 6-64 所示。

（5）单击“OK”按钮，出现波形显示窗口。

（6）选择“Debug”中“Animate”命令，这时在波形窗口中可以看到不断刷新的波形。选择“Debug”中“Halt”命令，停止运行，波形也会相应地停止刷新，如图 6-65 所示。由于已经将探针点与波形窗口连接起来，也可以使用“Debug”中“Run”命令来运行程序。

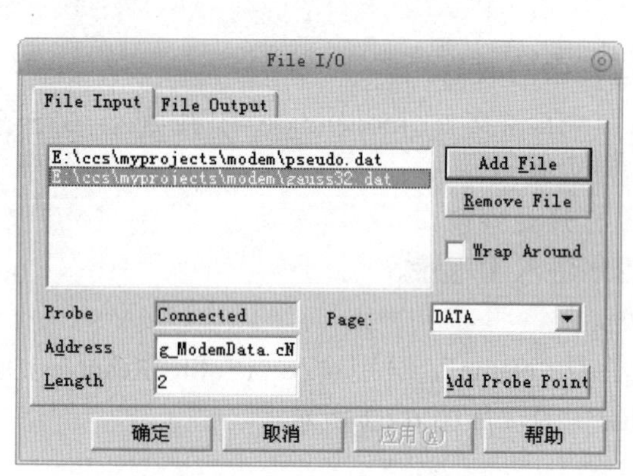

图 6-63 “File I/O”对话框

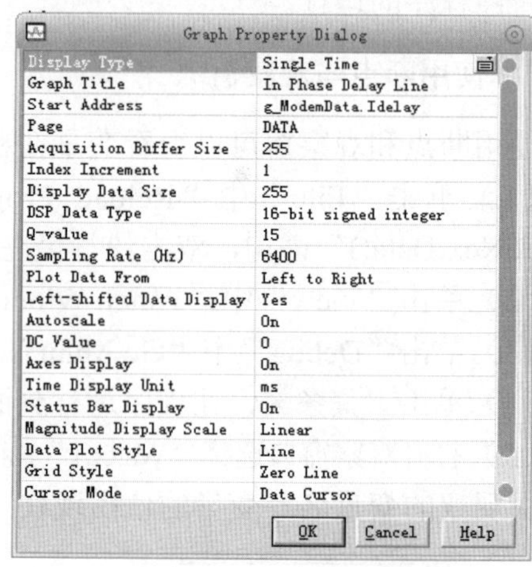

图 6-64 图形属性对话框

（7）在图 6-64 中选择“FFT Magnitude”，即可出现如图 6-66 所示的 FFT 幅度谱。

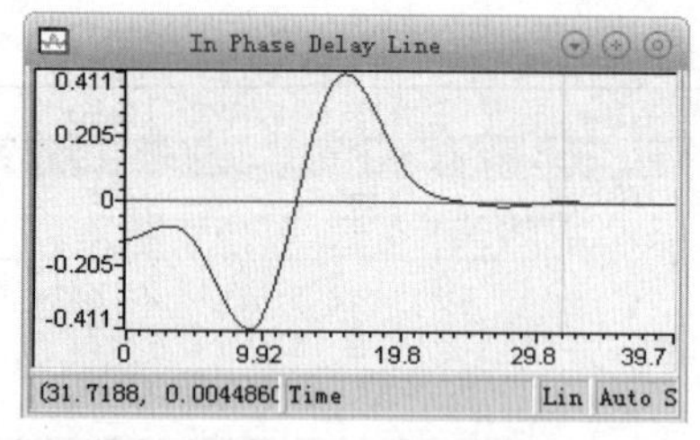

图 6-65 QAM 调制 I 路波形

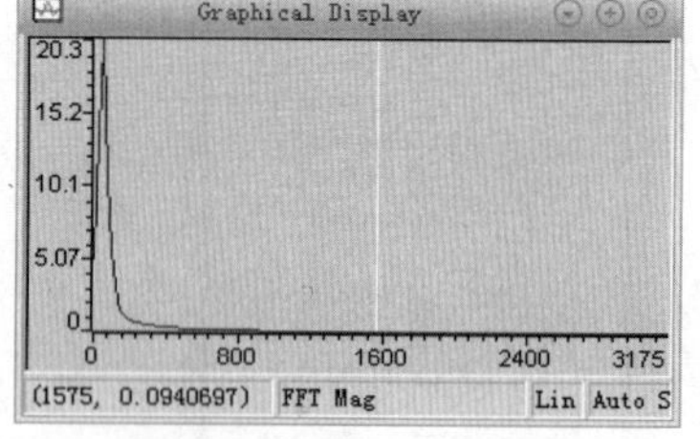

图 6-66 QAM 调制 I 路波形，时间轴显示单位为 Hz

（8）选择“View”中“Graph”，在子菜单中选择“Eye Diagram”命令，弹出眼图属性设置窗口，相应的特性设置如图 6-67 所示。

（9）单击“OK”按钮，出现眼图窗口。由于缓冲区没有更新，窗口中只有一条直线。

（10）选择“Debug”中“Animate”命令，观察眼图的绘制过程，经过多次绘制，才会出现眼图的形状，如图 6-68 所示。

（11）选择“View”中“Graph”，在子菜单中选择“Constellation”命令，出现星座图设置窗口，相应的特性设置如图 6-69 所示。

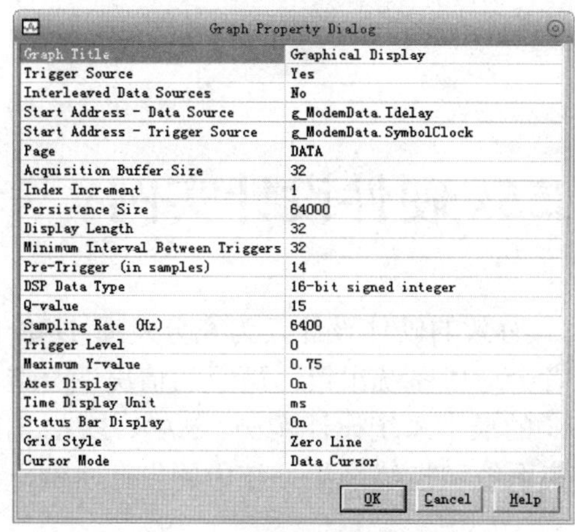

Graph Property Dialog	
Graph Title	Graphical Display
Trigger Source	Yes
Interleaved Data Sources	No
Start Address - Data Source	g_ModemData.Idelay
Start Address - Trigger Source	g_ModemData.SymbolClock
Page	DATA
Acquisition Buffer Size	32
Index Increment	1
Persistence Size	64000
Display Length	32
Minimum Interval Between Triggers	32
Pre-Trigger (in samples)	14
DSP Data Type	16-bit signed integer
Q-value	15
Sampling Rate (Hz)	6400
Trigger Level	0
Maximum Y-value	0.75
Axes Display	On
Time Display Unit	ms
Status Bar Display	On
Grid Style	Zero Line
Cursor Mode	Data Cursor

OK Cancel Help

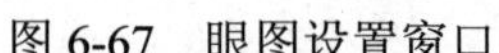

图 6-67　眼图设置窗口

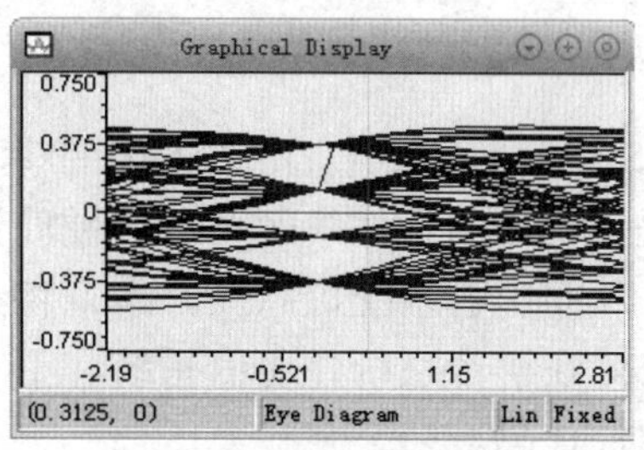

图 6-68　眼图

（12）单击“OK”按钮，出现星座图显示窗口。由于缓冲区没有更新，所以没有显示。

（13）选择“Debug”中“Animate”命令，观察星座图的绘制过程，经过多次绘制，才会出现眼图的形状，如图 6-70 所示。由于直接用离散的符号绘制星座图，且没有噪声，因此与标准的星座图完全相同。

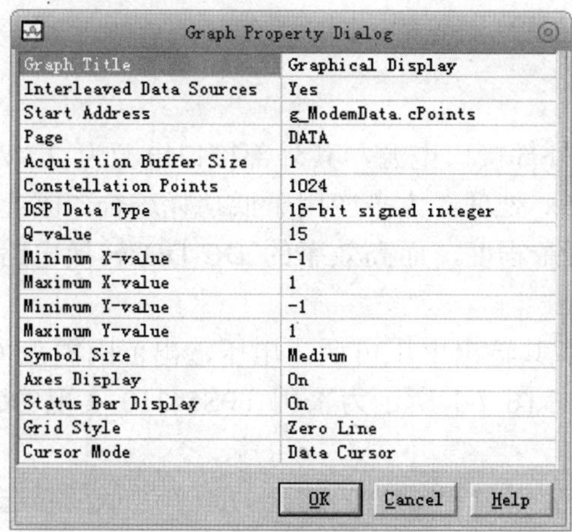

Graph Property Dialog	
Graph Title	Graphical Display
Interleaved Data Sources	Yes
Start Address	g_ModemData.cPoints
Page	DATA
Acquisition Buffer Size	1
Constellation Points	1024
DSP Data Type	16-bit signed integer
Q-value	15
Minimum X-value	-1
Maximum X-value	1
Minimum Y-value	-1
Maximum Y-value	1
Symbol Size	Medium
Axes Display	On
Status Bar Display	On
Grid Style	Zero Line
Cursor Mode	Data Cursor

OK Cancel Help

图 6-69　星座图属性设置

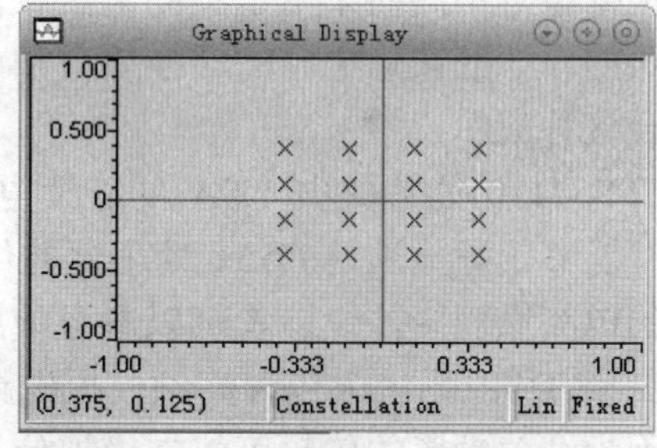

图 6-70　星座图

思考与练习题

1. CCS 集成开发环境有哪些功能？
2. 在 CCS 集成开发环境中可以使用的仿真设备包括哪些？
3. CCS 的所有窗口都含有一个关联菜单，如何打开一个窗口的关联菜单？
4. CCS 为用户提供了哪几种常用的工具条？
5. 怎样创建一个新的工程项目？
6. 如果工程文件是基于 C 语言编写的，怎样向工程项目中添加运行时支持库？
7. 在调试程序时，经常使用断点，它的作用是什么？怎样设置和删除断点？
8. 什么是探针点？它的作用是什么？怎样设置和删除探针点？

第 7 章　TMS320C55x 硬件设计实例

DSP 的硬件设计是系统设计的基础，合理、有效的硬件设计，为充分发挥 DSP 的处理能力提供良好的条件，而不良的硬件设计，轻者会造成系统出错，严重的情况下会造成硬件损坏，从而影响系统可靠性。本章将给出 C55x 的最小系统设计实例，A/D、D/A 电路，以及 C55x 在语音系统、通信系统、手写信号采集系统和指纹采集系统中的设计实例，并给出部分软件代码。

7.1　DSP 最小系统设计

DSP 最小系统就是满足 DSP 运行的最小硬件组成，任何一个 DSP 硬件系统中都必须包括最小系统的各个组成部分，最小系统由电源电路、复位电路、时钟电路、JTAG 接口电路和程序加载部分等组成。

7.1.1　C55x 的电源设计

C55x 数字信号处理器电源包括内核电源和外部接口电源，其外部接口电源为 3.3V，内核则根据型号不同而采用了不同电压。由于 C55x 处理器大多应用于低功耗场合，因此，电源电路的设计应注意电源的转换效率和电路的复杂程度，而高效率的 DC-DC 转换电路则十分适合这种应用。

TPS54110 能够提供 1.5A 的连续电流输出，其输出电压可调，电压输出范围覆盖 0.9～3.3V，能够较好地满足 C55x 处理器的供电要求，图 7-1 所示为采用 TPS54110 实现 DC-DC 转换的电路原理图，设计者可以参考使用。

如果 DSP 系统内包含高频模拟电路，就需要对 TPS54110 的开关频率进行精心选择，这是因为开关频率的倍频可能在模拟信号频率范围之内，如果信号泄漏到模拟电路之中，将对模拟信号造成干扰，TPS54110 的开关频率范围从 280kHz 到 700kHz，通过调整图 7-1 中 R_4 电阻的阻值就可以十分容易地改变开关的频率，下面给出了开关频率的计算方法：

$$f_s(\text{kHz}) = \frac{100 \times 500\,\text{kHz}}{R_4(\text{k}\Omega)}$$

在图 7-1 中 R_4 为 71.5kΩ，对应的开关频率为 700kHz。

TPS54110 的输出电压可以通过调整 R_1 和 R_2 的阻值来进行调整，下面给出 R_1 和 R_2 的阻值计算公式：

$$R_1 = \frac{R_2 \times 0.891}{V_{\text{OUT}} - 0.891}$$

C55x 的供电可以通过并联两路 TPS54110 来实现，如果系统对电源的上电顺序有要求，可以通过 TPS54110 的 PWRGD 和 SS/ENA 引脚来控制，图 7-2 所示的例子是 DSP 内核首先上电，当内核电压稳定后外围接口再上电。

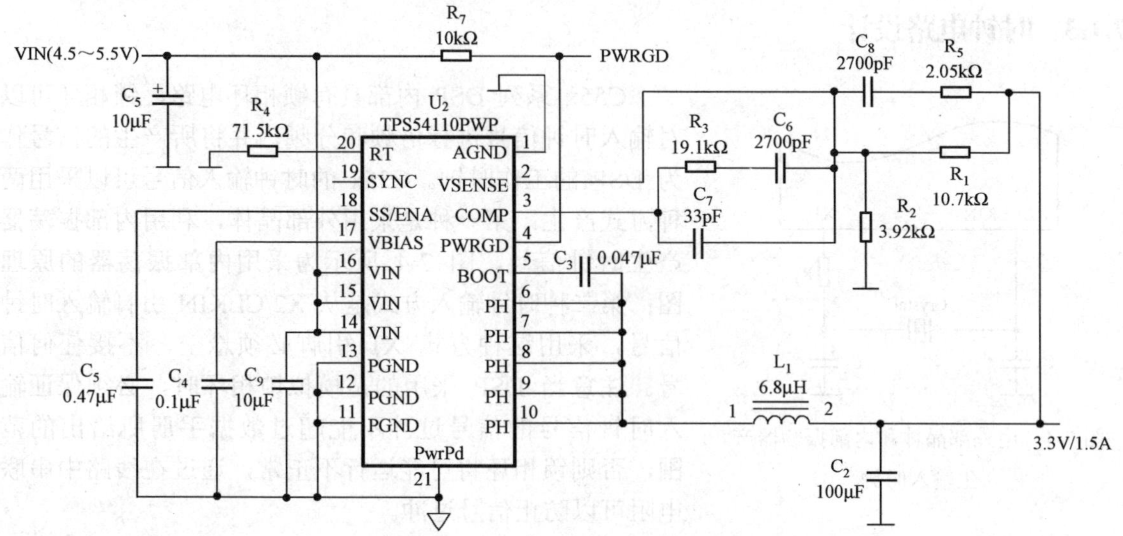

图 7-1 TPS54110 DC-DC 转换电路

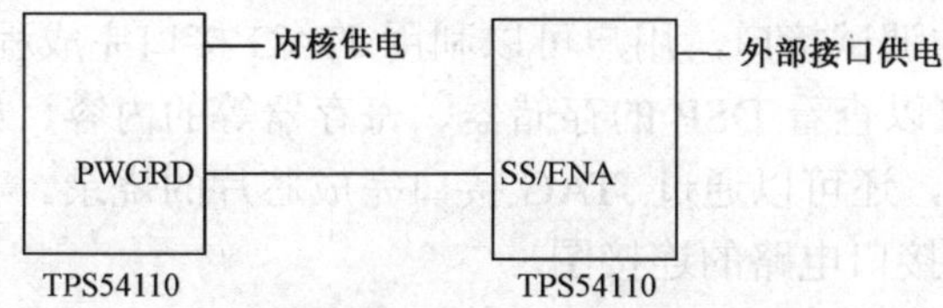

图 7-2 TPS54110 并联上电顺序控制

7.1.2 复位电路设计

在系统上电过程中，如果电源电压还没有稳定，这时 DSP 进入工作状态可能造成不可预知的后果，甚至引起硬件损坏，解决这个问题的方法是 DSP 在上电过程中保持复位状态，因此有必要在系统中加入上电复位电路。上电复位电路的作用是保证上电可靠，并在用户需要时实现手工复位。

下面给出采用 MAX708S 构建的 DSP 复位电路，该复位电路可以提供低输入电压保护、复位时间延迟和手工复位等功能，如图 7-3 所示。

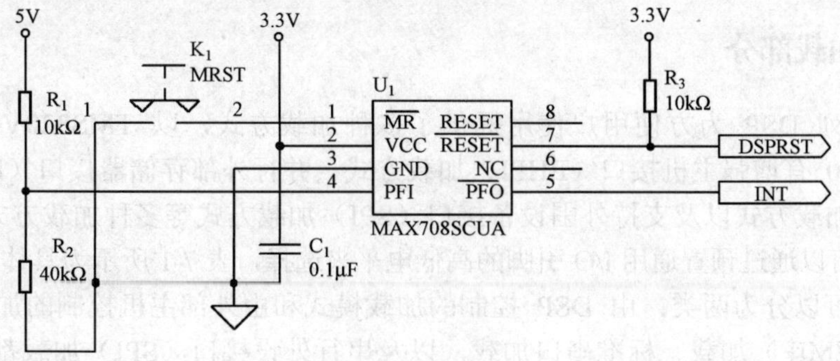

图 7-3 复位电路

图 7-3 中 DSPRST 为 DSP 复位信号，INT 为 DSP 低电压报警信号，当 PFI 引脚电压低于 2.93V 时，复位电路将向 DSP 发出低电压中断信号。

7.1.3 时钟电路设计

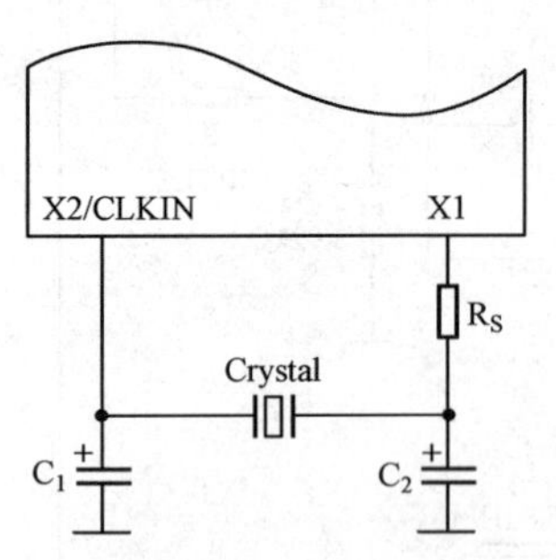

图 7-4 用外部晶体和内部振荡器产生输入时钟

C55x 系列 DSP 内部具有锁相环电路，锁相环可以对输入时钟信号进行倍频和分频，并将所产生的信号作为 DSP 的工作时钟。C55x 的时钟输入信号可以采用两种方式产生：第一种是采用外部晶体，利用内部振荡器产生时钟信号，图 7-4 所示为采用内部振荡器的原理图；第二种时钟输入方式是从 X2/CLKIN 引脚输入时钟信号，采用这种方式 X1 引脚必须悬空，不接任何信号。注意当 DSP 采用的是模拟锁相环时，必须保证输入时钟信号的信号过冲不能超过数据手册所给出的范围，否则锁相环将可能运行不正常，通过在线路中串联电阻可以防止信号过冲。

7.1.4 JTAG 接口电路设计

JTAG 接口是 DSP 的调试接口，用户可以利用 JTAG 接口完成程序的下载、调试和调试信息输出，通过该接口可以查看 DSP 的存储器、寄存器等的内容，如果 DSP 连接了非易失存储器，如 Flash 存储器，还可以通过 JTAG 接口完成芯片的烧录。

图 7-5 所示为 JTAG 接口电路的连接图。

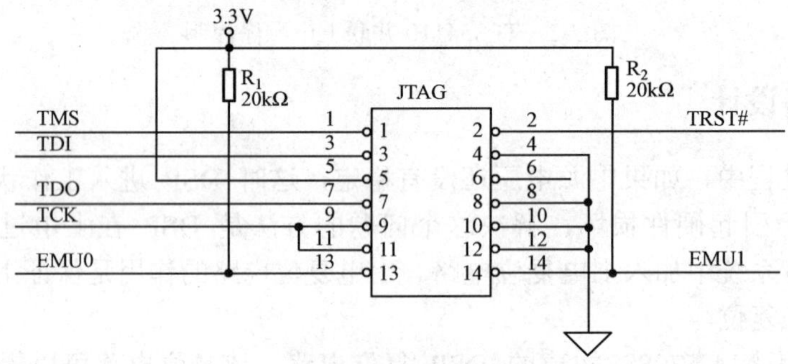

图 7-5 JTAG 接口电路

7.1.5 程序加载部分

C5000 系列 DSP 为方便用户使用提供了多种加载方式，以 TMS320VC5510 为例，TMS320VC5510 有增强主机接口（EHPI）加载方式、并行外部存储器接口（EMIF）加载方式、标准串口加载方式以及支持外围设备接口（SPI）加载方式等多种加载方式。

加载方式可以通过预置通用 I/O 引脚的高低电平来选择，表 7-1 所示为具体的说明。

加载模式可以分为两类：由 DSP 控制的加载模式和由外部主机控制的加载模式。并行外部寄存器（EMIF）加载、标准串口加载，以及串行外设接口（SPI）加载都是由 DSP 控制的加载模式。在此类加载模式下，下载程序之前先要生成一张载入表。载入表除了携带有代码段和数据段信息外，还有向 DSP 下载程序的入口点地址、寄存器配置信息和可编程延迟信息，应用这些信息来配置 DSP 以完成下载过程。图 7-6 所示为载入表的结构。

表 7-1　TMS320VC5510 加载方式

BOOTM[3:0]	加 载 方 式
0000 或 1000	不加载
0010～0111	保留
0001	SPI 加载（支持 24 位地址的 SPI EEROM）
1001	SPI 加载（支持 18 位地址的 SPI E^2PROM）
1010	EMIF 加载（8 位宽外部异步寄存器）
1011	EMIF 加载（16 位宽外部异步寄存器）
1100	EMIF 加载（32 位宽外部异步寄存器）
1101	EHPI 加载
1110	标准串口加载（McBSP0 口，16 位字宽）
1111	标准串口加载（McBSP0 口，8 位字宽）

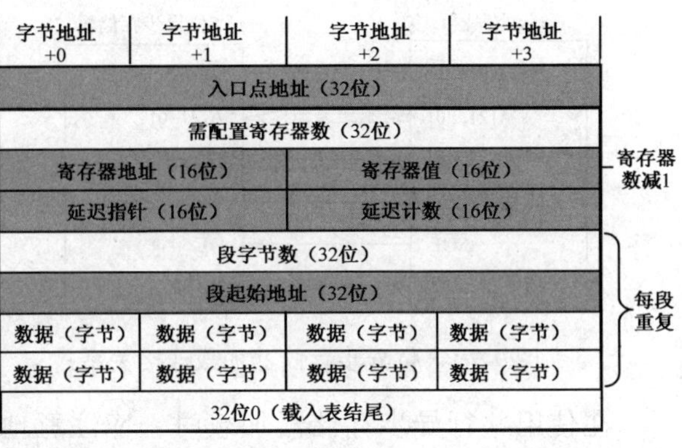

图 7-6　载入表的结构

载入表可通过 COFF 文件/十六进制文件专用转换工具 HEX55.EXE 生成，该转换工具在 CCS 安装目录…/C5500/cgtools/bin 目录下。HEX55 可在命令提示符环境下运行该命令，举例如下：

```
hex55 firmware.cmd -map firmware.map
```

这是调用 HEX55 转换工具的例子，其中 firmware.cmd 为命令文件，-map firmware.map 为命令行选项，即生成 map 文件 firmware.map。

命令文件包含生成下载表的各种信息，下面给出的就是命令文件的例子：

```
–boot ;创建一个下载表
–v5510:2 ;DSP 型号：TMS320VC5510,版本号 2
–serial8 ;8 位标准串口载入模式
–reg_config 0x1c00, 0x2180 ;向地址为 0x1c00 的外设寄存器写入数值 0Xx2180
–delay 0x100 ;延迟 256 个 CPU 时钟周期
–i ;输出数据格式为 Intel 格式
–o my_app.io ;输出文件名
my_app.out ;输入文件名
```

外部主机控制的加载模式只有 EHPI 加载一种。EHPI（Enhanced Host Port Interface）是扩展主机接口的英文缩写，它可以使主机通过 HPI 接口直接访问 DSP 的存储器，这种访问是不需 DSP 干预的。在所给出的通过 EHPI 口加载的例子中，将给出直接下载.OUT 文件的程序实例，通过该程序可不必再使用转换工具将.OUT 文件转换为十六进制格式文件。

1．并行外部存储器（EMIF）加载

并行外部存储器加载是通过外部并行存储器接口（External Memory Interface）加载程序。所用的外部存储器可以是并行 EPROM、EEPROM、Flash 存储器、FRAM（铁电存储器）等非易失存储器，也可是 SRAM、双端口存储器等易失存储器，但当使用易失存储器时，下载表要先通过某种方式在 DSP 引导之前存储在存储器上。通常使用的并行外部存储器加载是将程序固化在非易失存储器上。

使用 EMIF 加载方式的优点是不需要外部时钟驱动，非易失存储器种类多样，容量较大，除了存储下载表之外还可存储系统需要保存的关键数据，以便在掉电时保存信息，这种下载方式的缺点是连线复杂，需要考虑并行非易失存储器与 EMIF 接口的匹配关系。

图 7-7、图 7-8 和图 7-9 所示为采用 8 位异步存储器、16 位异步存储器、32 位异步存储器加载与 DSP 的连接关系图。

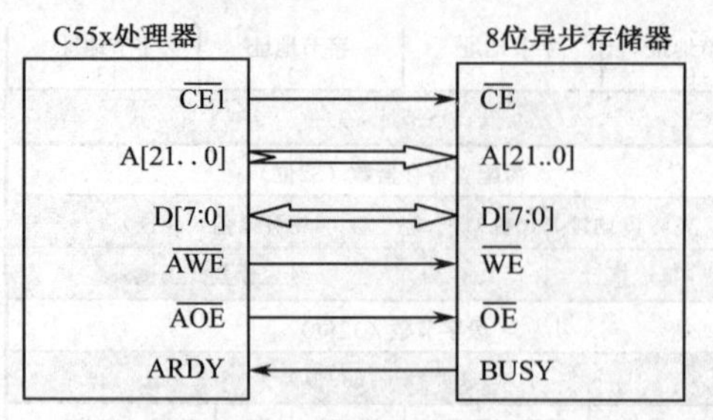

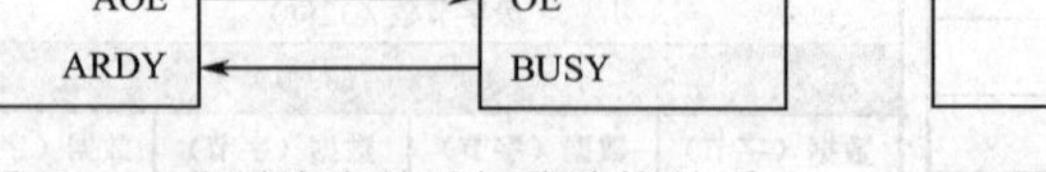

图 7-7　8 位异步存储器加载连接关系

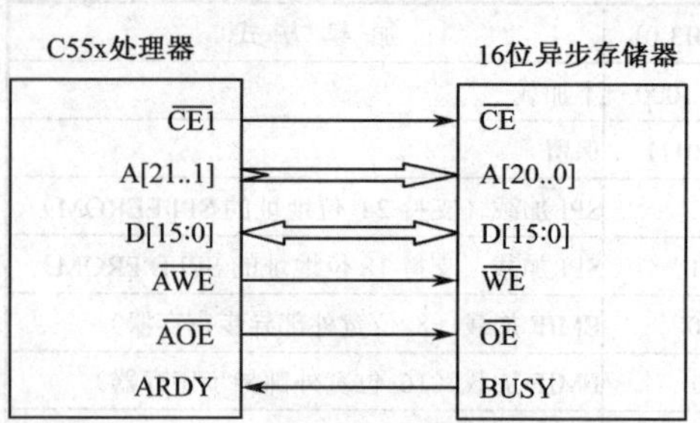

图 7-8　16 位异步存储器加载连接关系

在使用并行异步存储器加载时，应注意地址线的连接。当使用 8 位数据宽的存储器时，DSP 的地址线是从第 21 位到第 0 位；使用 16 位数据宽的存储器时，DSP 的地址线是从第 21 位到第 1 位；使用 32 位数据宽的存储器时，DSP 的地址线是从第 21 位到第 2 位。

下载表在 DSP 中所占空间从 0x200000H（字寻址）开始，即占用 CE1 空间，对应 8 位、16 位、32 位的存储器在 HEX55 的命令文件中应设置对应的存储器，其中–parallel8 对应 8 位存储器；–parallel16 对应 16 位存储器；–parallel32 对应 32 位存储器。

当使用 EMIF 加载模式时，DSP 将按如下时序设置 EMIF 口。

- 读建立时间为 15 个周期（1111b）；
- 读选通时间为 63 个周期（111111b）；
- 读保持时间为 3 个周期（11b）；
- 读扩展保持时间为 1 个周期（01b）。

在选取存储器时必须注意存储器是否满足以上时序关系，如果满足可不连接 ARDY 信号，如果存储器不满足读取时序关系则应连接 ARDY 信号，另外插入硬件等待状态。

2．标准串口加载

标准串口加载程序是指通过 McBSP0（多通道缓存串口 0）在标准串口模式下向 DSP 加载程序。该加载方式的优点是连接信号线较少，缺点是需要由外部产生帧同步信号和串行时钟信号。该方式还需要外部逻辑向串行存储器发出读指令，无法做到无缝连接。此外，该方式还固定占用 McBSP0 口。图 7-10 所示是标准串口加载模式硬件连接关系图。

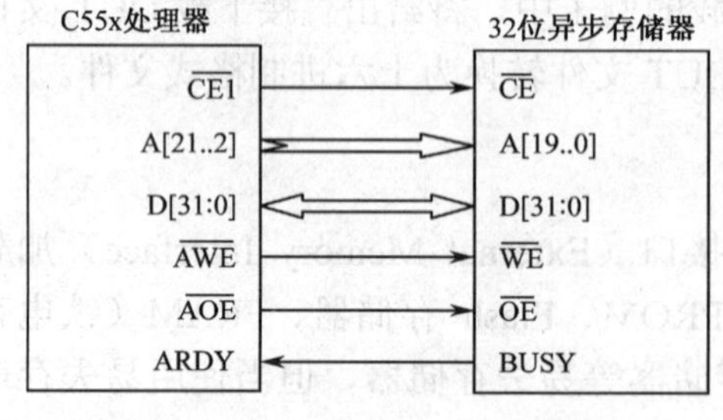

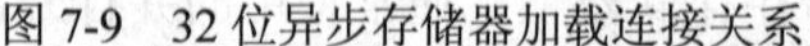

图 7-9　32 位异步存储器加载连接关系

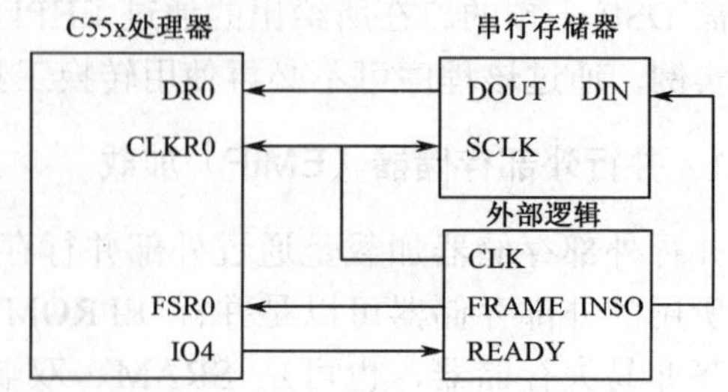

图 7-10　标准串行加载方式硬件连接

在标准串口模式下，McBSP0 口将进行如下配置：

- 每帧一个阶段（RPHASE = 0b）；
- 每阶段字数为 1（RFRLEN1 = 0000000b）；

- 字长为 8 位或 16 位（RWDLEN1 = 000b for 8-bit mode, 010b for 16-bit mode）；
- 数据右对齐，延迟为 1（RJUST = 00b RDATDLY = 01b）；
- 接收时钟及接收帧信号由外部产生。

DSP 的接收时钟 CLKR0 和串行存储器串行时钟 SCLK 由外部逻辑 CLK 信号提供，帧信号 FSR0 由外部逻辑 FRAME 信号提供，串行存储器命令字由外部逻辑 INSO 信号提供。DSP 通用输入/输出信号 IO4 向外部逻辑发出握手信号。图 7-11 所示是 DR0、CLKR0 和 FSR0 三个信号的时序关系。

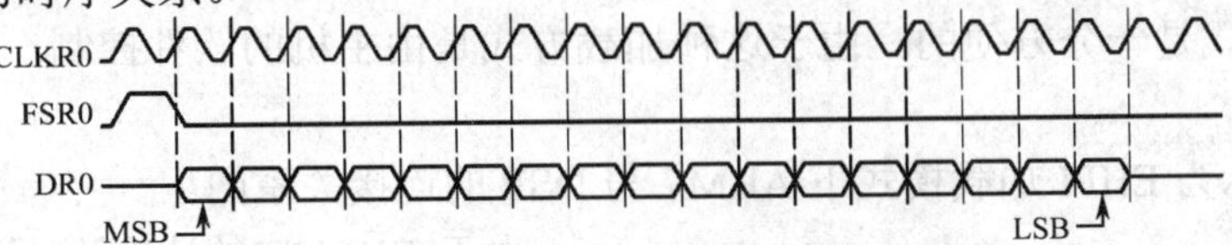

图 7-11 McBSP0 载入数据时序图（16 位）

使用标准串行加载模式时，要求接收时钟必须小于 DSP 主时钟的 1/8。除此之外，在加载下一个数据之前必须保持足够的等待时间，以防止数据溢出。通用输入/输出信号 IO4 可作为数据传送的握手信号，当 DSP 还没有准备好接收新数据时，IO4 会保持高电平，直到 DSP 准备接收新数据，图 7-12 所示就说明了这种时序关系。

3. 串行外设接口（SPI）加载

串行外设接口标准（SPI）是 Motorola 公司提出的一种串行总线标准，该标准具有连接简单，控制方便等特点，同时针对该标准，Atmel 等公司研制了 SPI 口的 EEPROM，而 C55x 系列 DSP 也提供了 SPI 接口加载功能。

SPI 接口只用三根线就可完成串行数据传输，DSP 作为主方控制 SPI 接口。这种加载方式不需外部时钟和外部逻辑，可以做到无缝连接。图 7-13 所示是该方式硬件连接图。

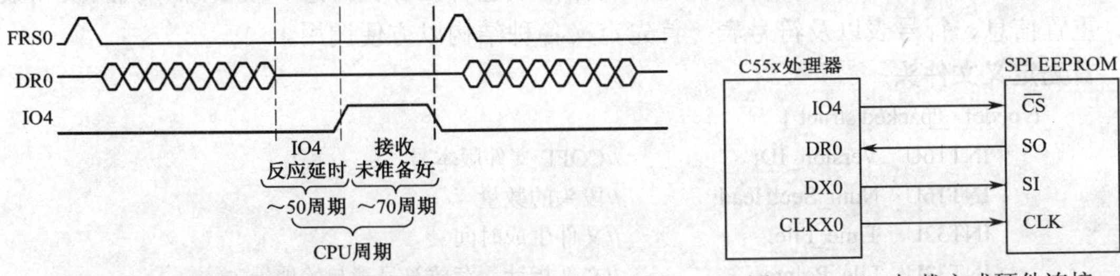

图 7-12 IO4 在标准串口下载模式下产生延迟信号

图 7-13 SPI 加载方式硬件连接

SPI 加载方式下的时序关系如图 7-14 所示。

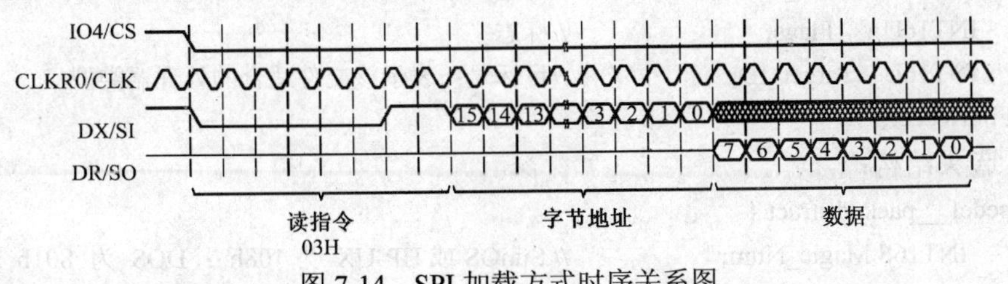

图 7-14 SPI 加载方式时序关系图

4. EHPI 口加载程序

C55x 的 EHPI 接口是在 C54x 系列 HPI 接口的基础上发展起来的。EHPI 接口提供了

EHPI 地址线，将 HPI 口的数据、地址复用模式改为数据、地址非复用模式，提高了数据的传输速率，简化了系统的软/硬件设计，并且实现了 DSP 与主机间的无缝连接。为保持继承性，EHPI 接口还保留了复用模式；但复用模式必须在软、硬件设计上采取特殊设计，并且降低了数据的传输速率，因此这里推荐采用非复用模式。

在许多系统中是微控制器（MCU）和数字信号处理器（DSP）联合工作。微控制器作为主机主要起控制作用，而主机与 DSP 最直接的连接方式就是通过 EHPI 接口，通过该接口主机可以直接访问 DSP 内存而无须 DSP 干预。如果主机接入了 DSP 的 EHPI 口，则采用 EHPI 口加载方式是十分方便的。由于这种加载方式是由主机的软件控制，相比其他方式更加便利、灵活。

图 7-15 所示为 EHPI 加载模式下 ARM7 与 DSP 的连接关系图。

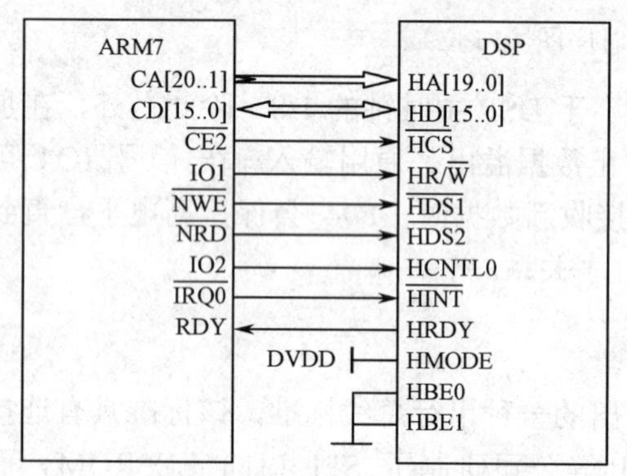

图 7-15　EHPI 加载模式下 ARM7 与 DSP 的连接

由于 EHPI 口的读/写信号和地址锁存信号之间要保持一定的时间间隔，因此在这里使用 ARM7 处理器的通用输入/输出引脚 IO1 向 DSP 发出读/写信号，这样的连接只需在读/写 EHPI 接口之前预置 IO1 的输出电平即可。如果将 NEW 信号直接接到 HR/W 上，有可能出现地址锁存错误的情况。

编写的程序在编译环境中一般都直接生成.out 文件。如果能够直接向 DSP 中下载.out 文件，将省去转换的过程。这样做的缺点是.out 文件包含编译信息，有可能比经过 HEX55 转换后的文件占用非易失存储器更多的空间，这可以通过生成 release 型.out 文件解决。

.out 文件采用 COFF 文件格式。这种文件格式包含文件头信息、段信息、代码段和数据段、重置信息、行号表以及符号表，首先定义各种结构以方便调用。

首先定义文件头：

```
typedef __packed struct {
    INT16U  Version_ID;         //COFF 文件版本号
    INT16U  Num_SectHead;       //段头的数量
    INT32U  Time_File;          //文件生成时间
    INT32U  File_Pointer;       //文件指针；存放符号表起始地址
    INT32U  Entry_Symbol;       //符号表入口数量
    INT16U  Num_OptHeader;      //可选头字节数
    INT16U    Flags;            //标志
    INT16U  Target_ID;          //目标号；表示该文件适合的处理器类型
} FileHeader;
```

定义可选头结构：

```
typedef __packed struct {
    INT16S Magic_Num;           // SunOS 或 HP-UX 为 108h ；DOS 为 801h
    INT16S Version_Stamp;       //版本标志
    INT32S Size_Exe_Code;       //执行代码的长度（字节）
    INT32S Size_Data_Sec;       //初始化段.data 段的长度（字节）
    INT32S Size_Bss_Sec;        //非初始化段.bss 段的长度（字节）
```

```
        INT32S Size_Entry_Point;          //入口点
        INT32S Begin_Addr_Exec;           //可执行代码起始地址
        INT32S Begin_Addr_Inidat;         //初始化数据段起始地址
    } OptFileHeader;
```

定义段头结构：

```
    typedef _packed struct {
        char sect[8];                     //当段名小于 8 个字符时这里存放段名，大于 8 个字符
                                          //时存放指向该段名的指针
        INT32S Sec_PhyAddress;            //段的物理地址
        INT32S Sec_VirAddress;            //段的虚拟地址
        INT32S Sec_Size;                  //段的长度（字节）
        INT32S Pointer_Rawdata;           //指向代码的文件指针
        INT32S Pointer_ReEntry;           //指向重置入口的文件指针
        INT32S Pointer_LineEntry;         //指向行号入口的文件指针
        INT32U Num_ReEntry;               //重置入口数量
        INT32U Num_LineEntry;             //行号入口数量
        INT32U Flag;                      //标志
        INT16S   Reserved;                //保留
        INT16U Mem_Page_Num;              //内存页号
    } SectionHeader;
```

程序假设.out 文件已经存在非易失存储器当中，Dsp_BaseAddre 是 DSP 内存映射在 ARM 上的启始地址，DspPro 为指向.out 文件的指针。

```
    void LoadDSP（uint32 Dsp_BaseAddre,uint16 *DspPro）
    {
        char *filestruct;
        uint16 *Source,*Target;
        FileHeader *file_header1;
        SectionHeader *section_header1;
        uint16 size,offset;
        int i,j;
    ////////////////// DSP RESET /////////////////////
    mask=mask |DSPRW| DSPRSTPIN | HCNTL0PIN;
    open _pio_ （mask , PIO_OUTPUT ）；
    Pio_data=read _pio （&PIO_DESC）;
    Pio_data |=DSPRSTCLR|DSRREAD;
    write _pio （ mask, Pio_data ）；

       for（i=0;i<10;i++）          //等待 10ms
           for（j=0;j<100000;j++）;
       Pio_data=read _pio （&PIO_DESC）;
    Pio_data |=DSPRSTSET | HCNTL0CON;
    Write_pio （ mask, Pio_data ）；

    ////////////////////////////////////////////////////
    size=sizeof（file_header1）;
```

```
filestruct= (char *) &DspPro;
file_header1= (FileHeader *) &filestruct;

if  (file_header1->Num_OptHeader==0)
        offset=size;
else
        offset=size+28;

size=sizeof (section_header1) ;
section_header1= (SectionHeader *) &DspPro+offset;

for (i=1;i<=file_header1->Num_SectHead;i++)
{
        Source= (uint16 *) &DspPro+section_header1->Pointer_Rawdata;
        Target= (uint16 *) Dsp_BaseAddre+section_header1->Sec_PhyAddress/2;
        for (j=0;j<section_header1->Sec_Size/2;j++)
                Target[j]=Source[j];
        section_header1 += size;
}

//////////////////DSP begins to run////////////////////
Target= (uint16 *) Dsp_BaseAddre;
Target[0]=0x1;
Pio_data= read_pio (&PIO_DESC) ;
Pio_data |= HCNTL0MEM;
write_pio  (  mask, Pio_data  )  ;

}
```

7.2 A/D 与 D/A 设计

数字信号处理中通常采用图 7-16 所示的结构，即模数信号转换（A/D 转换）部分、数字信号处理（DSP）部分和数模信号转换（D/A 转换）部分。其中模数信号转换、数模信号转换所起的作用是将自然界中的模拟信号经过离散量化后，转变为数字系统可以处理的离散信号，或将经过数字信号处理的结果转化为模拟信号。根据 Nyqnist 定律，要完整地采集模拟信号所携带的信息，则 A/D 转换的采样率必须大于模拟信号最高频率的两倍。但采样率并非越高越好，因为采样率过高会增加后端数字信号处理的负担。一般来说，最佳采样率是模拟信号最高频率的 4～8 倍。采样率确定后，就要选择适合使用的 A/D 采样芯片。

图 7-16　信号处理标准结构

A/D 采样芯片按数字接口分类可以分为串行接口和并行接口两大类，串行接口 A/D 转换芯片主要适用于 100kHz 以下采样速率，对于 100kHz 以上采样率一般采用并行接口 A/D

转换芯片。

7.2.1 串行多路 A/D 设计

串行接口 A/D 转换芯片有连接简单、占用系统资源较少等优点，在音频处理等领域得到广泛应用，本节所给的就是在 DSP 系统中采用四路模拟信号输入，12 位分辨率 A/D 转换芯片 MAX1246 的实例。

MAX1246 可以无缝连接到 TMS320 系列处理器上，图 7-17 所示是 MAX1246 与 TMS320VC5510 的连接图。MAX1246 的串行时钟信号 SCLK 由处理器的发送时钟信号 CLKX0 提供，CLKX0 同时提供接收时钟信号 CLKR0，处理器的数据发送 DX0 接到 MAX1246 的数据入 DIN，MAX1246 的数据输出 DOUT 接到处理器的 DR0 脚，MAX1246 的串行选通输出 SSTRB 接至 FSR0，处理器的 XF 为 MAX1246 提供片选信号。

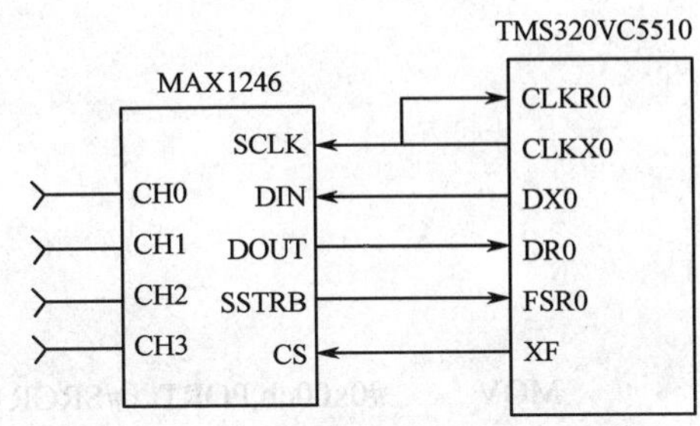

图 7-17 串行采样芯片与 DSP 的连接

信号采集过程如下：

（1）首先关闭所有中断。

（2）处理器设置串口 McBSP0。

```
MOV#0x0000,PORT（#SPCR1_0）           ;/* spcr1 */
                                      ; DBL =0（关闭闭环模式）
                                      ; RJUST=00b（接收数据右对齐，不进行符号扩展）
                                      ; CLKSTP=00b（关闭时钟停止模式）
                                      ; Reserve=000b
                                      ; DXENA=0     （关闭 DX 延迟）
                                      ; ABIS=0      （关闭 ABIS 模式）
                                      ; RINTM=00b   （收到数据 CPU 发出中断）
                                      ; RSYNCERR=0
                                      ; RFULL=0
                                      ; RRDY=0
                                      ; RRST=0       （处于 RESET 状态）
                                      ; 0000000000000000b=0000h

MOV      #0x200,PORT（#SPCR2_0）       ; Reserve=000000b
                                      ; FREE=1
                                      ; SOFT=0     （McBSP 发送和接收时钟继续运行）
                                      ; FRST=0     （打开帧同步逻辑）
                                      ; GRST=0     （采样率产生器处于 RESET 状态）
                                      ; XINTM=00b（XRDY 由 0 变 1，发出 XINT 信号）
                                      ; XSYNCERR=0
                                      ; XEMPTY=0
                                      ; XRDY=0
                                      ; XRST=0     （处于 RESET 状态）
                                      ; 0000001000000000b=0200h

MOV      #0x0a03,PORT（#PCR0）         ;/* pcr */
                                      ; Reserve=0
```

```
                                        ; IDLE_EN=0
                                        ; XIOEN=0
                                        ; RIOEN=0
                                        ; FSXM=1        （McBSP 内部产生发送帧同步信号）
                                        ; FSRM=0        （接收帧同步信号由外部产生）
                                        ; CLKXM=1       （发送时钟信号由采样率产生器产生）
                                        ; CLKRM=0       （接收时钟信号由采样率产生器产生）
                                        ; SCLKME=0      （CPU clock）
                                        ; CLKS_STAT=0
                                        ; DX_STAT=0
                                        ; DR_STAT=0
                                        ; FSXP=0        （发送帧同步信号高有效）
                                        ; FSRP=0        （接收帧同步信号高有效）
                                        ; CLKXP=1       （发送时钟下降沿有效）
                                        ; CLKRP=1       （接收时钟翻转）
                                        ; 0000 10100000 0011=0A03h
MOV     #0x00cb,PORT（#SRGR1_0）          ; /* srgr1 */
                                        ; FWID = 0000 0000（帧同步信号脉冲宽度为 1）
                                        ; CLKGDV= 1100 1011b（203）
                                        ; 0000 0000 1100 1011b=00CBh
MOV     #0x301f,PORT（#SRGR2_0）          ; /* srgr2 */
                                        ; GSYNC=0       （无外部时钟同步）
                                        ; CLKSP=0
                                        ; CLKSM=1       （CPU clock）
                                        ; FSGM=1        （采样率产生器产生帧信号）
                                        ; FPER=0000 0000 1111 （31）
                                        ; 0011 0000 0000 1111=300fh
MOV     #0x0020,PORT（#XCR1_0）           ; /* xcr1 */
                                        ; Reserve=0
                                        ; XFRLEN1=0     （单字）
                                        ; XWDLEN1=001   （16bits）
                                        ; Reserve=0 0000
                                        ; 0000 0000 0010 0000b=0020h
MOV     #0x0004,PORT（#XCR2_0）           ; /* xcr2 */
                                        ; XPHASE=0      （单相帧）
                                        ; XFRLEN2=000 0000（单字）
                                        ; XWDLEN2=000   （8bits）
                                        ; XCOMPAND=00   （非压缩模式）
                                        ; XFIG=1        （忽略错误 FSR 脉冲）
                                        ; XDATDLY=00    （延迟 0bit）
                                        ; 0000 0000 0000 0100b=0004h
MOV     #0x0020,PORT（#RCR1_0）           ; /* rcr1 */
                                        ; Reserve=0
                                        ; RFRLEN1=000 0000b（单字）
                                        ; RWDLEN1=001b 12bits
```

```
                                           ; Reserve=00000b
                                           ; 0000 0000 0010 0000b=0020H
MOV     #0x0025,PORT（#RCR2_0）            ; /* rcr2 */
                                           ; RPHASE=0        （单相帧）
                                           ; RFRLEN2=000 0000b（单字）
                                           ; RWDLEN2=001b 12bits
                                           ; RCOMPAND=00b （不压缩,首先接收高位）
                                           ; RFIG=1          （忽略错误 FSR 脉冲）
                                           ; RDATDLY=01b    （延迟 1bit）
                                           ; 0000 0000 0010 0101b=0025h
MOV     #0x0001,PORT（#MCR1_0）            ;无须多个通道
MOV     #0x0001,PORT（#MCR2_0）
MOV     #0x0001,PORT（#RCERA_0）           ;选择通道 0
MOV     #0x0001,PORT（#XCERA_0）           ;选择通道 0
MOV     #0x0240,PORT（#SPCR2_0）           ;GRST=1，启动采样率发生器
RPT     #0x200
NOP

MOV     #0x0241,PORT（#SPCR2_0）           ;XRST=1，启动发送器
MOV     #0x0001,PORT（#SPCR1_0）           ;RRST=1，启动接收器
MOV     #0x9f,PORT（#DXR1_0）
MOV     #0x02C1,PORT（#SPCR2_0）           ;FRST=1，启动帧同步
```

（3）允许中断。

（4）中断服务子程序进行数据存储。

```
_RINT_Isr1:
PSH     AC0
PSH     AC1
PSHBOTH XAR0
PSH     T0
BCLR    CPL

MOV     port（#DRR1_0）,AC1                ;读采样值

MOV     STATUE,T0                          ;判断通道号
SUB     #1,T0,AC0
BCC     L1,AC0==0
SUB     #2,T0,AC0
BCC     L2,AC0==0
SUB     #3,T0,AC0
BCC     L3,AC0==0

MOV     0XD0, port（#DXR1_0）        ;发下次采样命令字
MOV     ADD0,AC0
MOV     AC0,AR0
MOV     AC1,*AR0++
```

```
    MOV     AR0,ADD0
    MOV     #1, STATUE
    B       SEND
L1:
    MOV     0XA0, port（#DXR1_0）     ;发下次采样命令字
    MOV     ADD1,AC0
    MOV     AC0,AR0
    MOV     AC1,*AR0++
    MOV     AR0,ADD1
    MOV     #2, STATUE
    B       SEND
L2:
    MOV     0XE0, port（#DXR1_0）     ;发下次采样命令字
    MOV     ADD2,AC0
    MOV     AC0,AR0
    MOV     AC1,*AR0++
    MOV     AR0,ADD2
    MOV     #3, STATUE
    B       SEND
L3:
    MOV     0X90, port（#DXR1_0）     ;发下次采样命令字
    MOV     ADD3,AC0
    MOV     AC0,AR0
    MOV     AC1,*AR0++
    MOV     AR0,ADD3
    MOV     #0, STATUE

    RETI
```

7.2.2 高速并行 A/D 设计

串行数据的传输速率并不是无限制的，这是由于串行接口是在串口时钟 SCLK 下运行。对 C55x 系列处理器来说，SCLK 最高不能大于 CPU 时钟的二分之一，例如对 100MHz 的处理器来说，如果传递的数据宽度为 16 位，则在理想状况下最高的传输速率也只能达到 50Mbit/16s，即 3.125 兆字每秒。

对于高速模数转换来说，大于 100kHz 以上的采集速率一般都采用并行 A/D 转换芯片。并行 A/D 采集芯片只需提供采样时钟即可，而不必提供串口时钟，并且一般也不需要处理器向采样芯片发出命令字。

接下来将介绍由 TMS320VC5510 和 TLC5510 组成的一套高速并行采样系统，参见图 7-18。该系统最高 A/D 采集速率可以达到 10MHz，该系统已经在超声波信号处理方面得到了实际应用。

TLC5510 是德州仪器公司研制的 8 位并行 A/D 采样芯片，其最高 A/D 转换速率可以达到 20MHz。由于 TLC5510 的信号电平为 5V TTL 电平，而 TMS320VC5510 的为 3.3V CMOS 电平。如果直接将 TLC5510 的信号接到 TMS320VC5510 上，有可能会对处理器造成

永久性损害，因此在二者之间增加了 74LVTH245 总线隔离器，由它进行信号电平的转换；采用并行数据接口则必须在 DSP 内存空间分配相应的地址，这就要求增加外部地址译码电路；A/D 采集芯片进行采集时要求有采样时钟驱动，该高速采集系统是通过对 DSP 的 CLKOUT 时钟输出引脚分频产生的。由于系统设计的最大采样率为 10MHz，因此分频数设为 20；通过调整 DSP 时钟输出引脚分频比，该采集系统还可在 5MHz，3.33MHz，2.5MHz 采样速率下工作；采样数据准备好信号（RDY）由外部逻辑产生，该信号接至 DSP 的 INT3 引脚，该信号既可作为中断信号引起系统中断进入采集子程序，也可将该信号作为 DMA 同步信号启动 DMA 传送，将采集数据导入内存。

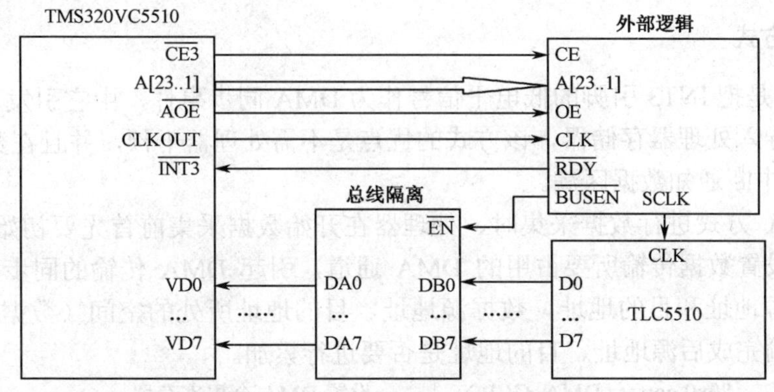

图 7-18　并行采集系统框图

由于并行模数转换器件接入处理器 EMIF（外部存储器接口），它的数据读/写必须满足时序关系，图 7-19 所示是并行采样的时序关系图。

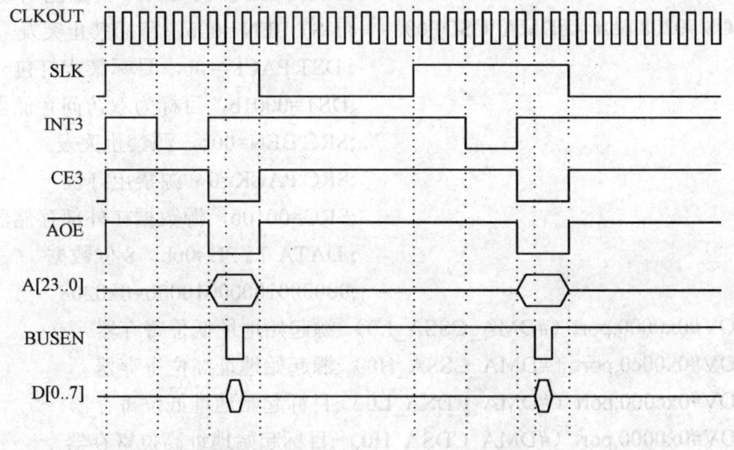

图 7-19　并行采样时序关系图

处理器读取采样数据可以通过两种方式进行，即中断方式和 DMA 方式。接下来分别介绍这两种方式的编程方法。

1. 中断方式

中断方式是通过外部引脚 INT3 引发硬件中断，中断服务子程序将数据导入内存，其程序如下。

首先设置寻址状态

```
        BSET    0,ST2_55                              ;设置 AR0 处在循环寻址状态
```

```
        MOV  #0x6000,mmap（@BSA01）          ;循环首地址 0x6000
        MOV  #0x400,mmap（@BK03）            ;循环块长度 1024
        MOV  #0x6000,AC0
        MOV  AC0,XAR0                        ;XAR0 存入循环首地址
                                                          中断服务程序
Int3Isr:
    MOV  @0x600000,AC0
    MOV  AC0,*AR0+
    RETI
```

2．DMA 方式

DMA 方式是把 INT3 引脚的低电平信号作为 DMA 同步事件，由它引发 DMA 传送，从而将采样数据导入处理器存储器，该方式的优点是不需处理器干预，并且在数据区存满后还可向 DSP 发出中断通知数据区满。

采用 DMA 方式进行数据采集时，处理器在开始数据采集前首先要初始化 DMA 控制器，主要包括设置数据传输所要占用的 DMA 通道，引起 DMA 传输的同步事件，DMA 所传输的数据的源地址和目的地址，数据源地址、目的地址所处的空间（数据或外设空间），以及在一次传输完成后源地址、目的地址是否要进行累加。

```
MOV       #0x0,port（#DMA_GCR）          ;设置 DMA 全局寄存器
                                         ; Rsvd =0000,0000,0000,0
                                         ;Free=0，断点挂起 DMA 传送
                                         ; EHPI EXCL=0，EHPI 可以读取所有地址
                                         ; EHPI PRIO=0，EHPI 在低优先级
    MOV#0208,port（#DMA_CSDP0）          ; DST BEN =00b，目标禁止突发
                                         ; DST PACK =0b，目标禁止打包
                                         ;DST=0001b，目标为双访问存储器
                                         ;SRC BEN=00b，源禁止突发
                                         ;SRC PACK=0，源禁止打包
                                         ;SRC=0010b，源数据在外部存储器
                                         ; DATA TYPE=00b，8 位数据
                                         ;0000001000001000b=0x0208
    MOV#0x0000,port（#DMA_CSSA_L0）;源起始地址低位寄存器
    MOV#0x00c0,port（#DMA_CSSA_H0）;源起始地址高位寄存器
    MOV#0xc000,port（#DMA_CDSA_L0）;目标起始地址低位寄存器
    MOV#0x0000,port（#DMA_CDSA_H0）;目标起始地址高位寄存器
    MOV#0x0001,port（#DMA_CEN0）         ;每帧元素数量为 1
    MOV#0x0400,port（#DMA_CFN0）         ;每块 1024 帧
    MOV#0x48D2,port（#DMA_CCR0）         ; DST AMODE=01b，目的地址自动增加
                                         ; SRC AMODE=00b，源地址固定
                                         ; END PROG=1b，设置结束
                                         ; Rsvd=0b
                                         ; REPEAT=0b
                                         ; AUTOINIT=0b，禁止自动初始化
                                         ; EN=1,通道使能
```

```
;PRIO=1，高优先级
;FS=0，同步事件传送一个数据
;SYNC= 10010b，同步事件是INT3
;0100100011010010b=0x48D2
```

7.2.3 并行D/A设计

在很多应用中，需要通过模拟电压信号对电路进行控制，如压控振荡电路、发射功率控制电路等，这里给出应用 MAX5101 提供三路电压控制信号的例子，用户只要通过向指定地址写入数值就可以完成数模信号的转换。

MAX5101 为 3 通道、8 位并行数模转换器，该芯片采用单电压供电，供电电压范围为 2.7～5.5V，芯片将供电电源作为参考电压，其输出模拟信号的电压 V_{OUT} 的计算公式如下（其中 N_B 为输出数值，V_{DD} 为供电电压）：

$$V_{OUT} = (N_B \cdot V_{DD}) / 256$$

该电路的连接十分简单，只需要通过 MAX5101 的地址引脚 A0、A1 和写控制脚 WR# 控制即可，图 7-20 所示为连接原理框图。

MAX5101 的时序图如图 7-21 所示，应注意写信号有效时间 t_{DS} 应大于 20ns。

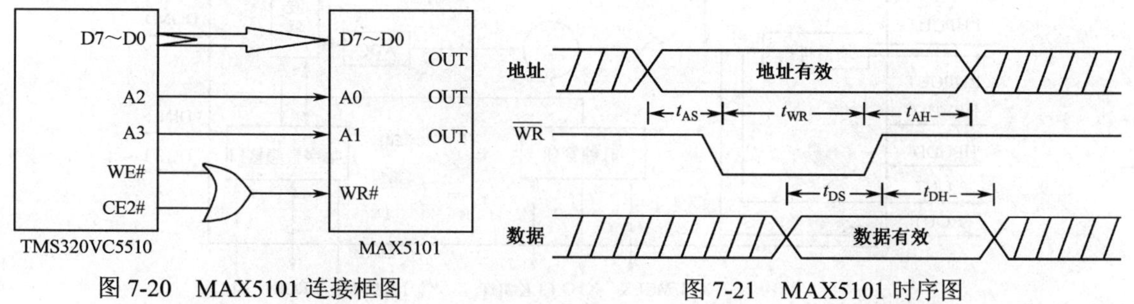

图 7-20　MAX5101 连接框图　　　图 7-21　MAX5101 时序图

程序可以通过定时中断实现三个通道的数模转换，下面给出中断服务程序：

```
TINT0:
      SFTLAC0,#4
      MOVAC0,XAR5                ;向 XAR5 置入地址
      MOV#DATA,AR4               ;将数值存放地址放入 AR4
      MOV*AR4++,AC0
      MOVAC0,*AR5++              ;向 OUTA 置数
      MOV*AR4++,AC0
      MOVAC0,*AR5++              ;向 OUTB 置数
      MOV*AR4++,AC0
      MOVAC0,*AR5++              ;向 OUTC 置数
      RETI                       ;中断返回
```

7.3 C55x 在语音系统中的应用

在以 DSP 为核心的语音信号处理系统中，DSP 要完成信号的采集运算处理任务，A/D 和 D/A 完成语音信号的输入和输出。在以 TMS320VC5509A 为核心的语音处理系统中，采用了专为音频处理应用设计的编解码器件 TLV320AIC23，来完成模拟语音信号的采样和数

字音频信号的 D/A 转换。利用 TMS320VC5509A 片内多通道缓冲串口（McBSP），通过 I^2C 总线来对 AIC23 进行控制，从而实现具有较强功能的语音处理系统。

TLV320AIC23 是 TI 推出的一款高性能的立体声音频 Codec 芯片，其内部结构框图如图 7-22 所示。AIC23 内置耳机输出放大器，支持 MIC 和 LINE IN 两种输入方式（二选一），对输入和输出都具有可编程增益调节。AIC23 在芯片内部集成了模数转换（ADC）和数模转换（DAC）部件，其中模数转换部分采用了先进的 Sigma-delta 过采样技术，可以在 8～96kHz 的频率范围内提供 16 位、20 位、24 位和 32 位的采样，ADC 和 DAC 的信噪比分别可以达到 90dB 和 100dB。AIC23 还具低功耗的特点，回放模式下功耗仅为 23mW，省电模式下更是小于 15μW。由于具有上述优点，使 AIC23 成为一款非常理想的音频模拟 I/O 器件，在数字音频领域有很好的应用前景。

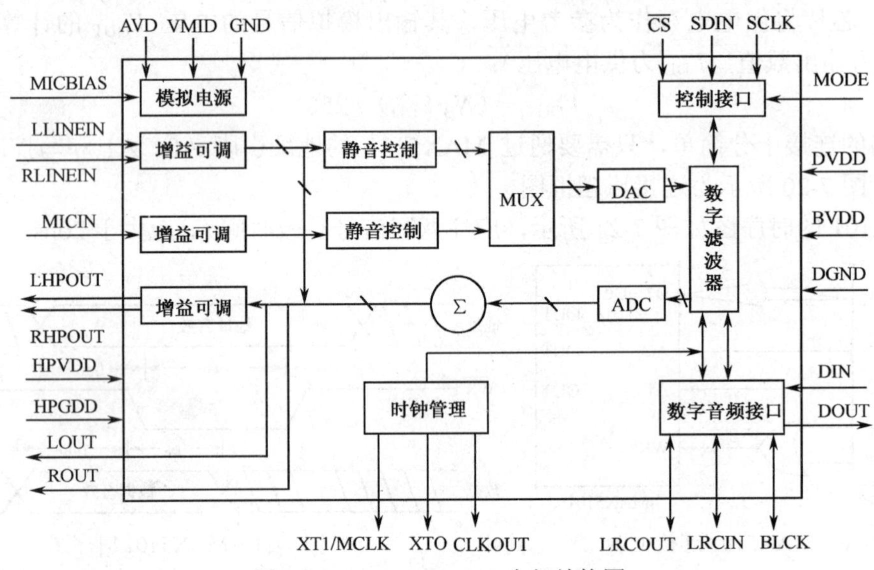

图 7-22　TLV320AIC23 内部结构图

从图 7-22 可以看出，AIC23 主要的外围接口分为以下几个部分。

（1）数字音频接口

BCLK——数字音频接口时钟信号，当 AIC23 为从模式时，该时钟由 DSP 产生；AIC23 为主模式时，该时钟由 AIC23 产生。

LRCIN——数字音频接口 DAC 方向的帧信号。

LRCOUT——数字音频接口 ADC 方向的帧信号。

DIN——数字音频接口 DAC 方向的数据输入。

DOUT——数字音频接口 ADC 方向的数据输出。

（2）麦克风输入接口

MICBIAS——提供麦克风偏压，通常是 3/4 AVD。

MICIN——麦克风输入，由 AIC 结构框图可以看出放大器默认是 5 倍增益。

（3）LINE IN 输入接口

LLINEIN——左声道 LINE IN 输入。

RLINEIN——右声道 LINE IN 输入。

（4）耳机输出接口

LHPOUT——左声道耳机放大输出。

RHPOUT——右声道耳机放大输出。

LOUT——左声道输出。

ROUT——右声道输出。

（5）配置接口

SDIN——配置数据输入。

SCLK——配置时钟。

TMS320VC5509A 使用 TI 的 TLV320AIC23 立体声数字多媒体编解码处理器进行音频信号的输入/输出。AIC23 通过麦克风采样模拟音频信号或直接输入模拟音频信号，然后将其转换为 DSP 可以处理的数字信号。当 DSP 处理完后，再将数字信号转换为模拟信号输出，用户即可利用耳机或扬声器收听到高质量的音频信号。5509A 与 AIC23 的硬件连接示意图如图 7-23 所示。

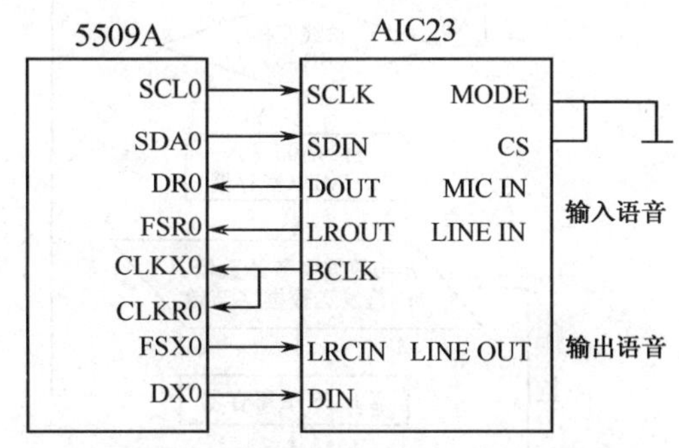

图 7-23　5509A 与 AIC23 的连接图

AIC23 通过两个独立的通道进行通信，一路控制 AIC23 的端口配置寄存器；另一路发送和接收数字音频信号。利用 5509A 的 I^2C 总线被用来作为单向控制通道，控制通道只在配置 AIC23 时才使用，当传输音频信号时，它一般是空闲的。I^2C 总线是由数据线 SDA 和时钟线 SCL 构成的串行总线，可发送和接收数据。McBSP 被用来作为双向数据通道，所有的音频数据都通过数据通道传输。

AIC23 内部具有一个可编程时钟，由 PLL1708 PLL 驱动提供。系统的默认时钟为 18.432MHz。内部的采样频率通常由 18.432MHz 时钟分频产生，例如 48kHz 或 8kHz。采样频率通过 AIC23 的 SAMPLERATE 寄存器设置。

图 7-23 中 MODE 接数字地，表示利用 I^2C 控制接口对 AIC23 进行控制。CS 接数字地，表示 AIC23 作为从器件在 I^2C 总线上的外设地址是 0011010。SCLK 和 SDIN 是 AIC23 控制端口的移位时钟和数据输入端，分别与 5509A 的 I^2C 模块端口 SCL 和 SDA 相连。McBSP 的收发时钟 CLKR0 和 CLKX0 由 AIC23 的串行数据传输时钟 BCLK 提供，并由 AIC23 的 LRCIN 和 LRCOUT 启动串口发送和接收数据异步传输，DX0 和 DR0 分别与 AIC23 的 DIN 和 DOUT 相连，从而完成 DSP 与 AIC23 的音频数据通信。

图 7-24 所示是 5509A 与 AIC23 传输数据时的时序图。在帧同步信号（LRCIN/LROUT）作用下，串行口先传输左声道数据，然后再传输右声道数据，同时 5509A 通过 McBSP 向 AIC 发送数据，经过 D/A 转换就可以回放音频信号。5509A 采用 DMA 的方式与 McBSP 进行数据的传输。

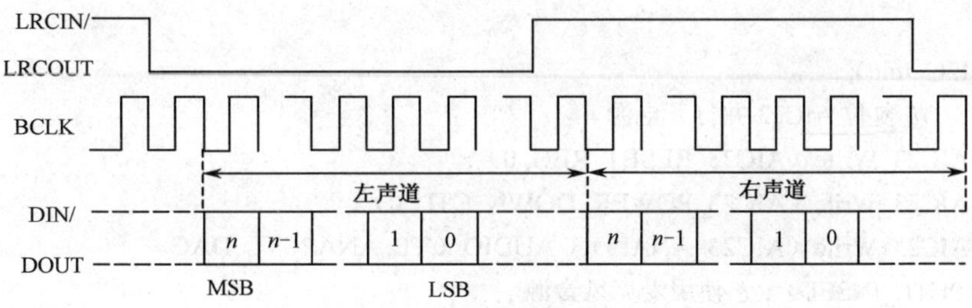

图 7-24　AIC23 在 I^2C 模式下的串口时序图

在图 7-23 的连接中，McBSP 的接收和发送工作在同步方式下，接收和发送可以独立配置，利用 5509A 的 I^2C 模块，可以对 AIC23 内部的配置寄存器进行编程配置，使 AIC23 工作在要求的状态下。首先对 5509A 的 I^2C 模块初始化，图 7-25 所示是 5509A I^2C 主从发送控制流程图，将数据逐次写入 I2CDXR，并通过 I^2C 总线发送给 AIC23，可以完成对 AIC23 的初始化配置。

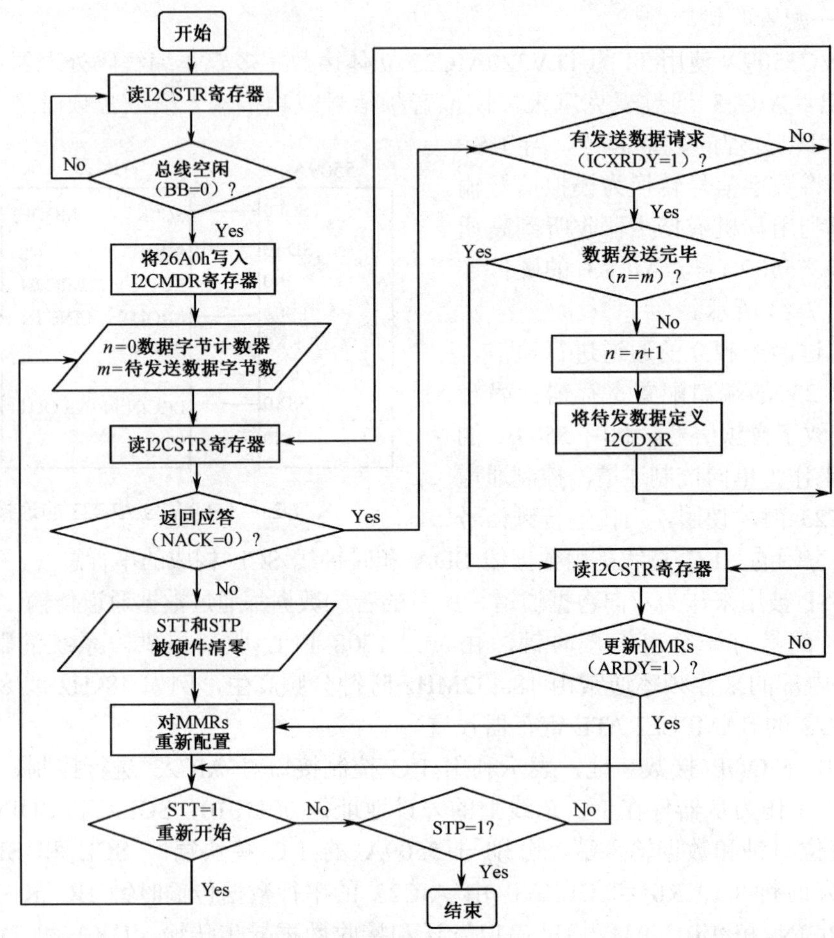

图 7-25　5509A I^2C 主从发送控制流程图

由于设置 AIC23 接收、处理数据的速度为 48kHz，程序中发送数据的函数在设备忙的情况下不会返回，而是等待其准备好并接收数据完毕才返回，所以程序中无须使用任何控制数据发送速度的技术。下面给出 AIC23 初始化的部分源代码。

```
void AIC23_Init()
{
    I2C_Init();
      // 复位 AIC23 并打开电源
    AIC23_Write（AIC23_RESET_REG, 0）;
    AIC23_Write（AIC23_POWER_DOWN_CTL, 0）;
    AIC23_Write（AIC23_ANALOG_AUDIO_CTL, ANAPCTL_DAC
ANAPCTL_INSEL）; // 使用麦克风音源
    AIC23_Write（AIC23_DIGITAL_AUDIO_CTL, 0）;
```

```
    // 打开 line in 音量控制 s
    AIC23_Write（AIC23_LT_LINE_CTL,0x000）;
    AIC23_Write（AIC23_RT_LINE_CTL,0x000）;

    // AIC23 工作于主模式，44.1kHz 立体声, 16bit 采样
    // 输入时钟为 12MHz
    AIC23_Write（AIC23_DIGITAL_IF_FORMAT, DIGIF_FMT_MS |
DIGIF_FMT_IWL_16 | DIGIF_FMT_FOR_DSP）;
    AIC23_Write（AIC23_SAMPLE_RATE_CTL, SRC_SR_8 | SRC_BOSR | SRC_MO）;

    // 打开耳机音量控制和数字接口
    AIC23_Write（AIC23_LT_HP_CTL, 0x07f）;  // 0x79 为麦克风
    AIC23_Write（AIC23_RT_HP_CTL, 0x07f）;
    AIC23_Write（AIC23_DIG_IF_ACTIVATE, DIGIFACT_ACT）;

    // 设置 McBSP0 为从模式
    McBSP0_InitSlave();
}
```

7.4 手写系统的实现

随着移动电话、掌上电脑等便携电子产品的广泛使用，其人机交互功能也得到了更多的重视，以往的便携设备通常使用键盘作为主要输入手段，但对复杂的菜单操作及文字输入，特别是对汉字输入来说键盘并不令人满意，手写输入却可以很好地解决上述问题。手写输入具有很好的人机交互功能，可方便地完成各种复杂菜单操作，而手写输入最大的优点是其方便的文字输入方法，手写输入可以抛弃掉各种复杂的汉字输入方法，用户可以像在纸上写字一样输入各种文字信息，从而极大地方便用户。

手写系统由处理器、手写输入芯片和手写板组成。处理器是系统的核心，处理来自手写驱动芯片的采样数据，在滤除噪声点后，将笔迹进行识别，还原出所写的文字；手写输入芯片既是手写板的驱动芯片，同时又对手写笔在手写板上的坐标值进行采样；手写板由两层电阻膜组成，当手写笔碰到手写板时将改变阻值，通过测量阻值就可得到相应的坐标值。图 7-26 是系统结构框图。

手写板选用四线电阻式，当手写笔接触到触摸屏时，将改变 X 轴和 Y 轴的电阻值，通过测量 X+、X−与 Y+、Y−各端之间的电压再进行换算就可得到对应的坐标值。手写输入芯片采用 ADS7843，ADS7843 是四线电阻式触摸屏输入控制芯片，它具有一个 12 位模数转换器，并具有同步串行数据接口和触摸屏驱动电路。

DSP 对手写输入芯片的控制及获取来自手写芯片的坐标数据是通过 DSP 的多通道缓冲串口来进行的，DSP 同时通过 IO0 口向 ADS7843 提供片选信号，IO2 和 IO3 则接收来自手写输入芯片的笔中断信号。PENIRQ#信号是手写输入芯片的笔中断信号，当手写笔接触触摸屏时，PENIRQ#信号变低，通用输入/输出引脚 IO2 接收到中断信号后，IO2、IO3 引脚应立即输出高信号驱动 PENIRQ#信号，使模数转换器正确转换输入模拟信号。

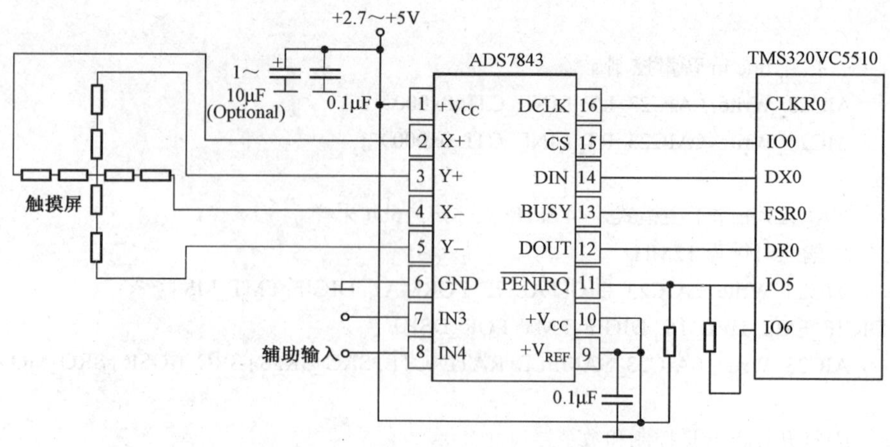

图 7-26　ADS7846 与 TMS320VC5510 连接框图

当手写笔接触手写板时，将改变 *X* 轴和 *Y* 轴的电阻值，通过分别测量 *X* 轴、*Y* 轴的电压可换算出阻值，从而得到对应在 *X* 轴和 *Y* 轴的坐标值。手写信号的采集过程如下：首先 IO0 设置为输出引脚，并输出低电平，如手写输入芯片发出片选信号，IO2、IO3 设置为输入引脚；DSP 在定时中断的控制下不断查询 IO2 的状态，当查询到 IO2 为低电平时，表示手写输入芯片发出笔中断信号；在查询到笔中断信号后，IO2、IO3 变为输出引脚，输出高电平，进入数据转换状态。

手写输入芯片数据转换由控制字控制，控制字包括起始位、通道选择、8/12 位转换选择、单端/差分输入模式选择和电源控制模式选择，为方便控制，我们定义了几个常量，以方便控制。

```
ADS7843_START      （0x80u）
ADS7843_WX         （0x91u）
ADS7843_WY         （0xd0u）
ADS7843_CHANNEL3 （0xa0u）
ADS7843_CHANNEL4 （0xd0u）
```

以上定义的常量定义了在差分输入模式下，选择 12 位转换方式分别对 *X* 轴、*Y* 轴以及辅助通道 3、4 进行采集的命令字，其中对 *X* 轴和 *Y* 轴为连续采集，即在完成 *X* 输入的转换后，ADS7843 不关闭电源，等收到 ADS7843_WY 命令字后继续对 *Y* 进行采集；而除了 ADS7843_WX 命令字外其他三个命令字都会在采集之后使 ADS7843 回到低耗电模式。

DSP 采用定时中断读取 IO2 电平值，当 IO2 为低时，表明有手写信号输入，处理器向 ADS7843 发出采集命令，并禁止定时中断，使能串口接收中断，下面是定时中断服务程序。

```
interrupt void Timer_Isr()
{
    unsigned int io1;

    io1=GPIO_RGET（IODATA）;
    if （（io1 & 0x20）==0）// IO5
    {
        MCBSP_write16（AD7843_WY）;
        IRQ_enable（IRQ_EVT_RINT0）;
        IRQ_disable（IRQ_EVT_TINT0）;
```

```
            AD7843_ST=1;
        }
    }
```

手写信号由串口接收中断采集，采集完成后禁止接收中断，使能定时中断。

```
    interrupt void RINT_Isr()
    {
        switch（AD7843_ST）
        {
            case（0）:ADX=MCBSP_read ();
                        MCBSP_write（AD7843_START）;
                        AD7843_ST=2;
                        IRQ_disable（IRQ_EVT_RINT0）;
                        IRQ_enable（IRQ_EVT_TINT0）;
                        }
                        break;
            case（1）:ADY=MCBSP_read ();
                        MCBSP_write （AD7843_WX）;
                        AD7843_ST=0;
                        break;
        }
    }
```

7.5 C55x 在软件无线电中的应用

软件无线电采用了标准化、模块化的结构，其硬件可以随着器件和技术的发展而更新或扩展，软件也可以随需要不断升级。软件无线电不仅能和新体制电台通信，还能和旧体制电台兼容。在软件无线电应用中，DSP 无疑是系统的核心，图 7-27 所示为软件无线电的数学模型。

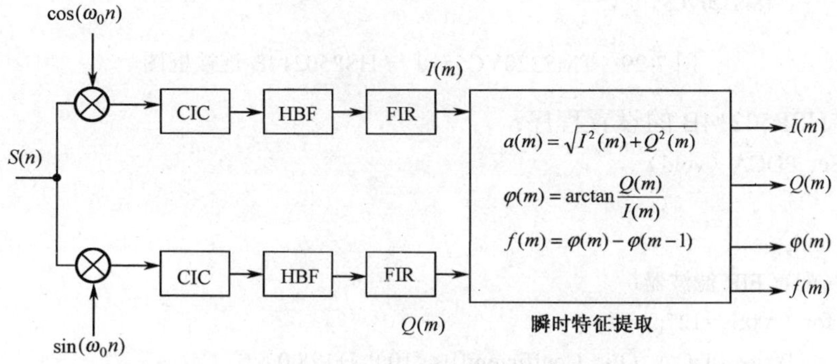

图 7-27 软件无线电的数学模型

为了减轻通用 DSP 的处理压力，通常把 A/D 转换器传来的数字信号，经过专用数字信号下变频器处理，降低数据流速率，并把信号变至基带后送给通用 DSP 进行处理。通用 DSP 主要完成各种数据流相对较低的基带信号的处理，例如信号的调制解调，各种抗干扰、抗衰落、自适应均衡算法的实现等。

HSP50214B 是 Intersil 公司可编程数字下变频器（PDC）中的典型型号，代表目前单通道 DDC 器件的较高技术水平。HSP50214B 的主要功能有三个：第一是变频，包括数控本振和数字混频，将感兴趣信号下变频至零中频，HSP50214B 高分辨率的数控本振为在宽带数字信道中提取单载波的能力提供了保证；第二是低通滤波，滤除带外信号，提取感兴趣信号，HSP50214B 可编程 FIR 滤波器还能设计成匹配滤波器；第三是采样速率转换，降低采样速率，以利于后续信号处理。

HSP50214B 具有多种输出方式，包括串行、并行和 16 位 FIFO 输出接口，而输出信号可以是 I/Q 路信号、幅度、频率和相位等，图 7-28 所示为 AOUT 接口的输出时序。

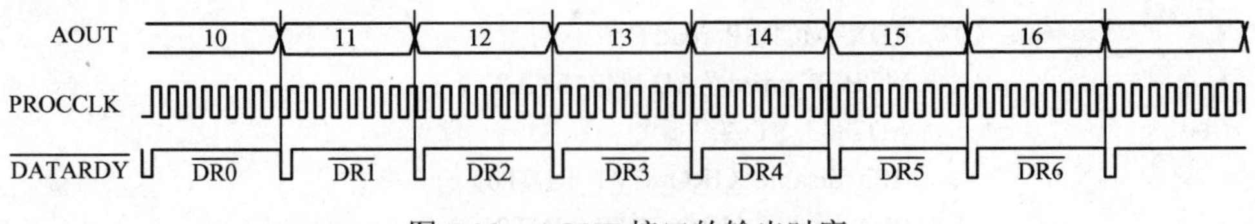

图 7-28　AOUT 接口的输出时序

图 7-29 所示为 TMS320VC5510 与 HSP50214B 连接的框图。

如图 7-29 所示，HSP50214B 的 AOUT 和 BOUT 接口通过电平转换芯片接入到 DSP 的 D0～D15 和 D16～D31 数据总线，DATARDY#信号连接到 DSP 的 INT1 接口，DSP 的地址、数据和控制信号通过控制逻辑对变频器 HSP50214B 进行控制。

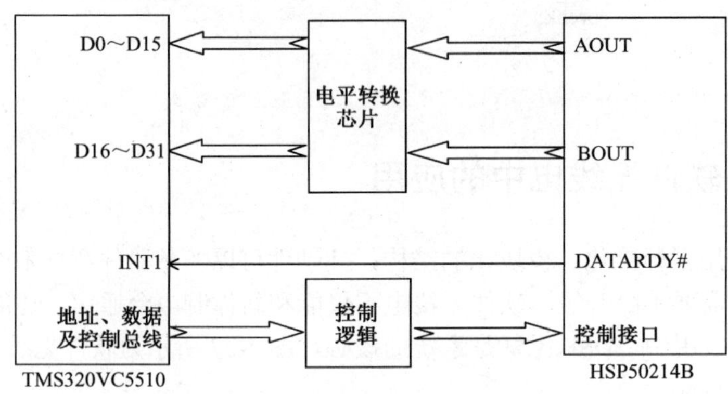

图 7-29　TMS320VC5510 与 HSP50214B 连接框图

下面给出 HSP50214B 的设置程序：

```
    void Set_PDCA（void）
    {
        int i;
        //配置 FIR 滤波器
        for（i=0;i<=127;i++）
            Write_PDC（（Fir_Coefficient[i]<<10）,i+128,0）;

    Write_PDC（0x1069ba,0x0,0）; //寄存器 0
                                //00000000000     31～21——保留
                                //1               20——SYNCIN1
                                //0               19——SYNCIN1 对 CIC 滤波器不起作用
                                //0               18——2 进制补码
                                //0               17——选通模式输入
```

```
                //0011                16～13——CIC 增益控制
                //101000              21～7——CIC 抽取因子=19+1
                //0                   6——CIC 滤波器使能
                //11                  5～4——偏移频率 32 位
                //0                   3——SYNCOUT 由 CLKIN 产生
                //0                   2——相位累加器使能
                //1                   1——频率偏移字使能
                //0                   0——相位偏移字禁止
                //0000 0000 0001 0000 0111 0100 0011 0010
//Write_PDC（0x4,0x1,0）; //寄存器 1
                //1                   31——保留
                //0                   30——积分模式
                //0000000000000000    29～14——积分间隔
                //00000000000000      13～0——输入偏差
//Write_PDC（0x0,0x2,0）; //寄存器 2
Write_PDC（0x0,0x3,0）;  //寄存器 3
Write_PDC（0x0,0x4,0）;  //寄存器 4
                //31～10——保留
                //9～0——载波相位偏移
Write_PDC（0x0,0x5,0）;  //寄存器 5 更新频率字
Write_PDC（0x0,0x6,0）;  //寄存器 6 更新相位字
Write_PDC（0x2E0CFF,0x7,0）; //寄存器 7
                //0000000000          31～22 保留
                //1                   21——SYNCIN2 对半带、FIR 滤波器有效
                //0                   20——使能半带滤波器
                //1                   19——使能 HB 滤波器 5
                //1                   18——使能 HB 滤波器 4
                //1                   17——使能 HB 滤波器 3
                //0                   16——禁止 HB 滤波器 2
                //0                   15——禁止 HB 滤波器 1
                //0001                14～11——FIR 滤波器抽取数为 1
                //1                   10——对称实数滤波器
                //1                   9——偶对称滤波器
                //0                   8——对称滤波器
                //11111111            7～0——255 阶滤波器
                //0000 0000 0010 1110 0000 1100 1111 1111
Write_PDC（0x0,0x8,0）;  //寄存器 8
                //00                  31～30——保留
                //0                   29——SYNCIN2 不载入 AGC 累加器
                //0000000000000       28～16——AGC 门限
                //0000                15～12——循环增益 1 尾数
                //0000                11～8——循环增益 1 指数
                //0000                7～4——循环增益 0 尾数
                //0000                3～0——循环增益 0 指数
Write_PDC（0x0,0x9,）;   //寄存器 9
```

```
            //0000                 31～28——保留
            //000000000000         27～16——最大增益限制
            //0000                 15～12——保留
            //000000000000         11～0——最小增益限制

//Write_PDC（0x0,10,0）；  //寄存器 10
Write_PDC（0x018,11,0）；//寄存器 11
            //31～6——保留
            //0                    5——SYNCIN2 信号对定时 NCO 无效
            //11                   4～3——频率偏离字 32 比特
            //0                    2——频率偏离为 0
            //0                    1——累加器使能
            //0                    0——不更新累加器
//Write_PDC（0x2000000,12,0）;//寄存器 12  中心频率为 0.234/37.44*2^32
Write_PDC（0xffffffff,12,0）；  //寄存器 12  中心频率为 0.234/37.44*2^32
Write_PDC（0x0,13,0）；   //寄存器 13  相位偏移为 0
Write_PDC（0x0,14,0）；   //寄存器 14
//Write_PDC（0x0,15,0）；  //寄存器 15
    Write_PDC（0x4f8,16,0）;//寄存器 16 重采样滤波器设置
            //0                    31～12——保留
            //10011111             11～4——延迟为 160
            //1                    3——重采样滤波器被旁路
            //000                  2～0——不使用滤波器
            //10011111000
Write_PDC（0x408,17,0）；//寄存器 17
            //                     31～17——保留
            //00                   16～15——不移位
            //0                    14——禁止鉴别
            //001                  13～11——抽取数为 1
            //0                    10——奇数
            //0                    9——对称
            //00001                8～3——抽头为 1
            //000                  2～0——鉴别延迟为 1
            //10000001000
Write_PDC（0x1001,18,0）；   //寄存器 18
            //                     31～28——保留
            //000000000001         27～16——分频数为 1
            //000000000001         11～0——参考时钟分频数为 1
            //0000000000001000000000001
Write_PDC（0x1200000,19,0）；//寄存器 19
            //                31——保留
            //000             30～28——SEROUTA 输出 I 路数据
            //001             27～25——SEROUTB 输出 Q 路数据
            //001             24～21——（1）
            //000             20～18
```

```
                    //000            17～15
                    //000            14～12
                    //000            11～9
                    //000            8～6
                    //000            5～3
                    //000            2～0
                    //00000100100000000000000000000000
Write_PDC（0x202C000,20,0）; //寄存器 20
                    //                  31～26——保留
                    //1                 25——并行直接输出方式
                    //0                 24——缓存方式选择
                    //00                23～22——AOUT 输出 I 路数据
                    //00                21～20——BOUT 输出 Q 路数据
                    //0                 19——串行输出极性（高电平）
                    //0                 18——串行时钟上升沿有效
                    //1                 17——同步信号在串行数据的第一个比特
                    //011               16～14——PROCCLK/2
                    //00000000000000
                    //0000,0010,0000,0010,1100,0000,0000,0000
Write_PDC（0x0,21,0）;   //寄存器 21
//Write_PDC（0x0,22,0）;//寄存器 22
//Write_PDC（0x0,23,0）;//寄存器 23
//Write_PDC（0x0,24,0）;//寄存器 24
//Write_PDC（0x0,25,0）;//寄存器 25
Write_PDC（0x0,26,0）; //寄存器 26
Write_PDC（0x8a278,27,0）; //寄存器 27
                    //0000 000          31～25——保留
                    //0                 24——正常操作
                    //0                 23——内插周期预置为 0
                    //0                 22——SYNCIN1 引起前端复位
                    //0                 21——Operates as HSP50214
                    //0                 20——Backend reset will not clear the timing
NCO phase accumulator feedback.
                    //10                19～18——1X = 18 bits of resampler/
halfband filer I output.
                    //0                 17——0 = No external sync control of input end
detector start/restart of integration period.
                    //0                 16——0: AGC settles to mean
                    //1                 15——a Write to CW25 will not clear the AGC
loop filter accumulator
                    //0                 14——0 = I and Q enabled to coordinate converter
                    //1                 13——1 = The output of 255 tap FIR is routed to
coordinate converter
                    //0 0010 0111 1000      A fixed value 0 0010 0111 1000 [0278]hex is
loaded here for normal operation
```

```
                    //0000 0000 0000 1000 1010 0010 0111 1000
Write_PDC（0x0,25,0）;  //寄存器 25
                    //计数器复位
}
```

DSP 与 HSP50214B 之间需要传送大量的基带数据，如果这些采集数据都由 DSP 内核读取之后存储到存储器中，处理器将占用大量的处理周期来转移这些数据，这将浪费很大一部分系统处理能力。我们的处理方法是把 INT1 设为 DMA 同步事件，当 INT1 信号变低时，会触发 DMA 传送，DMA 模块将自动完成基带数据的读取，并将数据存储到外部存储器中，下面给出 DMA 模块配置结构。

```
DMA_Config Config_DMA = {
        DMA_DMACSDP_RMK（
        DMA_DMACSDP_DSTBEN_NOBURST,
        DMA_DMACSDP_DSTPACK_OFF,
        DMA_DMACSDP_DST_EMIF,
        DMA_DMACSDP_SRCBEN_NOBURST,
        DMA_DMACSDP_SRCPACK_OFF,
        DMA_DMACSDP_SRC_EMIF,
        DMA_DMACSDP_DATATYPE_32BIT
        ）, /* DMACSDP */
        DMA_DMACCR_RMK（
        DMA_DMACCR_DSTAMODE_POSTINC,
        DMA_DMACCR_SRCAMODE_CONST,
        DMA_DMACCR_ENDPROG_OFF,
        DMA_DMACCR_REPEAT_ON,
        DMA_DMACCR_AUTOINIT_ON,
        DMA_DMACCR_EN_STOP,
        DMA_DMACCR_PRIO_HI,
        DMA_DMACCR_FS_DISABLE,
        DMA_DMACCR_SYNC_EXTINT2
        ）, /* DMACCR */
        DMA_DMACICR_RMK（
        DMA_DMACICR_BLOCKIE_ON,
        DMA_DMACICR_LASTIE_OFF,
        DMA_DMACICR_FRAMEIE_ON,
        DMA_DMACICR_FIRSTHALFIE_OFF,
        DMA_DMACICR_DROPIE_OFF,
        DMA_DMACICR_TIMEOUTIE_OFF
        ）, /* DMACICR */
        （DMA_AdrPtr）0x600,/* DMACSSAL 源起始地址低位*/
        0x80, /* DMACSSAU 源起始地址高位 源起始地址=0x800600 */
        （DMA_AdrPtr）0x0,   /* DMACDSAL 目的起始地址低位*/
        0x40, /* DMACDSAU 目的起始地址高位 目的起始地址=0x400000*/
        0x8000,/* DMACEN 每帧元素数为 32*1024*/
        0x20, /* DMACFN 每块帧数为 32，则每块传输的大小为 1M 双字*/
```

```
0, /* DMACSFI */
4, /* DMACSEI */
0, /* DMACDFI */
4   /* DMACDEI */
};
```

接下来给出DMA配置函数：

```
void DMA_CONFIG()
{
/* 打开DMA通道0 */
myhDma = DMA_open（DMA_CHA1, 0）;
/* 配置DMA参数*/
DMA_config（myhDma, &Config_DMA）;
/* 使能DMA传送*/
DMA_FSETH（myhDma,DMACCR,EN,1）;
}
```

当DMA完成一帧数据的传送时，将触发DMA中断，下面给出DMA中断处理程序：

```
interrupt void DMA1_Isr()
{
int i;
i=DMA_RGET （DMACSR1）;
if（DMA_WriteFrame<31）
      DMA_WriteFrame++;
else
      DMA_WriteFrame=0;

if（（i & 0x20） !=0）
{
      DMA_WriteBlock++;
}
}
```

思考与练习题

1. 如果电源芯片TPS54110的输出电压为1.4V，应如何设置R_1、R_2的电阻阻值？

2. 请给出TMS320VC5510的上电加载方式。

3. C55x系列处理器在使用TLC5510完成并行采样时可以采用哪几种方式读取采样数据？

4. 简述采用DMA方式完成TLC5510数据采集的特点和优点。

5. 如果选取MAX5101进行数模转换，供电电压为3.3V，输出数值N_B为143，这时MAX5101的输出电压为多少？

6. 如果TLV320AIC23的输入时钟为18.432MHz，而使用的采样率为48kHz，需要对输入时钟进行多少分频才能得到所要的采样率？

第 8 章　TMS320C55x 软件设计实例

如果说 DSP 的硬件设计是基础，那么软件算法则是系统的精华所在。精确、高效的软件算法设计确保所需功能的实现，而且系统的精确性和高效性也十分依赖于软件设计。在本章中给出了一系列软件设计实例，既有数字信号处理的基本算法的实例——卷积算法、FIR 滤波器算法、IIR 滤波器算法和 FFT 算法；又有语音压缩和解压缩算法的例子——G711 语音压缩和解压缩；然后给出了图像处理算法的实例——图像锐化算法的实现；最后是有关 C55x 处理器在通信系统中应用的实例——包括卷积编码的 DSP 实现和 Viterbi 译码算法的 DSP 实现。希望这些软件设计实例能够给读者以启发。

8.1　卷积算法

8.1.1　卷积算法

卷积积分是计算连续线性时不变系统输出响应的主要方法。同样，对于离散系统，卷积和也是求线性时不变系统输出响应的重要方法。

卷积和的运算在图形表示上可分为 4 步：

（1）翻转：先在变量坐标 m 上作图 $x(m)$和 $h(m)$，将 $h(m)$以 m=0 的垂直轴为对称轴翻转成 $h(-m)$。

（2）移位：将 $h(-m)$移位 n，即得 $h(n-m)$。当 n 为正整数时，右移 n 位。当 n 为负整数时，左移 n 位。

（3）相乘：再将 $h(n-m)$和 $x(m)$的相同 m 值的对应点值相乘。

（4）相加：把以上所有对应点的乘积叠加起来，即得 $y(n)$值。

8.1.2　卷积算法的 MATLAB 实现

MATLAB 提供了一个函数 conv 用于计算两个有限长序列之间的卷积。conv 函数假定这两个序列都在 n=0 开始。

例如：已知两个序列：

$$x(n) = [3，11，7，0，-1，4，2]，-3 \leqslant n \leqslant 3；$$

$$h(n) = [2，3，0，-5，2，1]，-1 \leqslant n \leqslant 4$$

求卷积 $y(n)=x(n)*h(n)$。

要作该例子的卷积，就能用

```
>> x = [3, 11, 7, 0, –1, 4, 2];
>> h = [2, 3, 0, –5, 2, 1];
>> y = conv(x,h)
y =
     6    31    47     6   –51    –5    41    18   –22    –3     8     2
```

得到正确的 $y(n)$值。然而，conv 函数不提供任何定时信息。通过对 conv 函数的简单扩展，它能完成任意位置序列的卷积。

8.1.3 卷积算法的 DSP 实现

在给出 DSP 实现的源程序前，先介绍源程序中 4 个处理函数及其功能。

（1）processing1（int *input2, int *output2）

调用形式：processing1（int *input2, int *output2）

参数解释：intput2、output2 为两个整型指针数组。

返回值解释：返回了一个“TRUE”，让主函数的 while 循环保持连续。

功能说明：对输入的 input2 buffer 波形进行截取 m 点，再以零点的 Y 轴为对称轴进行翻转，把生成波形上的各点的值存入 OUTPUT2 指针指向的一段地址空间中。

（2）processing2（int *output2, int *output3）

调用形式：processing2（int *output2, int *output3）

参数解释：output2、output3 为两个整型指针数组。

返回值解释：返回了一个“TRUE”，让主函数的 while 循环保持连续。

功能说明：对输出的 output2 buffer 波形进行作 n 点移位，然后把生成的波形上的各点的值存入 OUTPUT3 指针指向的地址空间中。

（3）processing3（int *input1,int *output2,int *output4）

调用形式：processing3（int *input1,int *output2, int *output4）

参数解释：output2、output4、input1 为三个整型指针数组。

返回值解释：返回了一个“TRUE”，让主函数的 while 循环保持连续。

功能说明：对输入的 input2 buffer 波形和输入的 input1 buffer 作卷积和运算，然后把生成的波形上的各点的值存入 OUTPUT4 指针指向的地址空间中。

（4）processing4（int *input2,int *output1）

调用形式：processing4（int *input2,int *output1）

参数解释：output1、input2 为两个整型指针数组。

返回值解释：返回了一个“TRUE”，让主函数的 while 循环保持连续。

功能说明：对输入的 input2 buffer 波形截取 m 点，然后把生成的波形上的各点的值存入 OUTPUT1 指针指向的地址空间中。

下面给出 DSP 实现的源代码：

```
#include <stdio.h>
#include "volume.h"

/* Global declarations */
int inp1_buffer[BUFSIZE];
int inp2_buffer[BUFSIZE];           /* processing data buffers */
int out1_buffer[BUFSIZE];
int out2_buffer[BUFSIZE];
int out3_buffer[BUFSIZE];
int out4_buffer[BUFSIZE*2];
int size = BUFSIZE;
```

```
int ain = MINGAIN;
int zhy=0;
int  sk=64;          /*sk 代表所设置的 bufsize 大小,需修改它。输入文件 sine.dat 为 32
                     点,sine11.dat, sin22.dat,sin33.dat,sin44.dat 为 64 点的输入波形.*/
                     /* volume control variable */
//unsigned int processingLoad = 1;   /* processing routine load value */
/* Functions */
extern void load（unsigned int loadValue）;

static int processing1（int *output1, int *output2）;
static int processing2（int *output2, int *output3）;
static int processing3（int *input1,int *output2,int *output4）;
static int processing4（int *input2, int *output1）;
static void dataIO1（void）;
static void dataIO2（void）;

/*
* ======== main ========
 */
void main()
{
    int *input1 = &inp1_buffer[0];
    int *input2 = &inp2_buffer[0];
    int *output1 = &out1_buffer[0];
    int *output2 = &out2_buffer[0];
    int *output3 = &out3_buffer[0];
    int *output4 = &out4_buffer[0];
    puts（"volume example started\n"）;

    /* loop forever */
    while（TRUE）
    {
        /*
         *   Read input data using a probe-point connected to a host file.
         *   Write output data to a graph connected through a probe-point.
        */

        dataIO1();    // break point
        dataIO2();    // break point
        /* apply gain */
        processing4（input2,output1）;
        processing1（output1, output2）;
        processing2（output2, output3）;
        processing3（input1,output2,output4）  ;
    }
```

```
}

/*
 *   ======== processing ========
 *
 * FUNCTION: apply signal processing transform to input signal.
 *
 * PARAMETERS: address of input and output buffers.
 *
 * RETURN VALUE: TRUE.
 */
static int processing4（int *input2,int *output1）
{    int m=sk;
     for（;m>=0;m--）
     {
          *output1++ = *input2++ * ain;
     }
    for（;（size-m）>0;m++）
    {output1[m]=0;
    }
//     load（processingLoad）;
     return（TRUE）;


     }

static int processing1（int *output1,int *output2）
{
      int m=sk-1;
    for（;m>0;m--）
    {
          *output2++ = *output1++ * ain;
     }

     /* additional processing load */
//     load（processingLoad）;
     return（TRUE）;
}
static int processing2（int *output2, int *output3）
{    int n=zhy;

     size=BUFSIZE;
     for（;（size-n）>0;n++）
     { *output3++ = output2[n];
     }
     /* for （;n>0;n--）
```

```
        { *output3++ = 0;
        }   */
//      load（processingLoad）;
        return（TRUE）;
        }
static int processing3（int *input1,int *output2,int *output4）
{       int m=sk;
        int y=zhy;
        int z,x,w,i,f,g;
        for（;（m–y）>0;）
        {i=y;
         x=0;
         z=0;
         f=y;
         for（;i>=0;i––）
         {g=input1[z]*output2[f];
          x=x+g;
         z++;
         f––;
         }
         *output4++ = x;
         y++;
         }
         m=sk;
         y=sk–1;
         w=m–zhy–1;
        for（;m>0;m––）
        {
         y––;
         i=y;
         z=sk–1;
         x=0;
         f=sk–y;
         for（;i>0;i––,z––,f++）
         {g=input1[z]*output2[f];
         x=x+g;

         }
         out4_buffer[w]=x;
         w++;
         }
//       load（processingLoad）;
         return（TRUE）;
         }
/*
```

```
 *    ======== dataIO ========
 *
 * FUNCTION: read input signal and write processed output signal.
 *
 * PARAMETERS: none.
 *
 * RETURN VALUE: none.
 */
static void dataIO1()
{
    /* do data I/O */

    return;
}
static void dataIO2()
{
    /* do data I/O */

    return;
}
```

8.2 有限冲激响应滤波器（FIR）的实现

8.2.1 有限冲激响应滤波器的特点和结构

有限冲激响应滤波器是信号处理中常用的一种滤波器，这种滤波器有如下优点。

- 容易实现线性相位：只要保证系数的偶对称，就可很容易实现线性相位。
- 可以实现任意形状滤波器：通过窗函数法可以方便地实现多通带、多阻带滤波器。
- 稳定性好：因为 FIR 滤波器没有反馈，是自然稳定的。

但 FIR 滤波器也有一些缺点：

- 设计 FIR 滤波器无法直接设定阻带衰减指标：为了达到阻带衰减指标往往要多次更改设计参数，直到通带、阻带性能达到要求；
- 阶数较大：要满足理想的滤波器性能需要比无限冲激响应滤波器更长的阶数；
- 过渡带性能和实时性之间存在矛盾：要使 FIR 滤波器的过渡带尽量小就需要较长的阶数，这就需要在过渡带性能和实时性之间寻求平衡。

FIR 滤波器差分方程如下，其中 $x(n)$为输入序列，$y(n)$为输出序列，$h(k)$为滤波器系数，N 为滤波器阶数。

$$y(n)=\sum_{0}^{N-1}h(k)x(n-k)$$

图 8-1 所示是 FIR 滤波器的结构图。

8.2.2 有限冲激响应滤波器的 MATLAB 设计

FIR 滤波器系数的产生可以通过 MATLAB 得到。MATLAB 是 Math Works 公司用于数

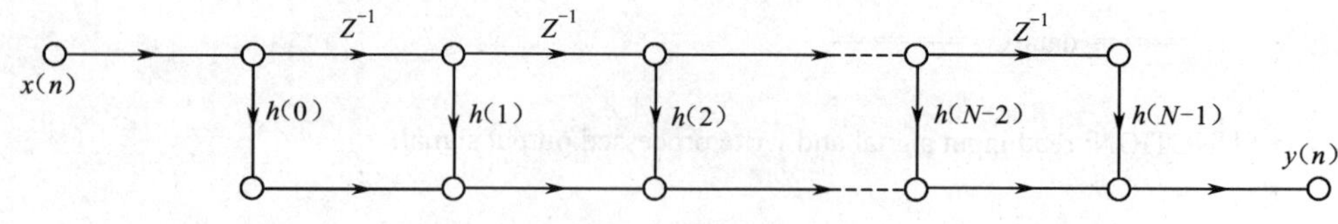

图 8-1　FIR 滤波器的结构

值计算和信号处理的数学计算工具包，可以方便直观地进行分析、计算和系统仿真。FIR 滤波器设计可以采用两种方法实现，方法 1 是直接通过 MATLAB 的滤波器设计函数，具体示例如下：

```
b=fir1（20,[0.2 0.5]）
freqz（b,1,512）
```

fir1 函数需要两个参数，即滤波器阶数和滤波器参数。可以看到，所设计的滤波器阶数为 20 阶，[0.2 0.5]表示该滤波器为带通滤波器，通带范围为归一化频率 0.2～0.5，指令 freqz(b,1,512)所给出的是该滤波器的幅频、相频响应特性，如图 8-2 所示。

这种方法的缺点是无法直接设定滤波器阻带衰减参数，只能通过调整参数经过多次试验来得到所需的滤波器。

而第二种方法是采用滤波器设计工具箱来设计滤波器参数，可以方便地得到所需滤波器。该方法按照如下步骤来实现：

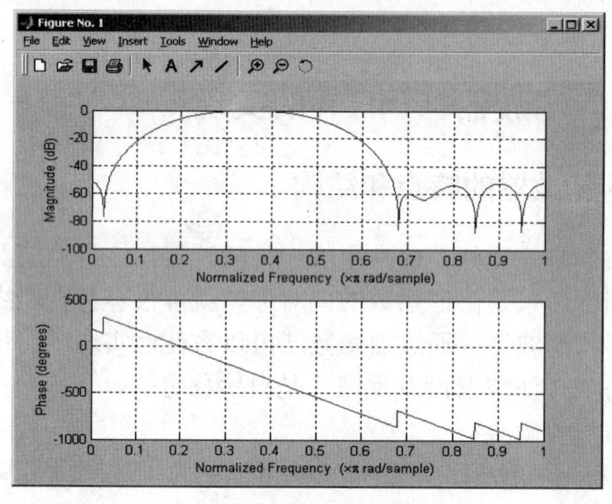

图 8-2　带通滤波器幅频、相频响应特性

（1）打开 MATLAB 滤波器设计工具箱中的滤波器设计与分析工具（FDATool）。

（2）在滤波器设计页面中设置滤波器参数：

- 在滤波器类型中选择带通。
- 设计方法选择 FIR（有限冲激响应滤波器）、窗函数法设计。
- 滤波器阶数选择最小阶数，窗类型可选各种窗函数，如 Blackman 窗、Kaiser 窗等，设计中采用了 Kaiser 窗。
- 频率选择归一化频率，阻带 1 设为 0.15，通带 1 设为 0.2，通带 2 设为 0.5，阻带 2 设为 0.55。
- 幅度单位选分贝，阻带 1 设为 20dB，通带设为 1dB，阻带 2 设为 20dB。

（3）单击设计滤波器按钮，在右上窗口可以看到所设计滤波器的幅频、相频等各种图形。

（4）在 File 菜单，选择“Export”子菜单出现 Export 窗口，选择输出到 Text-file，单击“OK”按钮即可将参数输出到指定文件中。

图 8-3 所示为用滤波器设计与分析工具设计 FIR 滤波器的界面。如果对比两种滤波器设计方法就会发现利用滤波器设计与分析工具设计滤波器更为直观、方便。

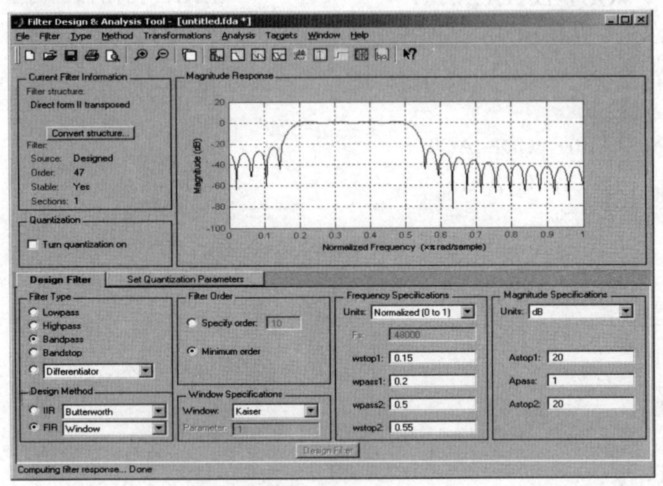

图 8-3　利用滤波器设计与分析工具设计 FIR 滤波器

8.2.3　有限冲激响应滤波器 DSP 实现

在利用 C55x 系列处理器编写程序时，应充分利用处理器所提供的各种条件。在下面所给出的实例中，可以发现该程序充分发挥了 C55x 内核双乘法器的作用，并灵活使用辅助寄存器的各种寻址方式。这样做将提高处理器的工作效率，更好地满足系统实时性的要求。

该滤波器的阶数为 4，输入数据长度为 11。

```
N_TAPS .set 4                                        ;滤波器抽头
N_DATA .set 11                                       ;输入数据数
      .def COEFFS
      .def IN_DATA
      .def tempdata
      .data
COEFFS .int 1,2,3,4                                  ;滤波器系数
IN_DATA .int 1,2,3,4,5,6,7,8,9,10,11                 ;输入向量
tempdata .int 0,0,0,1,2,3,4,5,6,7,8,9,10,11,0,0,0
      .bss OUT_DATA, N_DATA + N_TAPS - 1, ,1         ;输出向量
      .def _firtst
      .text
_firtst:
      BCLR ARMS                                      ;ARMS 清零
      .arms_off                                      ;ARMS = 0
bfir:

      MOV#(N_DATA+N_TAPS-2),BRC0                     ;载入外循环次数
      MOV#(N_TAPS-1), CSR                            ;载入内循环次数
```

```
    AMOV    #tempdata,XAR0                    ;XAR0 指向输入向量
    MOV          #tempdata,AC1
    MOV     #(COEFFS+N_TAPS-1),AC0
    MOV          AC0,XCDP                     ;指向滤波器系数
    AMOV    #OUT_DATA ,XAR1                   ;XAR2 指向输出向量
    RPTBLOCAL FIREND-1                        ;外循环开始
    MOV          #0,AC0
    RPT     CSR                               ;内循环开始
    MACM    *AR0+,*CDP-,AC0
    MOV          AC0,*AR1+                    ;存储结果
    ADD     #1,AC1
    MOV          AC1,XAR0
    MOV     #(COEFFS+N_TAPS-1),AC0
    MOV          AC0,XCDP
FIREND                                        ;循环结束
          RET
.end
```

计算的最终结果为：

1，4，10，20，30，40，50，60，70，80，90，88，73，44

在取滤波器系数时，应注意要对生成的系数进行处理。这是因为生成的系数一般都带有小数部分，而 C55x 系列处理器是定点处理器，不能处理小数。因此，要对系数进行适当放大，使所有系数都在–32768～+32767 之间。

8.3 无限冲激响应滤波器（IIR）的实现

8.3.1 无限冲激响应滤波器的结构

无限冲激响应滤波器的差分方程如下：

$$y(n) = \sum_{0}^{N-1} a_k x(n-k) + \sum_{0}^{M-1} b_k y(n-k)$$

图 8-4 所示是无限冲激响应滤波器的结构。

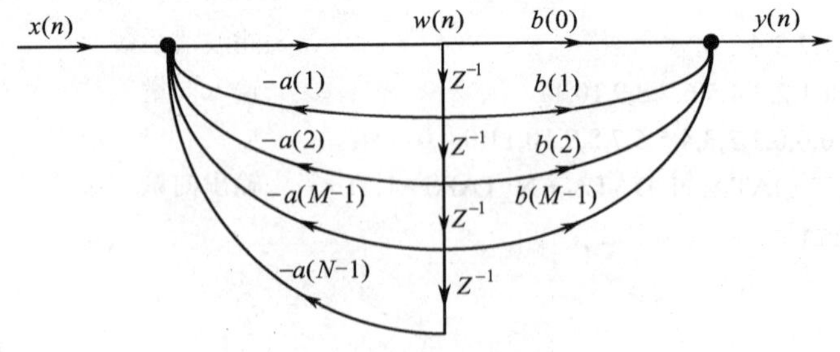

图 8-4　无限冲激响应滤波器的结构

8.3.2 无限冲激响应滤波器的 MATLAB 设计

同有限冲激响应滤波器一样，无限冲激响应滤波器也可以在 MATLAB 中通过两种不同

的方法进行设计。

（1）利用滤波器设计函数直接生成滤波器

MATLAB 中提供了多种 IIR 滤波器的设计方法，包括巴特沃斯滤波器，切比雪夫 I 型、切比雪夫 II 型滤波器，椭圆滤波器等。接下来以切比雪夫 I 型滤波器为例设计一个低通滤波器。

设计的低通滤波器要求其采样频率为 44100Hz，通带为 8kHz，过渡带为 500Hz，阻带衰减为 30dB。

```
Wp=8000/22050;
Ws=8500/22050;
[n,Wn]=cheb1ord（Wp,Ws,3,30）          ;计算在所给的滤波器参数下所需最小阶数
[b,a]=cheby1（n, 3, Wn）               ;给出滤波器系数
freqz（b,a,512,44100）                 ;
```

图 8-5 是该滤波器的幅频、相频曲线图。

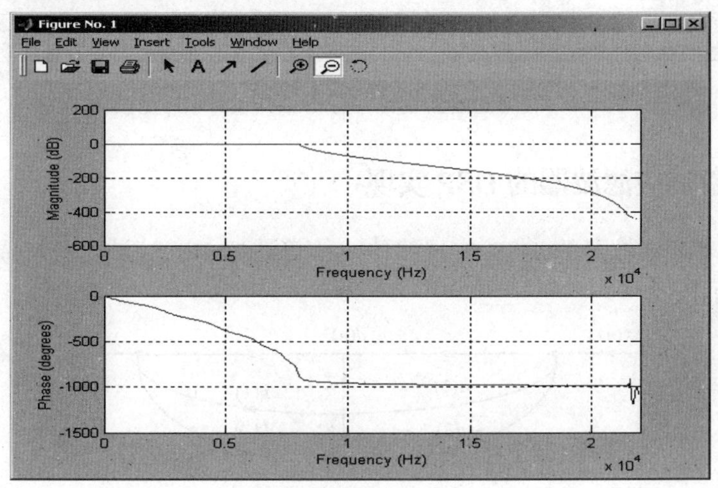

图 8-5　IIR 低通滤波器幅频、相频曲线

（2）采用滤波器设计与分析工具设计滤波器

下面是应用滤波器设计与分析工具设计同样参数的滤波器，参见图 8-6，具体步骤如下。

① 打开 MATLAB 滤波器设计工具箱中的滤波器设计与分析工具（FDATool）。

② 在滤波器设计页面中设置滤波器参数：

- 在滤波器类型中选择低通；
- 设计方法选择 IIR（无限冲激响应滤波器）、切比雪夫 I 型滤波器；
- 频率单位选择 Hz，通带设为 8000Hz，阻带设为 8500Hz；
- 幅度单位选 dB，通带设为 3dB，阻带设为 30dB。

③ 单击设计滤波器按钮，在右上窗口可以看到所设计滤波器的幅频、相频等各种图形。

④ 在 File 菜单，选择“Export”子菜单出现 Export 窗口，选择输出到“Text-file”，单击“OK”按钮即可将参数输出到指定文件中。

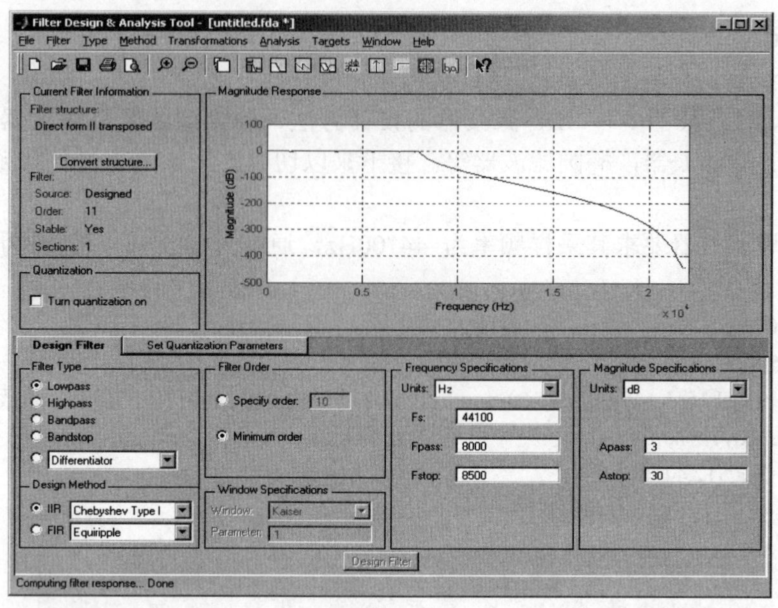

图 8-6 利用滤波器设计、分析工具设计 IIR 滤波器

8.3.3 无限冲激响应滤波器的 DSP 实现

接下来给出 IIR 滤波器的 DSP 实现算法，该算法把 IIR 滤波器分解成多个单元，每个单元如图 8-7 所示。

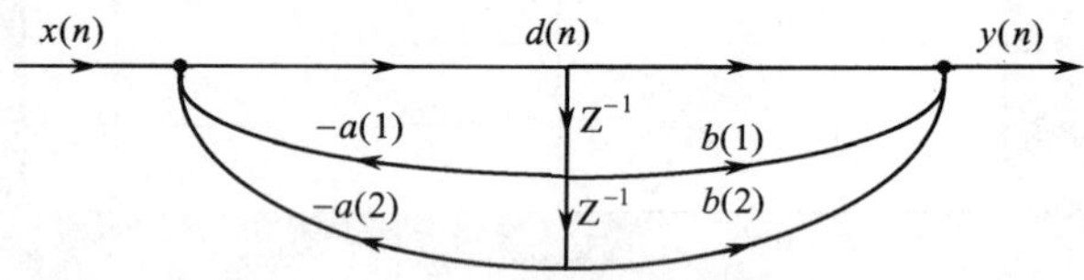

图 8-7 IIR 滤波器单元结构图

单元中 $d(n)$、$y(n)$按下式推导：

$$d(n) = -a1 * d(n-1) - a2 * d(n-2)$$

$$y(n) = d(n) + b1 * d(n-1) + b2 * d(n-2)$$

程序中 AR0 指向输入数据*$x(n)$，AR1 指向滤波器系数*h，AR2 指向输出数据 $y(n)$，AR3 指向中间变量 dbuffer，T0 存放滤波器中组成单元的数量，T1 存放输入数据个数，滤波器的系数存放的顺序如下：

a11 a21 b21 b11 ....a1i a2i b2i b1i

中间变量的排列顺序如下，i 是中间变量所在单元的序号：

d1（n–1）, d2（n–1）,..di（n–1） d1（n–2）, d2（n–2）...di（n–2）

接下来列出程序清单：

```
SCALE   .set  0
.asg    CDP, db_ptr          ;循环指针
.asg    AR0, in_ptr          ;线性指针
.asg    AR1, h_ptr           ;循环指针
.asg    AR2, out_ptr         ;线性指针
```

```
.asg        AR3, index                          ;
.asg        AR4, tap_updt                       ;循环指针
PSH         mmap（@ST1_L）
PSH         mmap（@ST2_L）
PSH         mmap（@ST3_L）
;配置状态寄存器
    BCLR        #CPL, ST1_55                    ;通过 DP 进行相对寻址
    PSH         mmap（@DP_L）
    MOV         #0, DP                          ;DP=0 （访问应设计存器）
    PSH         T2
    PSH         T3
    PSHBOTH XAR5

;初始化
    BSET        #CDPLC, ST2_55          ;CDP = circular （dbuffer）
    BSET        #AR1LC, ST2_55          ; AR3 = circular （dbuffer）
    BSET        #AR4LC, ST2_55          ; AR4 = circular （coeff）
    BSET        #SXMD, ST1_55           ;符号扩展使能
    BCLR        #SATD, ST1_55           ;关闭 D 单元饱和模式
    BSET        #FRCT, ST1_55           ;小数/模式使能
    BCLR        #SATA, ST3_55           ;关闭 A 单元饱和模式
    BCLR        #C54CM, ST1_55
    BCLR        #ARMS, ST2_55

;保存 dbuffer[0]指针
    MOV         XAR3, XAR5
;保存当前 dbuffer 的地址
    MOV         *ar5, index
; 保存循环地址 db_ptr （CDP）和 tap_updt （AR4）
    MOV         T0, T3                  ;计算 2*nbiq
    SFTL        T3, #1
    ADD         #1, T3
    MOV         @T3_L, BKC              ;初始化 CDP 循环缓冲大小 （2*nbiq+1）
    MOV         @T3_L,BK47              ;初始化 AR4 循环缓冲大小（2*nbiq+1）
    ADD         #1, AR5
    MOV         @AR5_L,BSAC             ;初始化 CDP 循环起始地址: dbuffer
    MOV         @AR5_L,BSA45
    MOV         index, db_ptr
    AMAR        *db_ptr+
    MOV         index, tap_updt

; 设置循环地址 h_ptr （AR1）
    MOV         T0,T3                   ;计算 4*nbiq
    SFTL        T3, #1
    SFTL        T3, #1
```

```
    MOV         @T3_L,BK03            ;初始化 AR0-3 循环缓冲大小（4*nbiq）
    MOV         @AR1_L, BSA01         ;初始化 AR0-1 循环起始地址: coeff
    MOV         #0,AR1

;保存循环计数
    SUB         #1, T1,T3             ;计算 nx-1
    MOV         T3,BRC0               ;初始化外循环数 （nx-1）
    MOV         T0, T3                ;初始化内循环数 （#bi-quads/2-1）
    SFTL        T3, #-1
    SUB         #1,T3
    MOV         T3,BRC1
;定义地址偏移
    MOV #1,T0
    MOV #2,T1
;定义比例因子
MOV         #SCALE, T2                ;比例因子
||    SUB       AC2, AC2
;内核
;XAR0: x[] input
;XAR1: h[] coefficients
;XAR2: r[] result
;XAR3: dbuffer[]
;XAR7: reinit XAR1

    RPTBLOCAL outer_loop              ; 外循环：处理输入向量
    MOV    *in_ptr+ << #16, AC0       ; HI（AC2） = x（n）
    || RPTBLOCAL inner_loop           ;内循环：处理一个单元

    MOV         #0, AC3
    || MAS      *（h_ptr+T1）, *db_ptr+, AC0; AC0 = x（n） - a1*d（n-1）
    :: MAC      *h_ptr（T0）, *db_ptr+, AC2        ; AC2 = b1*d（n-1）

    MAS         *（h_ptr+T1）, *db_ptr+, AC0 ; AC0=d（n）=x（n）-a1*d（n-1）-a2*d（n-2）
    :: MAC      *h_ptr（T0）, *db_ptr+, AC2; AC2=b1*d（n-1）+b2*d（n-2）

  MOV           HI（AC0<<T2）,*（tap_updt+T1）  ; T1 = #2 , X2
  || ADD        AC2,AC0                   ; AC0 =  d（n） + b1*d（n-1） + b2*d（n-2）

;开始第二单元
    MOV         #0, AC2
    ||
    MAS    *（h_ptr+T1）, *db_ptr+, AC0    ; AC0 = x（n） - a1*d（n-1）
    :: MAC  *h_ptr（T0）, *db_ptr+, AC3    ; AC3 = b1*d（n-1）

    MAS    *（h_ptr+T1）, *db_ptr+, AC0    ; AC0=d（n）=x（n）-a1*d（n-1）-a2*d（n-2）
```

```
    :: MAC        *h_ptr (T0), *db_ptr+, AC3      ; AC2=b1*d (n-1) +b2*d (n-2)

inner_loop:
MOV        HI (AC0<<T2),* (tap_updt+T1)    ; T1 = #2 , T2 = #SCALE
    ||ADD        AC3,AC0
outer_loop:
    MOV    rnd (HI (AC0)), *out_ptr+          ;把结果存到输出缓冲
                                              ;符号溢出
    MOV    #0, T0
    XCC    label1, overflow (AC0)
label1:
MOV        #1,T0

                                              ;保存最后一个索引值
     MOV        AR3, *AR5                     ;保存索引值到 dbuffer[0]
;Context restore
POPBOTH XAR5
POP        T3
POP        T2
POP        mmap (@DP_L)
POP        mmap (@ST3_L)
POP        mmap (@ST2_L)
POP        mmap (@ST1_L)
RET
```

8.4 快速傅里叶变换（FFT）

8.4.1 快速傅里叶变换（FFT）算法

离散傅里叶变换作为信号处理中最基本和最常用的运算，在信号处理领域占有基础性的地位，离散傅里叶变换定义为：

$$X(k)=\sum_{n=0}^{N-1}x(n)W_N^{nk} \qquad k=0,1,\cdots,\ N-1, W_N=\mathrm{e}^{-\mathrm{j}\frac{2\pi}{N}}$$

如果直接按照公式进行计算，求出 N 点 $X(k)$需要 N^2 次复数乘法，N（N–1）次复数加法，如此推算，进行 1024 点傅里叶变换共需要 4 194 304 次实数乘法，这对于实时处理是无法接受的。而傅里叶快速（FFT）算法的提出使傅里叶变换成为一种真正实用的算法。

FFT 运算公式为：

$$X(k)=\sum_{r=0}^{\frac{N}{2}-1}x_1(r)W_{\frac{N}{2}}^{rk}+W_N^k\sum_{r=0}^{\frac{N}{2}-1}x_2(r)W_{\frac{N}{2}}^{rk}=X_1(k)+W_N^kX_2(k)$$

接下来将介绍利用 C55x 处理器实现傅里叶快速算法。图 8-8 所示为 8 点时域抽取 FFT 的示意图。

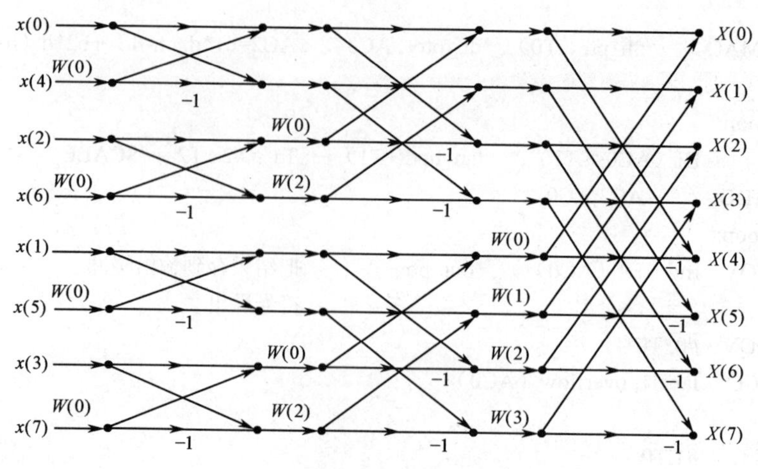

图 8-8　8 点时域抽取 FFT 算法示意图

8.4.2　快速傅里叶变换（FFT）的 DSP 实现

程序中 AR0 指向输入数据 $x(n)$，$x(n)$是复数，按照实数、虚数顺序放置，并且要求输入的数据进行位翻转。T0 存放 FFT 变换的点数，点数可以是 16, 32, 64, 128, 256, 512, 1024 之一。应用该程序时，应包含 TWDDLE.inc 文件，该文件存放旋转因子，程序运行之后计算结果将覆盖输入数据。

```
RET_ADDR_SZ         .set 1      ;返回地址
REG_SAVE_SZ         .set 0      ;寄存器存储入口
FRAME_SZ            .set 2      ;本地变量
ARG_BLK_SZ          .set 0      ;参数块
PARAM_OFFSET .set ARG_BLK_SZ + FRAME_SZ + REG_SAVE_SZ + RET_ADDR_SZ
.asg      0, data_ptr
.asg      1, data_sz
.asg      2, scale_flag
.bss   tempmem, 2, , 2
.bss   tempmem1, 2, , 2
.asg          T3,groups         ;蝶形运算组数量
.asg          T1,index          ;校正地址
.asg          AR7,bflies        ;蝶形结构数量
.asg          AR4,k             ;外循环计数
.asg          AR2,a             ;蝶形结构顶指针
.asg          AR3,b             ;蝶形结构底指针
.asg          AR5,temp          ;暂存寄存器
.text
;分配帧及变量块
AADD      #-（ARG_BLK_SZ + FRAME_SZ + REG_SAVE_SZ）, SP
;压栈
    PSH T2
    PSH T3
    PSHBOTH XAR5
```

```
    PSHBOTH XAR6
    PSHBOTH XAR7
;保存入口值
MOV AR0, *sp（data_ptr）;
MOV T0, *sp（data_sz）;
MOV T1, *sp（scale_flag）;
;执行 FFT;
;修改状态寄存器
    BSET #FRCT, ST1_55
    BCLR #ARMS, ST2_55
    BCLR #C54CM, ST1_55
;进行基 4 运算
    ADD   *sp（data_sz）, AR0, AR2        ; c: ar2 = #（fftdata + 2*2*FFT_SIZE/4）
    SFTS T0, #–1                         ; T0 = FFT_SIZE/2
    mov ar2, ar3
     ADD   *sp（data_ptr）, T0, AR1       ; b: ar1 = #（fftdata + 1*2*FFT_SIZE/4）
    ADD   T0, AR3                        ; d: ar3 = #（fftdata + 3*2*FFT_SIZE/4）
    SFTS T0, #–1                         ;T0 = FFT_SIZE/4
    SUB #2, T0
    MOV #（tempmem1）, AR7
    MOV #tempmem, AR6
    MOV #2, T1
    ||MOV dbl（*AR0）, AC0                ; in（ar,ai）
    MOV T0, BRC0
    ||ADD dual（*AR2）, AC0, AC2          ;（ar+cr）/ ;（ai+ci）
    MOV AR2, AR5
    || MOV #1,  T0
    MOV dbl（*AR1）  ,AC1                 ; in（br,bi）
    ||MOV AC2, dbl（*AR6）                ; temp（ar+cr）,（ai+ci）
    SUB   dual（*AR3）, AC1, AC2          ;（br–dr）/（bi–di）
SUB  dual（*AR2+）, AC0                   ;（ar–cr）/（ai–ci）
    || MOV Hi（AC2）,T3                   ; move（br–dr）
    ADD  dual（*AR3）, AC1, AC3           ;（br+dr）/（bi+di）
     ||      MOV AC2, T2                  ; move（bi–di）
    ADD  dual（*AR6）, AC3, AC0           ;（ar+cr）+（dr+br）= ar'
                                         ;（ai+ci）+（di+bi）= ai'
    ||MOV AC0, dbl（*AR7（T0））          ;（ar–cr）,（ai–ci）unaligned
    SUB   dual（*AR6）, AC3               ;（ar+cr）–（dr+br）= br'
                                         ;（ai+ci）–（di+bi）= bi'
    ||MOV AC0, dbl（*AR0+）               ; out（ar';ai'）
    SUBADD   T2, *AR7（T0）, AC0          ;（ar–cr）–（bi–di）= dr'
                                         ;（ar–cr）+（bi–di）= cr'
   ADDSUB     T3, *AR7, AC1              ;（ai–ci）+（br–dr）= di'
                                         ;（ai–ci）–（br–dr）= ci'
   RPTBLOCAL r4_loop
```

```
MOV AC3, dbl (*AR1+)                          ; out (br', bi')

||MOV   dbl (*AR0), AC3                       ; in (ar,ai)
  MOV       pair (HI (AC0)),dbl (*AR3+) ; out (dr',di')
||ADD  dual (*AR2), AC3, AC2                  ; (ar+cr)
                                              ; (ai+ci)
  MOV    dbl (*AR1), AC1                      ; in (br,bi)
|| MOV   pair (LO (AC0)), dbl (*AR5+)   ; out (cr', ci')
  SUB   dual (*AR3), AC1, AC2                 ; (br–dr) / (bi–di)
  || MOV AC2, dbl (*AR6)                      ; temp (ar+cr), (ai+ci)
  SUB   dual (*AR2+), AC3, AC0                ; (ar–cr) / (ai–ci)
  || MOV   Hi (AC2), T3                       ; move (br–dr)
  ADD   dual (*AR3), AC1, AC3                 ; (br+dr) / (bi+di)
   ||     MOV AC2, T2                         ; move (bi–di)
  ADD dual (*AR6), AC3, AC0                   ; (ar+cr) + (dr+br) = ar'
                                              ; (ai+ci) + (di+bi) = ai'
||MOV AC0, dbl (*AR7 (T0))                    ; (ar–cr), (ai–ci) unaligned
SUB dual (*AR6), AC3                          ; (ar+cr) – (dr+br) = br'
                                              ; (ai+ci) – (di+bi) = bi'
  ||MOV AC0, dbl (*AR0+)
  SUBADD    T2, *AR7 (T0), AC0                ; (ar–cr) – (bi–di) = dr'
                                              ; (ar–cr) + (bi–di) = cr'
r4_loop:     ADDSUB        T3, *AR7, AC1      ; (ai–ci) + (br–dr) = di'
                                              ; (ai–ci) – (br–dr) = ci'
  MOV AC3, dbl (*AR1+)                        ; out (br', bi')
  MOV pair (HI (AC0)), dbl (*AR3+)            ; out (dr',di')
  MOV pair (LO (AC0)),  dbl (*AR5+)           ; out (cr', ci')
;基 2 (stages 3->log2 (FFT_SIZE) )
        ;初始化
  MOV *sp (data_ptr), AR0                     ; ar0 = #fftdata
  OR    #0x57 , mmap (ST2_55)                 ; circular ar0, ar1, ar2, ar4 and ar6
                                              ;蝶形运算起始地址
  ADD #2, ar0,ar1
  MOV mmap (@ar0) ,bsa23                      ; P   leg
  MOV mmap (@ar0) ,bsa45                      ; P' leg (in-place butterflies)
  MOV mmap (@ar1) ,bsa01                      ; Q   leg
  MOV mmap (@ar1) ,bsa67                      ; Q' leg (in-place butterflies)
                                              ;蝶形运算数量
  MOV *sp (data_sz), T0
  MOV T0, T1                                  ; T1 =#FFT_SIZE
  SFTS T0, #1
  SUB #2, T0
  MOV mmap (@T0_L), bk03                      ; bk03 = (2*FFT_SIZE–2),
  MOV mmap (@T0_L), bk47                      ; bk47 = (2*FFT_SIZE–2),
                                              ;初始化寄存器
```

```
    MOV *sp（data_sz）, T0
    SFTS T0, #–1
    SFTS T0, #–1
    MOV T0, ar5                     ; 2*number of groups for stage 3
    MOV #2, ar7                     ; 1/2 * number of butterflies per group for stage 3
    AMOV #twiddle, xar3             ; not modified during iteration of the stages
    ADD #2, AR3
    MOV xar0,xar1                   ; data page = data page of indata
    MOV xar0,xar2                   ; data page = data page of indata
    MOV xar0,xar4                   ; data page = data page of indata（in-place butterflies）
    MOV xar0,xar6                   ; data page = data page of indata（in-place butterflies）
    MOV xar3,xcdp                   ; data page = data page of twiddles
    stage:                          ; begining of a new stage
    SFTS ar7, #1
    || MOV #0, ar4
    SUB #2,ar7,ar0
    MOV ar0, brc1                   ;1 butterflies executed out of the loop
  SFTS ar5, #–1
    SUB   #1,ar5,ar0
    MOV ar0, brc0
    AMOV ar0, t0
    || SFTS   t1,# –1
    SFTS ar0, #1
    ADD #1, ar0,ar1
    MOV #0, ar2
    ||MOV ar0, ar6
    group:  ; 开始新的一组
    RPTBLOCAL r2_loop1
    MOV dbl（*（ar0+t1））, ac2
    ||ADD   t1,ar1
    ADD  dual（*AR2）, AC2, AC0
    || MOV ar3, cdp
SUB  AC2, dual（*（AR2+T1））, AC1
    || MOV ac0, dbl（*（ar4+t1））
    RPTBLOCAL r2_loop2
    MPY  *AR0, *CDP+, AC2
    ::MPY*AR1, *CDP+, AC3
    MASR        *（AR0+T1）, *CDP+, AC3
    ::MACR      *（AR1+T1）, *CDP+, AC2
    ADD   ac3<<#–16, ac2
    ADD  dual（*AR2）, AC2, AC0
    || MOV ac1, dbl（*（ar6+t1））
    r2_loop2:    SUB  AC2, dual（*（AR2+T1））, AC1
    || MOV ac0, dbl（*（ar4+t1））
    r2_loop1: MOV AC1, dbl（*（ar6+t1））          ; store last Qr':Qi'
```

```
BCC stage,t0!=#0                                    ;循环结束
end_benchmark:
;恢复寄存器
POPBOTH XAR7
POPBOTH XAR6
POPBOTH XAR5
 POP T3
POP T2
AADD     #（ARG_BLK_SZ + FRAME_SZ + REG_SAVE_SZ）, SP
RET
.end
```

8.5 语音信号编码解码（G.711）

8.5.1 语音信号编解码原理

1. G.711 语音编码标准

G.711 是国际电报电话咨询委员会（CCITT）和国际标准化组织（ISO）提出的一系列有关音频编码算法和国际标准中的一种。应用于电话语音传输。

G.711 是一种工作在 8kHz 采样率模式下的脉冲编码调制（Pulse Code Modulation，PCM）方案，采样值是 8 位的。按照 Nyquist 定理的规定，采样频率必须高于被采信号最大频率成分的两倍，G.711 可以编码的频率范围是 0～4kHz。G.711 可以有两种编码方案：A 律和μ律。

2. PCM 编码

在电话网络中规定，传输语音采用 0.3～3.3kHz 的语音信号。这一频率范围可覆盖大部分语音信号，它可以保留语音频率的前三个共振峰信息，而通过分析这三个共振峰的频率特性和幅度特性可以识别不同的人，而 0～0.3Hz 和 3.3～4kHz 未用，被作为保护频段。由于需要通过这一带宽传送小幅变化的语音信号，需要借助于脉冲编码调制（PCM），使模拟的语音信号在数字化时保证一定的精度，以最小的代价得到高质量的语音信号。

PCM 编码需要经过连续的三步：抽样、量化和编码。抽样取决于信号的振幅随时间的变化频率，由于电话网络的带宽是 4kHz 的，为了精确地表现语音信号，必须用至少 8kHz 的抽样率来取样。量化的任务是由模拟转换成数字的过程，但会引入量化误差，应尽量采用较小的量化间隔来减小这一误差。最后，编码完成数字化的最后工作，在编码的过程中，应保存信息的有效位，而且算法应利于快速计算。

其中，压扩运算可以采用两种标准：A 律(A-law)和μ律(μ-law)。μ律是美洲和日本的公认标准，而 A 律是欧洲采用的标准。我国采用的是欧洲标准。

3. A 律压扩标准

A 律（A-law）编码的数据对象是 12 位精度的，它保证了压缩后的数据有 5 位的精度并存储到一个字节（8 位）中。其方程如下：

$$F（x）= \mathrm{sgn}(x)A\,|x| / （1 + \ln A） \qquad 0<|x|<1/A$$
$$= \mathrm{sgn}(x)（1+\ln A|x|）/（1 + \ln A） \qquad 1/A<|x|<1$$

式中，A 为压缩参数，取值 87.6；x 为规格化的 12 位（二进制）整数。

A 律压缩编码表如表 8-1 所示。

表 8-1　A 律压缩码表

输入值													压缩值							
位	11	10	9	8	7	6	5	4	3	2	1	0	位	6	5	4	3	2	1	0
	0	0	0	0	0	0	0	a	b	c	d	×		0	0	0	a	b	c	d
	0	0	0	0	0	0	1	a	b	c	d	×		0	0	1	a	b	c	d
	0	0	0	0	0	1	a	b	c	d	×	×		0	1	0	1	b	c	d
	0	0	0	0	1	a	b	c	d	×	×	×		0	1	1	a	b	c	d
	0	0	0	1	a	b	c	d	×	×	×	×		1	0	0	a	b	c	d
	0	0	1	a	b	c	d	×	×	×	×	×		1	0	1	a	b	c	d
	0	1	a	b	c	d	×	×	×	×	×	×		1	1	0	a	b	c	d
	1	a	b	c	d	×	×	×	×	×	×	×		1	1	1	a	b	c	d

A 律解码方程为：

$$F^{-1}(y) = \mathrm{sgn}(y)\,|\,y\,|[1+\ln(A)]/A \qquad 0 \leqslant |\,y\,| \leqslant 1/(1+\ln(A))$$
$$= \mathrm{sgn}(y)\mathrm{e}^{(|y|[1+\ln(A)]-1)}/[A + A\ln(A)], \qquad 1/(1+\ln(A)) \leqslant |\,y\,| \leqslant 1$$

A 律解码表如表 8-2 所示。

表 8-2　A 律解码表

压缩值								输出值												
位	6	5	4	3	2	1	0	位	11	10	9	8	7	6	5	4	3	2	1	0
	0	0	0	a	b	c	d		0	0	0	0	0	0	0	a	b	c	d	1
	0	0	1	a	b	c	d		0	0	0	0	0	0	1	a	b	c	d	1
	0	1	0	a	b	c	d		0	0	0	0	0	1	a	b	c	d	1	0
	0	1	1	a	b	c	d		0	0	0	0	1	a	b	c	d	1	0	0
	1	0	0	a	b	c	d		0	0	0	1	a	b	c	d	1	0	0	0
	1	0	1	a	b	c	d		0	0	1	a	b	c	d	1	0	0	0	0
	1	1	0	a	b	c	d		0	1	a	b	c	d	1	0	0	0	0	0
	1	1	1	a	b	c	d		1	a	b	c	d	1	0	0	0	0	0	0

8.5.2　语音信号编解码的 DSP 实现

下面给出 DSP 实现语音信号编解码的源代码。

```
        unsigned int G711ALawEncode（int nLeft,int nRight）;    //A 律编码
    {
        unsigned char cL,cR;
        unsigned int uWork;

        cL=IntToALaw（nLeft）;
        cR=IntToALaw（nRight）;
```

```
        uWork=cL; uWork<<=8; uWork|=cR;           //高 8 位是左声道数据，低 8 位是右声道数据
        return（uWork）;
    }

    unsigned char IntToALaw（int nInput）                //A 律压缩函数
    {
         int segment;
         unsigned int i, sign,quant;
         unsigned int absol, temp;
         int nOutput;
         unsigned char cOutput;

         temp=absol=abs（nInput）;                       //求绝对值
         sign=（nInput >= 0）?1:0;
         for（ i=0;i<12;i++）                             //确定最高有效位所在的位置
    {
         nOutput=temp&0x8000;
         if（nOutput）break;
         temp<<=1;
    }
    if（i>=12）nOutput=0;                    //如果输入的 12 有效值为 0，则输出值为 0
    else
    {
         segment=11-i;
         quant=（absol>>segment）&0x0F;      //求输出值的低 4 位有效位
         segment-=4;
         if（segment<=0）segment=0;      //求输出值
         else  segment<<=4;
         nOutput=segment+quant;
    }
    if（sign）                                   //求带有符号位的输出值
         nOutput^=0xD5;
    else
         nOutput^=0x55;
    cOutput=（unsigned char）nOutput;
    return cOutput;
    }
    int ALawToInt（unsigned char nInput）;        //A 律解码
    {
    int sign, segment;
    int temp, quant,nOutput;

    temp=nInput^0xD5;
    sign=（temp&0x80）>>7;                                   //取出符号位
    segment=temp&0x70; segment>>=4; segment+=4;           //取出代码段
```

```
quant=temp&0x0F; quant+=0x10;                    //取出有效值的低 4 位
if（segment>0）quant<<=segment;                 //求输出值
if（sign）
      nOutput=-quant;
else
      nOutput=quant;

return nOutput;
}
```

8.6 数字图像的锐化

图像锐化处理的目的是使模糊的图像变得更加清晰起来。

图像的模糊实质就是图像受到平均或积分运算造成的，因此可以对图像进行逆运算，如微分运算来使图像清晰化。从频谱角度来分析，图像模糊的实质是其高频分量被衰减，因而可以通过高通滤波来清晰图像。但要注意，能够进行锐化处理的图像必须有较高的信噪比，否则锐化后图像信噪比反而更低，从而使噪声的增加比信号还要多，因此一般是先去除或减轻噪声后再进行锐化处理。

图像锐化一般有两种方法：一种是微分法；另一种是高通滤波法。拉普拉斯锐化法是属于常用的一种微分锐化方法。

拉普拉斯运算是偏导数运算的线性组合，而且是一种各向同性（旋转不变）的线性运算。

设 $\nabla^2 f$ 为拉普拉斯算子，则 $\nabla^2 f=\dfrac{\partial^2 f}{\partial x^2}+\dfrac{\partial^2 f}{\partial y^2}$。

对于离散数字图像 $f(i,j)$，其一阶偏导数为：

$$\begin{cases}\dfrac{\partial f(i,j)}{\partial x}=\Delta_x f(i,j)=f(i,j)-f(i-1,j)\\ \dfrac{\partial f(i,j)}{\partial y}=\Delta_y f(i,j)=f(i,j)-f(i,j-1)\end{cases}$$

则其二阶偏导数为：

$$\begin{cases}\dfrac{\partial^2 f(i,j)}{\partial x^2}=\Delta_x f(i+1,j)-\Delta_x f(i,j)=f(i+1,j)+f(i-1,j)-2f(i,j)\\ \dfrac{\partial^2 f(i,j)}{\partial y^2}=\Delta_y f(i,j+1)-\Delta_y f(i,)=f(i,j+1)+f(i,j-1)-2f(i,j)\end{cases}$$

所以，拉普拉斯算子 $\nabla^2 f$ 为：

$$\nabla^2 f=\frac{\partial^2 f}{\partial x^2}+\frac{\partial^2 f}{\partial y^2}=f(i-1,j)+f(i+1,j)+f(i,j+1)+f(i,j-1)-4f(i,j)$$

对于扩散现象引起的图像模糊，可以用下式来进行锐化：

$$g(i,j)=f(i,j)-k\tau\ \nabla^2 f(i,j)$$

这里 $k\tau$ 是与扩散效应有关的系数。该系数取值要合理，如果 $k\tau$ 过大，图像轮廓边缘会产生过冲；反之如果 $k\tau$ 过小，锐化效果就不明显。

如果令 $k\tau=1$,则变换公式为：

$$g(i,j)=5f(i,j)-f(i-1,j)-f(i+1,j)-f(i,j+1)-f(i,j-1)$$

用模板表示如下：

$$\begin{bmatrix} 0 & -1 & 0 \\ -1 & 5 & -1 \\ 0 & -1 & 0 \end{bmatrix}$$

这样拉普拉斯锐化运算完全可以转换成模板运算。

图 8-9 所示为数字图像锐化后的效果。可以看出手的纹路被突出显示出来了。

图 8-9　数字图像锐化效果比较

下面是图像锐化的 DSP 代码。

```
#define IMAGEWIDTH 80                         //定义图像的大小
#define IMAGEHEIGHT 80

extern unsigned char dbImage[IMAGEWIDTH*IMAGEHEIGHT];
extern unsigned char dbTargetImage[IMAGEWIDTH*IMAGEHEIGHT];

int mi,mj,m_nWork1,m_nWork2;
unsigned int m_nWork,*pWork;
unsigned char *pImg1,*pImg2,*pImg3,*pImg;     //定义指向原图和目标图的指针
unsigned int x1,x2,x3,x4,x5,x6,x7,x8,x9;      //定义 3×3 矩阵的元素变量

void Laplace（int nWidth,int nHeight）
{
int i;

pImg=dbTargetImage;                           //初始化目标图
for （i=0;i<IMAGEWIDTH;i++,pImg++）
     （*pImg）=0;
（*pImg）=0;
pImg1=dbImage;                                //指针指向 3×3 矩阵
pImg2=pImg1+IMAGEWIDTH;
pImg3=pImg2+IMAGEWIDTH;
for （i=2;i<nHeight;i++）
{
```

```
        pImg++;
        x1=（*pImg1）; pImg1++; x2=（*pImg1）; pImg1++; //3×3 矩阵的元素赋值给变量
        x4=（*pImg2）; pImg2++; x5=（*pImg2）; pImg2++;
        x7=（*pImg3）; pImg3++; x8=（*pImg3）; pImg3++;
        for （ mi=2;mi<nWidth;mi++,pImg++,pImg1++,pImg2++,pImg3++ ）
        {
            x3=（*pImg1）; x6=（*pImg2）; x9=（*pImg3）;
            m_nWork1=x5<<2; m_nWork1+=x5;   //5×x5
            m_nWork2=x2+x4+x6+x8;
//              m_nWork1=x5<<3; m_nWork1+=x5;
//              m_nWork2=x1+x2+x3+x4+x6+x7+x8+x9;
            m_nWork1- =m_nWork2;            //5×x5–（x2+x4+x6+x8）
            if （ m_nWork1>255 ）m_nWork1=255;
            else if （ m_nWork1<0 ）m_nWork1=0;
            （*pImg）=m_nWork1;
            x1=x2; x2=x3;
            x4=x5; x5=x6;
            x7=x8; x8=x9;
        }
        （*pImg）=0; pImg++;
    }
}
```

8.7 Viterbi 译码

信道编码作为纠正通信中误码的手段起着重要作用，而卷积编码是信道编码中常用的编码方式，已经得到了广泛应用。本节给出 C 语言调用卷积编码子函数和维特比译码函数的例子，并模拟编、解码的整个过程，读者可以通过模拟这一过程更详细地了解其工作原理。图 8-10 所示为卷积编、解码过程框图。

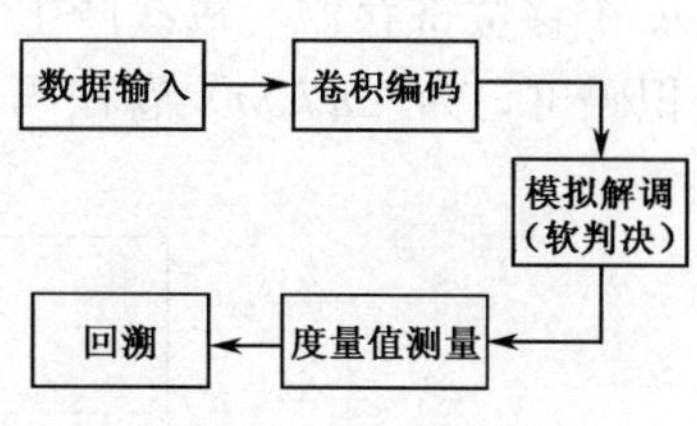

图 8-10 卷积编、解码过程

首先定义外部子函数以便主程序调用：

```
extern void conv_encode（int *Indata,int *Outdata,int n）
```

以上定义的是卷积子函数，Indata 是输入数据数组，Outdata 是输出结果存放的数组，*n* 是输入数据位数；

定义分支度量子函数：

```
extern void Metric_Update（int *Indata,int *Trans_Tab,int Length）;
```

Indata 指向输入数据数组，Trans_Tab 指向状态转移表，Length 为输入数据长度。

其中定义回溯子函数：

```
extern void traceback（int *Outdata,int *Trans_Tab,int Length）;
```

Outdata 指向输出数据数组，Trans_Tab 指向转移状态表，Length 为需回溯数据长度。

接下来模拟编、解码的整个过程：

首先输入原始数据，数据长度为 112 位，

```
Indata[0]=0x7489;
```

```
Indata[1]=0xffff;
Indata[2]=0x1234;
Indata[3]=0x6446;
Indata[4]=0xacde;
Indata[5]=0x1c2d;
Indata[6]=0x3333;
```

之后需要在输入数据尾部加 6 个 0，以保证数据收敛，

```
Indata[7]=0x0;
```

调用卷积子函数，该子函数的编码效率为 1/2，约束长度为 7，生成多项式为（153_8，161_8）

```
conv_encode（（int *）Indata,（int *）Outdata,128）；
```

模拟解调的过程，输出的结果为软判决结果，存放在 Recerve_data 数组中

```
for （ I=0;I++;I<17）
{
    for （j=0;j++;j<16）
    {
        if（（（Outdata[j]>>j） & 0x1）==0）
            Receive_data[I*16+j]=7;
        else
            Receive_data[I*16+j]=-7;
    }
}
```

调用分支度量子函数和回溯子函数，完成维特比译码

```
Metric_Update（（int *） Receive_data,（int *）Trans_tab,128*2）；
traceback（（int *）Outcome,（int *）Trans_tab,128）；
```

首先介绍卷积子函数。卷积码是信息序列通过一个有限状态的卷积编码器产生的。常用的编码器由 k 个 m 级移位寄存器和 n 个模二加法器组成。这些模二加法器的输入来自移位寄存器某些级的抽头。当编码器工作时，将输入序列分成每组为 k 位的并行数据，依次进入 k 个移位寄存器，每次产生 n 个模二加的结果作为编码器的输出。$R=k/n$ 称为编码效率，卷积码可记为（n,k,m）卷积码。（2,1,6）编码器结构如图 8-11 所示。

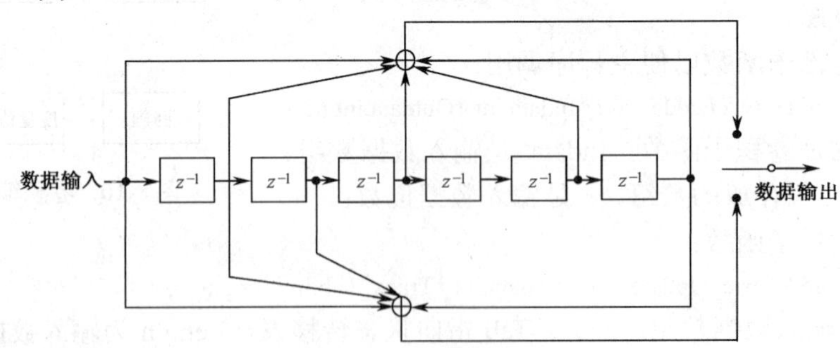

图 8-11　编码器结构图

编码器输入数据按地址从低到高放置，数据字宽为 16，数据从第 0 位到第 15 位排列。

```
;Function :Convolution encode
        .mmregs
        .def   _conv_encode
```

```
        .asg  AC0,G0
        .asg  AC1,G1
        .asg  AC2,temp
        .asg  T2,G_MUX
        .text
_conv_encode:
        PSH       mmap（@ST0_55）          ;现场保护
        PSH       mmap（@ST1_55）
        PSH       mmap（@ST2_55）
        PSH       T2                      ;
        BCLR      SXMD                    ;关闭符号扩展模式
        BCLR      CPL                     ;选择 DP 直接寻址模式
        BCLR      M40                     ;关闭 40 位计算模式
        BCLR      C54CM                   ;C54x 不兼容模式
        .c54cm_off
        BCLR      ARMS
        .arms_off
        XOR G0,G0                         ;G0、G1 清零
        XOR G1,G1
;计算重复次数并存储到 BRC0 中
        MOVT0,temp
        ADD       #15,temp
        SFTLtemp,# –4,temp
        SUB       #1,temp
        MOVtemp,G_MUX
        MOVG_MUX,BRC0                     ;BRC0=（N+15）/16–1
        XOR       T0,T0                   ;T0=0
        XOR       T1,T1
rate1_2:
        RPTB      end_rate1_2–1
        MOV*AR0+,temp
        SFTLtemp,16
        MOVT0,G0
        SFTLG0,16
        MOVT1,G1
        SFTLG1,16
;产生 g0 比特流
        XOR       temp<<#0,G0        ;y = x
        XOR       temp<<#–1G0        ;y = x+x1
        XOR       temp<<#–3,G0       ;y = x+x1+x3
        XOR       temp<<#–5,G0       ;y = x+x1+x3+x5
        XOR       temp<<#–6,G0       ;y = x+x1+x3+x5+x6
;产生 g1 比特流
        XOR       temp<<#0,G1        ;y = x
        XOR       temp<<#–1,G1       ;y = x+x1
```

```
    XOR      temp<<#-2,G1          ;y = x+x1+x2
    XOR      temp<<#-6,G1          ;y = x+x1+x2 +x6

    MOVG0,T0
    MOVG1,T1
    SFTLG0,# -16,G0
    SFTLG1,# -16,G1
    merge    G0,G1,temp,G_MUX
    MOVG_MUX,*AR1(#1)
    merge    G0,G1,temp,G_MUX
    MOVG_MUX,*AR1+
    MAR*AR1+
end_rate1_2:

    POP      T2                           ;现场恢复
    POP      mmap(@ST2_55)
    POP      mmap(@ST1_55)
    POP      mmap(@ST0_55)
    RET
```

在程序中使用了宏定义 merge，该宏的作用是把两个模二加法器的结果轮流输出，从而组成最终的编码。宏定义如下：

```
merge    .macro src1,src2,tmp,dst
    BFXPA    #0AAAAh,src1,tmp
    BFXPA    #05555h,src2,dst
    XOR      tmp,dst
    SFTLsrc1, # -8,src1
    SFTLsrc2, # -8,src2
    .endm
```

当卷积码为系统码时可采用大数逻辑译码或门限译码方法，而对于非系统码则采用概率译码方法，维特比译码就是基于最大似然算法的一种概率译码方法，因其效率高、速度快，在数字通信系统中得到了广泛应用。

维特比译码的原理是将接收序列同所有可能的发送序列比较，选择码距最小的序列作为发送序列。对于硬判决来说距离用汉明距离测量，软判决则用欧氏距离测量。对于 $1/m$ 卷积码，欧氏距离为：

$$T = \sum_{0}^{m-1} [\mathrm{SD}_n - G_n(j)]^2$$

其中 SD_n 表示接收序列，G_n（j）表示每个路径状态期望输入值，j 是路径指示值，将上式展开可得：

$$T = \sum_{0}^{m-1} [\mathrm{SD}_n^2 - 2\,\mathrm{SD}_n\, G_n(j) + G_n(j)]^2$$

对于所有分支，$\sum_{0}^{m-1} \mathrm{SD}_n^2$ 和 $\sum_{0}^{m-1} G_n(j)^2$ 是常数，在进行比较时可不考虑，则分值度量值：

$$T = -2\sum_{0}^{m-1} \mathrm{SD}_n\, G_n(j)$$

如省略掉–2，在比较时取最大值，则

$$T = \sum_{0}^{m-1} \mathrm{SD}_n\, G_n(j)$$

而对 1/2 码率的卷积码其分值度量值为

$$T = \mathrm{SD}_0\, G_0(j) + \mathrm{SD}_1\, G_1(j)$$

$G_n(j)$用双极性表示，即 0 用 1 表示，1 用–1 表示，分值度量值可以进一步简化为接收数据的加和减。对于 1/2 编码，从一个状态转移到下一个新的状态有两条可能的分支，而新的状态也只能由两个旧的状态转移来分析，可知在新旧状态之间形成了一种蝶形结构，其结构如图 8-12 所示。

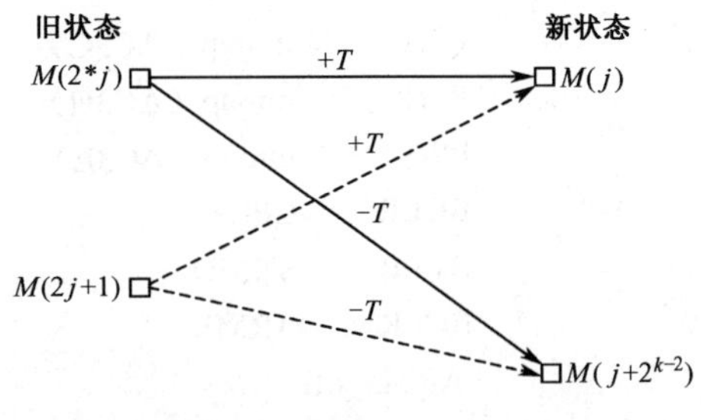

图 8-12　1/2 卷积码蝶形结构

以约束长度为 7 的卷积码为例，在每一个符号时间间隔内共有 2^6=64 种状态，可构成 32 个蝶形结构。

蝶形结构可定义两个宏，以方便调用。

```
BFLYA    .macro     p
      ADDSUB  p,*AR5+,AC0          ;AC0=OLD_M（2*J）+p//OLD_M（2*J）–p
      SUBADD  p,*AR5+,AC1          ;AC1=OLD_M（2*J+1）–p//OLD_M（2*J+1）+p
      MAXDIFF AC0,AC1,AC2,AC3      ;NEW_M（J）=MAX（AC0[39~16],AC1[39~16]
      MOV       AC2, *AR4+,*AR3+   ;TRN0=ARN>>#1
                                   ;若 Hi（AC0）<Hi（AC1） 则 TRN0[15]=1
                                   ;NEW_M（J+2^（K–2））=MAX（AC0[15~0],AC1 [15~0]）
                                   ;TRN1=TRN>>#1
                                   ;若 AC0[15~0]<AC1[15~0] 则 TRN1[15]=1

      .endm

BFLYB    .macro     m
      SUBADD  m,*AR5+,AC0   ; AC0=OLD_M（2*J）–m//OLD_M（2*J）+m
      ADDSUB  m,*AR5+,AC1   ; AC1=OLD_M（2*J+1）+m//OLD_M（2*J+1）–m
      MAXDIFF AC0,AC1,AC2,AC3; NEW_M（J）=MAX（AC0[39~16],AC1[39~16]
      MOV       AC2, *AR4+,*AR3+; TRN0=ARN>>#1
                                  ;若 Hi（AC0）<Hi（AC1） 则 TRN0[15]=1
                        ; NEW_M（J+2^（K–2））=MAX（AC0[15~0],AC1 [15~0]）
                                  ;TRN1=TRN>>#1
                                  ;若 AC0[15~0]<AC1[15~0] 则 TRN1[15]=1

      .endm
```

分值度量子函数如下：

```
      .def _Metric_Update
      .asg 0x02000,STATE_TAB0
```

```
    ;状态表 0 ： 0X20000
    .asg 0x02100,STATE_TAB1
    ;状态表 1 ： 0X21000
    .text
_Metric_Update:
    PSH       mmap（@ST0_55）
    PSH       mmap（@ST1_55）
    PSH       mmap（@ST2_55）
    PSHBOTH XAR5
    PSH       mmap（AC3G）
    PSH       mmap（AC3H）
    PSH       mmap（AC3L）
    BCLR      CPL
    BCLR      SXMD
    BCLR      ARMS
    .ARMS_off

    ADD       #12,T0                       ;计算循环次数
    SFTL      T0,# –1
    SFTL      T0,# –1                      ;（T0+12）/4

    SUB       #1,T0
    MOV       T0,mmap（@BRC0）

    MOV#STATE_TAB0,AC0                     ;状态表置 0
    SFTLAC0,#4
    MOVAC0,XAR5

    RPT       #63
    MOV#0,*AR5

    MOV#STATE_TAB1,AC0
    SFTLAC0,#4
    MOVAC0,XAR5

    RPT       #63
    MOV#0,*AR5

    RPTB      VITERBI1–1                   ;循环开始
    MOV#STATE_TAB0,AC0                     ;指向状态表 0
    SFTLAC0,#4
    MOVAC0,XAR5
    MOV#STATE_TAB1,AC0                     ;指向状态表 1
    SFTLAC0,#4
```

```
MOVAC0,XAR3

MOV#STATE_TAB1,AC0              ;指向状态表首地址+32
SFTLAC0,#4
ADD     #32,AC0
MOVAC0,XAR4
MOV*AR0+,T1                     ;将 SD（2*i）装入 T1 中
ADD      *AR0,T1,T0             ;T0=SD（2*i）+SD（2*i+1）
SUB      *AR0+,T1,T1            ;T1=SD（2*i）–SD（2*i+1）

BFLYA T0;蝶形运算 0 （G0G1）0=00 （G0G1）1=11 （G0G1）2=11 （G0G1）3=00
        ; 000000---------------------000000
        ; 000001---------------------100000
BFLYB T1;蝶形运算 1 （G0G1）0=10 （G0G1）1=01 （G0G1）2=01 （G0G1）3=10
        ; 000010---------------------000001
        ; 000011---------------------100001
BFLYA T0;蝶形运算 2 （G0G1）0=00 （G0G1）1=11 （G0G1）2=11 （G0G1）3=00
        ; 000100---------------------000010
        ; 000101---------------------100010
BFLYB T1;蝶形运算 3 （G0G1）0=10 （G0G1）1=01 （G0G1）2=01 （G0G1）3=10
        ; 000110---------------------000011
        ; 000111---------------------100011
BFLYB T1;蝶形运算 4 （G0G1）0=10 （G0G1）1=01（G0G1）2=01 （G0G1）3=10
        ; 001000---------------------000100
        ; 001001---------------------100100
BFLYA T0;蝶形运算 5 （G0G1）0=00 （G0G1）1=11 （G0G1）2=11 （G0G1）3=00
        ; 001010---------------------000101
        ; 000001---------------------100101
BFLYB T1;蝶形运算 6 （G0G1）0=10 （G0G1）1=01 （G0G1）2=01 （G0G1）3=10
        ; 001100---------------------000110
        ; 001101---------------------100110
BFLYA T0;蝶形运算 7 （G0G1）0=00 （G0G1）1=11 （G0G1）2=11 （G0G1）3=00
        ; 001110---------------------000111
        ; 001111---------------------100111
BFLYA T0;蝶形运算 8 （G0G1）0=00 （G0G1）1=11 （G0G1）2=11 （G0G1）3=00
        ; 010000---------------------001000
        ; 010001---------------------101000
BFLYB T1;蝶形运算 9 （G0G1）0=10 （G0G1）1=01 （G0G1）2=01 （G0G1）3=10
        ; 010010---------------------001001
        ; 010011---------------------101001
BFLYA T0;蝶形运算 10 （G0G1）0=00 （G0G1）1=11 （G0G1）2=11 （G0G1）3=00
        ; 010100---------------------001010
        ; 010101---------------------101010
BFLYB T1;蝶形运算 11 （G0G1）0=10（G0G1）1=01 （G0G1）2=01 （G0G1）3=10
        ; 010110---------------------001011
```

```
                ; 010111---------------------101011
BFLYB T1;蝶形运算 12 （G0G1）0=10 （G0G1）1=01 （G0G1）2=01 （G0G1）3=10
                ; 011000---------------------001100
                ; 011001---------------------101100
BFLYA T0;蝶形运算 13 （G0G1）0=00 （G0G1）1=11 （G0G1）2=11 （G0G1）3=00
                ; 011010---------------------001101
                ; 011011---------------------101101
BFLYB T1;蝶形运算 14 （G0G1）0=10 （G0G1）1=01 （G0G1）2=01 （G0G1）3=10
                ; 011100---------------------001110
                ; 011101---------------------101110
BFLYA T0;蝶形运算 15 （G0G1）0=00 （G0G1）1=11 （G0G1）2=11 （G0G1）3=00
                ; 011110---------------------001111
                ; 011111---------------------101111
MOV             TRN0,*AR1+
MOV             TRN1,*AR1（#1）

BFLYB T0;蝶形运算 16 （G0G1）0=11 （G0G1）1=00 （G0G1）2=00 （G0G1）3=11
                ; 100000---------------------010000
                ; 100001---------------------110000
BFLYA T1;蝶形运算 17 （G0G1）0=01 （G0G1）1=10 （G0G1）2=10 （G0G1）3=01
                ; 100010---------------------010001
                ; 100011---------------------110001
BFLYB T0;蝶形运算 18 （G0G1）0=11 （G0G1）1=00 （G0G1）2=00 （G0G1）3=11
                ; 100100---------------------010010
                ; 100101---------------------110010
BFLYA T1;蝶形运算 19 （G0G1）0=01 （G0G1）1=10 （G0G1）2=10 （G0G1）3=01
                ; 100110---------------------010011
                ; 100111---------------------110011
BFLYA T1;蝶形运算 20 （G0G1）0=01 （G0G1）1=11 （G0G1）2=11 （G0G1）3=01
                ; 101000---------------------010100
                ; 101001---------------------110100
BFLYB T0;蝶形运算 21 （G0G1）0=11 （G0G1）1=00 （G0G1）2=00 （G0G1）3=11
                ; 101010---------------------010101
                ; 000001---------------------110101
BFLYA T1;蝶形运算 22 （G0G1）0=01 （G0G1）1=10 （G0G1）2=10 （G0G1）3=01
                ; 101100---------------------010110
                ; 101101---------------------110110
BFLYB T0;蝶形运算 23 （G0G1）0=11 （G0G1）1=00 （G0G1）2=00 （G0G1）3=11
                ; 101110---------------------010111
                ; 101111---------------------110111
BFLYB T0;蝶形运算 24 （G0G1）0=11 （G0G1）1=00 （G0G1）2=00 （G0G1）3=11
                ; 110000---------------------011000
                ; 110001---------------------111000
BFLYA T1;蝶形运算 25 （G0G1）0=01 （G0G1）1=10 （G0G1）2=10 （G0G1）3=01
                ; 110010---------------------010101
```

```
        ; 111011--------------------110101
BFLYB T0;蝶形运算 26 （G0G1）0=11 （G0G1）1=00 （G0G1）2=00（G0G1）3=11
        ; 110100--------------------011010
        ; 110101--------------------111010
BFLYA T1;蝶形运算 27 （G0G1）0=01 （G0G1）1=10 （G0G1）2=10 （G0G1）3=01
        ; 110110--------------------011011
        ; 110111--------------------111011
BFLYA T1;蝶形运算 28 （G0G1）0=01 （G0G1）1=10 （G0G1）2=10 （G0G1）3=01
        ; 111000--------------------011100
        ; 111001--------------------111100
BFLYB T0;蝶形运算 29 （G0G1）0=11 （G0G1）1=00 （G0G1）2=00 （G0G1）3=11
        ; 111010--------------------011101
        ; 111011--------------------111101
BFLYA T1;蝶形运算 30 （G0G1）0=01 （G0G1）1=10 （G0G1）2=10 （G0G1）3=01
        ; 111100--------------------011110
        ; 111101--------------------111110
BFLYB T0;蝶形运算 31 （G0G1）0=11 （G0G1）1=00 （G0G1）2=00 （G0G1）3=11
        ; 111110--------------------011111
        ; 111111--------------------111111
MOV         TRN0,*AR1
MAR         *+AR1（#2）
MOV         TRN1,*AR1+

;下一次循环开始
MOV     #STATE_TAB0,AC0         ;指向状态表 1
SFTL    AC0,#4
MOV     AC0,XAR3
MOV     #STATE_TAB1,AC0         ;指向状态表 1

SFTL    AC0,#4
MOV     AC0,XAR5

MOV#    STATE_TAB0,AC0          ;指向状态表首地址+32
SFTL    AC0,#4
ADD     #32,AC0
MOV     AC0,XAR4
MOV     *AR0+,T1                ;将 SD（2*i）装入 T1 中
ADD     *AR0,T1,T0              ;T0=SD（2*i）+SD（2*i+1）
SUB     *AR0+,T1,T1             ;T1=SD（2*i）–SD（2*i+1）

BFLYA T0;蝶形运算 0 （G0G1）0=00 （G0G1）1=11 （G0G1）2=11 （G0G1）3=00
        ; 000000--------------------000000
        ; 000001--------------------100000
BFLYB T1;蝶形运算 1 （G0G1）0=10 （G0G1）1=01 （G0G1）2=01 （G0G1）3=10
        ; 000010--------------------000001
```

```
            ; 000011---------------------100001
BFLYA T0;蝶形运算 2 （G0G1）0=00 （G0G1）1=11 （G0G1）2=11 （G0G1）3=00
            ; 000100---------------------000010
            ; 000101---------------------100010
BFLYB T1;蝶形运算 3 （G0G1）0=10 （G0G1）1=01 （G0G1）2=01 （G0G1）3=10
            ; 000110---------------------000011
            ; 000111---------------------100011
BFLYB T1;蝶形运算 4 （G0G1）0=10 （G0G1）1=01（G0G1）2=01 （G0G1）3=10
            ; 001000---------------------000100
            ; 001001---------------------100100
BFLYA T0;蝶形运算 5 （G0G1）0=00 （G0G1）1=11 （G0G1）2=11 （G0G1）3=00
            ; 001010---------------------000101
            ; 000001---------------------100101
BFLYB T1;蝶形运算 6 （G0G1）0=10 （G0G1）1=01 （G0G1）2=01 （G0G1）3=10
            ; 001100---------------------000110
            ; 001101---------------------100110
BFLYA T0;蝶形运算 7 （G0G1）0=00 （G0G1）1=11 （G0G1）2=11 （G0G1）3=00
            ; 001110---------------------000111
            ; 001111---------------------100111
BFLYA T0;蝶形运算 8 （G0G1）0=00 （G0G1）1=11 （G0G1）2=11 （G0G1）3=00
            ; 010000---------------------001000
            ; 010001---------------------101000
BFLYB T1;蝶形运算 9 （G0G1）0=10 （G0G1）1=01 （G0G1）2=01 （G0G1）3=10
            ; 010010---------------------001001
            ; 010011---------------------101001
BFLYA T0;蝶形运算 10 （G0G1）0=00 （G0G1）1=11 （G0G1）2=11 （G0G1）3=00
            ; 010100---------------------001010
            ; 010101---------------------101010
BFLYB T1;蝶形运算 11 （G0G1）0=10（G0G1）1=01 （G0G1）2=01 （G0G1）3=10
            ; 010110---------------------001011
            ; 010111---------------------101011
BFLYB T1;蝶形运算 12 （G0G1）0=10 （G0G1）1=01 （G0G1）2=01 （G0G1）3=10
            ; 011000---------------------001100
            ; 011001---------------------101100
BFLYA T0;蝶形运算 13 （G0G1）0=00 （G0G1）1=11 （G0G1）2=11 （G0G1）3=00
            ; 011010---------------------001101
            ; 011011---------------------101101
BFLYB T1;蝶形运算 14 （G0G1）0=10 （G0G1）1=01 （G0G1）2=01 （G0G1）3=10
            ; 011100---------------------001110
            ; 011101---------------------101110
BFLYA T0;蝶形运算 15 （G0G1）0=00 （G0G1）1=11 （G0G1）2=11 （G0G1）3=00
            ; 011110---------------------001111
            ; 011111---------------------101111
MOV         TRN0,*AR1+
MOV         TRN1,*AR1（#1）
```

```
BFLYB T0;蝶形运算 16 （G0G1）0=11 （G0G1）1=00 （G0G1）2=00 （G0G1）3=11
               ; 100000--------------------010000
               ; 100001--------------------110000
BFLYA T1;蝶形运算 17 （G0G1）0=01 （G0G1）1=10 （G0G1）2=10 （G0G1）3=01
               ; 100010--------------------010001
               ; 100011--------------------110001
BFLYB T0;蝶形运算 18 （G0G1）0=11 （G0G1）1=00 （G0G1）2=00 （G0G1）3=11
               ; 100100--------------------010010
               ; 100101--------------------110010
BFLYA T1;蝶形运算 19 （G0G1）0=01 （G0G1）1=10 （G0G1）2=10 （G0G1）3=01
               ; 100110--------------------010011
               ; 100111--------------------110011
BFLYA T1;蝶形运算 20 （G0G1）0=01 （G0G1）1=11 （G0G1）2=11 （G0G1）3=01
               ; 101000--------------------010100
               ; 101001--------------------110100
BFLYB T0;蝶形运算 21 （G0G1）0=11 （G0G1）1=00 （G0G1）2=00 （G0G1）3=11
               ; 101010--------------------010101
               ; 000001--------------------110101
BFLYA T1;蝶形运算 22 （G0G1）0=01 （G0G1）1=10 （G0G1）2=10 （G0G1）3=01
               ; 101100--------------------010110
               ; 101101--------------------110110
BFLYB T0;蝶形运算 23 （G0G1）0=11 （G0G1）1=00 （G0G1）2=00 （G0G1）3=11
               ; 101110--------------------010111
               ; 101111--------------------110111
BFLYB T0;蝶形运算 24 （G0G1）0=11 （G0G1）1=00 （G0G1）2=00 （G0G1）3=11
               ; 110000--------------------011000
               ; 110001--------------------111000
BFLYA T1;蝶形运算 25 （G0G1）0=01 （G0G1）1=10 （G0G1）2=10 （G0G1）3=01
               ; 110010--------------------010101
               ; 111011--------------------110101
BFLYB T0;蝶形运算 26 （G0G1）0=11 （G0G1）1=00 （G0G1）2=00（G0G1）3=11
               ; 110100--------------------011010
               ; 110101--------------------111010
BFLYA T1;蝶形运算 27 （G0G1）0=01 （G0G1）1=10 （G0G1）2=10 （G0G1）3=01
               ; 110110--------------------011011
               ; 110111--------------------111011
BFLYA T1;蝶形运算 28 （G0G1）0=01 （G0G1）1=10 （G0G1）2=10 （G0G1）3=01
               ; 111000--------------------011100
               ; 111001--------------------111100
BFLYB T0;蝶形运算 29 （G0G1）0=11 （G0G1）1=00 （G0G1）2=00 （G0G1）3=11
               ; 111010--------------------011101
               ; 111011--------------------111101
BFLYA T1;蝶形运算 30 （G0G1）0=01 （G0G1）1=10 （G0G1）2=10 （G0G1）3=01
               ; 111100--------------------011110
```

```
                ; 111101--------------------111110
    BFLYB T0;蝶形运算 31 （G0G1）0=11 （G0G1）1=00 （G0G1）2=00 （G0G1）3=11
                ; 111110--------------------011111
                ; 111111--------------------111111
    MOV         TRN0,*AR1
    MAR         *+AR1（#2）
    MOV         TRN1,*AR1+
VITERBI1:
    POP       mmap（AC3L）
    POP       mmap（AC3H）
    POP       mmap（AC3G）
    POPBOTH XAR5
    POP       mmap（@ST2_55）
    POP       mmap（@ST1_55）
    POP       mmap（@ST0_55）
    RET
```

分支度量子函数需要预先设置两个中间状态表，表中存放的是相应路径度量值的累计结果，两个状态表相互交替，轮流存放新旧度量值。

接收完一帧数据后，在数据尾部添加 0，使得数据收敛为 0，回溯程序首先将地址指针指向转移表尾部，就是从确定状态 0 开始，反向追踪最大似然路径；从图 8-12 所给的蝶形结构可知一个新的状态只能从两个可能的状态转移而来，而转移表中新状态对应的值则标示转移的路径，0 对应实线路径，1 对应虚线路径。它也是最接近发送序列的值，因此该值作为结果输出；由于该卷积码的约束长度为 7，因此后 6 个所译的码字都同之前的一个码字有关，可由它们得到前一个码字在转移表中的位置，通过这种反推过程，完成最终译码。

回溯子函数如下：

```
            .asg        AC0,state
            .asg        AC2,temp
            .def _      traceback
            .text
_traceback:
            PSH         mmap（@ST0_55）
            PSH         mmap（@ST1_55）
            PSH         mmap（@ST2_55）
            BCLR        CPL
            BCLR        SXMD
            BCLR        M40
            BCLR        ARMS
            ARMS_off
;计算有多少字需要回溯
            MOV         #0,ac0
            MOV         ac0,xar3
            ADD         #15,T0,AC0
            SFTL        AC0,#-4,AC0               ;AC0=（T0+15）/16
            SFTL        AC0,#6,temp               ;temp=64*AC0
```

```
        ADD     temp,AR1                    ;AR1 指向转移表的底部，并按 4*16 字对齐
        ADD     AC0,AR0                     ;AR0 指向输出缓冲区的底部

;开始回溯
        SUB     #1,AC0
        MOV     AC0,mmap（@BRC0）           ;BRC0=字数-1
        MOV     #15,BRC1                    ;BRC1=16-1=15
        MOV     #0,state                    ;state=0
        RPTB    $1-1                        ;循环开始
        XOR     temp,temp                   ;AC2 清 0
        RPTBLOCAL    $2-1                   ;循环 16 次
        SUB     #4,AR1                      ;将 AR1 指针上移 4 个字
;状态的第 5 位作为输出位
        BTST    #5,state,TC2
        ROR     TC2, temp, TC2, temp
;寻找转移位
        BFXTR   #030h,state,AR3             ;将字偏移量转入 AR3
        ADD     AR1,AR3                     ;AR3 指向转移字
        BFXTR   #0fh,state,AC1              ;将位索引转入 AC1
        BTST    AC1,*AR3,TC2                ;将转移位转入 TC2
;根据 TC2 更改状态
        ROL     carry,state,TC2,state
        AND     #03fh,state

$2:
        MOV     hi（temp）,* -AR0           ;将字存入输出缓冲区
$1:
        POP     mmap（@ST2_55）
        POP     mmap（@ST1_55）
        POP     mmap（@ST0_55）
        RET
```

思考与练习题

1．请利用 CCS 的 Simulate 软件仿真器计算 $x(n)$ = [3，11，7，0，−1，4，2]和 $h(n)$ = [2，3，0，−5，2，1]卷积的结果 $y(n)$。

2．简述有限冲激响应滤波器（FIR）的优缺点。

3．利用 MATLAB 设计一个低通 Chebyshev I 型滤波器，通带范围 0～100Hz，通带波纹 3dB，阻带衰减－30dB，数据采样频率为 1000Hz，并利用最小的阶数来实现。

4．选取一段语音数据进行 A 率压缩，之后再解压缩，通过试听来验证 A 率压缩解压缩的效果。

5．对一幅图像进行锐化处理，并比较两幅图像的区别。

附录A 寄 存 器

表 A-1 CPU 寄存器

C54x 寄存器	VC5510 寄存器	地址（HEX）	说 明
IMR	IER0	00	中断屏蔽寄存器 0
IFR	IFR0	01	中断标志寄存器 0
–	ST0_55	02	C55x 使用的状态寄存器 0
–	ST1_55	03	C55x 使用的状态寄存器 1
–	ST3_55	04	C55x 使用的状态寄存器 3
–	–	05	保留
ST0	ST0	06	状态寄存器 0
ST1	ST1	07	状态寄存器 1
AL	AC0L	08	C55x 中的累加器 0 对应于 C54x 中的累加器 A
AH	AC0H	09	
AG	AC0G	0A	
BL	AC1L	0B	C55x 中的累加器 1 对应于 C54x 中的累加器 B
BH	AC1H	0C	
BG	AC1G	0D	
TREG	T3	0E	临时寄存器 3
TRN	TRN0	0F	过渡寄存器 0
AR0	AR0	10	辅助寄存器 0～7
AR1	AR1	11	
AR2	AR2	12	
AR3	AR3	13	
AR4	AR4	14	
AR5	AR5	15	
AR6	AR6	16	
AR7	AR7	17	
SP	SP	18	数据堆栈指针
BK	BK03	19	AR0～AR3 循环缓冲大小寄存器
BRC	BRC0	1A	块重复寄存器
RSA	RSA0L	1B	C54x 中是块重复起始地址寄存器，C55x 中是块重复起始地址寄存器 0 的低位部分
REA	REA0L	1C	C54x 中是块重复结束地址寄存器，C55x 中是块重复结束地址寄存器 0 的低位部分
PMST	PMST	1D	处理模式状态寄存器
XPC	XPC	1E	程序计数器扩展寄存器
–	–	1F	保留
–	T0	20	临时寄存器 0
–	T1	21	临时寄存器 1
–	T2	22	临时寄存器 2

续表

C54x 寄存器	VC5510 寄存器	地址（HEX）	说　明
–	T3	23	临时寄存器 3
–	AC2L	24	
–	AC2H	25	累加器 2
–	AC2G	26	
–	CDP	27	系数指针寄存器
–	AC3L	28	
–	AC3H	29	累加器 3
–	AC3G	2A	
–	DPH	2B	扩展数据页指针的高位部分
–	MDP05	2C	保留
–	MDP67	2D	保留
–	DP	2E	数据页指针
–	PDP	2F	外设数据页指针
–	BK47	30	AR4～AR7 循环缓冲大小寄存器
–	BKC	31	CDP 循环缓冲大小寄存器
–	BSA01	32	AR[0～1] 循环缓冲起始地址寄存器
–	BSA23	33	AR[2～3] 循环缓冲起始地址寄存器
–	BSA45	34	AR[4～5] 循环缓冲起始地址寄存器
–	BSA67	35	AR[6～7] 循环缓冲起始地址寄存器
–	BSAC	36	CDP 循环缓冲起始地址寄存器
–	BIOS	37	为 BIOS 保留，用来存储 BIOS 操作所需要的数据表指针的起始存储位置，该寄存器为 16 位
–	TRN1	38	过渡寄存器 1
–	BRC1	39	块重复计数器 1
–	BRS1	3A	BRC1 的备份寄存器
–	CSR	3B	计算单指令重复寄存器
–	RSA0H	3C	块重复起始地址寄存器 0
–	RSA0L	3D	
–	REA0H	3E	块重复结束地址寄存器 0
–	REA0L	3F	
–	RSA1H	40	块重复起始地址寄存器 1
–	RSA1L	41	
–	REA1H	42	块重复起始地址寄存器 1
–	REA1L	43	
–	RPTC	44	单指令重复计数器
–	IER1	45	中断屏蔽寄存器 1
–	IFR1	46	中断标志寄存器 1
–	DBIER0	47	调试中断屏蔽寄存器 0
–	DBIER1	48	调试中断屏蔽寄存器 1
–	IVPD	49	中断矢量指针（指向 DSP）
–	IVPH	4A	中断矢量指针（指向主机）

续表

C54x 寄存器	VC5510 寄存器	地址（HEX）	说　明
–	ST2_55	4B	C55x 使用的状态寄存器 2
–	SSP	4C	系统堆栈指针
–	SP	4D	数据堆栈指针
–	SPH	4E	扩展堆栈指针高位部分
–	CDPH	4F	扩展系数指针高位部分

表 A-2　外部存储器接口寄存器

端 口 地 址	寄存器名称	说　明
0x0800	EGCR	全局控制寄存器
0x0801	EMIRST	全局复位寄存器
0x0802	EMIBE	总线错误状态寄存器
0x0803	CE01	片选 0 空间控制寄存器 1
0x0804	CE02	片选 0 空间控制寄存器 2
0x0805	CE03	片选 0 空间控制寄存器 3
0x0806	CE11	片选 1 空间控制寄存器 1
0x0807	CE12	片选 1 空间控制寄存器 2
0x0808	CE13	片选 1 空间控制寄存器 3
0x0809	CE21	片选 2 空间控制寄存器 1
0x080A	CE22	片选 2 空间控制寄存器 2
0x080B	CE23	片选 2 空间控制寄存器 3
0x080C	CE31	片选 3 空间控制寄存器 1
0x080D	CE32	片选 3 空间控制寄存器 2
0x080E	CE33	片选 3 空间控制寄存器 3
0x080F	SDC1	SDRAM 控制寄存器 1
0x0810	SDPER	SDRAM 周期寄存器
0x0811	SDCNT	SDRAM 计数寄存器
0x0812	INIT	SDRAM 初始化寄存器
0x0813	SDC2	SDRAM 控制寄存器 2

表 A-3　DMA 配置寄存器

端 口 地 址	寄存器名称	说　明
	全局寄存器	
0x0E00	DMAGCR	DMA 全局控制寄存器
0x0E02	DMAGSCR	DMA 软件兼容寄存器
0x0E03	DMAGTCR	DMA 超时控制寄存器
	通道 0 寄存器	
0x0C00	DMACSDP0	通道 0 源和目的参数寄存器
0x0C01	DMACCR0	通道 0 控制寄存器
0x0C02	DMACICR0	通道 0 中断控制寄存器

续表

端口地址	寄存器名称	说明
0x0C03	DMACSR0	通道 0 状态寄存器
0x0C04	DMACSSAL0	通道 0 源起始地址寄存器（低 16 位）
0x0C05	DMACSSAU0	通道 0 源起始地址寄存器（高 16 位）
0x0C06	DMACDSAL0	通道 0 目的起始地址寄存器（低 16 位）
0x0C07	DMACDSAU0	通道 0 目的起始地址寄存器（高 16 位）
0x0C08	DMACEN0	通道 0 单元数寄存器
0x0C09	DMACFN0	通道 0 帧数寄存器
0x0C0A	DMACFI0/ DMACSFI0	通道 0 帧索引寄存器/通道 0 源帧索引寄存器
0x0C0B	DMACEI0/ DMACSEI0	通道 0 单元索引寄存器/通道 0 源单元索引寄存器
0x0C0C	DMACSAC0	通道 0 源地址计数器
0x0C0D	DMACDAC0	通道 0 目的地址计数器
0x0C0E	DMACDEI0	通道 0 目的单元索引寄存器
0x0C0F	DMACDFI0	通道 0 目的帧索引寄存器
	通道 1 寄存器	
0x0C20	DMACSDP1	通道 1 源和目的参数寄存器
0x0C21	DMACCR1	通道 1 控制寄存器
0x0C22	DMACICR1	通道 1 中断控制寄存器
0x0C23	DMACSR1	通道 1 状态寄存器
0x0C24	DMACSSAL1	通道 1 源起始地址寄存器（低 16 位）
0x0C25	DMACSSAU1	通道 1 源起始地址寄存器（高 16 位）
0x0C26	DMACDSAL1	通道 1 目的起始地址寄存器（低 16 位）
0x0C27	DMACDSAU1	通道 1 目的起始地址寄存器（高 16 位）
0x0C28	DMACEN1	通道 1 单元数寄存器
0x0C29	DMACFN1	通道 1 帧数寄存器
0x0C2A	DMACFI1/ DMACSFI1†	通道 1 帧索引寄存器/通道 1 源帧索引寄存器
0x0C2B	DMACEI1/ DMACSEI1‡	通道 1 单元索引寄存器/通道 1 源单元索引寄存器
0x0C2C	DMACSAC1	通道 1 源地址计数器
0x0C2D	DMACDAC1	通道 1 目的地址计数器
0x0C2E	DMACDEI1	通道 1 目的单元索引寄存器
0x0C2F	DMACDFI1	通道 1 目的帧索引寄存器
	通道 2 寄存器	
0x0C40	DMACSDP2	通道 2 源和目的参数寄存器
0x0C41	DMACCR2	通道 2 控制寄存器
0x0C42	DMACICR2	通道 2 中断控制寄存器
0x0C43	DMACSR2	通道 2 状态寄存器
0x0C44	DMACSSAL2	通道 2 源起始地址寄存器（低 16 位）
0x0C45	DMACSSAU2	通道 2 源起始地址寄存器（高 16 位）
0x0C46	DMACDSAL2	通道 2 目的起始地址寄存器（低 16 位）
0x0C47	DMACDSAU2	通道 2 目的起始地址寄存器（高 16 位）
0x0C48	DMACEN2	通道 2 单元数寄存器
0x0C49	DMACFN2	通道 2 帧数寄存器

续表

端 口 地 址	寄存器名称	说　　明
0x0C4A	DMACFI2/ DMACSFI2	通道 2 帧索引寄存器/通道 2 源帧索引寄存器
0x0C4B	DMACEI2/ DMACSEI2	通道 2 单元索引寄存器/通道 2 源单元索引寄存器
0x0C4C	DMACSAC2	通道 2 源地址计数器
0x0C4D	DMACDAC2	通道 2 目的地址计数器
0x0C4E	DMACDEI2	通道 2 目的单元索引寄存器
0x0C4F	DMACDFI2	通道 2 目的帧索引寄存器
	通道 3 寄存器	
0x0C60	DMACSDP3	通道 3 源和目的参数寄存器
0x0C61	DMACCR3	通道 3 控制寄存器
0x0C62	DMACICR3	通道 3 中断控制寄存器
0x0C63	DMACSR3	通道 3 状态寄存器
0x0C64	DMACSSAL3	通道 3 源起始地址寄存器（低 16 位）
0x0C65	DMACSSAU3	通道 3 源起始地址寄存器（高 16 位）
0x0C66	DMACDSAL3	通道 3 目的起始地址寄存器（低 16 位）
0x0C67	DMACDSAU3	通道 3 目的起始地址寄存器（高 16 位）
0x0C68	DMACEN3	通道 3 单元数寄存器
0x0C69	DMACFN3	通道 3 帧数寄存器
0x0C6A	DMACFI3/ DMACSFI3	通道 3 帧索引寄存器/通道 3 源帧索引寄存器
0x0C6B	DMACEI3/ DMACSEI3	通道 3 单元索引寄存器/通道 3 源单元索引寄存器
0x0C6C	DMACSAC3	通道 3 源地址计数器
0x0C6D	DMACDAC3	通道 3 目的地址计数器
0x0C6E	DMACDEI3	通道 3 目的单元索引寄存器
0x0C6F	DMACDFI3	通道 3 目的帧索引寄存器
	通道 4 寄存器	
0x0C80	DMACSDP4	通道 4 源和目的参数寄存器
0x0C81	DMACCR4	通道 4 控制寄存器
0x0C82	DMACICR4	通道 4 中断控制寄存器
0x0C83	DMACSR4	通道 4 状态寄存器
0x0C84	DMACSSAL4	通道 4 源起始地址寄存器（低 16 位）
0x0C85	DMACSSAU4	通道 4 源起始地址寄存器（高 16 位）
0x0C86	DMACDSAL4	通道 4 目的起始地址寄存器（低 16 位）
0x0C87	DMACDSAU4	通道 4 目的起始地址寄存器（高 16 位）
0x0C88	DMACEN4	通道 4 单元数寄存器
0x0C89	DMACFN4	通道 4 帧数寄存器
0x0C8A	DMACFI4/ DMACSFI4	通道 4 帧索引寄存器/通道 4 源帧索引寄存器
0x0C8B	DMACEI4/ DMACSEI4	通道 4 单元索引寄存器/通道 4 源单元索引寄存器
0x0C8C	DMACSAC4	通道 4 源地址计数器
0x0C8D	DMACDAC4	通道 4 目的地址计数器
0x0C8E	DMACDEI4	通道 4 目的单元索引寄存器
0x0C8F	DMACDFI4	通道 4 目的帧索引寄存器

续表

端 口 地 址	寄存器名称	说 明
	通道 5 寄存器	
0x0CA0	DMACSDP5	通道 5 源和目的参数寄存器
0x0CA1	DMACCR5	通道 5 控制寄存器
0x0CA2	DMACICR5	通道 5 中断控制寄存器
0x0CA3	DMACSR5	通道 5 状态寄存器
0x0CA4	DMACSSAL5	通道 5 源起始地址寄存器（低 16 位）
0x0CA5	DMACSSAU5	通道 5 源起始地址寄存器（高 16 位）
0x0CA6	DMACDSAL5	通道 5 目的起始地址寄存器（低 16 位）
0x0CA7	DMACDSAU5	通道 5 目的起始地址寄存器（高 16 位）
0x0CA8	DMACEN5	通道 5 单元数寄存器
0x0CA9	DMACFN5	通道 5 帧数寄存器
0x0CAA	DMACFI5/ DMACSFI5	通道 5 帧索引寄存器/通道 5 源帧索引寄存器
0x0CAB	DMACEI5/ DMACSEI5	通道 5 单元索引寄存器/通道 5 源单元索引寄存器
0x0CAC	DMACSAC5	通道 5 源地址计数器
0x0CAD	DMACDAC5	通道 5 目的地址计数器
0x0CAE	DMACDEI5	通道 5 目的单元索引寄存器
0x0CAF	DMACDFI5	通道 5 目的帧索引寄存器

表 A-4 时钟产生寄存器

端 口 地 址	寄存器名称	说 明
0x1C00	CLKMD	时钟模式寄存器

表 A-5 定时器寄存器

端 口 地 址	寄存器名称	说 明
0x1000	TIM0	定时器 0 定时计数寄存器
0x1001	PRD0	定时器 0 周期寄存器
0x1002	TCR0	定时器 0 控制寄存器
0x1003	PRSC0	定时器 0 预定标寄存器
0x2400	TIM1	定时器 1 定时计数寄存器
0x2401	PRD1	定时器 1 周期寄存器
0x2402	TCR1	定时器 1 控制寄存器
0x2403	PRSC1	定时器 1 预定标寄存器

表 A-6 多通道缓冲串口寄存器 0

端 口 地 址	寄存器名称	说 明
0x2800	DRR20	McBSP 0 数据接收寄存器 2
0x2801	DRR10	McBSP 0 数据接收寄存器 1
0x2802	DXR20	McBSP 0 数据发送寄存器 2

续表

端 口 地 址	寄存器名称	说　明
0x2803	DXR10	McBSP 0 数据发送寄存器 1
0x2804	SPCR20	McBSP 0 串口控制寄存器 2
0x2805	SPCR10	McBSP 0 串口控制寄存器 1
0x2806	RCR20	McBSP 0 接收控制寄存器 2
0x2807	RCR10	McBSP 0 接收控制寄存器 1
0x2808	XCR20	McBSP 0 发送控制寄存器 2
0x2809	XCR10	McBSP 0 发送控制寄存器 1
0x280A	SRGR20	McBSP 0 采样速率发生寄存器 2
0x280B	SRGR10	McBSP 0 采样速率发生寄存器 1
0x280C	MCR20	McBSP 0 多通道控制寄存器 2
0x280D	MCR10	McBSP 0 多通道控制寄存器 1
0x280E	RCERA0	McBSP 0 接收通道使能寄存器 A
0x280F	RCERB0	McBSP 0 接收通道使能寄存器 B
0x2810	XCERA0	McBSP 0 发送通道使能寄存器 A
0x2811	XCERB0	McBSP 0 发送通道使能寄存器 B
0x2812	PCR0	McBSP 0 引脚控制寄存器
0x2813	RCERC0	McBSP 0 接收通道使能寄存器 C
0x2814	RCERD0	McBSP 0 接收通道使能寄存器 D
0x2815	XCERC0	McBSP 0 发送通道使能寄存器 C
0x2816	XCERD0	McBSP 0 发送通道使能寄存器 D
0x2817	RCERE0	McBSP 0 接收通道使能寄存器 E
0x2818	RCERF0	McBSP 0 接收通道使能寄存器 F
0x2819	XCERE0	McBSP 0 发送通道使能寄存器 E
0x281A	XCERF0	McBSP 0 发送通道使能寄存器 F
0x281B	RCERG0	McBSP 0 接收通道使能寄存器 G
0x281C	RCERH0	McBSP 0 接收通道使能寄存器 H
0x281D	XCERG0	McBSP 0 发送通道使能寄存器 G
0x281E	XCERH0	McBSP 0 发送通道使能寄存器 H

表 A-7　多通道缓冲串口寄存器 1

端 口 地 址	寄存器名称	说　明
0x2C00	DRR21	McBSP 1 数据接收寄存器 2
0x2C01	DRR11	McBSP 1 数据接收寄存器 1
0x2C02	DXR21	McBSP 1 数据发送寄存器 2
0x2C03	DXR11	McBSP 1 数据发送寄存器 1
0x2C04	SPCR21	McBSP 1 串口控制寄存器 2
0x2C05	SPCR11	McBSP 1 串口控制寄存器 1
0x2C06	RCR21	McBSP 1 接收控制寄存器 2
0x2C07	RCR11	McBSP 1 接收控制寄存器 1
0x2C08	XCR21	McBSP 1 发送控制寄存器 2

续表

端 口 地 址	寄存器名称	说 明
0x2C09	XCR11	McBSP 1 发送控制寄存器 1
0x2C0A	SRGR21	McBSP 1 采样速率发生寄存器 2
0x2C0B	SRGR11	McBSP 1 采样速率发生寄存器 1
0x2C0C	MCR21	McBSP 1 多通道控制寄存器 2
0x2C0D	MCR11	McBSP 1 多通道控制寄存器 1
0x2C0E	RCERA1	McBSP 1 接收通道使能寄存器 A
0x2C0F	RCERB1	McBSP 1 接收通道使能寄存器 B
0x2C10	XCERA1	McBSP 1 发送通道使能寄存器 A
0x2C11	XCERB1	McBSP 1 发送通道使能寄存器 B
0x2C12	PCR1	McBSP 1 引脚控制寄存器
0x2C13	RCERC1	McBSP 1 接收通道使能寄存器 C
0x2C14	RCERD1	McBSP 1 接收通道使能寄存器 D
0x2C15	XCERC1	McBSP 1 发送通道使能寄存器 C
0x2C16	XCERD1	McBSP 1 发送通道使能寄存器 D
0x2C17	RCERE1	McBSP 1 接收通道使能寄存器 E
0x2C18	RCERF1	McBSP 1 接收通道使能寄存器 F
0x2C19	XCERE1	McBSP 1 发送通道使能寄存器 E
0x2C1A	XCERF1	McBSP 1 发送通道使能寄存器 F
0x2C1B	RCERG1	McBSP 1 接收通道使能寄存器 G
0x2C1C	RCERH1	McBSP 1 接收通道使能寄存器 H
0x2C1D	XCERG1	McBSP 1 发送通道使能寄存器 G
0x2C1E	XCERH1	McBSP 1 发送通道使能寄存器 H

表 A-8 多通道缓冲串口寄存器 2

端 口 地 址	寄存器名称	说 明
0x3000	DRR22	McBSP 2 数据接收寄存器 2
0x3001	DRR12	McBSP 2 数据接收寄存器 1
0x3002	DXR22	McBSP 2 数据发送寄存器 2
0x3003	DXR12	McBSP 2 数据发送寄存器 1
0x3004	SPCR22	McBSP 2 串口控制寄存器 2
0x3005	SPCR12	McBSP 2 串口控制寄存器 1
0x3006	RCR22	McBSP 2 接收控制寄存器 2
0x3007	RCR12	McBSP 2 接收控制寄存器 1
0x3008	XCR22	McBSP 2 发送控制寄存器 2
0x3009	XCR12	McBSP 2 发送控制寄存器 1
0x300A	SRGR22	McBSP 2 采样速率发生寄存器 2
0x300B	SRGR12	McBSP 2 采样速率发生寄存器 1
0x300C	MCR22	McBSP 2 多通道控制寄存器 2
0x300D	MCR12	McBSP 2 多通道控制寄存器 1
0x300E	RCERA2	McBSP 2 接收通道使能寄存器 A

续表

端 口 地 址	寄存器名称	说 明
0x300F	RCERB2	McBSP 2 接收通道使能寄存器 B
0x3010	XCERA2	McBSP 2 发送通道使能寄存器 A
0x3011	XCERB2	McBSP 2 发送通道使能寄存器 B
0x3012	PCR2	McBSP 2 引脚控制寄存器
0x3013	RCERC2	McBSP 2 接收通道使能寄存器 C
0x3014	RCERD2	McBSP 2 接收通道使能寄存器 D
0x3015	XCERC2	McBSP 2 发送通道使能寄存器 C
0x3016	XCERD2	McBSP 2 发送通道使能寄存器 D
0x3017	RCERE2	McBSP 2 接收通道使能寄存器 E
0x3018	RCERF2	McBSP 2 接收通道使能寄存器 F
0x3019	XCERE2	McBSP 2 发送通道使能寄存器 E
0x301A	XCERF2	McBSP 2 发送通道使能寄存器 F
0x301B	RCERG2	McBSP 2 接收通道使能寄存器 G
0x301C	RCERH2	McBSP 2 接收通道使能寄存器 H
0x301D	XCERG2	McBSP 2 发送通道使能寄存器 G
0x301E	XCERH2	McBSP 2 发送通道使能寄存器 H

附录 B　VC5510 中断

表 B-1　中断表

硬件中断名	软件中断名	矢量地址（HEX）	优　先　级	功　　能
RESET	SINT0	0	0	硬件或软件复位
NMI	SINT1	8	1	非屏蔽中断
INT0	SINT2	10	3	外部中断 0
INT2	SINT3	18	5	外部中断 2
TINT0	SINT4	20	6	定时器 0 中断
RINT0	SINT5	28	7	McBSP 0 接收中断
RINT1	SINT6	30	9	McBSP 1 接收中断
XINT1	SINT7	38	10	McBSP 1 发送中断
–	SINT8	40	11	软件中断 8
DMAC1	SINT9	48	13	DMA 通道 1 中断
DSPINT	SINT10	50	14	主机中断
INT3	SINT11	58	15	外部中断 3
RINT2	SINT12	60	17	McBSP 2 接收中断
XINT2	SINT13	68	18	McBSP 2 发送中断
DMAC4	SINT14	70	21	DMA 通道 4 中断
DMAC5	SINT15	78	22	DMA 通道 5 中断
INT1	SINT16	80	4	外部中断 1
XINT0	SINT17	88	8	McBSP 0 发送中断
DMAC0	SINT18	90	12	DMA 通道 0 中断
INT4	SINT19	98	16	外部中断 4
DMAC2	SINT20	A0	19	DMA 通道 2 中断
DMAC3	SINT21	A8	20	DMA 通道 3 中断
TINT1	SINT22	B0	23	定时器 1 中断
INT5	SINT23	B8	24	外部中断 5
BERR	SINT24	C0	2	总线出错中断
DLOG	SINT25	C8	25	数据记录中断
RTOS	SINT26	D0	26	实时操作系统中断
–	SINT27	D8	27	软件中断 27
–	SINT28	E0	28	软件中断 28
–	SINT29	E8	29	软件中断 29
–	SINT30	F0	30	软件中断 30
	SINT31	F8	31	软件中断 31

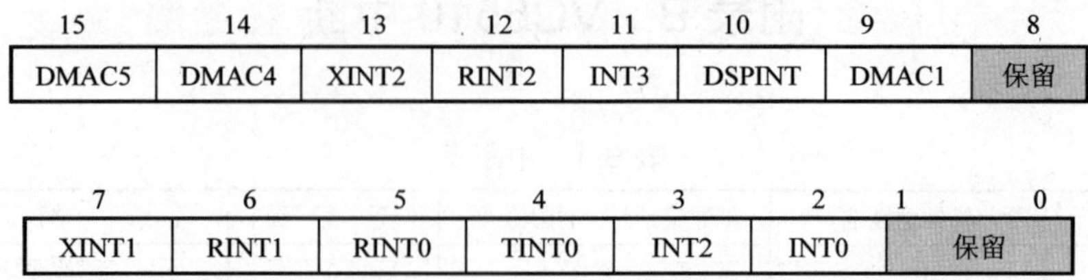

图 B-1　IFR0 和 IER0 寄存器

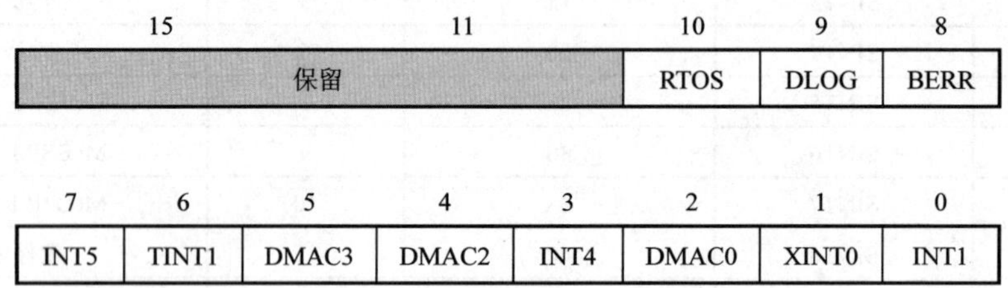

图 B-2　IFR1 和 IER1 寄存器

图 B-1 和图 B-2 说明：

- 中断标志寄存器 IFR0 和 IFR1 包含所有可屏蔽中断的标志位。当一个可屏蔽中断请求发给 CPU 时，CPU 把 IFR 中相应的标志位设置为 1，表明中断被挂起或等待 CPU 的响应。通过读 IFR 来识别挂起中断，向 IFR 写入 0 来清除挂起中断。
- 中断使能寄存器 IER0 和 IER1 控制可屏蔽中断的使能状态。将 IER0 或 IER1 中相应的使能位设置为 1 时，允许一个可屏蔽中断，将相应的使能位清 0 则禁止一个可屏蔽中断。

附录C　TMS320C55x 的状态寄存器

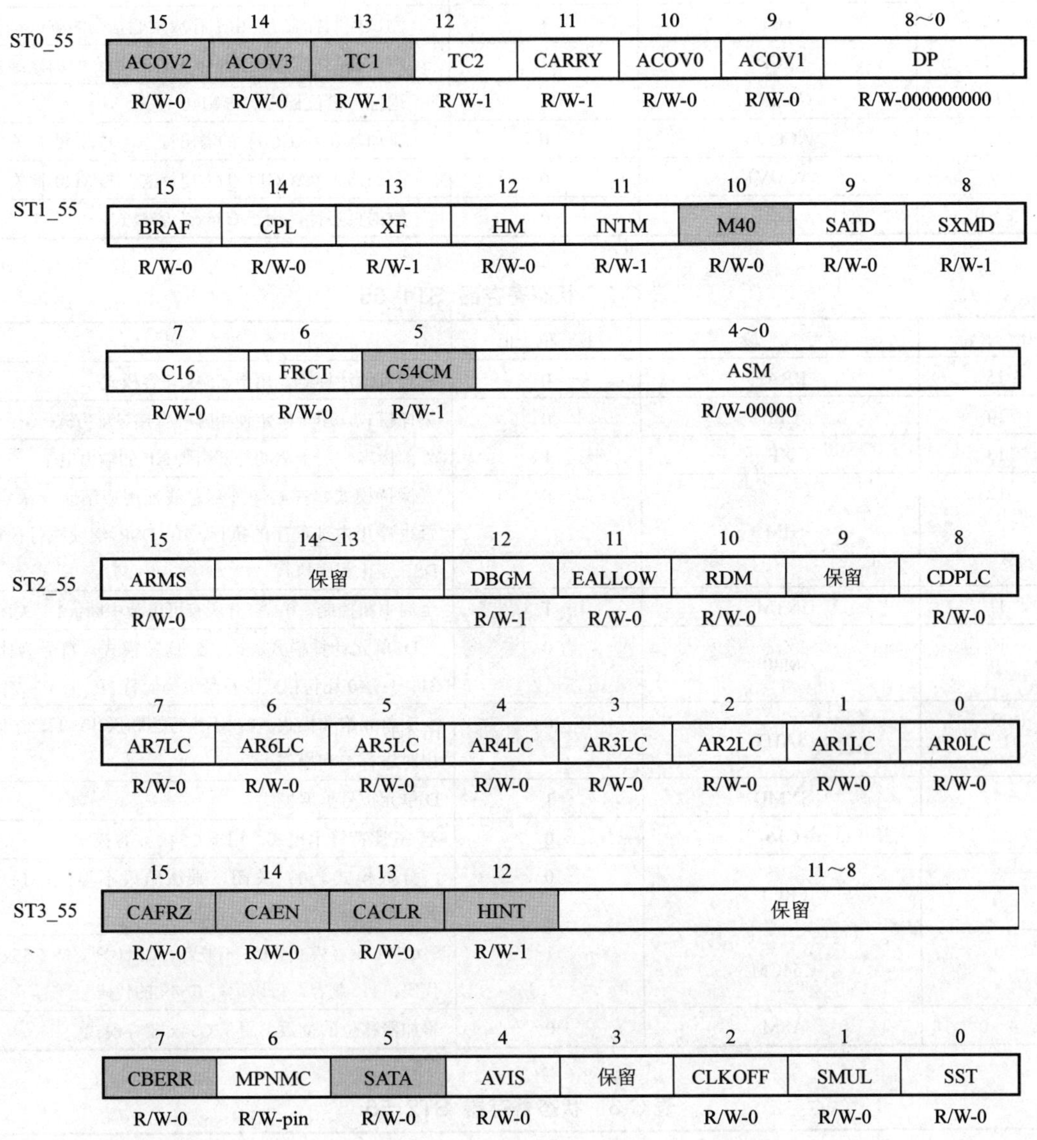

ST0_55

15	14	13	12	11	10	9	8～0
ACOV2	ACOV3	TC1	TC2	CARRY	ACOV0	ACOV1	DP
R/W-0	R/W-0	R/W-1	R/W-1	R/W-1	R/W-0	R/W-0	R/W-000000000

ST1_55

15	14	13	12	11	10	9	8
BRAF	CPL	XF	HM	INTM	M40	SATD	SXMD
R/W-0	R/W-0	R/W-1	R/W-0	R/W-1	R/W-0	R/W-0	R/W-1

7	6	5	4～0
C16	FRCT	C54CM	ASM
R/W-0	R/W-0	R/W-1	R/W-00000

ST2_55

15	14～13	12	11	10	9	8
ARMS	保留	DBGM	EALLOW	RDM	保留	CDPLC
R/W-0		R/W-1	R/W-0	R/W-0		R/W-0

7	6	5	4	3	2	1	0
AR7LC	AR6LC	AR5LC	AR4LC	AR3LC	AR2LC	AR1LC	AR0LC
R/W-0	R/W-0	R/W-0	R/W-0	R/W-0	R/W-0	R/W-0	R/W-0

ST3_55

15	14	13	12	11～8
CAFRZ	CAEN	CACLR	HINT	保留
R/W-0	R/W-0	R/W-0	R/W-1	

7	6	5	4	3	2	1	0
CBERR	MPNMC	SATA	AVIS	保留	CLKOFF	SMUL	SST
R/W-0	R/W-pin	R/W-0	R/W-0		R/W-0	R/W-0	R/W-0

图C-1　C55x 的状态寄存器

注：

R/W　　可读/可写

-X　　X 为 DSP 复位后的值。如果 X＝pin，则 X 的值反映复位后引脚的状态。

如果写入 BIT　　状态寄存器的被保护地址，写入该位的操作无效。在读操作中，该位的值通常为 0。

表 C-1　状态寄存器 ST0_55

比　特	字　段	复 位 值	说　明
15	ACOV2	0	累加器 2（ACC2）的溢出标志，与 M40 有关
14	ACOV3	0	累加器 3（ACC3）的溢出标志，与 M40 有关
13	TC1	1	测试控制标志 1，由于存放某些指令的测试结果
12	TC2	1	测试控制标志 2，由于存放某些指令的测试结果
11	CARRY	1	进位、借位标志，与 M40 有关
10	ACOV0	0	累加器 0（ACC0）的溢出标志，与 M40 有关
9	ACOV1	0	累加器 1（ACC1）的溢出标志，与 M40 有关
8～0	DP	0	数据页指针，用于 C54x 兼容模式

表 C-2　状态寄存器 ST1_55

比　特	字　段	复 位 值	说　明
15	BRAF	0	块重复激活标志，用于 C54x 兼容模式
14	CPL	0	编译模式，用于确定使用哪种直接寻址方式
13	XF	1	外部标志，用于驱动外部引脚 XF 的输出电平
12	HM	0	保持模式，在响应外部总线征用申请时，决定是否也停止内部程序的执行。0：DSP 继续执行；1：DSP 停止程序执行
11	INTM	1	全局中断控制。0：打开所有可屏蔽中断；1：关闭
10	M40	0	D 单元计算模式。0：32 比特模式，符号为比特 31；1：40 比特模式，符号位为比特 39
9	SATD	0	D 单元饱和模式。0：不执行饱和操作；1：结果溢出时进行饱和操作
8	SXMD	1	D 单元符号扩展模式
7	C16	0	双 16 比特算术模式，用于 C54x 兼容模式
6	FRCT	0	分数模式。0：关闭，乘法结果不移位；1：打开，乘法结果左移一位以调整小数点
5	C54CM	1	C54x 兼容模式。0：不兼容，CPU 只支持 C55x 的代码；1：兼容，可以运行 C54x 的代码
4～0	ASM	0	累加器移位的位数，用于 C54x 兼容模式

表 C-3　状态寄存器 ST2_55

比　特	字　段	复 位 值	说　明
15	ARMS	0	AR 模式开关，决定辅助寄存器间接寻址模式
14～13	保留	0	保留
12	DBGM	1	调试模式。0：使能；1：关闭
11	EALLOW	0	仿真访问使能
10	RDM	0	舍入模式。0：按极大值舍入；1：按接近值舍入
9	保留	0	保留
8	CDPLC	0	CDP 的寻址模式。0：线性寻址；1：循环寻址
7～0	AR7LC～AR0LC	0	AR7～AR0 的寻址模式。0：线性寻址；1：循环寻址

表 C-4　状态寄存器 ST3_55

比　特	字　段	复 位 值	说　明
15	CAFRZ	0	指令缓存冻结。0：缓存未冻结，能读能写；1：缓存内的数据被冻结，只能读取
14	CAEN	0	缓存使能。0：整个缓存关闭；1：整个缓存使能
13	CACLR	0	检查清除缓存的过程是否结束。0：清除结束；1：清除尚未完成
12	HINT	1	EHPI 口 HINT 引脚的输出电平，能中断主机
11～8	保留	0	保留
7	CBERR	0	CPU 总线错误标志
6	MPNMC	0	MP/MC_模式，用于控制片内 ROM 的使用
5	SATA	0	A 单元中 ALU 的饱和模式。0：不执行饱和；1：溢出时饱和
4	AVIS	0	地址可见模式，决定内部程序地址是否同时在外部总线上出现，以便观察跟踪
3	保留	0	保留
2	CLKOFF	0	CLKOUT 关闭，用于关闭 CLKOUT 引脚上的时钟输出
1	SMUL	0	乘法饱和模式。0：关闭；1：打开
0	SST	0	存储饱和模式，用于 C54x 兼容模式。0：关闭；1：打开

附录 D　TMS320C55x 的汇编指令集

助记符指令	代 数 指 令
绝对位距	
ABDST Xmem, Ymem, ACx, ACy	Abdst(Xmem, Ymem, ACx, ACy)
绝对值	
ABS [src,] dst	dst = |src|
累加器，辅助寄存器或临时寄存器的内容交换	
SWAP ARx, Tx	swap(ARx, Tx)
SWAP Tx, Ty	swap(Tx, Ty)
SWAP ARx, ARy	swap(ARx, ARy)
SWAP ACx, ACy	swap(ACx, ACy)
SWAPP ARx, Tx	swap(pair(ARx), pair(Tx))
SWAPP T0, T2	swap(pair(T0), pair(T2))
SWAPP AR0, AR2	swap(pair(AR0), pair(AR2))
SWAPP AC0, AC2	swap(pair(AC0), pair(AC2))
SWAP4 AR4, T0	swap(block(AR4), block(T0))
累加器，辅助寄存器或临时寄存器装载	
MOV k4, dst	dst = k4
MOV –k4, dst	dst = –k4
MOV K16, dst	dst = K16
MOV Smem, dst	dst = Smem
MOV [uns(]high_byte(Smem)[)], dst	dst = uns(high_byte(Smem))
MOV [uns(]low_byte(Smem)[)], dst	dst = uns(low_byte(Smem))
MOV K16 << #16, ACx	ACx = K16 << #16
MOV K16 << #SHFT, ACx	ACx = K16 << #SHFT
MOV [rnd(]Smem << Tx[)], ACx	ACx = rnd(Smem << Tx)
MOV low_byte(Smem) << #SHIFTW, ACx	ACx = low_byte(Smem) << #SHIFTW
MOV high_byte(Smem) << #SHIFTW, ACx	ACx = high_byte(Smem) << #SHIFTW
MOV Smem << #16, ACx	ACx = Smem << #16
MOV [uns(]Smem[)], ACx	ACx = uns(Smem)
MOV [uns(]Smem[)]<< #SHIFTW, ACx	ACx = uns(Smem) << #SHIFTW
MOV[40]dbl(Lmem), ACx	ACx = M40(dbl(Lmem))
MOV Xmem, Ymem, ACx	LO(ACx) = Xmem, HI(ACx) = Ymem
MOV dbl(Lmem), pair(HI(ACx))	pair(HI(ACx)) = Lmem
MOV dbl(Lmem), pair(LO(ACx))	pair(LO(ACx)) = Lmem
MOV dbl(Lmem), pair(TAx)	pair(TAx) = Lmem
累加器，辅助寄存器或临时寄存器移动	
MOV src, dst	dst = src
MOV HI(ACx), TAx	TAx = HI(ACx)
MOV TAx, HI(ACx)	HI(ACx) = TAx

续表

助记符指令	代 数 指 令
累加器，辅助寄存器或临时寄存器存储	
MOV src, Smem	Smem = src
MOV src, high_byte(Smem)	high_byte(Smem) = src
MOV src, low_byte(Smem)	low_byte(Smem) = src
MOV HI(ACx), Smem	Smem = HI(ACx)
MOV [rnd()HI(ACx)[]], Smem	Smem = HI(rnd(ACx))
MOV ACx << Tx, Smem	Smem = LO(ACx << Tx)
MOV [rnd()HI(ACx << Tx)[]], Smem	Smem = HI(rnd(ACx << Tx))
MOV ACx << #SHIFTW, Smem	Smem = LO(ACx << #SHIFTW)
MOV HI(ACx << #SHIFTW), Smem	Smem = HI(ACx << #SHIFTW)
MOV [rnd()HI(ACx << #SHIFTW)[]], Smem	Smem = HI(rnd(ACx << #SHIFTW))
MOV [uns() [rnd()HI(saturate(ACx))[]]], Smem	Smem = HI(saturate(uns(rnd(ACx))))
MOV [uns() [rnd()HI(saturate(ACx << Tx))[]]], Smem	Smem = HI(saturate(uns(rnd(ACx << Tx))))
MOV [uns()(rnd()HI(saturate(ACx << #SHIFTW))[]]], Smem	Smem = HI(saturate(uns(rnd(ACx << #SHIFTW))))
MOV ACx, dbl(Lmem)	dbl(Lmem) = ACx
MOV [uns()saturate(ACx)[]], dbl(Lmem)	dbl(Lmem) = saturate(uns(ACx))
MOV pair(HI(ACx)), dbl(Lmem)	Lmem = pair(HI(ACx))
MOV pair(LO(ACx)), dbl(Lmem)	Lmem = pair(LO(ACx))
MOV pair(Tax), dbl(Lmem)	Lmem = pair(Tax)
MOV ACx >> #1, dual(Lmem)	HI(Lmem) = HI(ACx) >> #1, LO(Lmem) = LO(ACx) >> #1
MOV ACx, Xmem, Ymem	Xmem = LO(ACx), Ymem = HI(ACx)
加法	
ADD [src,] dst	dst = dst + src
ADD k4, dst	dst = dst + k4
ADD K16, [src,] dst	dst = src + K16
ADD Smem, [src,] dst	dst = src + Smem
ADD ACx << Tx, ACy	ACy = ACy + (ACx << Tx)
ADD ACx << #SHIFTW, ACy	ACy = ACy + (ACx << #SHIFTW)
ADD K16 << #16, [ACx,] ACy	ACy = ACx + (K16 << #16)
ADD K16 << #SHFT, [ACx,] ACy	ACy = ACx + (K16 << #SHFT)
ADD Smem << Tx, [ACx,] ACy	ACy = ACx + (Smem << Tx)
ADD Smem << #16, [ACx,] ACy	ACy = ACx + (Smem << #16)
ADD [uns()Smem[]], CARRY, [ACx,] ACy	ACy = ACx + uns(Smem) + CARRY
ADD [uns()Smem[]], [ACx,] ACy	ACy = ACx + uns(Smem)
ADD [uns()Smem[]] << #SHIFTW, [ACx,] ACy	ACy = ACx + (uns(Smem) << #SHIFTW)
ADD dbl(Lmem), [ACx,] ACy	ACy = ACx + dbl(Lmem)
ADD Xmem, Ymem, ACx	ACx = (Xmem << #16) + (Ymem << #16)
ADD K16, Smem	Smem = Smem + K16
ADD[R]V [ACx,] ACy	ACy = rnd(ACy + |ACx|)

续表

助记符指令	代 数 指 令
比特比较	
BAND Smem, k16, TCx	TCx = Smem & k16
比特计数	
BCNT ACx, ACy, TCx, Tx	Tx = count(ACx, ACy, TCx)
比特扩展	
BFXPA k16, ACx, dst	dst = field_expand(ACx, k16)
比特抽取	
BFXTR k16, ACx, dst	dst = field_extract(ACx, k16)
按位取反	
NOT [src,] dst	dst = ~src
按位与	
AND src, dst	dst = dst & src
AND k8,src, dst	dst = src & k8
AND k16, src, dst	dst = src & k16
AND Smem, src, dst	dst = src & Smem
AND ACx << #SHIFTW[, ACy]	ACy = ACy & (ACx <<< #SHIFTW)
AND k16 << #16, [ACx,] ACy	ACy = ACx & (k16 <<< #16)
AND k16 << #SHFT, [ACx,] ACy	ACy = ACx & (k16 <<< #SHFT)
AND k16, Smem	Smem = Smem & k16
按位或	
OR src, dst	dst = dst | src
OR k8, src, dst	dst = src | k8
OR k16, src, dst	dst = src | k16
OR Smem, src, dst	dst = src | Smem
OR ACx << #SHIFTW[, ACy]	ACy = ACy | (ACx <<< #SHIFTW)
OR k16 << #16, [ACx,] ACy	ACy = ACx | (k16 <<< #16)
OR k16 << #SHFT, [ACx,] ACy	ACy = ACx | (k16 <<< #SHFT)
OR k16, Smem	Smem = Smem | k16
按位异或	
XOR src, dst	dst = dst ^ src
XOR k8, src, dst	dst = src ^ k8
XOR k16, src, dst	dst = src ^ k16
XOR Smem, src, dst	dst = src ^ Smem
XOR ACx << #SHIFTW[, ACy]	ACy = ACy ^ (ACx <<< #SHIFTW)
XOR k16 << #16, [ACx,] ACy	ACy = ACx ^ (k16 <<< #16)
XOR k16 << #SHFT, [ACx,] ACy	ACy = ACx ^ (k16 <<< #SHFT)
XOR k16, Smem	Smem = Smem ^ k16
条件跳转	
BCC l4, cond	if (cond) goto l4
BCC L8, cond	if (cond) goto L8
BCC L16, cond	if (cond) goto L16
BCC P24, cond	if (cond) goto P24

续表

助记符指令	代 数 指 令
无条件跳转	
B ACx	goto ACx
B L7	goto L7
B L16	goto L16
B P24	goto P24
辅助寄存器不为 0 时跳转	
BCC L16, ARn_mod != #0	if (ARn_mod != #0) goto L16
条件调用	
CALLCC L16, cond	if (cond) call L16
CALLCC P24, cond	if (cond) call P24
无条件调用	
CALL ACx	call ACx
CALL L16	call L16
CALL P24	call P24
比较并跳转	
BCC[U] L8, src RELOP K8	compare (uns(src RELOP K8)) goto L8
比较并求极值	
MAXDIFF ACx, ACy, ACz, ACw	max_diff(ACx, ACy, ACz, ACw)
DMAXDIFF ACx, ACy, ACz, ACw, TRNx	max_diff_dbl(ACx, ACy, ACz, ACw, TRNx)
MINDIFF ACx, ACy, ACz, ACw	min_diff(ACx, ACy, ACz, ACw)
DMINDIFF ACx, ACy, ACz, ACw, TRNx	min_diff_dbl(ACx, ACy, ACz, ACw, TRNx)
条件加减	
ADDSUBCC Smem, ACx, TCx, ACy	ACy = adsc(Smem, ACx, TCx)
ADDSUBCC Smem, ACx, TC1, TC2, ACy	ACy = adsc(Smem, ACx, TC1, TC2)
ADDSUB2CC Smem, ACx, Tx, TC1, TC2, ACy	ACy = ads2c(Smem, ACx, Tx, TC1, TC2)
条件移位	
SFTCC ACx, TCx	ACx = sftc(ACx, TCx)
条件减法	
SUBC Smem, [ACx,] ACy	subc(Smem, ACx, ACy)
双 16 比特算术运算	
ADDSUB Tx, Smem, ACx	HI(ACx) = Smem + Tx, LO(ACx) = Smem – Tx
SUBADD Tx, Smem, ACx	HI(ACx) = Smem – Tx, LO(ACx) = Smem + Tx
ADD dual(Lmem), [ACx,] ACy	HI(ACy) = HI(Lmem) + HI(ACx), LO(ACy) = LO(Lmem) + LO(ACx)
SUB dual(Lmem), [ACx,] ACy	HI(ACy) = HI(ACx) – HI(Lmem), LO(ACy) = LO(ACx) – LO(Lmem)
SUB ACx, dual(Lmem), ACy	HI(ACy) = HI(Lmem) – HI(ACx), LO(ACy) = LO(Lmem) – LO(ACx)

续表

助记符指令	代 数 指 令
SUB dual(Lmem), Tx, ACx	HI(ACx) = Tx – HI(Lmem), LO(ACx) = Tx – LO(Lmem)
ADD dual(Lmem), Tx, ACx	HI(ACx) = HI(Lmem) + Tx, LO(ACx) = LO(Lmem) + Tx
SUB Tx, dual(Lmem), ACx	HI(ACx) = HI(Lmem) – Tx, LO(ACx) = LO(Lmem) – Tx
ADDSUB Tx, dual(Lmem), ACx	HI(ACx) = HI(Lmem) + Tx, LO(ACx) = LO(Lmem) – Tx
SUBADD Tx, dual(Lmem), ACx	HI(ACx) = HI(Lmem) – Tx, LO(ACx) = LO(Lmem) + Tx
双乘加减	
MPY[R][40] [uns(]Xmem[)], [uns(]Cmem[)], ACx :: MPY[R][40] [uns()Ymem[]], [uns()Cmem[]], ACy	ACx = M40(rnd(uns(Xmem) * uns(coef(Cmem)))), ACy = M40(rnd(uns(Ymem) * uns(coef(Cmem))))
MAC[R][40] [uns(]Xmem[)], [uns(]Cmem[)], ACx :: MPY[R][40] [uns()Ymem[]], [uns()Cmem[]], ACy	ACx = M40(rnd(ACx + (uns(Xmem) * uns(coef(Cmem))))), ACy = M40(rnd(uns(Ymem) * uns(coef(Cmem)))))
MAS[R][40] [uns(]Xmem[)], [uns(]Cmem[)], ACx :: MPY[R][40] [uns(]Ymem[)], [uns(]Cmem[)], ACy	ACx = M40(rnd(ACx – (uns(Xmem) * uns(coef(Cmem))))), ACy = M40(rnd(uns(Ymem) * uns(coef(Cmem))))
AMAR Xmem :: MPY[R][40] [uns()Ymem[]], [uns()Cmem[]], ACx	mar(Xmem), ACx = M40(rnd(uns(Ymem) * uns(coef(Cmem))))
MAC[R][40] [uns(]Xmem[)], [uns(]Cmem[)], ACx :: MAC[R][40] [uns()Ymem[]], [uns()Cmem[]], ACy	ACx = M40(rnd(ACx + (uns(Xmem) * uns(Cmem)))), ACy = M40(rnd(ACy + (uns(Ymem) * uns(Cmem))))
MAS[R][40] [uns(]Xmem[)], [uns(]Cmem[)], ACx :: MAC[R][40] [uns()Ymem[]], [uns()Cmem[]], ACy	ACx = M40(rnd(ACx – (uns(Xmem) * uns(Cmem)))), ACy = M40(rnd(ACy + (uns(Ymem) * uns(Cmem))))
AMAR Xmem :: MAC[R][40] [uns()Ymem[]], [uns()Cmem[]], ACx	mar(Xmem), ACx = M40(rnd(ACx + (uns(Ymem) * uns(Cmem))))
MAS[R][40] [uns(]Xmem[)], [uns(]Cmem[)], ACx :: MAS[R][40] [uns()Ymem[]], [uns()Cmem[]], ACy	ACx = M40(rnd(ACx – (uns(Xmem) * uns(Cmem)))), ACy = M40(rnd(ACy – (uns(Ymem) * uns(Cmem))))
AMAR Xmem :: MAS[R][40] [uns(]Ymem[)], [uns(]Cmem[)], ACx	mar(Xmem), ACx = M40(rnd(ACx – (uns(Ymem) * uns(Cmem))))
MAC[R][40] [uns(]Xmem[)], [uns(]Cmem[)], ACx >> #16 :: MAC[R][40] [uns(]Ymem[)], [uns(]Cmem[)], ACy	ACx = M40(rnd((ACx >> #16) + (uns(Xmem) * uns(Cmem)))), ACy = M40(rnd(ACy + (uns(Ymem) * uns(Cmem))))
MPY[R][40] [uns(]Xmem[)], [uns(]Cmem[)], ACx :: MAC[R][40] [uns(]Ymem[)], [uns(]Cmem[)], ACy >> #16	ACx = M40(rnd(uns(Xmem) * uns(coef(Cmem)))), ACy=M40(rnd((ACy>>#16) + (uns(Ymem) *uns(coef(Cmem)))))
MAC[R][40] [uns(]Xmem[)], [uns(]Cmem[)], ACx >> #16 :: MAC[R][40] [uns(]Ymem[)], [uns(]Cmem[)], ACy >> #16	ACx = M40(rnd((ACx >> #16) + (uns(Xmem) * uns(Cmem)))), ACy = M40(rnd((ACy >> #16) + (uns(Ymem) * uns(Cmem))))
MAS[R][40] [uns(]Xmem[)], [uns(]Cmem[)], ACx:: MAC[R][40] [uns()Ymem[]], [uns()Cmem[]], ACy >> #16	ACx = M40(rnd(ACx – (uns(Xmem) * uns(Cmem)))), ACy = M40(rnd((ACy >> #16) + (uns(Ymem) *uns(Cmem))))

续表

助记符指令	代 数 指 令
AMAR Xmem:: MAC[R][40] [uns(]Ymem[)], [uns(]Cmem[)], ACx >> #16	mar(Xmem), ACx = M40(rnd((ACx >> #16) + (uns(Ymem) *uns(Cmem))))
AMAR Xmem, Ymem, Cmem	mar(Xmem), mar(Ymem), mar(Cmem)
条件执行	
XCC [label,]cond	if (cond) execute(AD_Unit)
XCCPART [label,]cond	if (cond) execute(D_Unit)
扩展辅助寄存器移动	
MOV xsrc, xdst	xdst = xsrc
有限冲激响应滤波	
FIRSADD Xmem, Ymem, Cmem, ACx, ACy	firs(Xmem, Ymem, Cmem, ACx, ACy)
FIRSSUB Xmem, Ymem, Cmem, ACx, ACy	firsn(Xmem, Ymem, Cmem, ACx, ACy)
空闲	
IDLE	idle
隐含的并行指令	
MPYM[R] [T3 =]Xmem, Tx, ACy :: MOV HI(ACx << T2), Ymem	ACy = rnd(Tx * Xmem), Ymem = HI(ACx << T2) [,T3 = Xmem]
MACM[R] [T3 =]Xmem, Tx, ACy :: MOV HI(ACx << T2), Ymem	ACy = rnd(ACy + (Tx * Xmem)), Ymem = HI(ACx << T2) [,T3 = Xmem]
MASM[R] [T3 =]Xmem, Tx, ACy :: MOV HI(ACx << T2), Ymem	ACy = rnd(ACy – (Tx * Xmem)), Ymem = HI(ACx << T2) [,T3 = Xmem]
ADD Xmem << #16, ACx, ACy :: MOV HI(ACy << T2), Ymem	ACy = ACx + (Xmem << #16), Ymem = HI(ACy << T2)
SUB Xmem << #16, ACx, ACy :: MOV HI(ACy << T2), Ymem	ACy = (Xmem << #16) – ACx, Ymem = HI(ACy << T2)
MOV Xmem << #16, ACy :: MOV HI(ACx << T2), Ymem	ACy = Xmem << #16, Ymem = HI(ACx << T2)
MACM[R] [T3 =]Xmem, Tx, ACx :: MOV Ymem << #16, ACy	ACx = rnd(ACx + (Tx * Xmem)), ACy = Ymem << #16 [,T3 = Xmem]
MASM[R] [T3 =]Xmem, Tx, ACx :: MOV Ymem << #16, ACy	ACx = rnd(ACx – (Tx * Xmem)), ACy = Ymem << #16 [,T3 = Xmem]
最小均方	
LMS Xmem, Ymem, ACx, ACy	lms(Xmem, Ymem, ACx, ACy)
线性/循环寻址修饰符	
<instruction>.LR	linear()
<instruction>.CR	circular()
扩展辅助寄存器装载	
AMAR Smem, XAdst	XAdst = mar(Smem)
AMOV k23, XAdst	XAdst = k23
MOV dbl(Lmem), XAdst	XAdst = dbl(Lmem)
逻辑移位	

续表

助记符指令	代 数 指 令
SFTL dst, #1	dst = dst <<< #1
SFTL dst, #–1	dst = dst >>> #1
SFTL ACx, Tx[, ACy]	ACy = ACx <<< Tx
SFTL ACx, #SHIFTW[, ACy]	ACy = ACx <<< #SHIFTW
最大/最小值	
MAX [src,]dst	dst = max(src, dst)
MIN [src,]dst	dst = min(src, dst)
存储器映射寄存器访问修饰符	
mmap	mmap()
存储器比特测试/清零/置位/取反	
BTST src, Smem, TCx	TCx = bit(Smem, src)
BNOT src, Smem	cbit(Smem, src)
BCLR src, Smem	bit(Smem, src) = #0
BSET src, Smem	bit(Smem, src) = #1
BTSTSET k4, Smem, TCx	TCx = bit(Smem, k4), bit(Smem, k4) = #1
BTSTCLR k4, Smem, TCx	TCx = bit(Smem, k4), bit(Smem, k4) = #0
BTSTNOT k4, Smem, TCx	TCx = bit(Smem, k4), cbit(Smem, k4)
BTST k4, Smem, TCx	TCx = bit(Smem, k4)
存储器单元比较	
CMP Smem == K16, TCx	TCx = (Smem == K16)
存储器单元延时	
DELAY Smem	delay(Smem)
存储器单元间的移动	
MOV Cmem, Smem	Smem = Cmem
MOV Smem, Cmem	Cmem = Smem
MOV K8, Smem	Smem = K8
MOV K16, Smem	Smem = K16
MOV Cmem, dbl(Lmem)	Lmem = dbl(Cmem)
MOV dbl(Lmem), Cmem	dbl(Cmem) = Lmem
MOV dbl(Xmem), dbl(Ymem)	dbl(Ymem) = dbl(Xmem)
MOV Xmem, Ymem	Ymem = Xmem
修改辅助寄存器	
AADD TAx, TAy	mar(TAy + TAx)
AADD P8, TAx	mar(TAx + P8)
ASUB TAx, TAy	mar(TAy – TAx)
AMOV TAx, TAy	mar(TAy = TAx)
ASUB P8, TAx	mar(TAx – P8)
AMOV P8, TAx	mar(TAx = P8)
AMOV D16, TAx	mar(TAx = D16)
AMAR Smem	mar(Smem)
堆栈指针的修改	

续表

助记符指令	代 数 指 令
AADD K8, SP	SP = SP + K8
乘法	
SQR[R] [ACx,]ACy	ACy = rnd(ACx * ACx)
MPY[R] [ACx,]ACy	ACy = rnd(ACy * ACx)
MPY[R]Tx, [ACx,]ACy	ACy = rnd(ACx * Tx)
MPYK[R]K8, [ACx,]ACy	ACy = rnd(ACx * K8)
MPYK[R]K16, [ACx,]ACy	ACy = rnd(ACx * K16)
MPYM[R] [T3 =]Smem, Cmem, ACx	ACx = rnd(Smem *coef(Cmem))[, T3 = Smem]
SQRM[R] [T3 =]Smem, ACx	ACx = rnd(Smem * Smem)[, T3 = Smem]
MPYM[R] [T3 =]Smem, [ACx,]ACy	ACy = rnd(Smem * ACx)[, T3 = Smem]
MPYMK[R] [T3 =]Smem, K8, ACx	ACx = rnd(Smem * K8)[, T3 = Smem]
MPYM[R][40] [T3 =][uns(]Xmem[)], [uns(]Ymem[)], ACx	ACx = M40(rnd(uns(Xmem) * uns(Ymem))) [, T3 = Xmem]
MPYM[R][U] [T3 =]Smem, Tx, ACx	ACx = rnd(uns(Tx * Smem))[, T3 = Smem]
乘加	
SQA[R] [ACx,]ACy	ACy = rnd(ACy + (ACx * ACx))
MAC[R]ACx, Tx, ACy[, ACy]	ACy = rnd(ACy + (ACx * Tx))
MAC[R]ACy, Tx, ACx, ACy	ACy = rnd((ACy * Tx) + ACx)
MACK[R]Tx, K8, [ACx,]ACy	ACy = rnd(ACx + (Tx * K8))
MACK[R]Tx, K16, [ACx,]ACy	ACy = rnd(ACx + (Tx * K16))
MACM[R] [T3 =]Smem, Cmem, ACx	ACx = rnd(ACx + (Smem * Cmem))[, T3 = Smem]
MACM[R]Z [T3 =]Smem, Cmem, ACx	ACx = rnd(ACx + (Smem * Cmem))[, T3 = Smem], delay(Smem)
SQAM[R] [T3 =]Smem, [ACx,]ACy	ACy = rnd(ACx + (Smem * Smem))[, T3 = Smem]
MACM[R] [T3 =]Smem, [ACx,]ACy	ACy = rnd(ACy + (Smem * ACx))[, T3 = Smem]
MACM[R] [T3 =]Smem, Tx, [ACx,]ACy	ACy = rnd(ACx + (Tx * Smem))[, T3 = Smem]
MACMK[R] [T3 =]Smem, K8, [ACx,]ACy	ACy = rnd(ACx + (Smem * K8))[, T3 = Smem]
MACM[R][40] [T3 =][uns(]Xmem[)], [uns(]Ymem[)],[ACx,]ACy	ACy = M40(rnd(ACx + (uns(Xmem) * uns(Ymem)))) [, T3 = Xmem]
MACM[R][40] [T3 =][uns()Xmem[]], [uns()Ymem[]], ACx >> #16[, ACy]	ACy = M40(rnd((ACx >> #16) + (uns(Xmem) *
乘减	
SQS[R] [ACx,]ACy	ACy = rnd(ACy – (ACx * ACx))
MAS[R]Tx, [ACx,]ACy	ACy = rnd(ACy – (ACx * Tx))
MASM[R] [T3 =]Smem, Cmem, ACx	ACx = rnd(ACx – (Smem * Cmem))[, T3 = Smem]
SQSM[R] [T3 =]Smem, [ACx,] ACy	ACy = rnd(ACx – (Smem * Smem))[, T3 = Smem]
MASM[R] [T3 =]Smem, [ACx,]ACy	ACy = rnd(ACy – (Smem * ACx))[, T3 – Smem]
MASM[R] [T3 =]Smem, Tx, [ACx,] ACy	ACy = rnd(ACx – (Tx * Smem))[, T3 = Smem]
MASM[R][40] [T3 =][uns(]Xmem[)], [uns(]Ymem[)], [ACx,]ACy	ACy = M40(rnd(ACx – (uns(Xmem) * uns(Ymem)))) [, T3 = Xmem]
二进制补码	
NEG [src,]dst	dst = –src

续表

助记符指令	代 数 指 令
空操作	
NOP	nop
NOP_16	nop_16
归一化	
MANT ACx, ACy :: NEXP ACx, Tx	ACy = mant(ACx), Tx = –exp(ACx)
EXP ACx, Tx	Tx = exp(ACx)
端口寄存器存取	
port(Smem)	readport()
port(Smem)	writeport()
扩展辅助寄存器存储	
POPBOTH xdst	xdst = popboth()
MOV XAsrc, dbl(Lmem)	dbl(Lmem) = XAsrc
PSHBOTH xsrc	pshboth(xsrc)
堆栈操作	
POP dst1, dst2	dst1, dst2 = pop()
POP dst	dst = pop()
POP dst, Smem	dst, Smem = pop()
POP ACx	ACx = dbl(pop())
POP Smem	Smem = pop()
POP dbl(Lmem)	dbl(Lmem) = pop()
PSH src1, src2	push(src1, src2)
PSH src	push(src)
PSH src, Smem	push(src, Smem)
PSH ACx	dbl(push(ACx))
PSH Smem	push(Smem)
PSH dbl(Lmem)	push(dbl(Lmem))
寄存器比特测试/清零/置位/取反	
BTST Baddr, src, TCx	TCx = bit(src, Baddr)
BNOT Baddr, src	cbit(src, Baddr)
BCLR Baddr, src	bit(src, Baddr) = #0
BSET Baddr, src	bit(src, Baddr) = #1
BTSTP Baddr, src	bit(src, pair(Baddr))
寄存器比较	
CMP[U]src RELOP dst, TCx	TCx = uns(src RELOP dst)
CMPAND[U]src RELOP dst, TCy, TCx	TCx = TCy & uns(src RELOP dst)
CMPAND[U]src RELOP dst, !TCy, TCx	TCx = !TCy & uns(src RELOP dst)
CMPOR[U]src RELOP dst, TCy, TCx	TCx = TCy | uns(src RELOP dst)
CMPOR[U]src RELOP dst, !TCy, TCx	TCx = !TCy | uns(src RELOP dst)
无条件块重复	
RPTBLOCAL pmad	localrepeat{}
RPTB pmad	blockrepeat{}

续表

助记符指令	代数指令
有条件的单指令重复	
RPTCC k8, cond	while (cond && (RPTC < k8)) repeat
无条件的单指令重复	
RPT CSR	repeat(CSR)
RPTADD CSR, TAx	repeat(CSR), CSR += TAx
RPT k8	repeat(k8)
RPTADD CSR, k4	repeat(CSR), CSR += k4
RPTSUB CSR, k4	repeat(CSR), CSR –= k4
RPT k16	repeat(k16)
条件返回	
RETCC cond	if (cond) return
无条件返回	
RET	return
中断返回	
RETI	return_int
循环左移/右移	
ROL BitOut, src, BitIn, dst	dst = BitOut \\ src \\ BitIn
ROR BitIn, src, BitOut, dst	dst = BitIn // src // BitOut
圆整	
ROUND [ACx,]ACy	ACy = rnd(ACx)
饱和	
SAT[R] [ACx,]ACy	ACy = saturate(rnd(ACx))
带符号的移位	
SFTS dst, #–1	dst = dst >> #1
SFTS dst, #1	dst = dst << #1
SFTS ACx, Tx[, ACy]	ACy = ACx << Tx
SFTSC ACx, Tx[, ACy]	ACy = ACx <<C Tx
SFTS ACx, #SHIFTW[, ACy]	ACy = ACx << #SHIFTW
SFTSC ACx, #SHIFTW[, ACy]	ACy = ACx <<C #SHIFTW
软件中断	
INTR k5	intr(k5)
软件复位	
RESET	reset
软件捕获	
TRAP k5	trap(k5)
CPU 寄存器装载	
MOV k12, BK03	BK03 = k12
MOV k12, BK47	BK47 = k12
MOV k12, BKC	BKC = k12
MOV k12, BRC0	BRC0 = k12
MOV k12, BRC1	BRC1 = k12

助记符指令	代 数 指 令
MOV k12, CSR	CSR = k12
MOV k7, DPH	MDP = k7
MOV k9, PDP	PDP = k9
MOV k16, BSA01	BOF01 = k16
MOV k16, BSA23	BOF23 = k16
MOV k16, BSA45	BOF45 = k16
MOV k16, BSA67	BOF67 = k16
MOV k16, BSAC	BOFC = k16
MOV k16, CDP	CDP = k16
MOV k16, DP	DP = k16
MOV k16, SP	SP = k16
MOV k16, SSP	SSP = k16
MOV Smem, BK03	BK03 = Smem
MOV Smem, BK47	BK47 = Smem
MOV Smem, BKC	BKC = Smem
MOV Smem, BSA01	BOF01 = Smem
MOV Smem, BSA23	BOF23 = Smem
MOV Smem, BSA45	BOF45 = Smem
MOV Smem, BSA67	BOF67 = Smem
MOV Smem, BSAC	BOFC = Smem
MOV Smem, BRC0	BRC0 = Smem
MOV Smem, BRC1	BRC1 = Smem
MOV Smem, CDP	CDP = Smem
MOV Smem, CSR	CSR = Smem
MOV Smem, DP	DP = Smem
MOV Smem, DPH	MDP = Smem
MOV Smem, PDP	PDP = Smem
MOV Smem, SP	SP = Smem
MOV Smem, SSP	SSP = Smem
MOV Smem, TRN0	TRN0 = Smem
MOV Smem, TRN1	TRN1 = Smem
MOV dbl(Lmem), RETA	RETA = dbl(Lmem)
CPU 寄存器移动	
MOV TAx, BRC0	BRC0 = TAx
MOV TAx, BRC1	BRC1 = TAx
MOV TAx, CDP	CDP = TAx
MOV TAx, CSR	CSR = TAx
MOV TAx, SP	SP = TAx
MOV TAx, SSP	SSP = TAx
MOV BRC0, TAx	TAx = BRC0
MOV BRC1, TAx	TAx = BRC1

续表

助记符指令	代 数 指 令
MOV CDP, TAx	TAx = CDP
MOV RPTC, TAx	TAx = RPTC
MOV SP, TAx	TAx = SP
MOV SSP, TAx	TAx = SSP
CPU 寄存器存储	
MOV BK03, Smem	Smem = BK03
MOV BK47, Smem	Smem = BK47
MOV BKC, Smem	Smem = BKC
MOV BSA01, Smem	Smem = BOF01
MOV BSA23, Smem	Smem = BOF23
MOV BSA45, Smem	Smem = BOF45
MOV BSA67, Smem	Smem = BOF67
MOV BSAC, Smem	Smem = BOFC
MOV BRC0, Smem	Smem = BRC0
MOV BRC1, Smem	Smem = BRC1
MOV CDP, Smem	Smem = CDP
MOV CSR, Smem	Smem = CSR
MOV DP, Smem	Smem = DP
MOV DPH, Smem	Smem = MDP
MOV PDP, Smem	Smem = PDP
MOV SP, Smem	Smem = SP
MOV SSP, Smem	Smem = SSP
MOV TRN0, Smem	Smem = TRN0
MOV TRN1, Smem	Smem = TRN1
MOV RETA, dbl(Lmem)	dbl(Lmem) = RETA
平方差	
SQDST Xmem, Ymem, ACx, ACy	sqdst(Xmem, Ymem, ACx, ACy)
状态比特的清零/设置	
BCLR k4, STx_55	bit(STx, k4) = #0
BSET k4, STx_55	bit(STx, k4) = #1
减法	
SUB [src,]dst	dst = dst – src
SUB k4, dst	dst = dst – k4
SUB K16, [src,]dst	dst = src – K16
SUB Smem, [src,]dst	dst = src – Smem
SUB src, Smem, dst	dst = Smem – src
SUB ACx << Tx, ACy	ACy = ACy – (ACx << Tx)
SUB ACx << #SHIFTW, ACy	ACy = ACy – (ACx << #SHIFTW)
SUB K16 << #16, [ACx,]ACy	ACy = ACx – (K16 << #16)
SUB K16 << #SHFT, [ACx,]ACy	ACy = ACx – (K16 << #SHFT)
SUB Smem << Tx, [ACx,]ACy	ACy = ACx – (Smem << Tx)

续表

助记符指令	代 数 指 令
SUB Smem << #16, [ACx,]ACy	ACy = ACx – (Smem << #16)
SUB ACx, Smem << #16, ACy	ACy = (Smem << #16) – ACx
SUB [uns(]Smem[)], BORROW, [ACx,]ACy	ACy = ACx – uns(Smem) – BORROW
SUB [uns(]Smem[)], [ACx,]ACy	ACy = ACx – uns(Smem)
SUB [uns(]Smem[)]<< #SHIFTW, [ACx,]ACy	ACy = ACx – (uns(Smem) << #SHIFTW)
SUB dbl(Lmem), [ACx,] ACy	ACy = ACx – dbl(Lmem)
SUB ACx, dbl(Lmem), ACy	ACy = dbl(Lmem) – ACx
SUB Xmem, Ymem, ACx	ACx = (Xmem << #16) – (Ymem << #16)

附录E　TMS320C55xDSP库函数

表E-1　FFT

函　　数	功能说明
void cfft (DATA *x, ushort nx, type)	计算复向量 x 基-2 nx 点的FFT，输入为自然顺序，输出为位反转顺序
void cfft32 (LDATA *x, ushort nx, type)	计算32位复向量 x 基-2 nx 点的FFT，输入为自然顺序，输出为位反转顺序
void cifft (DATA *x, ushort nx, type)	计算复向量的基-2 nx 点IFFT，输入为自然顺序，输出为位反转顺序
void cifft32 (LDATA *x, ushort nx, type)	计算32位复向量 x 基-2 nx 点的IFFT，输入为自然顺序，输出为位反转顺序
void cbrev (DATA *x, DATA *r, ushort n)	将复向量 x 元素的位置进行16位反转
void cbrev32 (LDATA *a, LDATA *r, ushort)	将复向量 x 元素的位置进行32位反转
void rfft (DATA *x, ushort nx, type)	输入向量 x 有 nx 个实元素，函数计算 x 的基-2实DIT FFT，由于实FFT是对称的，所以输出只包含 $nx/2$ 个复元素，并以自然顺序存放
void rifft (DATA *x, ushort nx, type)	输入向量 x 有 nx 个实元素以位反转存放，函数计算 x 的基-2实DIT IFFT，输出包含 $nx/2$ 个复元素，并以自然顺序存放
void rfft32 (LDATA *x, ushort nx, type)	输入向量 x 有 nx 个32位实元素，函数计算 x 的基-2实DIT FFT，由于实FFT是对称的，所以输出只包含 $nx/2$ 个复元素，并以自然顺序存放
void rifft32 (LDATA *x, ushort nx, type)	输入向量 x 有 nx 个32位实元素以位反转存放，函数计算 x 的基-2实DIT IFFT，输出包含 $nx/2$ 个复元素，并以自然顺序存放

表E-2　滤波和卷积

函　　数	功能说明
ushort fir (DATA *x, DATA *h, DATA *r, DATA *dbuffer, ushort nx, ushort nh)	输入向量 x 有 nx 个实元素，h 是有 nh 个元素的系数向量，并按自然顺序排列，函数计算实FIR滤波（直接型），并将结果存入向量 r 中。数组缓冲dbuffer保留延时后的输入数据
ushort fir2 (DATA *x, DATA *h, DATA *r, DATA *dbuffer, ushort nx, ushort nh)	输入向量 x 有 nx 个实元素，h 是有 nh 个元素的系数向量，并按自然顺序排列，函数计算实FIR滤波（直接型），并将结果存入向量 r 中，要求 r 必须是32位边界对齐的。数组缓冲dbuffer保留延时后的输入数据
ushort firs (DATA *x, DATA *h, DATA *r, DATA *dbuffer, ushort nx, ushort nh2)	输入向量 x 有 nx 个实元素，h 是包含了对称滤波器前一部分系数 $nh2$ 个元素的向量，输出向量 r 有 nx 个实元素，函数计算 $nh2$ 个对称系数结构的实FIR滤波，并将结果存入向量 r 中
ushort cfir (DATA *x, DATA *h, DATA *r, DATA *dbuffer, ushort nx, ushort nh)	输入向量 x 有 nx 个复元素，h 是有 nh 个复元素的系数向量，函数计算复FIR滤波（直接型），并将结果存入向量 r 中。数组缓冲dbuffer保留延时后的输入数据
ushort convol (DATA *x, DATA *h, DATA *r, ushort nr, ushort nh)	计算实向量 x 和 h 的卷积，结果存入向量 r
ushort convol1 (DATA *x, DATA *h, DATA *r, ushort nr, ushort nh)	计算实向量 x 和 h 的卷积，结果存入向量 r。该函数利用C55x双MAC的特点并行处理函数循环的叠代，运算速度是convol的两倍。要求 nr 为偶数

续表

函　　数	功 能 说 明
ushort convol2 (DATA *x, DATA *h, DATA *r, ushort nr, ushort nh)	计算实向量 *x* 和 *h* 的卷积，结果存入向量 *r*。该函数利用 C55x 双 MAC 的特点并行处理函数循环的叠代，运算速度是 convol 的两倍。要求 *nr* 为偶数，通过要求 *r* 数组是 32 位边界对齐而比 convol1 提高速度
ushort iircas4 (DATA *x, DATA *h, DATA *r, DATA *dbuffer, ushort nbiq, ushort nx)	*x* 是长度为 *nx* 的输入向量，*h* 是滤波器系数向量，*r* 是长度为 *nx* 的输出向量，函数计算 *nbiq* 个二阶传递函数（直接型 II）级联的 IIR 滤波，每个二阶传递函数有 4 个系数
ushort iircas5 (DATA *x, DATA *h, DATA *r, DATA *dbuffer, ushort nbiq, ushort nx)	*x* 是长度为 *nx* 的输入向量，*h* 是滤波器系数向量，*r* 是长度为 *nx* 的输出向量，函数计算 *nbiq* 个二阶传递函数（直接型 II）级联的 IIR 滤波，每个二阶传递函数有 5 个系数
ushort iircas51 (DATA *x, DATA *h, DATA *r, DATA *dbuffer, ushort nbiq, ushort nx)	*x* 是长度为 *nx* 的输入向量，*h* 是滤波器系数向量，*r* 是长度为 *nx* 的输出向量，函数计算 *nbiq* 个二阶传递函数（直接型 I）级联的 IIR 滤波，每个二阶传递函数有 5 个系数
ushort iirlat (DATA *x, DATA *h, DATA *r, DATA *pbuffer,int nx, int nh)	输入向量 *x* 有 *nx* 个实元素，*h* 是有 *nh* 个元素的格型系数向量，输出向量 *r* 有 *nx* 个实元素，函数计算格型结构实 IIR 滤波，并将结果存入向量 *r* 中。延时缓冲 pbuffer 作为处理缓冲存放中间结果
ushort firlat (DATA *x, DATA *h, DATA *r, DATA *pbuffer,int nx, int nh)	输入向量 *x* 有 *nx* 个实元素，*h* 是有 *nh* 个元素的格型系数向量，输出向量 *r* 有 *nx* 个实元素，函数计算格型结构实 FIR 滤波，并将结果存入向量 *r* 中。延时缓冲 pbuffer 作为处理缓冲存放中间结果
ushort firdec (DATA *x, DATA *h, DATA *r, DATA *dbuffer,ushort nh, ushort nx, ushort D)	*x* 和 *r* 分别是有 *nx* 和 *nx*/D 个实元素的输入向量，*h* 为有 *nh* 个元素的系数向量，函数计算抽取实 FIR 滤波（直接型），并将结果存入向量 *x* 中
ushort firinterp (DATA *x, DATA *h, DATA *r, DATA *dbuffer, ushort nh, ushort nx, ushort I)	*x* 和 *r* 分别是有 *nx* 和 *nx*/D 个实元素的输入和输出向量，h 为有 nh 个元素的系数向量，函数计算插值实 FIR 滤波（直接型），并将结果存入向量 *r* 中
ushort hilb16 (DATA *x, DATA *h, DATA *r, DATA *dbuffer, ushort nx, ushort nh)	*x* 和 *r* 分别是有 *nx* 和 *nx/D* 个实元素的输入和输出向量，*h* 为有 *nh* 个元素的系数向量，函数计算 FIR（直接型）hilbert 变换，并将结果存入向量 *r* 中
ushort iir32 (DATA *x, LDATA *h, DATA *r, LDATA *dbuffer, ushort nbiq, ushort nr)	*x* 是长度为 *nr* 的输入向量，*h* 是 32 位滤波器系数向量，*r* 是长度为 *nr* 的输出向量，函数计算具有 32 位系数的级联（直接型 II）的双精度 IIR 滤波

表 E-3　自适应滤波

函　　数	功 能 说 明
ushort dlms (DATA *x, DATA *h, DATA *r, DATA *des, DATA *dbuffer, DATA step, ushort nh, ushort x)	*x* 是长度为 *nx* 的输入向量，*h* 是长度为 *nh* 的系数向量，*r* 是长度为 *nx* 的输出数据向量，des 是期望输出数组，dbuffer 指向延时缓冲。函数是自适应延时 LMS FIR 滤波，步长 step=2*u，输入数据存储在 dbuffer 中，滤波输出结果存储在 *r* 中，该函数使用 LMS 指令完成滤波和修改系数
ushort oflag = dlmsfast (DATA *x, DATA *h, DATA *r, DATA *des, DATA *dbuffer, DATA step, ushort nh, ushort nx)	*x* 是长度为 *nx* 的输入向量，*h* 是长度为 2×*nh* 的系数向量，*n*≥10，且为偶数 *hr* 是长度为 *nx* 的输出数据向量，des 是期望输出数组，dbuffer 指向延时缓冲。函数是自适应延时 LMS FIR 滤波，步长 step=2×*u*，输入数据存储在 dbuffer 中，滤波输出结果存储在 *r* 中，与 dlms 不同的是修改系数和滤波分开处理来降低执行周期

表 E-4　相关

函　　数	功 能 说 明
ushort acorr (DATA *x, DATA *r, ushort nx, ushort nr, type)	计算长度为 *nx* 实向量 *x* 的 *nr* 点的自相关的正数部分，并将结果存入实向量 *r* 中
ushort corr (DATA *x, DATA *y, DATA *r, ushort nx, ushort ny, type)	*x* 和 *y* 分别为有 *nx* 和 *ny* 个实元素的输入向量，*r* 为存有 *nx*+*ny*−1 个实元素的输出向量。函数计算向量 *x* 和 *y* 的相关，结果存入实向量 *r* 中

表 E-5　三角函数

函　　数	功 能 说 明
ushort sine (DATA *x, DATA *r, ushort nx)	*x* 中是以 *q*15 格式存放的归一化弧度值，函数计算向量中每个元素的 sine 值
ushort atan2_16 (DATA *q, DATA *i, DATA *r, short nx)	计算 *q*/*i* 的反正切
ushort atan16 (DATA *x, DATA *r, ushort nx)	计算向量 *x* 的反正切，并将结果存入 *r*

表 E-6　数学

函　　数	功 能 说 明
ushort add (DATA *x, DATA *y, DATA *r, ushort nx,ushort scale)	两个向量相加
ushort expn (DATA *x, DATA *r, ushort nx)	利用泰勒级数计算输入向量 *x* 的指数
short bexp (DATA *x, ushort nx)	计算输入向量的指数，并返回最小指数
ushort logn (DATA *x, LDATA *r, ushort nx)	利用泰勒级数对向量 *x* 的元素计算以 e 为底的对数（自然对数）
ushort log_2 (DATA *x, LDATA *r, ushort nx)	利用泰勒级数对向量 *x* 的元素计算以 2 为底的对数
ushort log_10 (DATA *x, LDATA *r, ushort nx)	利用泰勒级数对向量 *x* 的元素计算以 10 为底的对数
short maxidx (DATA *x, ushort ng, ushort ng_size)	将向量 *x* 分成 *ng* 组，每组长度为 ng_size，ng_size 必须为 2～34 之间的偶数，函数返回 *x* 中最大元素的下标值
short maxidx34 (DATA *x, ushort nx)	返回向量 *x* 中最大元素的下标值，*x* 的长度 *nx*≤34
short maxval (DATA *x, ushort nx)	返回向量 *x* 中的最大元素
void maxvec (DATA *x, ushort nx, DATA *r_val, DATA *r_idx)	查找输入向量的最大元素值及其下标
short minidx (DATA *x, ushort nx)	返回向量 *x* 最小元素的下标值
short minval (DATA *x, ushort nx)	返回向量 *x* 中最小元素
void minvec (DATA *x, ushort nx, DATA *r_val, DATA *r_idx)	查找输入向量的最小元素值及其下标
ushort mul32 (LDATA *x, LDATA *y, LDATA *r, ushort nx)	函数完成两个 32 位向量的相乘，结果也是 32 位
short neg (DATA *x, DATA *r, ushort nx)	对 16 位向量的元素取反
short neg32 (LDATA *x, LDATA *r, ushort nx)	对 32 位向量的元素取反
short power (DATA *x, LDATA *r, ushort nx)	计算向量 *x* 的平方和（功率）
void recip16 (DATA *x, DATA *r, DATA *rexp, ushort nx)	计算 16 位向量 *x* 的倒数，并返回指数部分

续表

函　　数	功 能 说 明
void ldiv16 (LDATA *x, DATA *y, DATA *r, DATA *rexp, ushort nx)	函数完成 32 位对 16 位数据的除法，结果以指数的形式返回
ushort sqrt_16 (DATA *x, DATA *r, short nx)	函数计算向量 *x* 中元素的平方根，并将结果存放在 *r* 中
short sub (DATA *x, DATA *y, DATA *r, ushort nx, ushort scale)	两个向量相减

表 E-7　矩阵

函　　数	功 能 说 明
ushort mmul (DATA *x1, short row1, short col1, DATA *x2, short row2, short col2, DATA *r)	矩阵 *x*1[row1*col1]和 *x*2[row2*col2]相乘
ushort mtrans (DATA *x, short row, short col, DATA *r)	对矩阵 *x*[row*col]进行转置得到 *r*[col * row]

表 E-8　其他

函　　数	功 能 说 明
ushort fltoq15 (float *x, DATA *r, ushort nx)	将存放在向量 *x* 中的浮点数转化为 Q15 格式数据并存放在向量 *r* 中
ushort q15tofl (DATA *x, float *r, ushort nx)	将存放在向量 *x* 中的 Q15 格式数据转化为浮点数并存放在向量 *r* 中
ushort rand16 (DATA *r, ushort nr)	产生有 *nr* 个元素的 16 位随机数数组
void rand16init(void)	初始化 rand16 中使用的全局变量

表 E-9　图像压缩/解压

函　　数	功 能 说 明
void IMG_dequantize_8x8(short *quantize_tbl, short *deq_data);	quantize_tbl 是按行存放 8×8 量化表整数格式的数组，函数对输入矩阵反量化，输入和输出数据格式是 Q16.0
void IMG_fdct_8x8 (short *fdct_data, short *inter_buffer);	fdct_data 是按行存放 8×8 数据块的数组，函数利用内嵌硬件模块完成 8×8 图像块的 2-D DCT，结果存入 fdct_data，输入和输出数据格式是 Q16.0
void IMG_idct_8x8 (short *idct_data, short *inter_buffer);	idct_data 是按行存放 8×8 数据块的数组，函数利用内嵌硬件模块完成 8×8 图像块的 2-D IDCT，结果存入 fdct_data，输入数据 Q13.3，输出数据格式是 Q16.0
void IMG_jpeg_make_recip_tbl(short *quantize_tbl);	quantize_tbl 是按行存放 8×8 量化表整数格式的数组，函数计算量化表的倒数表，输入和输出数据格式是 Q16.0。倒数量化表在 IMG_jpeg_quantize 中可以避免除法操作而降低计算量
void IMG_jpeg_quantize(short *quantize_input, short *zigzag, short *recip_tbl, int *quantize_output);	quantize_input 是按行存放 8×8 矩阵整数格式的数组，zigzag Matrix 是按行存放 8*8zigzag 表的数组，函数将输入矩阵量化
void IMG_jpeg_vlc(int *input_data, int *output_stream, int type);	input_data 是存放 8×8 之字形量化 DCT 系数的数组，type 表示亮度或色度数据块，函数由 8×8 之字形量化 DCT 系数产生 JPEG 基线哈夫曼编码。该函数使用前必须由 IMG_jpeg_initialization 初始化亮度和色度编码表

续表

函　　数	功 能 说 明
void IMG_jpeg_vld(int *input_stream, int *lastdc, int *output_data, int type, vldvar_t *hufvar, huff_t *infor);	input_stream 指向 JPEG 基线可变长度码，函数由 JPEG 基线可变长度编码（VLC）宏块产生解码的 IDCT 系数。该函数使用前必须初始化 VLC 变量和建立哈夫曼查询表
void IMG_mad_8x8(unsigned short *ref_data, unsigned short *src_data, int pitc, int sx, int sy, unsighed int* match)	Ref_data 指向构成搜索区域左上角的参考图像的像素，src_data 指向 8×8 原图像素，pitc 为参考图像的宽度，sx 和 sy 是搜索空间的水平和垂直尺寸，函数利用绝对差值在 8×8 参考图像的左上角确定与 src_data 中最匹配的位置
void IMG_mad_16x16(unsigned short *ref_data, unsigned short *src_data, int pitc, int sx, int sy, unsigned int* match)	Ref_data 指向构成搜索区域左上角的参考图像的像素，src_data 指向 16×16 原图像素，pitc 为参考图像的宽度，sx 和 sy 是搜索空间的水平和垂直尺寸，函数利用绝对差值在 16×16 参考图像的左上角确定与 src_data 中最匹配的位置
void IMG_mad_16x16_4step(short *src_data, short * search_window, unsigned int *match)	src_data 指向打包的整数格式缓冲器，该缓冲器包含按行存放的 16×16 源数据，每两个像素被打包成一个 16 位整数，search_window 指向打包的整数格式缓冲器，该缓冲器包含按行存放的 48×48 的搜索窗，函数利用内嵌硬件模块采用 4 步搜索完成运动估计
void IMG_pix_inter_16x16(short *reference_window, short *pixel_inter_block, int offset, short *align_variable);	reference_window 指向打包的整数格式缓冲器，该缓冲器包含按行存放的 48×48 图像块，每 4 个像素被打包成一个 32 位双字，offset 确定左上角的下标，函数利用内嵌硬件模块在参考窗口中的 16×16 原数据完成像素插值
unsigned sad_8x8(unsigned short *srcImg, unsigned short *refImg, int pitch)	srcImg 为 8×8 源块，refImg 是参考图像，pitch 是参考图像的宽度，函数计算源块和参考图像中指定 8×8 区域的绝对误差和
unsigned sad_16x16(unsigned short *srcImg, unsigned short *refImg, int pitch)	SrcImg 为 16×16 源块，refImg 是参考图像，pitch 是参考图像的宽度，函数计算源块和参考图像中指定 16×16 区域的绝对误差和
void IMG_sw_fdct_8x8 (short *fdct_data, short *inter_buffer);	fdct_data 是按行存放 8×8 数据块的数组，函数完成 8×8 图像块的 2-D DCT，结果存入 fdct_data，输入和输出数据格式是 Q16.0
void IMG_sw_idct_8x8 (short *idct_data, short *inter_buffer);	idct_data 是按行存放 8*8 数据块的数组，函数完成 8*8 图像块的 2-D IDCT，结果存入 fdct_data，输入数据 Q13.3，输出数据格式是 Q16.0
void IMG_wave_decom_one_dim(short *in_data, short *wksp, int *wavename, int length, int level);	in_data 是输入向量，wavename 指向小波滤波器系数，length 确定输入和中间数据数组的长度，level 确定分解层次，函数完成一维小波塔式分解
void IMG_wave_decom_two_dim(short **image, short * wksp, int width, int height, int *wavename, int level);	image 是 width* height 的图像矩阵，wavename 指向小波滤波器系数，level 确定分解层次，函数完成二维小波塔式分解
void IMG_wave_recon_one_dim(short *in_data, short *wksp, int *wavename, int length, int level);	in_data 是输入向量，wavename 指向小波滤波器系数，length 确定输入和中间数据数组的长度，level 确定重构层次，函数完成一维小波塔式重构
void IMG_wave_recon_two_dim(short **image, short * wksp, int width, int height, int *wavename, int level);	image 是 width* height 的图像矩阵，wavename 指向小波滤波器系数，level 确定重构层次，函数完成二维小波塔式重构
void IMG_wavep_decom_one_dim(short *in_data, short *wksp, int *wavename, int length, int level);	in_data 是输入向量，wavename 指向小波滤波器系数，length 确定输入和中间数据数组的长度，level 确定分解层次，函数完成一维小波包分解

续表

函　　数	功 能 说 明
void IMG_wavep_decom_two_dim(short **image, short * wksp, int width, int height, int *wavename, int level);	image 是 width* height 的图像矩阵，wavename 指向小波滤波器系数，level 确定分解层次，函数完成二维小波包分解
void IMG_wavep_recon_one_dim(short *in_data, short *wksp, int *wavename, int length, int level);	in_data 是输入向量，wavename 指向小波滤波器系数，length 确定输入和中间数据数组的长度，level 确定重构层次，函数完成一维小波包重构
void IMG_wavep_recon_two_dim(short **image,short * wksp, int width, int height, int *wavename,int level);	image 是 width* height 的图像矩阵，wavename 指向小波滤波器系数，level 确定分解层次，函数完成二维小波包重构

表 E-10　图像分析

函　　数	功 能 说 明
void IMG_boundary(short * in_data, int rows, int cols, int *out_coord, int *out_gray);	in_data 是原图数组，rows 和 cols 确定图像的行和列，out_coord 时边界像素坐标数组，out_gray 是边界像素值数组，函数的结果是得到一个背景像素值为 0 的图像的边界
void IMG_histogram(short * in_data, short *out_data, int size);	in_data 是输入图像数组，size 确定图像的尺寸，函数分析输入图像的直方图，输入图像的值在[0，255]范围
void IMG_perimeter(short * in_data, int cols, short *out_data);	in_data 是包含图像一行值的输入数组，cols 行的长度，函数分析一个二值图像的边界
void threshold(short * in_data, short *out_data, short cols, short rows, short threshold_value)	in_data 指向源图缓冲器，rows 和 cols 确定图像的行和列，threshold_value 确定阈值，函数根据特定的灰度值产生输入图像的二值图像

表 E-11　图片滤波/格式转换

函　　数	功 能 说 明
void IMG_conv_3x3(unsigned char *input_data, unsigned char *output_data, unsigned char *mask, int column, int shift);	in_data 指向 8 位像素的输入图像，mask 指向 8 位的模板，column 确定输入图像的列数，函数将列输入像素的三行与模板进行乘法累加产生一行输出像素
void IMG_corr_3x3(unsigned char *input_data, unsigned char *output_data, unsigned char *mask, int row, int column, int shift, int round_val)	in_data 指向 8 位像素的输入图像，mask 指向 8 位的模板，row 和 column 确定输入图像的水平和垂直尺寸，函数将输入图像和 3×3 模板逐点相乘累加，圆整和移位后产生一个 8 位的值
void IMG_scale_by_2(int *input_image, int *output_image, int row, int column)	input_image 指向扩展两列后的源图，row 和 column 确定扩展后输入图像的水平和垂直尺寸，函数利用内嵌硬件模块采用线性像素插值方法完成图像 2 倍的缩放
void IMG_ycbcr422_rgb565(short coeff[], short *y_data, short *cb_data, short* cr_data, short *rgb_data, num_pixels)	coeff 是矩阵系数，y_data 是亮度数据，cb_data 和 cr_data 分别是蓝色和红色数据，rgb_data 是 RGB5:6:5 打包像素，num_pixels 是待处理的像素数量，函数将 Y'CbCr 转化为 RGB

附录 F　VC5509 系统部分原理图

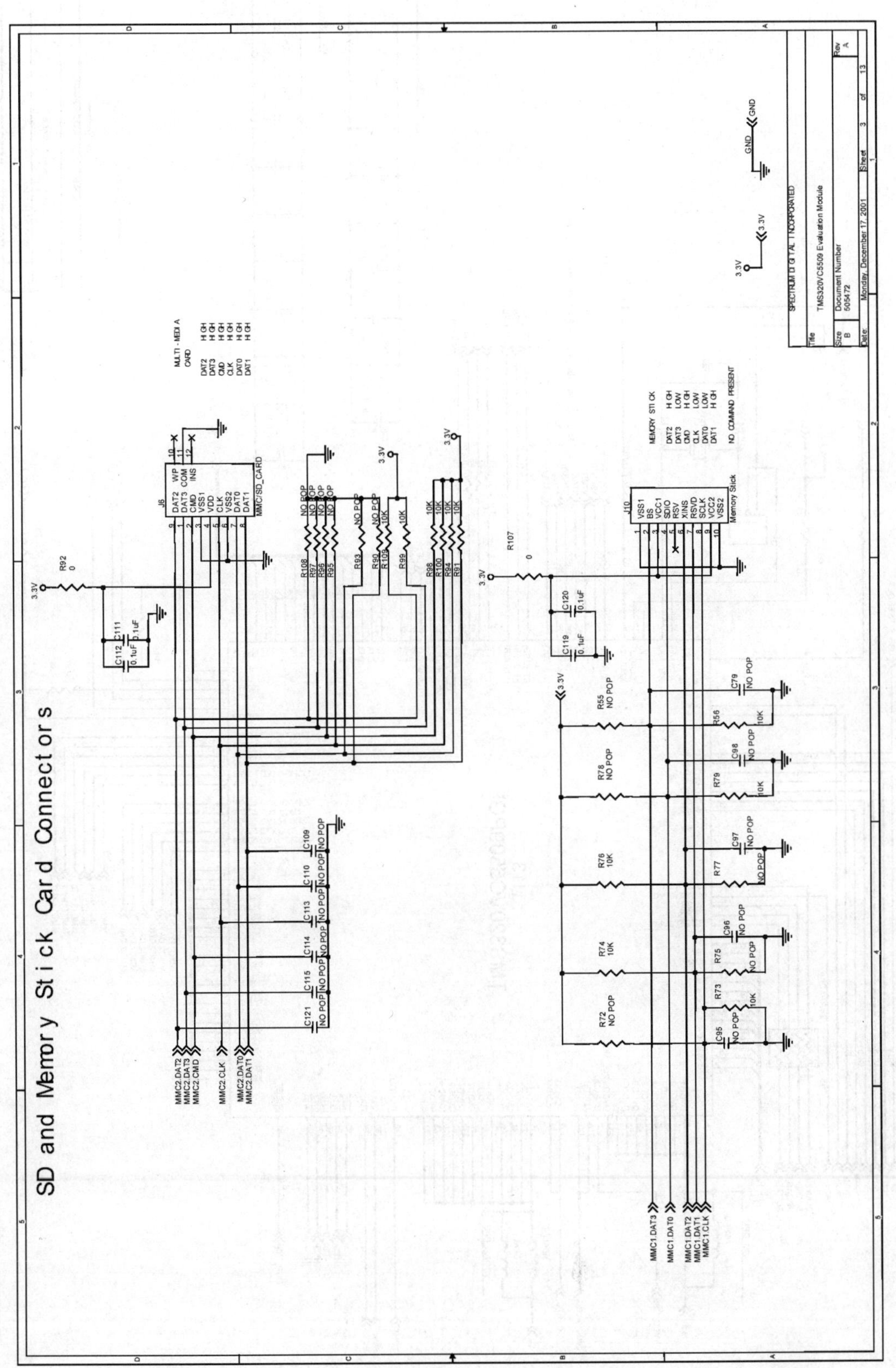

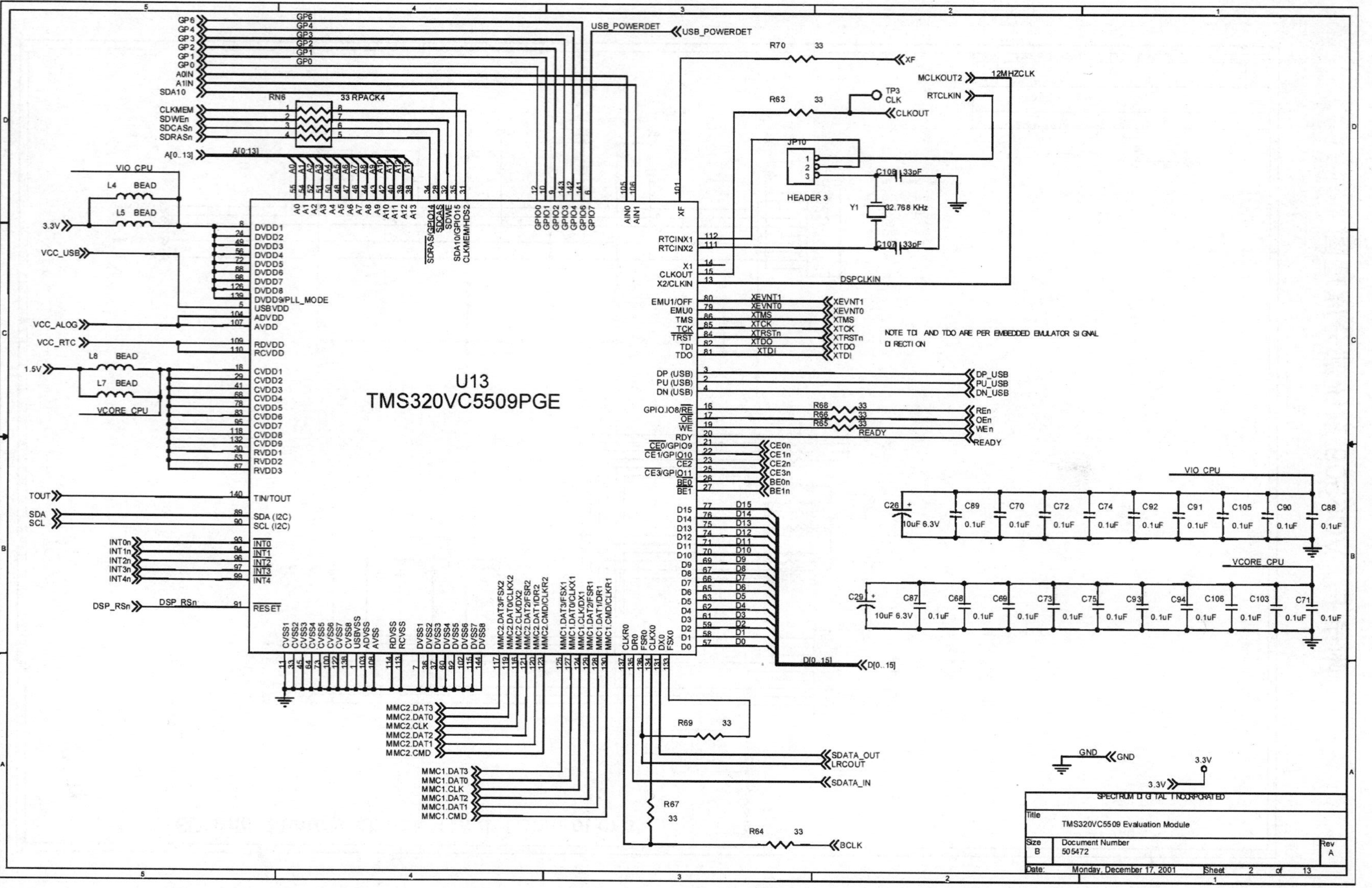
U13
TMS320VC5509PGE
NOTE TDI AND TDO ARE PER EMBEDDED EMULATOR SIGNAL DIRECTION
SPECTRUM DIGITAL INCORPORATED
Title
TMS320VC5509 Evaluation Module
Size B
Document Number
505472
Rev A
Date: Monday, December 17, 2001
Sheet 2 of 13

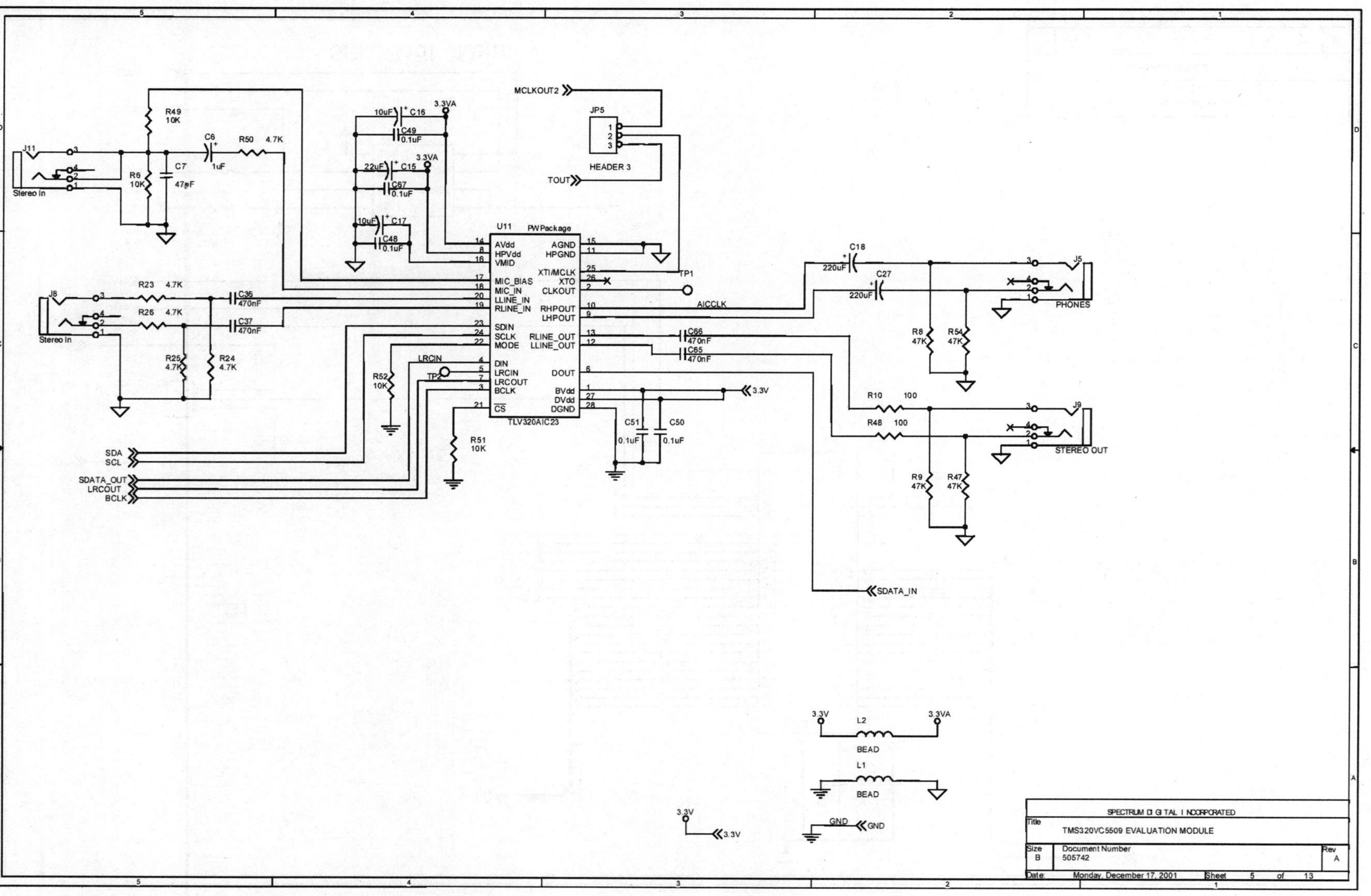

MCLKOUT2
JP5
HEADER 3
TOUT
J11
Stereo In
R49 10K
R6 10K
C7 47pF
C6 1uF
R50 4.7K
C16 10uF
C49 0.1uF
C15 22uF
C67 0.1uF
C17 10uF
C48 0.1uF
3.3VA
J8
Stereo In
R23 4.7K
R26 4.7K
C36 470nF
C37 470nF
R25 4.7K
R24 4.7K
U11
PWPackage
TLV320AIC23
AVdd
HPVdd
VMID
MIC_BIAS
MIC_IN
LLINE_IN
RLINE_IN
SDIN
SCLK
MODE
DIN
LRCIN
LRCOUT
BCLK
CS
AGND
HPGND
XTI/MCLK
XTO
CLKOUT
RHPOUT
LHPOUT
RLINE_OUT
LLINE_OUT
DOUT
BVdd
DVdd
DGND
TP1
AICCLK
TP2
LRCIN
R52 10K
R51 10K
SDA
SCL
SDATA_OUT
LRCOUT
BCLK
C66 470nF
C65 470nF
C51 0.1uF
C50 0.1uF
3.3V
C18 220uF
C27 220uF
J5
PHONES
R8 47K
R54 47K
R10 100
R48 100
J9
STEREO OUT
R9 47K
R47 47K
SDATA_IN
L2
BEAD
L1
BEAD
GND
SPECTRUM DIGITAL INCORPORATED
Title TMS320VC5509 EVALUATION MODULE
Size B
Document Number 505742
Rev A
Date Monday, December 17, 2001
Sheet 5 of 13

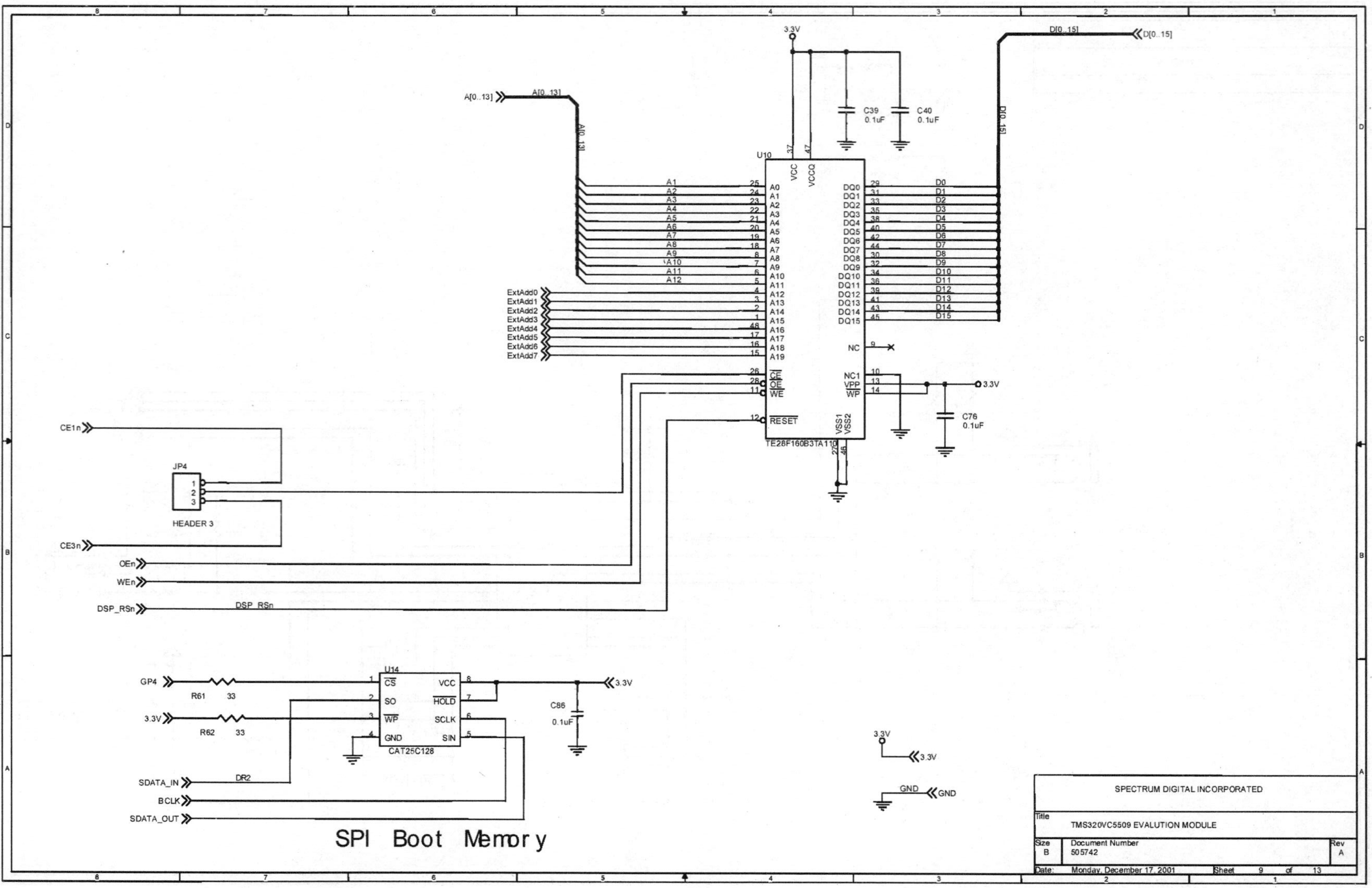
A[0..13]
D[0..15]
3.3V
C39 0.1uF
C40 0.1uF
U10
TE28F160B3TA110
ExtAdd0
ExtAdd1
ExtAdd2
ExtAdd3
ExtAdd4
ExtAdd5
ExtAdd6
ExtAdd7
C76 0.1uF
CE1n
JP4
HEADER 3
CE3n
OEn
WEn
DSP_RSn
GP4
R61 33
R62 33
U14
CAT25C128
C86 0.1uF
SDATA_IN
DR2
BCLK
SDATA_OUT
GND
SPI Boot Memory
SPECTRUM DIGITAL INCORPORATED
Title
TMS320VC5509 EVALUTION MODULE
Size B
Document Number 505742
Rev A
Date: Monday, December 17, 2001
Sheet 9 of 13

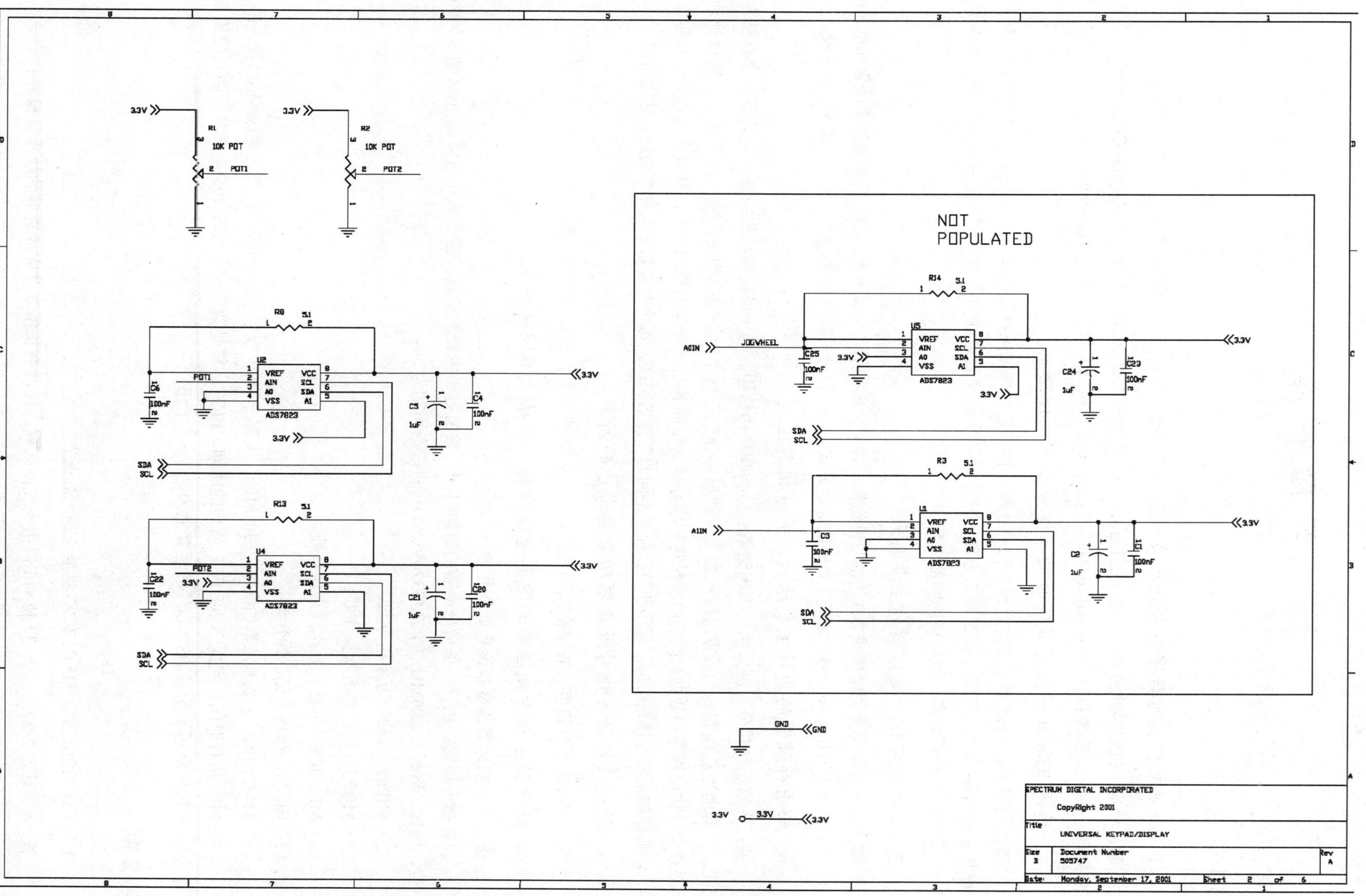
R1
10K POT
POT1
R2
10K POT
POT2
NOT
POPULATED
R14 5.1
U5
JOGWHEEL
AOIN
C25
100nF
C24
1uF
C23
100nF
ADS7823
SDA
SCL
R3 5.1
U1
AIIN
C3
100nF
C2
1uF
C1
100nF
R8 5.1
U2
C6
100nF
C5
1uF
C4
100nF
R13 5.1
U4
C22
100nF
C21
1uF
C20
100nF
VREF
AIN
A0
VSS
VCC
SCL
SDA
A1
3.3V
GND
SPECTRUM DIGITAL INCORPORATED
CopyRight 2001
Title
UNIVERSAL KEYPAD/DISPLAY
Size
B
Document Number
505747
Rev
A
Date:
Monday, September 17, 2001
Sheet
2
of
6

习题答案

第1章

1. 简述典型实时数字信号处理系统组成部分。

答： 包括：抗混叠滤波器（Anti-aliasing filter）、模数转换器 ADC（Analog-to-Digital Converter）、数字信号处理、数模转换器 DAC（Digital-to-Analog Converter）和抗镜像滤波器（Anti-image filter）。

2. 简述 X86 处理器完成实时数字信号处理的优缺点。

答： 利用 X86 处理器完成实时数字信号处理。特点是处理器选择范围宽，主板及外设资源丰富，有多种操作系统可供选择，开发、调试较为方便；缺点是数字信号处理能力不强，硬件组成较为复杂，系统体积、重量较大，功耗较高，抗环境影响能力较弱。

3. 简述数字信号处理器的主要特点。

答：（1）存储器采用哈佛或者改进的哈佛结构；（2）内部采用了多级流水；（3）具有硬件乘法累加单元；（4）可以实现零开销循环；（5）采用了特殊的寻址方式；（6）高效的特殊指令；（7）具有丰富的片内外设。

4. 给出存储器的两种主要结构，并分析其区别。

答： 存储器结构分为两大类：冯·诺依曼结构和哈佛结构。冯·诺依曼结构的特点是只有一个存储器空间、一套地址总线和一套数据总线；指令、数据都存放在这个存储器空间中，统一分配地址，所以处理器必须分时访问程序和数据空间。哈佛结构程序存储器空间和数据存储器空间分开，具有多套地址、数据总线，哈佛结构是并行体系结构，程序和数据存于不同的存储器空间，每个存储器空间独立编址、独立访问。

5. 简述选择数字信号处理器所需要考虑的因素。

答： 应考虑运算速度、算法格式和数据宽度、存储器类型、功耗和开发工具。

6. 给出数字信号处理器的运算速度指标，并给出其具体含义。

答： 常见的运算速度指标有如下几种：

（1）指令周期：执行一条指令所需的最短时间，数值等于主频的倒数；指令周期通常以 ns（纳秒）为单位。例如，运行在 200MHz 的 TMS320VC5510 的指令周期为 5ns。

（2）MIPS：每秒百万条指令数。

（3）MOPS：每秒百万次操作数。

（4）MFLOPS：每秒百万次浮点操作数。

（5）BOPS：每秒十亿次操作数。

（6）MAC 时间：一次乘法累加操作花费的时间。大部分 DSP 芯片可在一个指令周期内完成 MAC 操作；

（7）FFT 执行时间：完成 N 点 FFT 所需的时间。FFT 运算是数字信号处理中的典型算法而且应用很广，因此该指标常用于衡量 DSP 芯片的运算能力。

第2章

1. TMS320C55x DSP 有哪些特征和优点？

答：（参见表 2-2）。一个 32 位×16 位指令缓冲队列：缓冲变长指令并完成有效的块重复操作；

两个 17 位×17 位的乘法累加器：在一个单周期执行双乘法累加操作；

一个 40 位算术逻辑单元（ALU）：实现高精度算术和逻辑操作；

一个 40 位桶形移位寄存器：能够将一个 40 位的计算结果最高向左移 31 位或向右移 32 位；

一个 16 位算术逻辑单元（ALU）：对主 ALU 并行完成简单的算术操作；

4 个 40 位的累加器：保留计算结果，减少对存储单元的访问；

12 条独立总线，其中包括 3 条读数据总线、2 条写数据总线、5 条数据地址总线、1 条读程序总线、1 条程序地址总线：为各种计算单元并行地提供将要处理的指令和操作数——利用 C55x 的并行机制的优点；

用户可配置 IDLE 域：改进了低功耗电源管理的灵活性。

2. TMS320C55x DSP 的内部结构由哪几部分组成？

答：（参见图 2-1）C55x 有一条 32 位的程序数据总线（PB），5 条 16 位数据总线（BB、CB、DB、EB、FB）和 1 条 24 位的程序地址总线，以及 5 条 23 位的数据地址总线，这些总线分别与 CPU 相连。总线通过存储器接口单元（M）与外部程序总线和数据总线相连，实现 CPU 对外部存储器的访问；指令缓冲单元（I）、程序流程单元（P）、地址流程单元（A）和数据计算单元（D）；以及存储器接口单元（M）。

3. 简述指令缓冲单元（I）、程序流程单元（P）、地址流程单元（A）和数据计算单元（D）的组成和功能？

答：C55x 的指令缓冲单元由指令缓冲队列 IBQ（Instruction Buffer Queue）和指令译码器组成。在每个 CPU 周期内，I 单元将从读程序数据总线接收的 4B 程序代码放入指令缓冲队列，指令译码器从队列中取 6B 程序代码，根据指令的长度可对 8 位、16 位、24 位、32 位和 48 位的变长指令进行译码，然后把译码数据送入 P 单元、A 单元和 D 单元去执行。

程序流程单元由程序地址产生电路和寄存器组构成。程序流程单元产生所有程序空间的地址，并控制指令的读取顺序。

地址流程单元包括数据地址产生电路、算术逻辑电路和寄存器组构成。数据地址产生电路（DAGEN）能够接收来自 I 单元的立即数和来自 A 单元的寄存器产生读取数据空间的地址。对于使用间接寻址模式的指令，由 P 单元向 DAGEN 说明采用的寻址模式。

数据计算单元由移位器、算术逻辑电路、乘法累加器和寄存器组构成。D 单元包含了 CPU 的主要运算部件。D 单元移位器能够接收来自 I 单元的立即数，能够与存储器、I/O 空间、A 单元寄存器、D 单元寄存器和 P 单元寄存器进行双向通信，此外，还可以向 D 单元的 ALU 和 A 单元的 ALU 提供移位后的数据。

4. TMS320C55x DSP 的流水线操作包括多少个阶段？每一阶段完成什么操作？

答：两个。第一阶段是取流水线，即从内存中取出 32 位的指令包，放入指令缓冲队（IBQ）中，然后为流水线的第二阶段提供 48 位的指令包。第二阶段是指执行流水线，这部分的功能是对指令进行解码，完成数据的存取和计算。

5. TMS320C55x DSP 有哪些片上外设？

答：两个 20 位的定时器。一个看门狗定时器。6 通道直接存储器存取控制器（DMA）。外部存储器接口（EMIF）。三个串口支持最多三个多通道缓冲串口（McBSP）或最多两个多媒体/安全数字卡接口。增强型主机接口（EHPI）是一个 16 位的并行接口。可编程锁相环（DPLL）时钟发生器。USB 全速（12Mbps）从端口。I^2C 主从接口。一个实时时钟。

6. TMS320C55x 的寻址空间是多少？当 CPU 访问程序空间和数据空间时，使用的地址是多少位的？

答：C55x 的寻址空间为 16MB，当 CPU 从程序空间读取程序代码时，使用 24 位地址，当访问数据空间时，使用 23 位的地址。但是在访问数据空间时，将 23 位地址左移一位，并将地址总线上的最低有效位（LSB）置 0，使得在对数据空间或程序空间寻址时，地址总线都传送 24 位地址。

7. 符合 IEEE 1149.1 标准的测试/仿真接口的引脚有哪几个？

答：TCK 引脚、TDI 引脚、TDI 引脚、$\overline{\text{TMS}}$、TRST、EMU0、$\overline{\text{EMU1}}$/OFF

第 3 章

1. C55x DSP 支持哪三种寻址模式？

答：C55x DSP 支持三种寻址模式，绝对寻址模式；直接寻址模式；间接寻址模式。

2. 简述 K16 绝对寻址和 K23 绝对寻址不同点和相同点。

答：不同点：K16 绝对寻址的指令其操作数为*abs16（#k16），其中 K16 是一个 16 位的无符号常数。寻址方法是将 7 位的寄存器 DPH（扩展数据页指针 XDP 的高位部分）和 K16 级联形成一个 23 位的地址，用于对数据空间的访问。该模式可以访问一个存储单元和一个存储映射寄存器。

和 K23 绝对寻址的指令其操作数为*（#k23），其中 K23 是一个 23 位的无符号常数。使用这种寻址方法的指令将常数编码为 3 字节（去掉最高位）。

相同点：K16 绝对寻址和 K23 绝对寻址的指令不能与其他指令并行执行。

3. 简述 C55x DSP 并行指令遵守的规则。

答：在并行指令中，必须遵守三条基本规则：

① 两条指令的总长度不能超过 6 个字节。

② 在指令的执行过程中不存在操作器、地址产生单元、总线等资源冲突。

③ 其中一条指令必须有并行使能位或两条指令符合软-双并行条件。

4. 已知 AC1=0200FC00H，AR3=0200H，（200）=3400H。

MOV *AR3+ << #16, AC1

执行上面指令后，AC1 和 AR3 的值分别是多少？

答：

Before	After
AC1 00 0200 FC00	AC1 00 3400 0000
AR3 0200	AR3 0201
200 3400	200 3400

5. 已知 AC0=EC000000H，AC1=00000000H，AR1=0200H，（200）=3300H，TC2=1。

ADDSUBCC *AR1, AC0,TC2, AC1

执行上面指令后，AC1、AR1 和 AC0 的值分别是多少？

答：

Before	After
AC0 00 EC00 0000	AC0 00 EC00 0000
AC1 00 0000 0000	AC1 01 1F00 0000
AR1 0200	AR1 0200
200 3300	200 3300

TC2 1	TC2 1
SXMD 0	SXMD 0
M40 0	M40 0
ACOV1 0	ACOV1 1
CARRY 0	CARRY 1

6. 已知 AC0=69000000H，AC1=00230000H，*AR1=EF00H，AR2=0201H，*CDP=A067H。执行下面指令后，

```
AMAR *AR2+
:: MAC uns（*AR1），uns（*CDP），AC0 >> #16
```

AC0、*AR1、AR2 和 AC1 的值分别是多少？

答：

Before	After
AC0 00 6900 0000	AC0 00 95C0 9200
AC1 00 0023 0000	AC1 00 0023 0000
*AR1 EF00	*AR1 EF00
AR2 0201	AR2 0202
*CDP A067	*CDP A067
ACOV0 0	ACOV0 1
ACOV1 0	ACOV1 0
CARRY 0	CARRY 0
M40 0	M40 0
FRCT 0	FRCT 0
SATD 0	SATD 0

7. 已知 PC=004042H，AC0=0000000001H，根据下表的情况

```
        B branch
        MOV #1, AC0                        address:  004044
        ... ...
branch  ... ...                                      006047
:
        MOV #0, AC0
```

B branch

执行上面指令后，PC 和 AC0 分别是多少？

答：

Before	After
PC 004042	PC 006047
AC0 00 0000 0001	AC0 00 0000 0000

第 4 章

1. 根据任务调度的方式不同，C55x 处理器程序可以分为哪两类？并简述其优缺点。

答：一类是由程序自己完成任务调度，另一类是由嵌入式操作系统完成任务调度。

由程序自身完成任务调度程序运行效率高，对硬件中断响应快，程序运行稳定，适合于任务较为单一、实时性较强的应用；嵌入式操作系统完成任务调度，可以将应用分解为多个任务，简化了应用系统软件设计，更为重要的是良好的多任务设计有助于提高系统的稳定性和可靠性。

2. 请利用指针将I/O空间中地址从0x100到0x107中的值放置到数据空间*ptr指针当中。

答：ioport int *a;

```
Int *ptr
void foo （void）
{
    i = 0x100;
    a = &i;
    for（int j=0;j<=7;j++）
    ptr [j]=a[j];
}
```

3. 在o3级优化情况下，利用中断读取0x100000地址，并将值存放到变量in_flag中。

答：变量in_flag定义

```
    volatile unsigned int in_flag;
```

中断服务程序

```
    interrupt void int_handler（）
{
    In_flag= （unsigned int *）0x100000;
}
```

4. 在C语言编写的程序中，分别给出利用C语言和嵌套汇编语言打开全局中断的程序代码。

答：C语言打开全局中断

```
    IRQ_globalEnable（）;
```

嵌套汇编语言打开全局中断

```
    asm （"BCLR  ST1_INTM"）;
```

5. 给出函数int fn（long l1, long l2, long l3, int *p4, int *p5, int *p6, int *p7, int *p8, int i9, int i10）中传送参数所使用的寄存器。

答：输入参数通过AC0、AC1、AC2、AR0、AR1、AR2、AR3、AR4、T0、T1传递，输出参数通过T0传送参数。

6. 在.sine数据段中定义一个16点的正弦表，其数值采用Q15方式存放。（Q15即小数点在第15位）

答：

```
.sina
.word    0, 12539,23170,30273
.word32767, 30273,23170,12539
.word0,-12539,-23170,-30273
.word-32767,-30273,-23170,-12539
```

7. 在.mydata段中为a,b,c分别预留10、20、5个字的空间。

答：

```
.def _a
```

```
.def _b
.def _c
.sect mydata
_a:
      .space 10*16;
_b:
      .space 20*16;
_c:
      .space 5*16;
```

8. 请给出调用图像和视频处理库所需要的.h 文件和.lib 文件。

答：调用图像和视频处理库需要需要包含 imagelib.h 文件，如过采用小模式编程需要 55ximage.lib，而采用大模式编程需要 55ximagex.lib 库。

第5章

1. C55x 的片内外设可以分为哪几类？这些片上外设可以通过什么工具完成片上外设的操作？

答：可以分为时钟与定时器类、外部设备连接接口、信号采集和通信接口类以及其他外设。用户可以通过片上外设支持库完成外设的操作，片上外设支持库为用户提供了控制片上外设的函数、宏等工具，用户可以通过程序或者 DSP/BIOS 完成这些函数和宏的调用。

2. 片上外设支持库具有什么特点？

答：（1）采用标准协议对外设进行编程。片上外设支持库采用标准协议实现片上外设的编程，这些协议包括数据类型、定义外设配置的宏定义，以及实现各种外设操作的函数等；

（2）基本资源管理。可以通过程序实现多通道外设的资源管理；

（3）设备的符号描述。片上外设支持库通过对外设寄存器和寄存器域的符号定义，使得程序在不同 DSP 之间的移植变得容易，而当 DSP 的版本发生升级时，可以最大程度减少程序的修改。

3. 如何测试时钟发生器是否正常工作？

答：（1）检查 DSP 的时钟输入引脚 CLKIN、时钟输出引脚 CLKOUT 和时钟模式引脚 CLKMD 连接是否正确，正常情况下 CLKIN 应接时钟源，而 CLKMD 应拉高或拉低，CLKOUT 应是信号输出引脚；

（2）系统加电后测量 CLKIN 引脚时钟输入是否正常，信号的高低电平及占空比是否满足需要；

（3）在没有进行软件设置的情况下，DSP 在复位后 CLKOUT 的输出直接受 CLKMD 控制，当 CLKMD 为高，CLKOUT 的输出频率将等于 CLKIN 的频率，CLKMD 为低则 CLKOUT 输出将等于 CLKIN 的频率的 1/2；

（4）如果以上步骤运行正常，则利用软件设置 CLKMD 寄存器，使时钟产生器工作于 PLL 锁相环模式下，此时再检测 CLKOUT 信号，查看锁相环是否正常工作。

4. 设数字信号处理器定时器输入时钟频率为 100MHz，如果要求定时器发送中断信号或同步事件信号的频率为 1000 次每秒，需要如何对定时器进行设置？

答：根据公式

$$\text{TINT 频率} = \frac{\text{输入时钟频率}}{(\text{TDDR}+1)\times(\text{PRD}+1)}$$

输入时钟频率为 100MHz，由于 TDDR 为 4 位，这里我们把 TDDR 设为 9，则 PRD 为 9999。

5. 为了完成McBSP串口的测试，需要其在回环模式下工作，试画出回环模式工作框图。

答：

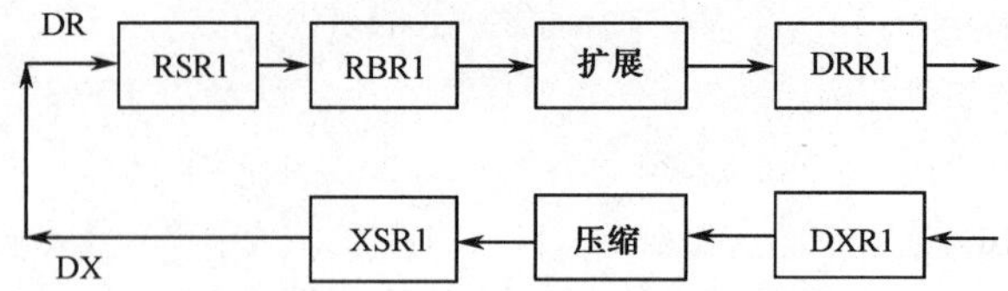

6. 系统需要通过EHPI接口完成引导，在该引导模式下需要如何对通用引脚进行设置？

答：在EHPI引导模式下，BOOTM[3:0]的值为1101B,下面给出通过GPIO设置DSP上电方式示意图。

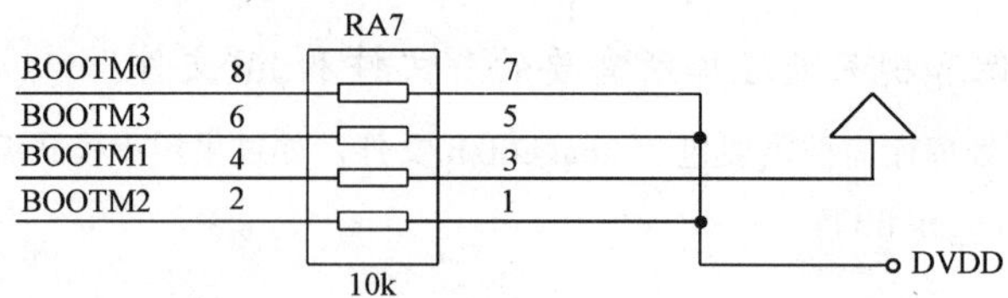

7. 如何对通用输入/输出引脚进行测试？

答：（1）输入口测试。输入口测试步骤如下：

① 通过I/O方向寄存器IODIR设置某一个引脚为输入方向；

② 在已设置为输入方向的引脚上外加LVTTL信号；

③ DSP访问I/O数据寄存器IODATA查看引脚上的逻辑电平，与外加LVTTL电平比较来测试输入口是否工作正常。

（2）输出口测试。输出口测试步骤如下：

① 通过I/O方向寄存器IODIR设置某一个引脚为输出方向；

② 在I/O数据寄存器IODATA上设置这个引脚的逻辑电平；

③ 测量引脚的电平，与设置的逻辑电平相比较来检测输出口是否正常工作。

8. DMAGCR寄存器中的EHPIEXCL位设置为0或1时有何区别？

答：当EHPIEXCL=0，HPI和DMA通道共享DARAM、SARAM和EMIF；当EHPIEXCL=1，HPI独占DARAM和SARAM，DMA通道只能访问EMIF和外设。

第6章

1. CCS集成开发环境有哪些功能？

答：CCS的功能十分强大，它集成了代码的编辑、编译、链接和调试等功能，而且支持C和汇编混合编程，其主要功能如下。

集成可视化代码编辑界面：可直接编写C、汇编、C和汇编混合、.H文件、.cmd文件等。

集成代码生成工具：包括汇编器、优化C编译器、链接器等，将代码的编辑、编译、链接和调试等功能集成到一个开发环境中。

基本调试工具：可以装入执行代码（.out文件），查看寄存器窗口、存储器窗口、反汇编窗口和变量窗口，并且支持C源代码级调试。

断点工具：能在调试程序的过程中，设置软件断点、硬件断点、数据空间读/写断点、条件断点（使用GEL编写表达式）等。

探针调试工具（probe points）：可用于算法仿真，数据监视等。

性能分析工具（profile points）：可用于评估代码执行的时钟数。

实时分析和数据可视化工具：例如：数据的图形显示工具，可绘制时域/频域波形、眼图、星座图、图像等，并具有自动刷新功能（使用 Animate 命令运行）。

GEL 工具：用户利用 GEL 扩展语言可以编写自己的控制面板/菜单，设置 GEL 菜单选项，可方便直观地修改变量，配置参数等。

支持实时数据交换 RTDX（Real Time Data Exchange）技术：该技术可在不中断目标系统运行的情况下，实现 DSP 与其他应用程序（OLE）的数据交换。

提供 DSP/BIOS 工具：增强对代码的实时分析能力，如分析代码执行的效率、调度程序执行的优先级、方便管理或使用系统资源（代码/数据占用空间，中断服务程序的调用，定时器使用等），从而减少了开发人员对硬件资源熟悉程度的依赖性。

支持多 DSP 的调试。

2. 在 CCS 集成开发环境中可以使用的仿真设备包括哪些？

答：仿真设备包括软仿真器（Simulator）、各种硬仿真器（Emulator）、TI 或第三方公司提供的 DSP 初学者套件（DSK）和 DSP 评估板（EVM）等。

3. CCS 的所有窗口都含有一个关联菜单，如何打开一个窗口的关联菜单？

答：只要在该窗口中单击右键，就可以打开关联菜单。

4. CCS 为用户提供了哪几种常用的工具条？

答：常用工具条包括：标准工具条、编辑工具条、项目工具条和调试工具条。

5. 怎样创建一个新的工程项目？

答：工程项目的创建过程包括：

（1）在主菜单“Project”中选择“New”选项，弹出下图所示的对话框。

（2）在“Project Name”域中输入要创建的项目名，在“Location”域输入或选择将要创建的工程项目所处的目录，对于每个新建的工程项目，最好建立不同的目录。

（3）从“Project”下拉列表中选择要创建的工程项目的配置（可执行程序.out 或目标库函数.lib）。

（4）在“Target”下拉列表中选择将要创建的工程项目所对应的目标器件系列（TMS320C54xx、TMS320C55xx、TMS320C62xx 等）。

（5）单击“Finish”按钮就完成了一个工程项目的创建。

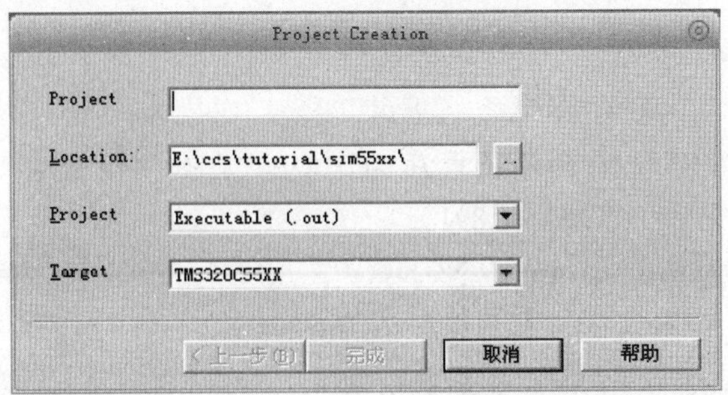

6. 如果工程文件是基于 C 语言编写的，怎样向工程项目中添加运行时支持库？

答：在主菜单中选择“Project”中的“Add Files to Project”选项，或在工程项目浏览窗口单击项目名，在弹出的对话框中选择“Add Files”选项。在弹出的对话框中选择要添加文件的目录，在 CCS 的安装目录“\c5500\cgtools\lib”下，在添加文件对话框的“文件类型”下拉列表中要选择“Object and Library Files（*.o*,*.l*）”，向工程里添加“rts55x.lib”或“rts55.lib”文件。

7．在调试程序时，经常使用断点，它的作用是什么？怎样设置和删除断点？

答：程序运行过程中如果遇到断点，就会暂时停止运行，回到调试状态。用户可以通过查看变量、图形等方式，发现程序中的错误。

断点可以设置在源代码行上，也设置在反汇编窗口中的指令行上。有三种方法可以快速地设置断点。

① 在反汇编窗口或含有 C/C++的源代码窗口中，将光标移动到需要设置断点的指令行上，单击右键，在弹出的菜单中选择“Toggle breakpoint”命令，在本行左边会出现红色标记，表示此处有断点。

② 在反汇编窗口，双击要设置断点的指令行，在源代码窗口，双击指令行左边的页边，即可完成断点的设置。

③ 可以单击工具条上的按钮来添加断点。

可以使用以下任何一种方法删除断点。

- 在反汇编窗口或含有 C/C++的源代码窗口中，将光标移动到已经设有断点的指令行上，单击右键，在弹出的菜单中选择“Toggle breakpoint”命令来取消断点。
- 在反汇编窗口，双击已经设有断点的指令行，在源代码窗口，双击设有断点的指令行左边的页边，即可取消断点。
- 可以单击工具条上的按钮来删除断点。
- 选择“Debug”菜单中“Breakpoints”命令，出现如图 6-38 所示的“Break/Probe Points”对话框，在断点列表中选择要删除的断点，单击“Delete”按钮，单击“OK”按钮即可。

8．什么是探针点？它的作用是什么？怎样设置和删除探针点？

答：探针点（Probe Point）是 CCS 中比较有特色的工具，程序运行到探针点会执行特定的操作，如刷新图形、文件输入/输出等。

有两种方法可以很方便地设置探针点：将光标移动到需要设置探针点的位置，单击右键，在弹出的菜单中选择“Toggle Probe Point”命令，该行最左边将出现一个蓝色菱形探针点标志；或单击项目工具条上的按钮 完成探针点的设置。

探针点的删除：在反汇编窗口或含有 C/C++的源文件中，将光标移动到已设置探针点的位置，单击右键，在弹出的菜单中选择“Toggle Probe Point”命令即可删除探针点；或单击项目工具条上的按钮 删除探针点。

单击项目工具条上的按钮可以删除所有探针点。

第7章

1．如果电源芯片 TPS54110 的输出电压为 1.4V，应如何设置 R_1、R_2 的电阻阻值？

答：根据公式

$$R_1 = \frac{R_2 \times 0.891}{V_{OUT} - 0.891}$$

如果 R_2 为 3.92kΩ，将值带入公式，最后得到 R_1 为 6.86kΩ。

2．请给出 TMS320VC5510 的上电加载方式。

答：TMS320VC5510 的上电加载方式有 SPI 口加载方式，EMIF 口加载方式、EHPI 口加载方式和 McBSP 口加载方式。

3. C55x 系列处理器在使用 TLC5510 完成并行采样时可以采用哪几种方式读取采样数据？

答：处理器读取采样数据可以通过两种方式进行，即中断方式或者 DMA 方式。

4. 简述采用 DMA 方式完成 TLC5510 数据采集的特点和优点。

答：DMA 方式是把 INT3 引脚的低电平信号作为 DMA 同步事件，由它引发 DMA 传送，从而将采样数据导入处理器存储器，该方式的优点是不需处理器干预，并且在数据区存满后还可向 DSP 发出中断通知数据区满。

5. 如果选取 MAX5101 进行数模转换，如果供电电压为 3.3V，输出数值 N_B 为 143，这时 MAX5101 的输出电压为多少？

答：根据公式 $V_{OUT}=$（$N_B \cdot V_{DD}$）/256 计算得到 1.843V。

6. 如果 TLV320AIC23 的输入时钟为 18.432MHz，而使用的采样率为 48kHz，需要对输入时钟进行多少分频才能得到所要的采样率？

答：分频数＝18.432/0.048=384

需要对输入时钟进行 384 倍分频，才能够得到 48kHz 采样率。

第 8 章

1. 请利用 CCS 的 Simulate 软件仿真器计算 $x(n)$=[3，11，7，0，−1，4，2]和 $h(n)$=[2，3，0，−5，2，1]卷积的结果 $y(n)$。

2. 简述有限冲激响应滤波器（FIR）的优缺点。

答：有限冲激响应滤波器有如下优点。

容易实现线性相位：只要保证系数的偶对称，就可很容易实现线性相位。

可以实现任意形状滤波器：通过窗函数法可以方便的实现多通带、多阻带滤波器。

稳定性好：因为 FIR 滤波器没有反馈，是自然稳定的。

但 FIR 滤波器也有一些缺点：

设计 FIR 滤波器无法直接设定阻带衰减指标：为了达到阻带衰减指标往往要多次更改设计参数，直到通带、阻带性能达到要求。

阶数较大：要满足理想的滤波器性能需要比无限冲激响应滤波器更长的阶数。

过渡带性能和实时性之间存在矛盾：要使 FIR 滤波器的过渡带尽量小就需要较长的阶数，这就需要在过渡带性能和实时性之间寻求平衡。

3. 利用 MATLAB 设计一个低通 Chebyshev I 型滤波器，通带范围 0～100Hz，通带波纹 3dB，阻带衰减－30dB，数据采样频率为 1000Hz，并利用最小的阶数来实现。

答：略。

4. 选取一段语音数据进行 A 率压缩，之后再解压缩，通过试听来验证 A 率压缩解压缩的效果。

答：略。

5. 对一幅图像进行锐化处理，并比较两幅图像的区别。

答：略。

参 考 文 献

[1] TMS320C55x Assembly Language Tools User's Guide. Texas Instruments，2004.
[2] TMS320C55x Optimizing C Compiler User's Guide. Texas Instruments，2003.
[3] TMS320C55x DSP Peripherals Overview Reference Guide. Texas Instruments，2006.
[4] TMS320C55x DSP CPU Reference Guide. Texas Instruments，2004.
[5] TMS320C55x DSP Mnemonic Instruction Set Reference Guide. Texas Instruments，2002.
[6] TMS320C55x DSP Algebraic Instruction Set Reference Guide. Texas Instruments，2002.
[7] TMS320C55x Technical Overview. Texas Instruments，2000.
[8] TMS320C5000 DSP/BIOS Application Programming Interface (API) Reference Guide. Texas Instruments，2001.
[9] TMS320C55x DSP Library Programmer's Reference. Texas Instruments，2001.
[10] TMS320 DSP/BIOS User's Guide. Texas Instruments，2001.
[11] TMS320VC5509/5510 DSP Direct Memory Access (DMA) Controller Reference Guide. Texas Instruments，2007.
[12] TMS320VC5503/5507/5509 DSP Host Port Interface (HPI) Reference Guide. Texas Instruments，2004.
[13] TMS320VC5503/5507/5509 DSP External Memory Interface (EMIF) Reference Guide. Texas Instruments，2004.
[14] TMS320VC5509 DSP MultiMediaCard/SD Card Controller Reference Guide. Texas Instruments，2007.
[15] TMS320VC5501/5502/5509/5510 DSP Multichannel Buffered Serial Port (McBSP) reference Guide. Texas Instruments，2005.
[16] TMS320VC5509/5510 DSP Timers Reference Guide. Texas Instruments，2006.
[17] TMS320VC5509A Fixed-Point Digital Signal Processor Data Manual. Texas Instruments，2007.
[18] Interfacing the TMS320C55x to SDRAM. Texas Instruments，2001.
[19] Interfacing TMS320VC5510 to SBSRAM. Texas Instruments，2003.
[20] TMS320VC5501/5502/5509 DSP Inter-Integrated Circuit (I2C) Module Reference Guide. Texas Instruments，2005.
[21] 申敏，邓矣兵，郑建宏等. DSP 原理及其在移动通信中的应用. 北京：人民邮电出版社，2001.
[22] 邵贝贝等. MC/OS-Ⅱ嵌入式实时操作系统（第二版）. 北京：北京航空航天大学出版社，2003.
[23] 胡广书.数字信号处理——理论、算法与实现. 北京：清华大学出版社，1997.
[24] 蔡涛，李旭，杜振民. 无线通讯原理与应用. 北京：电子工业出版社，1999.
[25] 汪春梅，孙洪波，任治刚. TMS320C5000 系列 DSP 系统设计与开发实例. 北京：电子工业出版社，2004.
[26] 邹彦，唐冬，宁志刚. DSP 原理及应用. 北京：电子工业出版社，2005.
[27] 楼顺天，李博菡. 基于 MATLAB 的系统分析与设计——信号处理. 西安：电子科技大学出版社，1998.